教育学学科新进展丛书

崔景贵 曹雨平／主编

ZHONGGUO TESE ZHIYE
JIAOYU TIXI LUNGANG

中国特色职业教育体系论纲

蒋旋新／著

知识产权出版社
全国百佳图书出版单位

图书在版编目（CIP）数据

中国特色职业教育体系论纲/蒋旋新著. —北京：知识产权出版社，2017.3
（2024.7重印）

（教育学学科新进展丛书/崔景贵，曹雨平主编）

ISBN 978 – 7 – 5130 – 4767 – 8

Ⅰ.①中… Ⅱ.①蒋… Ⅲ.①职业教育—研究—中国 Ⅳ.①G719.2

中国版本图书馆 CIP 数据核字（2017）第 032754 号

内容提要

建设中国特色职业教育体系是发展的需要，是面向 21 世纪的一项国家重大战略和使命。对促进就业、加快人力资源强国建设、实施《中国制造 2025》战略、推进可持续发展具有重要的理论与实践意义。本书共分十章，以绪论开篇，提纲挈领，导入主题，探索体系构建的基本原理和实践路径，包括社会基础、追溯展望、本体意蕴、目标定位、战略空间、发展主题、改革重点、创新路径、动力机制和保障系统。本书系统勾勒了体系总体框架，分析了体系本体内涵和特征，提出了基本主题和战略，探讨了路径和策略，揭示了基本风貌和本质精神，为"体系"构建与发展提供理论参考与实践指导，具有理论性、指导性、创新性和前沿性。

责任编辑：冯　彤	责任校对：谷　洋
装帧设计：张　冀	责任出版：刘译文

中国特色职业教育体系论纲

蒋旋新　著

出版发行：知识产权出版社 有限责任公司	网　　址：http：//www. ipph. cn
社　　址：北京市海淀区西外太平庄 55 号	邮　　编：100081
责编电话：010 – 82000860 转 8386	责编邮箱：fengtong@ cnipr. com
发行电话：010 – 82000860 转 8101/8102	发行传真：010 – 82000893/82005070/82000270
印　　刷：北京中献拓方科技发展有限公司	经　　销：各大网上书店、新华书店及相关专业书店
开　　本：787mm×1092mm　1/16	印　　张：24.5
版　　次：2017 年 3 月第 1 版	印　　次：2024 年 7 月第 2 次印刷
字　　数：351 千字	定　　价：69.00 元

ISBN 978 -7 -5130 -4767 -8

目　录

导　言 ……………………………………………………………（1）

　　一、研究背景 …………………………………………………（1）

　　二、研究意义 …………………………………………………（2）

　　三、研究内容 …………………………………………………（6）

第一章　中国特色职业教育体系的社会基础 ………………（12）

　第一节　中国特色职业教育体系与"中国梦" ……………（13）

　　一、中国梦为"体系"提供理论支撑 ………………………（13）

　　二、中国梦为"体系"奠定现实基础 ………………………（16）

　第二节　中国特色职业教育体系与社会经济 ………………（18）

　　一、社会经济发展呼唤中国特色职业教育体系 …………（19）

　　二、中国特色职业教育体系促进社会经济发展 …………（23）

　第三节　中国特色职业教育体系与国民教育 ………………（25）

　　一、"体系"构建与现代国民教育体系建设的理论架构……（26）

　　二、"体系"构建与现代国民教育体系互动的基本策略……（29）

　第四节　中国特色职业教育体系与人力资源 ………………（32）

　　一、"体系"构建面临人力资源开发的压力与机遇………（33）

　　二、"体系"构建面向人力资源开发的对策构想…………（39）

　　本章小结 …………………………………………………（43）

第二章　中国特色职业教育体系的追溯展望 ················ （44）

　第一节　中国特色职业教育体系的历史反思 ··········· （45）

　　一、古代职业教育发端 ····························· （45）

　　二、近现代职业教育萌芽 ························· （50）

　　三、当代职业教育发展 ··························· （52）

　第二节　中国特色职业教育体系的现实基础 ··········· （54）

　　一、中国特色职业教育体系现实支撑 ············· （55）

　　二、中国特色职业教育体系问题透析 ············· （57）

　第三节　中国特色职业教育体系发展趋势 ············· （59）

　　一、理论科学化 ································· （60）

　　二、体制法治化 ································· （60）

　　三、功能一体化 ································· （61）

　　四、形式多样化 ································· （62）

　　五、办学特色化 ································· （63）

　　六、资源社会化 ································· （64）

　　七、技术现代化 ································· （64）

　　八、发展终身化 ································· （65）

　本章小结 ··· （65）

第三章　中国特色职业教育体系的本体意蕴 ·············· （67）

　第一节　中国特色职业教育体系的科学精神 ··········· （67）

　　一、理性追求 ··································· （68）

　　二、辩证思维 ··································· （70）

　　三、系统构架 ··································· （73）

　第二节　中国特色职业教育体系的内涵特征 ··········· （77）

　　一、中国特色职业教育体系的基本内涵 ··········· （77）

　　二、中国特色职业教育体系的本质特征 ··········· （86）

　第三节　中国特色职业教育体系的基本架构 ··········· （92）

　　一、中国特色职业教育体系结构形态 ············· （93）

二、中国特色职业教育体系结构模型 ……………………… （101）

本章小结 ………………………………………………… （108）

第四章　中国特色职业教育体系的目标定位 ……………… （110）

第一节　中国特色职业教育体系目标逻辑 …………………… （110）

一、中国特色职业教育体系目标理论基础 ……………… （111）

二、中国特色职业教育体系目标现实依据 ……………… （113）

三、中国特色职业教育体系目标基本原则 ……………… （115）

第二节　中国特色职业教育体系目标设计 …………………… （119）

一、中国特色职业教育体系目标分析 …………………… （119）

二、中国特色职业教育体系目标内涵 …………………… （122）

第三节　中国特色职业教育体系目标特征 …………………… （128）

一、体系结构系统性 ……………………………………… （128）

二、发展定位本色性 ……………………………………… （129）

三、内涵品格现代性 ……………………………………… （130）

四、教育功能多元性 ……………………………………… （131）

五、服务方式终身性 ……………………………………… （131）

六、发展模式和谐性 ……………………………………… （132）

七、交流合作开放性 ……………………………………… （132）

本章小结 ………………………………………………… （133）

第五章　中国特色职业教育体系的空间战略 ……………… （134）

第一节　中国特色职业教育体系空间战略基础 …………… （134）

一、空间战略理论启示 …………………………………… （135）

二、空间战略历史反思 …………………………………… （140）

三、空间战略现实审视 …………………………………… （143）

第二节　中国特色职业教育体系空间战略抉择 …………… （146）

一、"体系"空间战略影响因素 ………………………… （146）

二、"体系"空间战略系统建构 ………………………… （149）

第三节　中国特色职业教育体系空间战略路径 …………… （162）

一、立足国情，科学定位，打造空间特色 …………………………（162）

二、面向开放，兼容并包，创新空间内涵 …………………………（167）

三、统筹协调，均衡发展，营造空间生态 …………………………（172）

本章小结 ………………………………………………………………（179）

第六章　中国特色职业教育体系的发展主题 ……………………（181）

第一节　中国特色职业教育体系的基本主题 …………………………（182）

一、中国特色职业教育体系基本主题原理意义 …………………（182）

二、中国特色职业教育体系基本主题科学内涵 …………………（186）

三、中国特色职业教育体系基本主题的应用思路 ………………（192）

第二节　中国特色职业教育体系的理论主题 …………………………（195）

一、中国特色职业教育体系理论主题的学理根基 ………………（195）

二、中国特色职业教育体系理论主题的特色呈现 ………………（201）

三、中国特色职业教育体系理论主题的历史转换 ………………（204）

第三节　中国特色职业教育体系的实践主题 …………………………（207）

一、中国特色职业教育体系实践主题的核心理念 ………………（208）

二、中国特色职业教育体系实践主题的关键领域 ………………（211）

三、中国特色职业教育体系实践主题的基本路径 ………………（215）

本章小结 ………………………………………………………………（218）

第七章　中国特色职业教育体系的改革重点 ……………………（220）

第一节　中国特色职业教育体系改革背景与趋势 …………………（220）

一、"体系"改革时代背景 ………………………………………（220）

二、"体系"改革发展趋势 ………………………………………（225）

第二节　中国特色职业教育体系改革特点与维度 …………………（229）

一、"体系"改革的时代特征 ……………………………………（229）

二、"体系"改革维度的转换 ……………………………………（233）

第三节　中国特色职业教育体系改革重点与路径 …………………（239）

一、"体系"改革重点 ……………………………………………（239）

二、"体系"改革方略 ……………………………………………（244）

　　三、"体系"改革路径 ……………………………………………（249）

　　本章小结 …………………………………………………………（254）

第八章　中国特色职业教育体系的创新路径 ……………………（255）

　第一节　中国特色职业教育体系的理论创新 …………………（255）

　　一、更新观念，创新理念体系 …………………………………（256）

　　二、拓宽思路，创新学科体系 …………………………………（262）

　第二节　中国特色职业教育体系的主体创优 …………………（268）

　　一、主体创优动因与条件 ………………………………………（269）

　　二、主体创优原则与内涵 ………………………………………（274）

　　三、主体创优的途径和方法 ……………………………………（280）

　第三节　中国特色职业教育体系的方式转变 …………………（284）

　　一、"体系"发展方式历史反思与展望 ………………………（284）

　　二、"体系"发展方式转变内涵与动力 ………………………（288）

　　三、"体系"发展方式转变思路与途径 ………………………（293）

　　本章小结 …………………………………………………………（297）

第九章　中国特色职业教育体系的动力机制 ……………………（299）

　第一节　中国特色职业教育体系动力机制理论基础 …………（299）

　　一、"体系"动力机制本质 ……………………………………（300）

　　二、"体系"动力机制基础 ……………………………………（302）

　　三、"体系"动力机制条件 ……………………………………（306）

　第二节　中国特色职业教育体系动力机制系统构架 …………（311）

　　一、"体系"动力机制内涵构成 ………………………………（312）

　　二、"体系"动力机制结构模式 ………………………………（316）

　第三节　中国特色职业教育体系动力机制策略 ………………（325）

　　一、以科学理念，引导动力机制 ………………………………（325）

　　二、以改革思路，重构动力机制 ………………………………（330）

　　三、以创新驱动，重构动力模式 ………………………………（333）

　　本章小结 …………………………………………………………（339）

第十章 中国特色职业教育体系的保障系统 ……………………（341）

　第一节 中国特色职业教育体系保障系统基本理论 ……………（341）

　　一、"体系"保障系统理念与原则 ………………………………（341）

　　二、"体系"保障系统功能与特征 ………………………………（346）

　第二节 中国特色职业教育体系保障系统结构模式 ……………（351）

　　一、"体系"保障系统现状与趋势 ………………………………（351）

　　二、"体系"保障系统结构与模式 ………………………………（355）

　第三节 中国特色职业教育体系保障系统途径方法 ……………（358）

　　一、完善保障决策机制 ……………………………………………（359）

　　二、优化保障运行体系 ……………………………………………（366）

　　三、强化系统监督机制 ……………………………………………（369）

　本章小结 ……………………………………………………………（377）

参考文献 ……………………………………………………………（378）

后　记 ………………………………………………………………（382）

导　言

一、研究背景

"愈是民族的愈是世界的"，是最具特色的。这是一个被历史证明了的跨越国界、超越种类、穿越时空、终极本真的定律。总揽世事万物，概不例外。在此论述的中国特色职业教育体系必然在此逻辑之中。"我们走自己的路，具有无比广阔的舞台，具有无比深厚的历史底蕴，具有无比强大的前进定力"。❶ 因此，中国特色职业教育体系，首先是自己的，即民族的，也是中国的，是指扎根中华本土、魂系民族精神、躬身于中国建设与现代化发展、关系中国梦之理想、具有鲜明中国作风和民族气派的一个独特教育体系；其次是世界的，也是国际化和现代化的，是指世界职业教育在中国的实践、创新与发展，是世情与国情、共性与个性、国际与本土的统一，是世界职业教育全球化发展不可缺失的组成部分。在对象属性上，与学界较长时间里言说的"中国模式"有内在的联系，但也有本质的区别。相比而言，中国特色职业教育体系是一个遵循规律、立足本土、强调个性、注重创新、旨在发展的体系，在思想与方法上坚持了历史唯物主义和辩证唯物主义立场、观点和方法。在历史演化上，中国职业教育有自己成长发展的历程，从古到今，从无到有、从小到大，如同民族与文化，口授身传，古而有之，与时俱进，新陈代谢，生生不息，而真正摆脱蒙昧简

---

❶　习近平：《在纪念毛泽东同志诞辰 120 周年座谈会上的讲话》［EB/OL］. 新华网，http//www. news. xinhuanet. con，2013 - 12 - 26.

陋初创窘境，开始走向理性自觉，探索现代发展之路，开启中华职教新生面的，还是近现代百年以来的事情。需要指出的是，当代中国自新中国成立以来，是职业教育发展的新纪元。尤其是改革开放以来，在工业化、现代化、信息化、城镇化发展和人力资源建设推动下，在国际成功经验启示下，职业教育开始被真正纳入社会发展视域，列为国家发展战略，并赋予了相对独立的教育地位。这一期间，国际经济全球化、社会信息化、通信网络化、教育终身化，知识经济崛起，发展跌宕曲折，竞争日趋激烈。国内科技日新、知识创新、经济活跃、产业升级、社会发展、文化繁荣、生态重建、职业变迁，不仅需要一大批高水平创新人才，更需要"培养数以亿计的高素质劳动者和技术技能人才"。与时俱进，教育先行，全国教育工作会议和职业教育工作会议相继召开，为职业教育创造了历史难得一遇的发展机遇，昭示了我国教育春天的到来，迎来了职业教育繁荣发展的黄金时季。特别是新世纪以来，原有的生存改善型退位于科学发展型。在短短十余年时间里，无论规模质量和发展水平都达到了历史的新高度，踏上了发展的快车道。适应发展的新常态，一个带有历史性时代性战略性意义的重大科学命题，即建设中国特色职业教育体系（以下简称"体系"）脱颖而出，令人瞩目，并作为国家发展和教育改革的重大战略决策为未来中国职业教育发展指明了前行方向，描绘了远景规划，奠定了发展基础，成为时下职业教育界最具时代特征的主流话语、事业发展之中心和更聚人气的研究领域。

二、研究意义

"铁肩担道义，妙手著文章。"道义即文章之神魂，言传的是精神和理想，旨在为信仰建树丰碑。任何一种言语是有价值的，否则就是徒有虚名，空有形式。由此，生发开去，聚焦"体系"构建，价值是定力，是出发点和终极目标。因此，坚持以科学理论为指导、以体系为目标、以价值为核心、以特色为根本、以问题为起点，用科学的态度、前瞻的视野和系统的思维方式，深度思考与探索面临的重大理论与现实课题，提供理论参照和实践指导，就显得尤为重要与必要。

导 言

（一）理论价值

1. 把握"体系"理论建设基本点

为加快"体系"建设，促进我国职业教育快速持续发展，1985年，《中共中央关于教育体制改革的决定》提出："逐步建立起一个从初级到高级、行业配套、结构合理又能与普通教育相沟通的职业教育体系。"2005年，《国务院关于大力发展职业教育的决定》指出："进一步建立和完善适应社会主义市场经济体制，满足人民群众终身学习需要，与市场需求和劳动就业紧密结合，校企合作、工学结合，结构合理、形式多样，灵活开放、自主发展，有中国特色的现代职业教育体系。"2011年，《国家中长期教育改革和发展规划纲要（2010—2020年）》要求："到2020年，形成适应发展方式转变和经济结构调整要求，体现终身教育理念，中等与高等职业教育协调发展的现代职业教育体系。"2014年，《国务院关于加快发展现代职业教育的决定》确定："到2020年，形成适应发展需要、产教深度融合、中职高职衔接、职业教育与普通教育相互沟通，体现终身教育理念，具有中国特色、世界水平的现代职业教育体系。"2014年6月，习近平总书记就职业教育工作专门做出重要批示："努力建设中国特色职业教育体系。"这一系列重要的理论与文献为认知和把握"体系"构建与发展的根本目标方向、总体要求、本质内容与实施方略，确立了理论坐标、政策指导、体系目标和实践依据。"中国特色"是根本点，是核心内容，任何时候都不能偏离这一中心和基本点，反之，则意味着偏离方向，迷失道路，危及发展。从这一意义而言，它是"体系"之魂、生命之本和前行之路，也是"体系"理论建设与实践发展的正确方向和科学立场及方法。建设中国特色职业教育体系，是一个艰辛而复杂的系统工程。其中，贯穿着哲学、经济学、社会学、教育学、心理学等多门学科，涵盖了职业教育史、基本原理和科学方法等多项内容，是一个内外结合、纵横立交、上下联动、彼此呼应、浑然一体的有机系统。但核心与关键是建设具有"中国特色"现代职业教育体系。本研究反思历史，总结新时期以来国内外职业教育发展经验与成果，探索本土化改革与发展之路，总体以为，理论界对职业教育重要性、系统性、特殊性和发展性的认知和研究不断深化，日趋活跃，形成热流。但由于历史原因，受传统束缚，理论研究还处在借鉴多、原创少、共性多、个性少、重复多、特色少的阶段，与蓬勃发展的现实形成反差。"这种状况可以用职业教育理论贫困来概括。"❶ 改变这种薄弱与滞后局面，强化自主创新意识和能力，构建中国特色的话语范式，是理论建设的根本方向。本研究立足国情实际和职业教育特点，思考与探索"中国特色"基本点，旨在为建设中国特色职业教育体系，提供理论参照与实践支持，不断推动新进展。

2. 突出"体系"理论建设关键点

理论与实践结合，始终是科学研究和社会实践的命脉与关键。历史证明，理论是先导，是基础，实践是源泉，是根本，是检验真理的标准。两者彼此依存，相辅相成，不可分离。因此，任何脱离实践的理论是空洞而无价值的，同样，缺乏理论的实践也是苍白而无生命力的。由此可见，理论与实践结合，是职业教育理论研究的永恒命题、生命源泉和不竭动力。作为先导性和创新性的理论研究，既不可凭空自说自话，也不能埋头不谈理论，而是既要做到有的放矢，又要为其实践提供理论支持。关键是强化问题意识，围绕问题开展研究。这是"体系"理论研究与探索的本质和魅力，在建设中国特色职业教育体系进程中显得尤为重要。坚持这一思想和方法，就能使理论研究不负使命，有所作为，持续发展。联合国教科文组织《国际教育分类法（2011）》提到，"将普通教育和职业教育视为两种平等、分工合作、相互融通的教育类型"❷。目前，我国职业教育理论研究与实践探索，较历史相比，呈现出空前活跃的局面。以"现代职业教育体系"为检索词，在"中国知网"（CNKI）检索，仅 2014 年，为用户提供公开出版的有关职业教育体系研究论文 753 篇，不说洋洋大观，也算得上多元纷呈，收获颇丰了，给人留下深刻记忆。但也有缺憾和不足，如体系研究量大散淡，深度不够，重复较多，创新不足，学术含量期待提升。因此，围绕"体系"构建与发展，深入持续地开展理论体系研究与实践路径

---

❶ 徐国庆. 职业教育原理［M］. 上海：上海人民出版社，2007：6.

❷ 和震，李玉姝. 基于《国际教育分类法（2011）》构建中国现代职业教育体系［J］. 首都师范大学学报，2014（3）：127－135.

探索，依然是当前乃至今后的紧迫任务。理论视野需进一步拓展，研究主题需进一步深化，研究方法需进一步优化。本研究立足国情，关注问题，旨在"体系"基本问题上，如本质内涵、发展主题、改革重点、战略空间、创新路径等方面，深耕细作，致力构架，助力"体系"构建，提供理论支持。

（二）现实意义

1. 构筑社会经济综合发展支撑点

自古以来，职业教育与社会生产和生活有着天然密切联系。在推动社会发展、特别是在工业化进程中立下了汗马功劳，有过历史的辉煌，被誉为"秘密武器"。在我国也有可圈可点的业绩。长期以来，无论在社会主义建设初期还是在改革开放新时期，我国职业教育都"为提高劳动者素质、推动社会经济发展和促进就业做出了重要贡献"。今天，在深化改革、促进发展、建设全面小康社会、实现中华民族伟大复兴中国梦的新形势下，职业教育面临转型升级加快发展的新机遇和新挑战。全面提升社会适应能力和服务能力，"加快构建现代职业教育体系"，成为"体系"构建的第一要务。在此"浴火重生"的过程中，职业教育理论研究对于社会发展和民生改善具有重要意义，通过促进人才培养和科技服务，推动社会生产力的持续创新发展。当前，我国进入了一个创新驱动、方式转型、结构调优、质量升级的新阶段。人力资源是第一战略资源。提高劳动者素质，大力培养高素质技术技能人才，是我国走新型工业化道路的必然选择，赋予职业教育重大的历史使命和社会责任。职业教育欲乘势而上，"创造更大人才红利"，办社会和民众需要和满意的教育，关键是提高教育水平和人才质量，以此增强社会信任、信心和决心，推动职业教育发展，提高社会贡献率。本研究基于这一基本思考和需要，探索"体系"构建与现实关系和影响因素，推动教育观念更新、发展方式转变和人才培养模式创新，更好地服务于社会经济发展和民生需求。从这一意义而言，"体系"建设与发展绝不是只有"形而上"之意义，而是实实在在地为社会发展提供不竭动力和人才支撑，具有重要的现实价值和历史意义。

2. 培育"体系"建设发展增长点

"体系"建设与发展，是国家整体发展的一项重要战略，是职业教育面向 21 世纪改革发展的一个带有根本性的目标任务。为此,国家不断加强了宏观指导与管理,地方结合实际,不断加大实施力度,推进各项改革实验项目进程,取得了日益丰富的阶段性成果,为"体系"构建与职业教育发展奠定了坚实的基础。但这是一个持续发展的历史过程。目前,对照《国务院关于加快发展现代职业教育的决定》提出的目标任务和时间进程,还有差距,仍有许多艰巨工作要做。理论研究任重道远。率先前行,引领发展,打造新空间,培育与提升新的增长点,是关系"体系"构建与未来发展的战略性课题。对于一个尚处在发展中的人口大国、资源不足、发展不均和国际环境错综复杂条件下,在当代职业教育半个多世纪基础上,如何加快建立一个具有中国特色、现代品质、面向人人、建设现代、服务发展、追踪终身、均衡发展的现代职业教育体系,是一项紧迫而重要的现实课题和任务。新世纪我国职业教育发展已进入国际化、现代化、终身化发展的新时代,为"体系"构建和职业教育发展提供了机遇和空间。当此时刻,开拓与创新比任何时候更迫切,培育与提升增长点比什么都重要。但如何开发、培育和提升新的增长点,是"体系"理论与实践的新课题。分析现状,着眼发展,改革教育体制,优化技术技能人才培养,推进质量提升,加快教育现代化、终身化和均衡化发展,是新世纪我国职业教育发展的新目标和增长点。本研究从国情与特点出发,运用增长理论和方法,主动嵌入"体系"构建和职业教育发展,努力提供新视野、新思路和新路径,不断促进新增长和新发展。

三、研究内容

(一) 研究思路

本研究以科学发展观为指导,运用辩证唯物主义和历史唯物主义立场、原则和方法,借鉴国内外先进理论与方法,吸收相关研究成果与经验,坚持理论联系实际,在多学科交叉综合的基础上,以教育的现代化、本土化、国际化、大众化、系统化、终身化、均衡化为主题,以中国梦、社会经济和人的发展需求为切入点,探索中国特色职业教育体系的基本原理和实践路径,包括本质内涵、结构特征、历史趋势、战略空间、改革主题、发展动力、路径保障等，从而勾勒体系的总体框架，展示体系的基本面貌，凸显体系的基本精神，揭示体系的基本内涵，探索体系的发展路径，以期为"体系"构建与发展提供理论参考与实践基础。

（二）研究框架

中国特色职业教育体系是一个内涵丰富、结构完整、方式优化、生态健全、并具特色的系统。本研究共分十章，表述不沿用教材型的话语范式，而采用问题型的阐释方式，即以职业教育发展中突显的主要问题为导向，循此生发，整体构思，分层解析，逐级构建，使研究内容不离问题中心，思考对策不偏重点环节，体系构建不失全域，以期展示"体系"的基本图景，形成"体系"的总体理论框架和实践基本路径。

1. 社会基础

教育是社会发展的产物，也是社会发展的基础。相对而言，职业教育与社会发展有着更广泛紧密而直接的联系。因此，"体系"构建与发展，离不开社会的基础条件。理论界长期以来对此予以了密切的关注，在分析关系与影响等方面，形成了一批有价值的研究成果。但当今社会正以空前的震荡改变着世界。职业教育深受影响，矛盾依然突出，研究的理论视野和方法期待创新，特别是宏观关系影响研究还需加强。本章研究从系统论出发，关注社会互联互动互补共同发展，探讨"体系"构建与中国梦、社会经济、国民教育和人力资源开发的关系影响。总体而言，"体系"构建离不开社会总体环境和条件，而且这种宏观、网络、客观的社会环境条件变量对"体系"构建与发展产生直接而深刻影响，具有决定性的意义。因此，"体系"构建与发展，在理念上，应将实现中华民族伟大复兴的"中国梦"确立为终极理想和奋斗目标；在实践上，应为社会经济稳健发展、国民教育体系完善和人的自由充分发展提供历史的可能。关键是形成一个和谐合作、互动发展的格局，办社会需要和人民满意的教育。由此，为"体系"构建与发展提供广阔厚实的社会基础和空间条件。

2. 追溯展望

"体系"构建是动态的历史过程。追溯历史有助于把握规律，总结经验，弘扬传统，促进发展。展望未来有益于明辨趋势，抢抓机遇，加快发展。本章研究以历史为线索，以趋势为脉动，探索历史演化发展轨迹和未来改革发展的走向，以期疏理"体系"建设与发展的历史脉络，把握历史逻辑，推动未来发展。我国职业教育发展源远流长，经历了远古原始、奴隶、封建社会到近现代及当代社会漫长而曲折的历史过程，取得了许多宝贵的经验和成果，如崇尚技能，服务人生等积极因素，为当代职业教育发展奠定基础。面向21世纪，当代职业教育进入改革与发展的关键时期。当前，"体系"构建面临着社会经济快速发展、人民群众对教育需求日益增长与自身深化改革、快速可持续发展的双重压力和挑战，任务繁重，基础薄弱。这些都是"体系"构建需要解决的问题，也是研究的逻辑起点和重点。"预则立，不预则废"。"体系"建设与发展必须对未来发展趋势有所把握，方能做到审时度势，结合国情实际和职业教育特点，加快国际化、现代化、终身化，综合化发展的步伐，建设有中国特色、国际水准的职业教育体系。

3. 本体意蕴

本体意蕴，是"体系"的血肉和根基，属于本质属性和历史范畴，处在"体系"的横断面。本章研究的重点是"体系"构成的基本内涵。对此，理论界由于学术背景、研究视野和价值取向差异，有不同的理解和解读。事实上，在学术领域中差异是经常且正常的，但这不一定冰火不相容，恰巧相反，客观上却起到互补、借鉴、促进的作用。本章研究从大职教、宽视域、本质性、特色化、系统性出发，以体系范畴界定入手，探讨本质内涵。本章研究以为"体系"是一个科学系统的概念，具有民族性、时代性、职业性、全民性、开放性、终身性、系统性特征，就其内涵而言，包括价值定位、"层次结构、终身一体、办学类型和开放沟通"❶。其中，价值定位是核心，层次结构是根本，终身一体是保障，办学类型是体制，开放沟通是途径，综合凝练，形成内涵特点，夯实"体系"根基。

4. 目标定位

目标定位，是社会与教育主体对职业教育发展的心理预期，是"体

---

❶ 现代职业教育体系建设规划（2014—2020 年）[J]. 职业技术，2014（8）：12 – 24.

系"构建与发展的坐标和方向。本章研究以科学发展观为指导，以政策路线为依据，以社会需求为动力，以文化传承为支撑，以国际经验为参照，按照教育"三个面向"总体要求，探索"体系"构建与发展的目标定位。这是一个多维立体的综合目标体系。"努力建设中国特色职业教育体系"，是研究的基本定位。"到 2020 年，形成适应发展需要、产教深度融合、中职高职衔接、职业教育与普通教育相互沟通，体现终身教育理念，具有中国特色、世界水平的现代职业教育体系"，是研究的总体目标。另外，"体系"的战略目标、层级指标与对策措施，是研究的重点内容，主要涉及核心目标、服务宗旨、发展方式、运行机制、环境条件与评价目标等因素。由此，为"体系"构建确立一个较系统的目标体系。

5. 战略空间

空间是一个包含体系内外层次结构与发展关系及策略方向的概念。本章研究引入空间概念和方法，探讨"体系"构建和发展的战略空间布局与策略，具有拓展与重构的全局长远意义。理论启示、历史演进与现实基础是研究的三大依据。空间战略决策是研究之关键，深刻分析影响因素是前提，科学把握战略要点是根本，全面构建体系框架是主体，路径设计是保障。关键是以科学发展观为指导，借鉴战略研究的经验与启示，增强战略意识，立足战略发展，把握战略机遇和发展重点，进行战略性的宏观思考与系统构思，提出战略思路、战略目标和战略方略。这是本章研究的战略预期和战略思路，以期促进"体系"构建，推动职业教育更好更快发展。

6. 发展主题

发展是硬道理，是大思路。前提是明确发展什么和怎么发展。这是问题之关键，也是本章研究的出发点和根本点。所谓"体系"发展主题，是指"中国特色职业教育体系"。这是"体系"总纲，是本质体现，逻辑根本、内涵载体、发展目标和改革方向，是最具本质性全局性影响力的因素。本章研究以"中国特色职业教育体系"为主题，把握要义，凝练思路，开掘内涵，分析意蕴。认为"中国特色职业教育体系"是时代赋予的重大使命，是发展的根本主题，也是必须解决的理论与实践基本问题。这是一个三维架构体系：基本主题是依据，统领全局全程，关系到"体系"

构建的方向性和着力点；理论主题是基础，是规律与实践的归纳和升华，对于"体系"构建具有指导意义；实践主题是根本，是全部发展主题的立足点和着力点。通过上述主题研究，为"体系"梳理思路，把握主题，确立方向，提供逻辑支持和理论参照。

7. 改革重点

"体系"构建不是静止模式，而是一个破旧立新的系统工程和过程，需要改革的推动。本章研究认为，当代职业教育 60 余年是一个与改革相伴、与时俱进的历史过程。回顾我国当代职业教育改革，走过了一条由点向面、由浅入深、由局部到系统的渐进发展历史过程。当下我国社会经济发展进入"新常态"，改革到了关键期和深水区。基于对改革总体形势判断，本研究结合"体系"改革实际，提出改革的基本思路和对策：重点是加大供给侧（供需结构）改革，突破发展制约瓶颈，推进治理模式现代化变革。关键是加强改革的关联性、系统性、协同性、协调性和持续性，实施跨越发展战略、错位竞争战略、协同创新战略。核心是增强改革的理论勇气和破题自信，坚持改革的导向原则和创新精神，针对突出问题和基本矛盾，把握改革重点，创新改革思路，形成改革举措，推动可持续发展，办社会满意和人民放心的职业教育。

8. 创新路径

"体系"构建是一个全新的领域，学习借鉴已有的经验成果是必要的，但没有创新，就难以走出传统束缚，形成特色优势。本章研究以创新路径为主题，从理论创新、主体创新和方式转变三个主要方面，探索"体系"创新路径。一是理论创新。关键是更新观念，重点是学科体系创新，形成本土化的学科理论语体，阐释中国化的体系内容与框架结构以及路径方法，形成有效的对策与措施；二是主体创优。关键是加强主体整体创优、持续创优和协同创优。随着环境和自身改变，还要加强方法和机制创新；三是方式转变。挖掘内生动力，依靠创新驱动，借助生态合力，推进发展方式转变。要创新思路，在理论层面要凸显创新性和突破性，在决策层面要具有前瞻性和可行性，在实践层面要具备有效性和长效性，同时强调思维范式重构、模式创新和治理方式构建对于推进现代治理系统和能力建设的重要意义。

9. 动力机制

动力机制对于发展至关重要，是力量源泉，是"体系"心脏。本章研究从系统优化的角度，探索主客体动力优化及其彼此协调合力的运行机制，建立以政策拉动、改革推动、创新驱动和社会互动为核心的"多元联动＋合力"运行模型和策略，提出理论是先导，旨在揭示"体系"矛盾运动规律性和特殊性，内涵结构是本体，在于要素组合与结构方式，动力策略是保障，决定动能转化为效能的关键环节和动力。在此过程中，研究强调科学理念引导是条件，深化改革是出路，问题切入是关键，创新发展是动力。关键是适应新形势和新要求，从职教特点和发展战略出发，以五大理念为指导，转变观念，重塑转型发展动力新理念，创新"体系"动力新模式，再造动力新系统和新机制，以此推动"体系"构建和职业教育发展。

10. 保障系统

保障系统是"体系"构建的重要条件和保证。近年来，理论界从职业教育特点与需要出发，分析现状，透视问题，围绕"提升发展保障水平"要求，进行了多角度探索，提出了多向度的对策，促进了"体系"保障理论与实践的发展。但改革不断深化，新情况、新矛盾不断显现，呼唤理论研究深化。本章研究适应发展需要，从实际出发，以创新视野和问题导向，从要素功能配置方面入手，借鉴国外发达国家职业教育发展的经验和做法，提出以理论、体制机制和途径方法为"三大支柱"的构建主张，其中，理论建设是基础，体制机制是关键，法制建设是根本，路径方法是条件，监督治理是保证。这是深化保障系统改革的必要之策，也是加快发展的必然之举。

中国特色职业教育体系的社会基础

　　所谓社会基础，是一个综合系统概念，是指在一定社会生产力条件下形成的特定关系、互动机制和保障条件的总和。从广义而言，构成社会基础的内涵纷繁复杂，如经济、政治、社会、科技、文化、人口和生态等要素，几乎所有人类社会实践活动都可称为社会基础的组成部分；从狭义而言，主要指社会关系和结构。在这里，它是一个广义概念，是一个跨越边界超越学科的社会系统，各要素之间既相对独立，又相互联系，相互支撑，互动发展，和谐共生，"你有你的铜枝铁干，我有我红硕的花朵""根，紧握在地下，叶，相触在云里"。

　　教育是社会一项重要的公共服务事业，是人类社会实践与发展的产物，也是其生存发展的必要条件。从发生学角度看，社会生成教育，是教育的母体，是教育生命依存成长发展的基础，特别是进入工业化社会以来得到了快速发展。从系统论看，教育是社会发展的基础性和战略性事业，是人力资源和知识信息的血源。职业教育是一个相对自立门户的教育类型，独具个性特点。与其他类教育相比，它与社会经济发展更具天然般的直接联系。可以说，职业技术教育发展史几乎与人类生产生活相伴同步，不可缺少。今天，在社会经济发展方式转变、产业结构调整升级、民主政治建设、科技知识创新驱动、人力资源储备和职业更迭频繁的条件下，职业教育面临空前发展机遇和挑战。一方面，社会经济、科技、文化发展为职业教育持续发展提供空间条件，另一方面，职业教育在与各种矛盾问题博弈中，以变革化危为机，求发展克难前行。正是在这两极矛盾转化中达到主客体和谐统一，为实现科教兴国、人才强国的战略目标奠定坚实基础。

第一节　中国特色职业教育体系与"中国梦"

中国梦，是面向 21 世纪我国治国理政兴教的新理念、新探索和新实践，是推进我国社会主义现代化建设、促进中华民族伟大复兴的总战略，是中国特色社会主义理论的新创新、新发展和新范式，对于坚定理想信念、增强发展信心、凝聚民心力量、推进事业发展、共筑中国梦想，都将产生极大的影响力、感召力和凝聚力，具有重要的理论与实践意义。职业教育是我国国民教育体系的重要组成部分，是高素质技术技能人才培养的摇篮，关系国家与民族未来以及中国梦的实现。但这是一个历史过程和系统工程。中国梦崛起，为"体系"构建和职业教育发展创造了重要的历史机遇，提供了坚实的社会基础。同样，"体系"构建与职业教育发展也以自己的方式，有力推动中国梦的早日实现。

一、中国梦为"体系"提供理论支撑

梦想，悠远漫长，古而有之，形形色色，是人类特有的精神现象，寄托了对未来的遐想和追求。进入现代社会，中国梦保持了蓬勃的民族精神，更赋予了鲜明的时代色彩。但"中国梦"不同于"他国梦"和"世界梦"。中国梦"衔华而佩实"❶。从宏观看，中国梦是强国梦、复兴梦和幸福梦，即"实现中华民族伟大复兴的中国梦，就是要实现国家富强、民族振兴、人民幸福"❷。从微观层面看，中国梦也是百姓梦、教育梦，甚至

---

❶ 涂光社. 刘勰及其文心雕龙 [M]. 沈阳：春风出版社，1999.
❷ 习近平. 在第十二届全国人民代表大会第一次会议上的讲话 [N]. 人民日报，2013 - 03 - 18.

细化到职教梦,乃至"体系"构建。从"体系"而言,就是"努力建设中国特色职业教育体系"。因此,中国梦与"体系"是整体与部分的关系,相互联系,不可分割。前者是后者的基础,后者是前者的条件,两者协同,有机统一,共筑梦想。

(一)"体系"的理论基础

"体系"构建,是国家总体发展的重大战略部署,也是中国梦的题中之义。中国梦作为21世纪中国特色社会主义理论的一个重要组成部分,为"体系"提供了理论支撑。一是科学性与现实性的统一。中国梦是科学与现实的理性选择,顺应了社会发展大趋势,表达了人民的心声愿望。在这一理论的指导下,"体系"应遵循职业教育规律和特点,从现实阶段条件出发,走科学发展道路。二是国情与世情的对接。中国梦是中国化与国际化的统一。在世界经济全球化,社会信息化和教育国际化发展的背景下,"体系"应正确处理好本土化与国际化的关系,关键是从国情实际出发,扎根本土,形成特色,走向世界。三是共性与个性的交融。中国梦是中华梦与世界梦的统一。"体系"既要顺应发展趋势,尊重发展规律,又要凸显本土优势,弘扬民族特色,走出自己的发展之路;四是传承与创新的结合。中国梦是传统和创新的结晶。"体系"与历史有着割不断的联系,从这一意义而言,是历史发展,同时也要与时俱进,创新发展,更好地适应现实需要和未来发展。

(二)"体系"的价值定位

价值定位是"体系"的本质体现和行动导向,是对一种理想状态和境界的追求和诠释。中国梦为"体系"提供了科学的价值依据:"实现中华民族伟大复兴的中国梦,就是要实现国家富强、民族振兴、人民幸福。"实现梦之"三维一体"的价值观,一是兴邦强国。国家强则民族兴,人民富。建设创新型国家是强国战略,核心是转变发展方式,依靠知识创新和科技进步,推动社会经济发展。这以价值定位为"体系"构建与发展导航,深化职业教育改革与发展,加强内涵建设,提高人才培养质量,促进可持续发展。二是振兴民族。这是中国梦的核心价值所在。践行这一核心价值观,就是要将民族利益和前程放在首位。实现中国梦就是为了实现国家兴旺和民族的伟大复兴。历史证明，一个民族振兴的关键是发展，基础在教育。"体系"必须以此为指导，不断为民族振兴做出新贡献。三是幸福人民。这是中国梦的核心价值观，也是"体系"的根本宗旨。人民幸福是指人民群众对其整体生存发展状况的满意程度，衡量标准和方法是幸福指数或生活满意度。中国梦是人民幸福梦，落实到"体系"就是坚持教育服务宗旨，与中国梦有机结合，融合一体，以培养高素质劳动者和技能人才为己任，办社会需要和人民满意的教育。

（三）"体系"的主体思想

思想源于实践，但不乏引领之义。中国梦是"体系"指导思想。中国特色社会主义理论和实现中华民族伟大复兴理想为"体系"提供了强大的思想武器，赋予不竭的精神动力。一是强烈的民族意识。表现为历史使命感和责任感。体现于"体系"，就是要以民族伟大复兴为己任，提供人才支撑和智力贡献。二是真诚的人本理念。以人为本、以民为本是中国梦的核心理念和根本思想，贯穿于"体系"构建与发展始终。实质就是树立以生为本和以师为本的主体思想。这是"体系"构建与职业教育发展的根本宗旨，贯穿于教育全过程，固化于人才培养与社会服务的实践中。唯此，职业教育成为人人通向美好人生和幸福生活的"星光大道"。三是执着的进取精神。体现为与时俱进、创新发展的时代风貌。"体系"是一项面向世界、面向现代化、面向未来的事业。既要有国际化视野和现代化品质，又要有可持续发展的未来。在当今发展大势下，"逆水行舟不进则退"，不懈的进取精神是前行的强大动力，是"体系"的精神支柱。四是坚毅的改革信念。这是中国梦的精神动力，不仅要有理想自信和理论自信，而且需要改革自信和发展自信。《中共中央关于全面深化改革若干重大问题的决议》是中国梦决心信心自信的集中体现。贯彻这一精神，"体系"就是本着改革开放精神，摒弃一切不利于发展的陈规陋习，建立健全教育体制机制，不断提高教育质量，增强社会影响力和人民满意度，推进事业的快速持续发展。五是不懈的创造精神。这是中国梦的思想精髓。中国梦是中华民族复兴梦，强国梦和富民梦，是崭新的事业。步他国后尘没有出路，只有解放思想，走自主创新创造之路，才有光明的前途。"体系"依然如此，模仿惟妙惟肖，但无原创的价值，唯有创新创造，才能走出一条属于自己的发展大道。

二、中国梦为"体系"奠定现实基础

中国梦，是一个伟大的系统工程，丰富的理论与实践成果为"体系"构建奠定坚实的现实基础。

（一）开辟"体系"前行道路

中国梦就是中国特色社会主义，也是建设繁荣富强民主生态社会主义国家的根本道路。落实在"体系"上，就是奠定了社会主义前行方向，提供了职业教育改革发展新视野。一是奠定了社会主义前行方向。"体系"是中国特色社会主义建设事业的重要组成部分。在这一方向指引下，"体系"在教育思想上坚持以社会主义科学理论为指导，贯彻党和国家的教育方针、政策和法规，坚持"以发展服务为宗旨""以促进就业为导向"，在人才培养上"坚持以立德树人为根本"，培养高素质技术技能人才和劳动者，在发展方式上坚持科学发展观，推进创新驱动战略，走可持续发展道路，结构规模更加合理"，"院校布局和专业设置更加适应社会经济需要"，"职业院校办学水平普遍提高"，"发展环境更加优化"；二是提供了教育改革发展新视野。"全面建成小康社会，实现中华民族伟大复兴的中国梦"，"必须全面推进依法治国"。❶ 在这一基本原则指导下，"体系"贯彻依法治教方略，确立法治观念，强化治理意识，建立健全法治体系，营造治理环境氛围，保证办学方向，"激发职业教育办学活力"，"提升发展保障水平"，维护人民群众享受教育的权益，保证事业的稳步健康发展。由此，坚定"体系"的道路信念、制度信心和发展决心。

（二）建立"体系"精神支柱

所谓"体系"精神支柱，是指构建中国特色现代职业教育体系和加快职业教育发展的精神支撑和动力。中国梦是一个理论体系，是民族文化心理的积淀和社会理想愿望的结晶，犹如旗帜、号角和支柱，具有感召、鼓

---

❶ 中共中央关于全面推进依法治国若干重大问题的决定［N］. 光明日报，2014－10－29.

舞、支撑的重要功能和作用，属于精神的范畴。一是爱国亲民的责任意识。中国梦的核心是中国精神。中国精神是一种文化、精神和价值观念的统一体，是以爱国主义为核心的民族精神、以改革开放为核心的时代精神和以"24字"为基本内容的社会主义核心价值观的集中体现。从社会角度来看，中国精神体现为一种爱国亲民的社会责任意识。强调集体主义精神，昌明社会责任意识。教育包括职业教育必须坚持以人为本的理念，树立服务社会发展和惠及民生的思想。这是"体系"的灵魂。二是与时俱进的哲学理念。从历史角度看，中国梦是一个发展的概念，体现出一种与时俱进的当代哲学思想。"体系"与中国梦一脉相承，与时俱进哲学理念为"体系"提供了形而之上的精神动力和支柱。三是自强不息的奋斗精神。中国梦是民族梦，寄托了一个伟大民族的企盼和情感，展示了这个民族历来具有的自强不息的奋斗精神。中国梦就是这种精神的真实写照和形象的体现。改革是一场特殊的革命。"体系"构建也是一场改革、一次创业和一种奋进，需要在关键领域有所突破和创新，需要有百倍的理论勇气和改革胆略，创造职业教育美好未来。中国梦自强不息的奋斗精神为其注入了自强不息、勇往直前的精神动力。四是炽热深厚的人文意识。中国梦是中华民族独特历史文化的积淀和升华，其中奔腾着一股悠远浑厚的人文精神。关爱人，尊重人，发展人，成就人，幸福人，是"体系"之根本。关键是促进劳动者和各级各类技术技能人才全面自由终身发展，是职业教育人文精神的本质体现。

（三）赋予"体系"力量后盾

"实现中国梦必须凝聚中国力量"❶。"改革开放是中国梦的关键和动力"，"为实现中国梦奠定坚实基础，提供可靠保障"。"体系"的根本力量来源于中国梦所提供的坚强后盾和坚实基础。一是"五+1"社会发展总体布局与进展为"体系"奠定了坚实的基础。教育发展离不开社会物质与精神基础。所谓"五+1"，是指在经济建设、政治建设、文化建设、社会建设、生态文明建设"五位一体"的总体布局基础上再加上党的建设。

---

❶ 习近平. 在第十二届全国人民代表大会第一次会议上的讲话［N］. 人民日报, 2013–03–18.

自改革开放以来，中国在经济、政治、社会、科技、文化等各个领域已取得了令世人瞩目的成就，成为中国梦不可或缺的物质基础，同时日益丰厚的物质与精神力量，也为"体系"提供了不竭动力和必要基础。二是科教兴国与人才强国战略赋予"体系"持续力量。中国梦，不仅是国家梦、民族梦和个体幸福梦，也是世界梦的有机组成部分。当今，世界已进入合作竞争发展的新阶段。不同文化交相辉映，合作竞争相互激荡，寻求新增长点成为各国共识和追求，也是抢先发展引领竞争的秘诀。实施科教兴国与人才强国战略，几乎成为世界共同语言和发展战略。教育是立国之本，人才是强国之基。因此，早在 20 世纪初，欧美许多发达国家和地区，都将教育列为重要的战略性工程，进行改革、开发和创新，得到了历史性的发展。新世纪以来，我国顺应发展趋势，立足国情实际和发展阶段特点，在指导思想上提出了"实施科教兴国战略和人才强国战略"，"把教育摆在优先发展的重要战略位置"。❶ 在工作方针上确定了"优先发展，育人为本，改革创新，促进公平，提高质量"，加快发展。在较短时间里，我国职业教育整体得到了快速发展，目前，进入了"体系"构建的关键时刻。中国梦为"体系"创造了历史机遇，提供了发展基础，推动历史新进程。

第二节　中国特色职业教育体系与社会经济

教育与社会经济属于不同范畴，但在历史进程中有着与生俱有、血肉交融、不可分离的联系，是流与源、本与末、客体与主体的辩证统一。"存在决定意识"。从这一视域看，在社会生产实践中萌生发展起来的职业教育与社会经济有着天然密切联系。社会经济从广义而言，泛指一切社会生产实践活动，既是社会生存发展根基，也是职业教育基础。一方面社会经济发展为职业教育提供物质基础和空间条件，使职业教育得以快速成长与发展，具有决定性意义；另一方面职业教育也反作用于社会经济，以自身独具方式，提供高素质技术技能人才和劳动者，促进人力资源建设，服

---

❶　国家中长期教育改革和发展规划纲要（2010—2020 年）［N］．光明日报，2010 - 07 - 30.

务社会，反哺经济，支撑发展，成为立足社会、独步教育的根本依据和推动社会经济增长与繁荣发展的根本动力，具有基础性和战略性地位。总之，两者是有机联系，辩证统一，互动发展，相得益彰，共同推动社会文明的不断进步与经济文化教育的繁荣发展。

一、社会经济发展呼唤中国特色职业教育体系

当代人力资本理论，美国经济学家罗默和卢卡斯构建了"内生性增长模型"，提出了"新经济增长理论"，深刻揭示了知识与人力资本的积累是经济增长的主要原因，证实了人力资本在经济增长中的作用。历史证明，社会经济发展离不开人力资源的根本基础，职业教育是技术技能人才培养基地，也是一切劳动者接受终身职业教育和技术培训的载体，对社会经济发展具有基础性地位和作用。因此，加快"体系"构建，是新世纪中国经济社会转型升级的呼唤，也是加快人力资源建设的需要。这给"体系"构建和职业教育发展提出了新要求，带来了新机遇。

（一）科技引领创新驱动内生式增长对职业教育新需求

步入新世纪，科技革命浪潮持续发展，以信息技术、生命科学和纳米技术为代表的现代科学技术日新月异，狂飙突进，不断赋予现实生产力以新的增长因素。因此，"科技是在新时代赢得利润的关键"❶，成为改变世界的强大动力。改革开放以来，中国工业化得到了快速发展，一跃成为制造大国，被誉为"世界工厂"，其中复苏发展的职业教育发挥了重要作用，功不可没。但离强国地位还有距离，中国不是要成为"世界工厂"，而是要建立社会主义现代化强国。"科学技术是第一生产力，而且是先进生产力的集中体现和主要标志"。❷ 这是推动科学技术新一轮发展的必由之路，也是中国制造走向中国创造的关键之举。职业教育与科学技术有着广泛密切的联系。科学技术进步为职业教育发展提供先进技术和经验的支撑，推动职业教育现代化发展。职业教育最根本的价值就在于能提供所需要的人

---

❶ ［美］布赖恩·S. 韦斯伯里. 财富新时代 [M]. 刘轻舟，译. 北京：光明日报出版社，2001：25.

❷ 江泽民. 在庆祝中国共产党成立 80 周年大会上的讲话，2001 - 07 - 01.

力资本，促进新知识、新技术和新工艺创造和运用，推动科技进步和经济发展。关键是构建互动发展的体制机制。一是实施人才战略，推动科学技术创新发展。传统高投入、高消耗、高污染粗放低效的发展方式逐步退位于现代集约、生态、持续发展，成为新一轮社会经济发展的引领者。适应社会经济发展新态势，我国正举步走向科教兴国、人才强国的新阶段。建设人力资源强国，增强自主创新能力，培育与增强核心竞争力，是推动科学技术进步与创新的战略。实施创新驱动战略，走内生式发展之路，"全部历史以及当前的全部经验说明这样一个事实：最基本的资源是人而不是自然提供的。一切经济发展的关键都是从人的头脑中产生的"❶。因此，在这巨大变革过程中，人是决定因素，人才是第一战略资源，不仅需要培养一大批创新人才，而且要培养数以千万计的技术技能人才和数以亿计的高素质劳动者。这是科学技术进步创新发展的新需求。二是发展职业教育，提升科学技术应用魅力。实践与应用是现代科学技术发展目的和评估根本，但自身不可完成，必须借助实践与应用载体得以实现。在这背景下，科学技术投身于社会生产实践，离不开职业教育人才血脉。如果说在传统农业经济时代，教育包括职业教育对科学技术实践应用和社会经济发展的贡献率还较薄弱，依存度还不强，但到现代工业社会以后，特别进入知识经济和"互联网＋"时代以来，教育包括职业教育对科学技术实践应用和社会经济发展的贡献率则是与日俱增，不断攀高。社会经济发展越来越依靠科技进步、科学技术进步发展也离不开人才支撑，其中迫切需要职业教育的参与，提供技术技能人才包括新型劳动者，推动科学技术进步发展和社会经济转型升级可持续发展。目前，战略性新兴高科技发展面临人才缺口瓶颈，而且现有大量的产业人才也需要培训提高。在这方面，职业教育任重道远，大有作为。关键是对接科技发展的需求，增强技术技能人才培养和高素质劳动者培训的适切度和吻合度，形成有效互动的局面。

（二）应时转型致力可持续发展对职业教育的新要求

生命在运动，世上没有不变的事物。适应世界经济发展的新态势，从

---

❶ [英] E.F. 舒马赫. 小的是美好的 [M]. 虞鸿钧，郑关林，译. 北京：商务印书馆，1989：48.

我国经济发展实际出发，正从高速增长转向适度增长，从粗放增长转向集约增长，从传统增长点转向新的增长点，从多年保持持续增长转入"新常态"发展，向着形态更高级、分工更复杂、结构更合理的阶段迈进。加快完善体制机制，推进发展方式转变，成为这一时期经济发展的基本特征。随之而来的产业结构调整升级和投入消费方式转变更新等变奏，对职业教育发展产生直接而深刻的影响。一是产业结构调整升级，带动专业设置改革发展。据有关统计，2013 年全国第三产业增加值占国内生产总值的比重达 46.1%，规模总量已超过第二产业。伴随国家建设"一带一路"（丝绸之路经济带与 21 世纪海上丝绸之路）新战略实施，在新一轮经济改革发展中，国家三次产业结构必将进一步调整优化升级，总的趋势是二、三产业比重不断增加，第一产业的比重适度下降。战略性新兴产业，包括绿色产业、低碳产业以及循环产业，成为发展的重点和新增长点。受产业结构战略性调整影响，市场对技术技能型人才和高素质劳动力的需求必将有结构性的深刻变化。职业教育专业设置面临新的改革与发展。总体应根据我国的产业发展规划，制订服务发展新的专业设置计划，使专业设置对接产业需要，增强人才培养的适应性，提升职业教育服务经济发展的主动性。二是经济发展方式转变，促进职教可持续发展。以科学发展为主题，以加快转变经济发展方式为主线，是关系我国发展大局的战略抉择，是经济发展环境与条件发生变化的结果。它意味着历史上较长时间沿用的经济"赶超战略"谢幕而一个法制经济、质量效益、可持续发展新常态时代到来，将更加注重法制建设，更加注重提质增效升级，更加注重健康持续发展和社会和谐稳定。但转变经济发展方式，属于经济领域中的宏观现象，也是一个系统工程，有其宏观背景，也有微观基础，需要各种技术和条件的支撑和保障。因为"一个事实绝不会完全是或者纯粹是经济的，总会存在其他的而且通常是更重要的方面"❶。其中，包括职业教育发展。一方面，经济发展方式转变，要求"体系"构建适应经济新常态发展需要，深化改

---

❶ ［美］熊彼特. 经济发展理论——对利润、资本、信贷、利息和经济周期的探究［M］. 叶华，译. 北京：中国社会科学出版社，2009：3.

革，加大调整优化力度，做出战略回应；另一方面，"体系"构建与职业教育发展应在外部经济环境发生重大变化的条件下，审时度势，增强应变能力，加强互动与创新驱动，不断提升内涵建设，不断推进可持续发展。"今后的中国要通过创新驱动、内生增长道路实现发展，职业教育要提高这一方面的服务能力"。❶ 这是时代赋予职业教育的历史使命和现实课题。

（三）人本公正社会改革发展对职业教育发展的深刻影响

推进社会政治民主建设，建设一个公平正义、人人平等、和谐美好的社会，是全面建设小康社会与实现中华民族伟大复兴中国梦的需要，体现了社会改革理想和经济发展宗旨。所谓以人为本，就是确立人本理念，一切从人的需求出发，信奉人，服务人，成全人，和谐人。所谓依法治国，就是以法律为准绳，以公平正义为原则，坚持法治与德治相结合，"形成完备的法律规范体系、高效的法治实施体系、严密的法制监督体系、有力的法制保障体系"❷，建设中国特色的社会主义法治国家。两者密切联系，辩证统一，人本是法治的目的，法治是人本的保障。当前，在人本价值突显和法治力度加强的背景下，职业教育需进一步牢固树立以人为本的理念，推进制度体系建设，其中尤需加快教育法制体系建设，加强法治执行力，推进依法治教进程。新中国建立尤其是改革开放以来，职业教育法制化建设不断取得新进展，形成了一系列法律法规制度，如《职业教育法》等，但还不完善。"服务社会经济发展和人的全面发展"迫切需要法治体系的有力保障。确立人本理念，加快法制建设，是"体系"构建的重要内容与任务，对职业教育发展至关重要。一是树立人本理念。职业教育是为人人的教育，是为民生福祉的教育。因此，以人为本是"体系"根本理念，在教育对象上坚持面向全体人民群众，在教育功能上坚持以服务发展为宗旨、以就业为导向，在培养目标上坚持以高素质劳动者和技术技能人才培养为根本，在发展途径上坚持以构建体现职业教育特点和终身教育理念的方向；二是推进法制建设。这是"体系"坚持人本理念促进教育公平

---

❶ 鲁昕. 建设现代职业教育体系服务中国现代化建设［J］. 中国职业技术教育，2012（12）：96-97.

❷ 中共中央关于全面推进依法治国若干重大问题的决定［N］. 光明日报，2014-10-29.

正义和谐创新发展的理性追求和根本保证。推进法制建设，关键是建立现代职业教育秩序，形成行之有效的治理格局。这不仅需要确立职业教育法制观念，而且建立完善法律制度，形成一套民主监督机制，为"体系"构建提供法律法规保障，适应法治中国建设的需要。

二、中国特色职业教育体系促进社会经济发展

从互动维度，研究中国特色职业教育体系与社会经济关系，是"体系"理论与实践的辩证法。从属性看，两者属于不同性质范畴的事物，但从关系看，两者既有区别，又有联系。结合是客观规律，互动是主体需要，合作是共赢基础。在当代社会现代化和经济一体化发展的趋势下，深入探究中国特色职业教育体系与社会经济的互动发展机制（即两者关系及作用方式），对于"体系"构建并促进职业教育发展具有不可低估的理论意义和实践价值。

（一）客观互动性

社会是一个有机联系、完整统一的结构体系。其中，"体系"与社会经济分别具有相对独立的生态空间，发挥着不可替代的作用。但两者又处在同一社会系统中，彼此相互依存，合作共生，互补共赢，促进发展，成为共同需要。从这一意义而言，系统是基础，是制约，联系是关系，是需要，互动是必然，是机制，由此形成社会客观互动性。一是需求双向性。这是发自主体内在需要的动因，体现于"体系"与社会经济需求关系上，共同依附性是需求的基本特征。所谓依附性，是指"体系"与社会经济辩证关系，"体系"离不开社会经济基础，而社会经济基础也需要"体系"支撑。彼此不可能在一个独立封闭系统中完成，必须在一个互联互动系统中发展。一方面，"体系"需要社会经济提供物质与精神基础，不断改善"体系"办学条件；另一方面，社会经济需要"体系"提供人才与科技支撑，事实表明，在传统的农业经济时代，教育对社会经济贡献率微不足道，十分低微，但进入工业社会以后，特别到知识经济时代，"体系"对社会经济发展的贡献率与日俱增，不断攀高。从这一意义而言，未来是教育的新时代，是职业教育的春天。"体系"构建与职业教育发展对社会经

济发展具有深远而广泛的影响；二是功能互补性。这是来自于主体能动的动力。所谓功能互补性，是指"体系"与社会经济功能的一体互动性。"体系"将人才培养功能发挥至极致，为社会经济发展提供特殊的人力资源支撑。社会经济不断提高政策支持与资源环境保障，如"十一五"期间中央财政安排 100 亿元专项资金，"十二五"期间中央财政每年投入 150 亿元，有力促进了"体系"构建与发展。总之，在这良性互动中，各种有利因素泉涌，发展机遇活力纷呈，必将推动"体系"与社会经济进入发展"新常态"，获得共生共赢的新机制和新动力。

（二）科学规律性

所谓科学规律性，是指"体系"与社会经济协同科学发展，主要体现于合乎主体目的性与运行规律性方面。一是合乎主体目的性。社会经济是人类本质对象化，归根结底，是为生活服务的，体现了人的价值追求和社会需求。"体系"是社会经济发展需要和当代职业教育发展目标，体现了服务发展需要、以就业为导向、培养高素质技术技能人才的价值取向和社会意义。合乎主体目的性，构成了两者协同发展的基础和可能性。二是体现机制规律性。所谓机制规律性，是指"体系"与社会经济互动是建立在功能互补与发展促进的机制之上的。功能互补上文已有论及。发展促进是两者有效互动产生的效能。在宏观上，"体系"与社会经济是局部与大局的关系，社会经济是主战场，其发展程度直接影响决定"体系"构建和职业教育发展进程，离不开社会经济源动力和物质基础。社会经济持续发展对"体系"质量和供给能力提出了新的更高要求，不但要求在数量上满足发展需求，而且要求不断提升教育教学质量以满足经济产业转型升级和社会精神文明提升发展的需要。唯有形成相辅相成，协调发展，彼此支撑，相互促进的局面，才能满足双方预期，达到理想的境界，使社会经济持续健康发展，使"体系"加快发展，形成和谐合力发展的长效机制和常态化局面。

（三）实践有效性

实践是检验真理的唯一标准。有效性是经济学的重要理念和原则，引入"体系"构建语境，是为了揭示"体系"构建与社会经济互动发展的内在价值追求和绩效评估依据，对于推动两者共同发展具有积极的理论与现实意义。所谓有效性，是指对系统内外要素的有效组合和运行所产生的理想状态和结果，对于"体系"构建与社会经济发展而言，都是至关价值预期和管理方式的重要原则。一是价值预期契合。关于效益的问题，始终是经济学关注追求的核心价值，通常以"GDP"来衡量其发展水平和进程。"体系"与社会经济一体同构，尽管本质上不同于社会经济，但也应克服市场与效益意识淡薄的弊端。前提是全面正确理解教育绩效内涵和衡量指标。在较长时间里，偏重于发展的数量和规模，而忽视质量和效益提高，以至出现"大楼林立，而质量低迷"的困惑和弊端。一度出现就业难的困惑，就是这一问题的客观反映。科学发展观崛起，促进了社会经济发展进入"新常态"新阶段、新发展，也推动了"体系"转型与发展，在历史发展新拐点上重构价值预期，形成新的契合。二是管理方式对接。这是提升实践有效性的关键环节和组织保证。管理对于社会经济特别是企业而言，体现于实际效益，侧重于经营管理。在市场经济条件下，"体系"也不能没有管理规范和经营意识。因为，不具经营管理制度和全面效益的教育，一定不是优质卓越富有实效的教育。因此，应在管理方式上实现有机对接，取长补短，共同提高。社会经济不断增强对"体系"持续支撑力，"体系"不断提高对社会经济发展的贡献率。这是"体系"构建和社会经济发展的共同现实诉求，也是历史发展的必然趋势。

第三节 中国特色职业教育体系与国民教育

建立现代国民教育体系，是我国教育事业改革与发展的一项带有根本性的战略任务。但从学理角度解说概念，目前尚未形成一个完全统一的表述，需要梳理整合，形成本土化的话语。所谓"国民教育"（national education），称公共教育，指国家为本国国民（或公民）举办的学校教育，一般为小学教育或初中教育，有的国家还包括学前教育和高等教育❶。所谓现代国民

---

❶ 鲁洁. 教育大辞典 [Z]. 上海：上海教育出版社，1990：71.

教育体系，是一个系统的概念，是指国家宏观指导、适应市场经济发展、全体国民共同参与享有、体现终身教育理念、各类要素资源统筹协调，促进成长发展的完整教育体系，主要由学前、基础、职业、高等、研究生以及成人教育等有序构成，具有全民性、公共性、多元性、开放性、系统性的特点。与传统国民教育相比，"更注重体系完整，结构合理；机会公平，区域均衡；注重各级各类教育相互衔接，正规与非正规教育相互沟通；提倡学历本位与能力本位并重，学校教育与社区教育结合"❶。面向 21 世纪，如何推进我国国民教育体系建设与发展，《国家中长期教育改革和发展规划纲要 （2010—2020 年）》提出 "现代国民教育体系更加完善，终身教育体系基本形成，促进全体人民学有所教、学有所成、学有所用" 战略目标，指明了发展方向，具有重要的理论意义与现实意义。

一、"体系" 构建与现代国民教育体系建设的理论架构

国民教育是一个国家教育的总体设计和布局，是一个有机系统。对职业教育而言，是整体与部分的关系，处在同一系统中，一体同构，彼此联系，相互支撑，共同托起一个国家和民族的教育大厦和希望。

（一）"体系" 构建的国民性

关于国民性，有广义与狭义的区别，是形成语义争议的一个内在原因。广义的国民性，是指国家性、民族性与人民性的统一；狭义的，是指文化学意义上的界定，"它是一个民族国家长期以来形成的传统文化在国民身上的性格体现，并在思想意识、社会心理和行为中以稳定形态表现出来，是国民意识、国民精神、国民人格的总和"❷。是一定社会环境、文化传统和时代精神交响演绎的历史结果。引入教育语境，国民性就具有特定的内涵与外延，既不同于一般文化学、心理学意义，只限于精神范畴，也不单是一种性格的代名词，而是指一种基于教育意义上的面向社会、以人为本、公平公正、服务人人、惠及全民的国民教育体系。其本质就是 "坚

---

❶ 中国教育与人力资源问题报告课题组. 从人口大国迈向人力资源强国 ［M］. 北京：高等教育出版社，2003：332.

❷ 张鹏君，李太平. 国民性培养的教育学思考 ［J］. 高等教育研究，2014（5）：25－29.

持教育的公益性和惠普性，保障人民享有接受良好教育的机会"，实现家庭教育、学校教育、社区教育和企业教育的有机整合，促进人的全面自由发展，全面提高国民的整体素质。嵌入"体系"构建，形成"体系"构建的国民性，是指"体系"对国民教育肩负的权利义务和本质统一性。一是坚持国民教育价值定位。国民性是"体系"构建的价值追求和体现。人口众多，是我国国情特点。据有关统计，2008 年末中国大陆人口 13.28 亿，占世界人口的 20%、亚洲人口的 33%。由一个人口大国转变为人力资源强国，由"长期处在社会主义初级阶段"到"全面建成小康社会，进而建成富强民主文明和谐的社会主义现代化国家，实现中华民族伟大复兴的中国梦"❶，是历史的跨越和发展，意味着教育面临巨大的压力与挑战，即要举办世界上最大规模的国民教育和职业教育。其中，职业教育必须直面这一国情实际和发展需要，自觉担当起社会责任和民族嘱托，成为"体系"构建的基本点和价值追求。二是彰显国民教育根本要求。国民性是"体系"构建的核心内容和根本要求。体现国民性，必须坚持中国性，培养中国人。在"体系"构建的语境下，所谓中国性，培养中国人，就是指从国情实际和职业教育特点出发，助力国民教育发展，"培养数以亿计的高素质劳动者和技术技能人才"，"形成中国特色、世界水平的现代职业教育体系"。这是国民性对"体系"构建本土化的约定和要求。因此，"体系"在内容与形式上应充分体现中国特色、现代品质和服务本色。

（二）国民教育的"体系"性

所谓国民教育"体系"性，是一个复合性概念，与国民教育本体不可分离，但主要是指国民教育结构中内含的职业教育子系统。前者是整体，后者是部分，在此主要论述后者的意义。一是国民教育"体系"性意义。建立现代国民教育体系，职业教育不可缺席，这是一个完整的体系。我国教育法规定的学前、初等、中等、高等教育的学校教育制度，以及九年制义务教育，职业教育和成人教育（包括非学校教育和培训）制度、国家教育考试、学业证书和学位制度，都从不同侧面支撑着国民教育体系。其

---

❶ 中共中央关于全面深化改革若干重大问题的决定 ［N］. 光明日报，2013－11－16.

中，职业教育是体系的重要组成部分。在当代，职业教育举足轻重，扮演着重要角色。从规模上看占据半壁江山，从人才培养方面看具有不可替代的地位，从经济发展来看关系人力资源建设和保障，从社会影响看直接关联着就业与民生大计。所有这些表明，"体系"构建与职业教育发展是整个现代国民教育体系的重要支柱，发挥着重要的作用。关键是形成各级各类教育统筹协调和谐发展的体制机制，在当前发展还不平衡的条件下，在目前我国劳动力素质和技术技能人才总体水平与现代化建设需要和发达国家相比还有不小差距的情况下，尤其需要加快"体系"构建和职业教育发展，促进现代国民教育体系建设与发展；二是国民教育"体系"性的理性。所谓国民教育"体系"性的理性，是一个理论与实践结合的系统概念，要义是走向自觉，关键是立足现代国民教育发展，系统地谋划与建设现代职业教育体系，发挥其特色优势，凸显其功能作用，促进人力资源建设，为社会经济发展提供人才保障。当前存在的问题与不足，首先是认知缺失，传统重普教轻职教的教育理念依然存在。其次是历史欠账尚未补足、职业教育基础依然较薄弱，人才培养质量还不够高、教育教学改革还有待深化，综合实力与竞争力还不强、办学水平和人才培养能力需进一步提高。凡此林林总总，都是国民教育在"体系"性构建中需要认真研究与解决的主要问题。欲破解国民教育"体系"性存在的难题和发展瓶颈，前提是修正认知偏颇，转变观念，坚持辩证法，树立优先发展职教理念。根本是从政策舆论和人财物各个方面实施扶持促进优先政策，推进"体系"构建和职业教育发展。

（三）"两教"融通的一体性

"两教"是指国民教育体系与职业教育体系（"体系"构建），一体性是指形成整体与部分互联互通互补的关系，使两者有机统一，一体同构，浑然一体。"它既不承认脱离客体而存在的主体，也不承认脱离主体而存在的客体"。❶ 可见，"两教"一体性建设的根本是统一，即一体化，而关键则是统筹，形成协调持续发展的局面。因此，"两教"一体性建设，离

---

❶ ［美］拉兹洛．系统、结构和经验［M］．李钊同，译．上海：上海译文出版社，1987：42.

不开"一体"和"统筹"两大支点。一是强化一体化。历史上不平衡，固然有多方面的原因，但从主体看，"两教"一体性意识薄弱，是深层的因素。国民教育在长期传统意识中存在以知识为本和升学为导向的倾向，而以就业为导向、以技能为本的职业教育几乎处在"被遗忘的角落"。教育视域下"千军万马走独木桥"极限与无奈的影响至今未能完全消退，严重制约了职业教育发展，以至出现挥之不去的"就业难"与"招工难"（技术技能人才）的尴尬。欲从根本上改变这种不合理的现象，转变观念，更新意识是关键。在当今教育一体化发展的形势下，树立普教与职教包括成教、远程教育一体化发展理念，是客观的需要，也是教育发展必然的趋势。二是加强统筹发展。建设现代国民教育体系与"体系"构建是一项系统工程，密切全局与局部的联系，形成一体化发展的体制机制，尤为重要。但"两教"一体性体系建设是一个矛盾统一的历史过程，同时还与其他各级各类教育保持着千丝万缕的联系，需要解决的问题繁多。关键是运用统筹协调方法，科学合理有效地处理好"总体"与"分体""多教"与"职教"的关系，宏观上均衡发展，微观上协调发展，切实保证"体系"构建的战略实施顺利进行，全面推进国民教育健康快速发展。

二、"体系"构建与现代国民教育体系互动的基本策略

在理论构建引导下，如何将"体系"构建纳入现代国民教育体系之中，形成一体同构、互动发展、和谐生态的局面，是建设现代国民教育体系的关键。在这双向互动衔接发展的过程中，必须有科学的思路、发展模式和体制机制作保障。

（一）一体融通的发展思路

未来，中国教育是什么样？《国家中长期教育改革和发展规划纲要（2010—2020年）》提出了"到2020年，基本实现教育现代化，基本形成学习型社会，进入人力资源强国行列"战略目标，描绘了"实现更高水平的普及教育，形成惠及全民的公平教育，提供更加优质的教育，构建更加完备的终身教育，健全充满活力的教育体系"发展蓝图。在此目标下，"体系"构建与现代国民教育体系互动一体化发展问题，成为制约教育总体发

展战略的重要环节。落实到实施层面，思路决定道路，是形成"体系"构建与现代国民教育体系互动发展及一体化构建的基础。根据教育发展总体目标，"体系"构建与现代国民教育体系互动发展，应以科学发展观为指导，以"办出具有中国特色、世界水平的现代教育"为目标，以国民教育带动与职业教育支撑为动力，以形成一体化体制机制为保障，加快职业教育体系建设，推动国民教育发展。

（二）纵横衔接的体系模式

没有现代国民教育，就没有现代职业教育，没有现代职业教育发展，也不会有完整的现代国民教育。"相互联系和相互依存构成了现代社会生活的特征"。❶ 由此推断，现代国民教育对职业教育的重要性，以及"体系"构建与现代国民教育体系的关系，不仅决定了它们各自的地位作用，而且也决定了两者的发展方式，即互动模式。这种模式在静态意义上是指一种形态方式，在动态意义是指一种运行机制，具有鲜活生命力。可以说，互联互动是这一模式的生命线，也是最合理有效的合作形态和运行模式。这一模式的基本特征集中概括为两点，即横向互动性与纵向衔接性。

一是横向互动性。这一概念强调，国民教育与职业教育是统一体，而且是一种多维立交的网络结构。彼此密切联系，不可分割，浑然一体，互动发展，构成了它们生命运动的基本规律和特征。具体表现为整体与部分、部分与部分的关系，即整个国民教育与职业教育之间相互沟通、协调发展，同时，也涵盖各地区，各民族，各产业、行业、企业、专业和职业、就业等领域，与社会各系统保持密切的互联互动。关键是处理好与之相关的横向多维关系，合理解决好不同利益预期主体的复杂性问题。对于职业教育而言，尤其要重视密切与教育主导者政府、参与者行业、企业的关系，建立一个开放、合作、共赢、富有活力的互联互动体制。使教育功能不断得到提升，使办学能力不断增强，使现有的教育资源通过互通共享实现效益的最大化，使潜在积淀的教育资源也能得到最大限度的开发利用，保证国

---

❶ [英] 约翰·汤姆林森. 全球化与文化 [M]. 郭英剑, 译. 南京：南京大学出版社, 2002：2.

民教育体系建设与职业教育体系构建及发展的需要；二是纵向衔接性。这是互动模式的又一重要条件和结构特征。从现代教育理论看，国民教育是国家全部教育的总和，包括各级各类教育和培训，贯穿于终身教育始终，体现在国民整体素质提高、教育均衡化、一体化可持续发展和学习型社会建设上。"体系"构建是国民教育体系建设的重要内容。两者保持纵向的衔接性，是互动模式的关键。现阶段我国国民教育体系主要分为学前、初等、中等、高等教育（含研究生教育与博士后培养）四个层次。在中等教育以前基本是普通教育，其后开始分流，形成普通教育与职业教育及继续教育多教交叉衔接发展的格局。但传统国民教育无论理念与实践，都存在自我封闭、不相往来的弊端，造成了教育和人才培养上的断层，使国民不能充分享受到国家所赋予的接受现代教育与培训的权利，导致国家人力资源建设与发展直接受到影响。在改革不断走向深化的今天，这种不合理的现象必须改观。重点是加强"职前教育与职后教育的衔接"，形成终身化教育体制。

（三）多元合作的保障机制

"体系"构建与现代国民教育互动发展模式，必须建立在科学合理有效的保障基础之上。因为从模式转化为现实图景，是一个多元主体和复杂要素共同参与合作互动的过程，倘若没有制度作保证，是难以统一彼此意志，协调相互预期和行动的。一是加强规范性。这是贯彻依法治教国策的需要，也是推进"体系"构建与现代国民教育互动发展、加强管理与治理必不可少的重要环节和基本方法。所谓加强规范性，就是要通过制度建设和治理体制的完善，尤其"要强化政策支持和监管保证，把落实政府责任作为着力点"❶，严明规定，严格约束，形成良好的互动秩序，确保其有效运行，更好地推动共同发展。二是增强互补性。这是增强互动性、提供有效性的重要保证。所谓促进互补性，是指加强"体系"构建与现代国民教育之间能量的交流与整合，形成扬长避短、优势互补的机制。这是"体

❶ 教育部职业教育与成人教育司，教育部职业技术教育中心研究所. 展望2015中国职业技术教育［J］. 职业技术教育，2015（1）：8-9.

系"构建的重要目标。加强与国民教育的互补性，无疑更有助于形成体现终身教育理念的现代职业教育体系，更好更快地培养高素质劳动者和技术技能人才。现代国民教育体系是普教与职教的契合，是"多教"的有机统一。不同类型的教育进行优势互补，也有利于各类教育取长补短，合作共赢，共同发展，形成良好生态，产生综合效应，为"体系"构建提供有利的发展环境与资源条件。三是驱动促进性。这是互动机制与效能的体现，也是该模式的动力来源。双向性是这一效能机制的鲜明特征。一方面，"体系"构建在本土化发展、技术技能教育规律探索、校企合作与工学结合办学体制改革与创新、以及人才培养模式创新等方面形成的成果与经验，必然支撑与推动现代国民教育体系建设与发展；另一方面，现代国民教育体系建设与发展，也为"体系"构建形成终身教育体系，构建人才培养立交桥，提供政策支持、资源保证、生源来源和师资支撑，推动更好更快的发展。

第四节　中国特色职业教育体系与人力资源

人力资源（Human Resources），是 1954 年美国当代著名管理学家彼得·德鲁克（Peter F. Drucker）在《管理的实践》中提出的概念，界定为人的"特殊资产"，包括"协调能力、融合能力、判断力和想象力"。一般理解为具有健全身心、智力和劳动能力的人口，是数量与质量的统一。它既是社会生产力的主体、核心和保障，又是社会生产力的本质、预期和目的。因此，被称之为世界财富之最、"第一资源"、可再生资源和根本资源。我国是世界人口大国，能否将这种巨大潜在的资源转化为现实强大的人力资本优势，决定着未来社会经济的发展。教育是培养人、转化人、造化人的神圣事业，也是人力资源开发的根本途径，是增强综合国力和国际竞争力、推动社会经济可持续发展的决定因素，具有基础性地位和战略性意义。伴随世界经济发展方式的转变，大力发展教育，促进人力资源开发，已成为全球性的共识和战略选择。职业教育作为教育的重要组成部分，发挥着独特的作用。相比普通教育，具有职业技术教育的优势，与产业经济与职业就业紧密对接，培养培训技术技能人才，更直接作用于社会经济发展，在德国被称之为经济复苏与工业腾飞的"秘密武器"。借鉴世界职业教育发展经验，结合我国发展阶段的实际需要，《国务院关于大力发展职业教育的决定》指出"大力发展职业教育，加快人力资源开发，是落实科教兴国战略和人才强国战略、促进我国走新型工业化道路、解决'三农'问题、促进就业再就业的重大举措；是全面提高国民素质、把我国巨大人口压力转化为人力资源优势、提升我国综合国力、构建和谐社会的重要途径"。

一、"体系"构建面临人力资源开发的压力与机遇

21世纪是科技革命和知识经济时代，也是人力资源深度开发与优化提升的重要时期。因为决定未来社会经济发展和综合竞争实力的关键要素，已不再是自然与物质资源投入，而是更多依赖于知识技术的创新与贡献，但归根结底取决于人的因素。因此，人力资源价值日趋凸显。作为人力资源开发重要途径的职业教育面临新的压力和发展机遇。

（一）面临人力资源开发的现实压力

"人力资源开发是一门相对年轻的学科，但却是一个历史久远、根基牢固的实践领域"。[1] 我国是世界人口大国，充分就业始终是社稷民生的头等大事。在全球化、信息化、工业化和城镇化发展的进程中，人力资源开发面临巨大压力。

1. 面对全球人力资源开发新变化

世界经济震荡、发展与变幻，对中国职业教育与人力资源开发产生深刻影响。自2008年全球金融危机爆发至今，"目前世界经济仍然处在经济发展长周期的萧条阶段"[2]。经历危机后世界各国深度反思危机成因，寻觅解困出路，酝酿改革和发展对策。如"以美国为代表的发达国家实施以

[1] ［美］理查德·斯旺森，埃尔伍·德霍尔顿. 人力资源开发 ［M］. 王晓晖，译. 北京：清华大学出版社，2008：6.

[2] 上海社会科学院世界经济研究所宏观经济分析小组. 砥砺前行中的世界经济：新常态、新动力、新趋势——2015年世界经济分析与展望 ［J］. 世界经济研究，2015（1）：3-23.

'再工业化'为核心的经济复苏战略，掀起回归实体经济的高潮"❶。新兴经济体包括中国、印度、俄罗斯等国经济也有不俗的表现。然而，在经济全球化一体化的时代，无论怎样的经济调整与修复，必然渗透到世界范围内的资源配置与投入。历史上几次经济突围与赶超的经验表明，在众多资源要素中，教育与人力资源开发起着关键性的作用。后危机时代，世界人力资源开发呈现出新变化与新特点。一是全球性。世界经济复苏与振兴，关键是转变生产方式和调整经济结构。这是促进复苏向好发展的根本途径，但动力在于人力资源开发和利用。因此，世界各国普遍重视这一领域的开发和利用，纷纷加强对人力资源配置的战略规划和福利制度调整以及培训等激励政策，实现国民经济的可持续与内生性增长，成为全球性的发展趋势。职业教育面临人力资源战略机遇期。二是多样性。经济是一个多层次的结构体系，与之相适应的人力资源也必定是多层次的结构，这是由经济的多元性所决定的。即使在后危机时代，也不例外。随着产业结构升级和经济增长方式转变，必然引起对人力资源需求的新变化。一方面是按传统匹配的技术思路和方式，进行人力资源开发和建设，保持人力资源的多样性满足经济复苏的需要；另一方面也要树立适度超前的意识，预测未来产业结构和经济发展方式的变化，做好人力资源预测和开发，发现与培养未来人才，为明日需要做好准备。职业教育面临新挑战，应以技术技能人才多样化的培养，回应人力资源开发的新变化和需要。三是竞争性。竞争是社会进化的产物，是市场经济的必然。但所有竞争，归根到底，是人力资源的竞争。全球经济复苏，意味着新一轮人才资源竞争的开始。如何在后危机时代赢得先机，实施赶超战略，人力资源的充分开发和有效利用是先决条件，是竞争的关键。历史是最好的证明，新加坡在这方面称得上是一个成功的典型例子。1959年独立的小国，自然资源极度匮乏，但仅用30多年的时间，就从1996年起挤入发达国家行列，被公认为全球最具竞争力的国家之一。究其原因，倡导"人才立国"和"精英治国"，建设精干、高效、廉洁的公务员队伍，大力开发和引进人才资源以弥补自然资源

---

❶ 陆燕. 世界经济发展的新变化及2015年展望［J］. 经济与贸易，2015（1）：1-15.

的不足，是该国走向成功的秘诀。由此启示，深度开发人力资源，最大限度提升人力资源价值，是抗御竞争风险与提升竞争实力的根本保证。职业教育将进入质量立教和人才兴教的新阶段。

2. 适应国内人力资源开发新常态

世界经济正处在一个整体持续低迷（secular stagnation）状态的"新常态"（new normal）。中国经济受内外环境的制约和影响，也由高速增长转入中高速增长，进入深化体制机制改革、加快经济发展方式转变和全面适应经济新常态的阶段。与此同时，在新常态驱动下人力资源开发也进入优化升级的新阶段。所谓人力资源开发进入新常态，是指从主要依靠人工成本优势的劳动密集型价值创造方式，逐步向依靠人力资源投资、优化结构、提升人力资源价值转变。在此背景下，"体系"构建也应审时度势，从观念到体制以及发展方式都要适应人力资源开发的新变化和新常态，更加注重内涵发展，更加注重人才培养质量，更加注重人力资源开发对产业转型升级和经济发展的贡献率。一是充分认识我国人力资源开发的新特点。"中国作为发展中的转型国家，既要解决落后国家的发展问题，同时也要抓住新世纪的历史性机遇，探讨并解决教育发展和人力资源开发在实现全面追赶和赶超的现实途径"。❶ "体系"构建应敏锐感知到新常态下人力资源开发对高素质劳动者和技术技能人才的新需求，深刻意识到经济的增速换挡与人力资源的调整升级，对于职业教育人才培养而言，是一个观念转变，是一个质量要求，是一个提升过程。二是深刻认识职业教育人力资源开发的新使命。适应人力资源开发新常态，需要解决的一个带有根本性的问题是明确自身在这一转化发展中所应承担的责任和使命。人力资源开发是一个系统工程，涉及社会的各个方面，包括人才培养的各个层次与类型。据中国人事科学研究院、中国劳动保障科学研究院等机构的最新研究《人力资源蓝皮书：中国人力资源发展报告（2013）》显示，在面临就业总量压力的同时，我国就业结构性矛盾更加突出，主要原因是劳动者能力

---

❶ 中国教育与人力资源问题课题组. 从人口大国迈向人力资源强国——中国教育与人力资源问题报告 [J]. 教育发展研究，2003（3）：22 - 26.

素质与经济社会发展需要不适应。我国劳动者素质偏低，劳动力人口中受过高等教育的比例仅为7.4%。在全国就业人员中，初中及以下学历的比重占到70.3%，大学以上学历仅为12.94%。据2012年中华全国总工会职工队伍状况调查，目前我国职工平均受教育年限为12.95年，其中52.7%的职工受教育程度为中专及以下，具有初级职称及没有职称的职工高达76%，仅34.6%的职工在结束上一份工作后接受过技能培训。而且我国技能人才总量不足，特别是高技能人才严重短缺。我国技能劳动者占从业人员的比例不足13%，仅为城镇从业人员的1/3。全国技师、高级技师占技能劳动者总量的比例仅为4.8%。❶人力资源开发紧迫而任重道远。职业教育面临压力，应在技术技能人才培养方面，通过体制改革与人才培养模式创新，为人力资源开发做出积极的贡献，提供新的人力资本和人才支持。特别在推进新型城镇化建设中要为农村劳动力转移提供职业教育与技术培训服务，开通职教服务绿色通道，面向农业农村农民，培养更多的应用性职业人才，满足社会就业与人力资源开发的新需求。

（二）面临人力资源开发的战略机遇

人力资源开发离不开产业与经济的物质基础。新常态下产业结构调整与经济发展方式转变，为人力资源开发创造了新的空间和发展机遇。如何将庞大的人口压力转化为人力资源，是当前乃至今后一个较长时间里人力资源开发面临的现实课题，也是推动社会经济转型、保持可持续发展态势的关键。"体系"构建作为人力资源开发的重要途径，面临战略机遇期。

1. **产业结构调整下人力资源开发新需求**

产业结构从劳动密集型向技术和知识密集型转型，是新常态下经济复苏走向持续发展的必由之路。这种带有全局性的战略转移，激发了人力资源开发的新需求，对职业教育服务与知识技术贡献提出新的更高要求，同时人力资源发展态势又反作用于产业结构调整升级。一是专业技术技能人

---

❶ 2013中国人力资源发展报告发布［EB/OL］．中商情报网，http：//www．askci．com/，2013 - 10 - 10．

才的新需求。目前，传统产业颓势，新兴产业崛起，加快了经济转型发展，突现了新矛盾，也形成了新的增长点，对人力资源提出新需求。原有的人力资源不能满足新产业用人的需要，迫切需要加快对急需人才的培养，完善人力资源结构，平衡社会经济发展。"体系"构建服务社会经济发展，根本是从产业结构调整与人力资源开发需求出发，不断更新教育理念，培养各级各类技术技能人才，推动产业结构转型升级，满足人力资源开发的需要。二是推动劳动力转移的新需要。就其内涵而言，包括城市人口就业与农村富余劳动力转移。一方面，城市产业结构的调整和升级，加速了劳动力流动与转移，迫使人们正视现状，谋求出路，学习新的知识和技能，从而提高对社会的适应性和就业创业的能力，以期重新获得就业机会与创业契机；另一方面，城镇化的快速发展，也进一步突出了劳动力转移就业的矛盾和需求。据《人力资源蓝皮书：中国人力资源发展报告（2013）》调查统计，我国农村还有 1 亿多富余劳动力，每年需要转移就业800 万～900 万人。同时，2 亿多农民工就业呈现出"短工化"趋势，工作持续时间短，流动性大，还有很多人工作岗位并不稳固。这些为职业教育提供了巨大的需求环境。促进城镇人口充分就业和农村富余劳动力向非农和城镇转移就业，职业教育是重要途径，应将其纳入"体系"构建的框架之中，列入服务重点，通过灵活多样的技术技能培训，提高劳动者的素质和能力，为其就业和创业创造有利条件，为产业升级换代提供人力与智力的来源，形成合理的人力资源配置结构。

2. 新技术革命下人力资源开发的新变革

科学技术是第一生产力，是认知与改造世界的有效武器，是社会经济发展的根本动力。历次世界经济面临危机突破困境走向复苏都得益于新技术的产生和推动，成为一个专门的研究领域。眼下，世界经济复苏呼唤新技术革命浪潮到来。互联网、物联网、机器人技术、人工智能、3D 打印、新型材料、新能源汽车等新技术崛起正在改变世界经济发展方式和走向，而且极大提高了对社会经济的贡献率，并使劳动方式由体力转变为脑力，有力推动了人力资源的发展。一是人力资源高级化。科学技术对经济发展具有决定性意义，对人力资源具有促进作用。我国是一个制造业大国，但目前发展还不平衡，在机械设备制造方面依然显得薄弱，一个重要的原因是科技创新能力与水平和人力资源结构、素质与发达国家相比还有差距。这对于一个发展中国家而言，是不可避免的阶段，但也是一个有可能通过引进或创新科学技术、以及加大对教育的投入、改善人力资源结构与质量、逐步赶超先进的过程。在知识经济快速发展的条件下，随着人口红利极限的突现，人力资源开发也必将由传统基础型的以体力劳动为主向以脑力劳动为主体的高级型转变，由对一般能力的需求转变为对高技能、高技术和创新能力的需求。这种人力资源开发的新变化对"体系"构建提出了新的更高要求，不仅要继续做好基础性人才的培养与培训工作，为就业服务，而且要加大对高素质技术技能人才的培养力度，为中国制造业转型升级服务，提供高素质技术技能人才支撑，促进"中国制造"走向"中国创造"，进而成为名副其实的世界制造中心、世界创造中心乃至世界科技创新策源地。二是人力资源复合化。所谓复合化，是指人力资源开发的一种综合优化的结构方式，具有多元跨界的知识、能力与素质特征，能从事较复杂的生产劳动。在当代科学技术正由单一专业化发展模式转向多元复合化发展模式的条件下，各领域要素之间互联互交集成综合已成为未来发展方向。正如世界未来学家阿尔文·托夫勒（Alvin Toffler）所言："我们正处在新的综合时代的边缘，重大的突破往往不是单向孤立的技术，而是来自并列的几种技术，或来自几种技术的综合。"人是科学技术的创造者、掌控者和推进者，欲推进科学技术综合化发展，必须首先加强自身综合化建设，培养高素质复合型人才，适应社会一体化发展。人力资源复合化，究其本质而言，就是满足科学技术发展的需要，促进人力资源的全面协调发展，提高民族的创新精神和创新能力。目前，无论国内外对此研究总体处在初级阶段，现实发展与理论之间存在一定的差距。"体系"构建没有足够的理论与实践经验成果的借鉴和基础。适应当前投资与消费驱动的经济增长模式转变、依靠新科技革命和新能源革命推动经济发展的需要，关键是面向人力资源开发复合化的变革，结合职业教育特点，深入探索研究高素质技术技能人才的特点与要求，探索校企合作、工学结合、"手、脑、心"复合的技术技能人才培养的途径与方法，为实施科教兴国、人才强国战略，推进社会经济发展转型进程，促进可持续发展，提供人力资源的保证。

二、"体系"构建面向人力资源开发的对策构想

人力资源开发，是历史的概念和动态的过程，离不开规划与决策。在产业调整升级与经济转型发展的关键时期，"体系"构建作为人力资源开发的重要载体，应依据现实环境条件及其对人力资源开发要求，科学预测市场需求，合理确立发展目标，调整开发规模，优化资源结构，提升综合效率。

（一）树立人力资源开发的新理念

人是改造世界的根本力量，资源是人赖以生发的物质基础。将人纳入资源范畴，而且是第一资源，是对人全面价值意义的解密与肯定。正如英国经济学家舒马赫所言："全部历史以及当前的全部经验说明这样一个事实：最基本的资源是人而不是自然提供的。一切经济发展的关键都是从人的头脑中产生的。"❶ 但人类对人力资源的认识，却是经过了较漫长的历史过程。真正科学认知人与人力资源的关系，并提高到社会经济学层面来研究，还是在世界人类社会进入知识文明社会阶段。人的全面发展与人力资源开发，便成为社会文明发展的标志与关键，发挥着决定性的意义。"体系"构建，说到底，是促进人的全面发展，为人力资源开发提供制度保障和动力机制。关键是树立人力资源的新理念。一是坚持全面发展观。实现人的自由全面发展，是人的根本价值追求，也是社会进步与发展的客观需要。但在较长时期里，受社会经济发展阶段的局限，它作为一种理想而存在，而真正将它提高到社会现实层面，成为一种社会发展观和人才观，指导社会实践和人力资源开发，还是进入知识社会文明之后，由此开始将人的全面发展列入社会发展战略与人力资源开发范畴之中，并作为一种理念和原则来规范与促进社会发展和人力资源开发。联系"体系"构建的实

---

❶ ［英］E. F. 舒马赫. 小的是美好的［M］. 虞鸿钧，等，译. 北京：商务印书馆，1989：234.

践，职业教育承担培养高素质劳动者和技术技能人才的任务。从人才类型来看，这是一种有别于知识型的人才类型，从这一意义而言，强调其技术性，突出应用性，是人才培养分工分型的需要，也是人力资源开发的需要和职业教育属性与特性的体现。但在职业人才培养过程中，事实上科学教育、技术教育与人文素质教育并非决然分离对立，在全面发展观的理念原则下，科学教育、素质教育与技术教育是辩证统一的，只是因人才培养类型不同所采取的不同方式而已。尽管目前教育总体还处在工具教育与自由教育的过渡期，但树立全面发展观，实施全人教育与培养，应是社会进步与人力资源开发发展的需要，也是职业教育的终极目标和"体系"构建应有之义。关键是处理好知识、技术、能力与素质教育关系，形成特色鲜明全面发展的人才培养体系。二是树立效能发展观。伴随产业调整升级与社会经济转型发展的有效进程，职业教育与人力资源开发也进入了一个关注质量、注重效能与加强管理的时期。提高人才培养质量，促进人力资源开发，效能成为人力资源管理的核心目标和评估根本。质量是生命，效能是核心，管理是关键。现实中人口红利消失，迫使企业改变原来的发展方式，重新寻找促进生产方式转变和可持续发展以及增强竞争力的途径。在转型发展之际，企业选择以高素质人才为载体的人力资本优势的发展战略是势在必然，而且客观上形成倒逼职业教育深化改革、提高质量的环境条件。适应人力资源效能发展的要求，"体系"构建应树立以质量为根本，效能为核心的人才培养理念，因为质量是效能的前提，而效能是质量的体现。因此，确立效能发展观，是"体系"构建人力资源开发的需要，否则就难以满足社会发展对职业人才的需要，就难以形成人力资源优势，从根本上保证社会经济可持续发展。三是确立加快发展观。教育作为一种知识产业与公共服务设施具有先导性、全局性和基础性的战略地位。确立优先发展的地位，是贯彻科教兴国与人才强国战略的需要。在教育优先发展的前提下，加快职业教育发展，是近年基于社会经济发展与人力资源开发的客观需要，"党中央、国务院做出的重大战略部署，对于深入实施创新驱动发展战略，创造更大人才红利，加快转方式、调结构、促升级具有十分重要的意义"。改革开放以来，我国职业教育事业取得了快速发展，实现

第一章 中国特色职业教育体系的社会基础

了历史性的跨越，为社会经济发展培养输送了大批的技术技能应用型人才，改善了劳动力整体素质，成为职业人才培养培训的重要基地和途径。但目前无论规模与质量，职业教育还不能完全适应与满足人力资源开发的需要，与我国人力资源开发的要求还有不小差距。"国民总体文化程度依然较低，2000 年我国 15 岁和 25 岁以上人口国民受教育年限分别为 7.85 年和 7.42 年，仅相当于美国 20 世纪初的水平；人力资源结构矛盾突出，高层次人才极为短缺，2000 年我国劳动力人口 80% 以上只具有初中及以下文化程度，受过高等教育的比例仅为 3.8%，与 OECD 发达国家的差距高达 5 倍以上；地区差距非常明显，文盲人口 3/4 集中在西部农村、少数民族地区和边远贫困地区，表明我国农村仍沉淀着巨量的低素质人口"。❶ 现实表明，加快职业教育发展，是国家重大发展战略部署。"体系"构建应从国家发展战略高度，探索一条具有中国特色体现职教特点的人才培养加快发展的道路，实现从职教大国到职教强国、从人力资源大国到人力资源强国的战略转变，努力建设人力资源强国。

（二）构建人力资源开发的新体系

职业教育是人力资源开发的重要力量和载体。在当代人力资源开发走向全球化、现代化、法治化和可持续发展的背景下，"体系"构建应从战略管理层面全面系统设计与制定职业人力资源开发的新体系和新对策。一是强化人力资源开发的战略意识。人力资源开发，是我国的一项战略任务，是实现我国由人口大国向人力资源大国转变、提升综合国力、增强竞争力、加快全面建设小康社会步伐、构筑中国梦的资源基础。在资源日趋紧缺和竞争加剧的条件下，人力资源开发的重要性与迫切性与日俱增，成为世界性的一种重要战略选择和提高核心竞争力的重要途径。我国是人口大国，但不是人力资源强国。经济结构调整变化与人力资源数量供给不足和结构不适应性的矛盾依然突出，成为制约我国社会经济发展的瓶颈。人力资源开发成为一项紧迫的战略任务。因此，能否将巨大人口压力转化为

---

❶ 中国教育与人力资源问题课题组. 从人口大国迈向人力资源强国——中国教育与人力资源问题报告 [J]. 教育发展研究，2003 (3)：22 – 26.

· 41 ·

人力资源优势，就成为决定我国社会经济发展的重要条件。其中，"体系"构建肩负着技术技能人力资源开发的重要使命。自然资源不可再生，但人力资源通过有效开发，可以得到再生长、再扩张，形成新的增长点。为确保这部分人力资源有效开发，"体系"构建应在人力资源第一资源战略理念的导航下，坚持职业人才培养战略定位，并将其融入与固化于人力资源开发全过程，凸显其不可替代性，形成高素质技术技能人才培养特色与优势，促进人力资源开发又好又快发展。二是建立与人力资源开发相适应的"体系"。关键是要从我国人力资源实际和需要出发，建设具有中国特色职教特点的人力资源开发体系。首先，在制度上建立多元合作的开发机制。传统的人力资源开发主要限于生产劳动现场，开发主体和内容形式都较单一而封闭。现代人力资源开发是一个多元合作、开放竞争与互动发展的体系。由政府、行业、企业、教育与社会培训机构共同组成人力资源开发体制。"体系"构建的关键是处理好与政府、行业、企业协同开发人力资源的关系，通过沟通和契约，达到统一，形成分工合作、各在其位、各司其职、各尽所能、资源共享、风险共担、利益共赢、协同发展的体制，保证人力资源开发可持续发展。其次，在方式上形成灵活开放的开发体系。人力资源开发是一个因地制宜、因时施宜、因人而异的活动体系。因此，在办学上必须坚持灵活多样开放发展的思路，采取学历与非学历并举、全日制与非全日制结合等方式，为社会一切需要技术技能学习与职业培训的人们提供教育培训机会，尤其为工农群众服务，形成一个灵活多样开放的人力资源开发体系。再次，在教育上构建立体化的开发模式。中国社会经济转型发展对劳动者素质与技术技能人才的需求越来越呈现出多样化多层次高素质的发展趋势。"体系"构建适应这种变化与发展需求，应需育人，因材施教，因地制宜，建立一个立体化的人力资源开发模式，不仅要培养技术技能人才、高素质的复合型和知识型技术技能人才，而且构建体现终身教育理念的人力资源开发体系，为劳动者提供职业技术继续教育服务，全面提升人力资源素质，为中国制造走向中国创造提供人才支撑和智力贡献。

本章小结

中国职业教育扎根本土，离不开社会基础，保持着天然般的联系。面向 21 世纪，"体系"构建与中国梦一体同构，从中获得强大精神动力。社会经济与科技创新内生式增长可持续发展"新常态"和《中国制造 2025》战略实施，有力推动"体系"发展方式转变和结构调整优化升级，促进高素质技术技能人才培养。人本公正法治社会秩序改革发展对"体系"构建具有深刻影响，推进了民主法制建设与依法治教进程。"中国未来发展，中华民族伟大复兴，关键靠人才，根本在教育"。"体系"助力国民教育整体发展，加强一体化，增强统筹协调性，共同撑起国家和民族的教育大厦和希望。当前，"体系"面临人力资源开发与变革的新需要和专业技术技能人才培养与就业以及推动劳动力转移的新压力，应依据现实环境条件及其对人力资源开发新要求，确立人力资源开发的新理念，关注质量、注重效能，加强管理，科学预测市场需求，合理确立发展目标，调整开发规模，优化资源结构，提升综合效率，构建人力资源开发的新体系，提高人才培养质量，为中国制造走向中国创造提供人才支撑和智力贡献。

中国特色职业教育体系的追溯展望

追溯与展望，是时空的概念，属于史学范畴，具有物理学、宇宙学、社会学、历史学、经济学、教育学、生命学多学科交叉的综合特点。因此，对于"体系"构建，是一种历史视域和空间架构，也是一个宏大的历史叙事，是时间持续性与空间延展性的互联互动和有机统一，其目的是梳理历史脉络，体现历史面貌，探索未来趋势。从时间维度看，包括过去、现在与未来，从空间范围看，是一个宏观的概念，研究我国职业教育发展的宏观历史，暂且不包括或较少涉及地方历史。总体看，"体系"构建虽是共时性的，但与历时性与未来性有着割不断的联系。因为"人们自己创造自己的历史，但是他们并不是随心所欲地创造，并不是在他们自己选定的条件下创造，而是在直接碰到的、既定的、从过去承继下来的条件下创造"❶。所以，历史视域与空间探寻是今天"体系"构建的基础。无论追溯其生成演化的历程，分析其现状事实与探索未来趋势，对于厘清"体系"构建的来龙去脉，都是不可缺少的前提和条件。

揭开历史扉页，我国职业教育形成与发展，总体来看，是与社会发展亦趋同步，经历了漫长的历程，而且有起点而无终点。相对于其他类教育，它早于发生但后经曲折，历经古代、近现代、当代（新世纪）历史发

---

❶ 马克思. 路易·波拿巴的雾月十八日 [M]. 北京：人民出版社，1995：585.

展阶段。在此需要说明的是，关于历史分期，学界有诸多的解说，本研究对职业教育历史的划分，是基于职业教育自身实际和学科特点需要。目前，"体系"构建进入了关键时期，正朝着建设中国特色世界水平的方向发展，"面临理论科学化、体制法制化、功能一体化、形式多样化、办学特色化、资源社会化、技术现代化和发展终身化的新趋势"❶。

第一节 中国特色职业教育体系的历史反思

"体系"构建，是21世纪中国职业教育发展的大事记，具有鲜明的当代性。但历史是最好的证明。以史为鉴，可现兴替，亦可知未来。对于"体系"构建也不例外，从职业教育源头出发，探寻其历史踪迹，反思其历史底蕴，总结其重要经验，更有助于深谙职业教育本质与规律，促进现实发展，规划未来战略，加快"体系"构建。步入历史时空，回溯我国古代职业教育发展，源远流长，充盈着智慧与成果，曾有过辉煌与奇迹、但也不无历史的曲折与遗憾。但总体依然是弥足珍贵，令人慨叹，值得借鉴。

一、古代职业教育发端

中国职业教育历史起点，可以追溯到古代，经历了远古原始社会、奴隶社会、封建社会漫长而曲折的历史过程。而且在不同的社会经济发展历史阶段，具有不同的历史意义与阶段特征。

（一）原始社会职业教育孕育

原始社会是人类发展迈出的第一步。在漫长的历史进化过程中，无论原始人群和氏族公社，都以获取生存资源与维持生命繁衍为根本目的，在共同劳动过程中萌生了生存经验授受的需求，无意识地落下了教育的种子，孕育着未来职业教育。职业教育是人类社会出现较早的教育形态。在

---

❶ 蒋旋新. 中国特色现代职业教育体系历史基础和发展趋势研究［J］. 职教论坛，2010
（7）：85 － 87.

广义的视域下，它与人类生命安全和族群繁衍息息相关，与社会生产劳动和需要密切相连，是原始先民获取生存资料与以求生命繁衍的需要，是社会生产实践的产物，也是人类生产劳动与生活经验的积累与传承。对此，历史上诸多文物古籍有纪实性的生动描述，如汉《白虎通义》（简称白虎通）第一卷载："古之人民皆食禽兽肉。至于神农，人民多，禽兽不足，于是神农因天之时，分地之利，制耒耜，教民农耕。"汉《吴越春秋》第一卷云："尧遭洪水，人民泛滥，遂高而居。尧聘弃使教民山居，随地造区，研营种之术。"《通鉴外纪》曰："西陵氏之女嫘祖为帝之妃，始教民育蚕，治丝茧以供衣服。"又如考古出土的河南仰韶文化时期的细泥彩陶和西安半坡时期的黑陶等。由此略见一斑，传递出具有原始社会特征的前职业教育的生命信息。

原始社会职业教育处在孕育阶段，具有鲜明的历史特征。一是昭示起源。"根据唯物主义观点，历史中的决定性因素，归根结底是直接生活的生产和再生产"。❶ 蛮荒恶劣的生存条件与原始简陋的生产方式孕育了古代职业教育的因子和胚胎，这是考察古代职业教育起源的科学理论与方法。原始社会尽管尚未形成真正意义的古代职业教育，但却已萌发了具有这一阶段社会特征的职业教育基因与胚芽，对早期职业教育培育具有创世纪的意义，为后来职业教育的真正诞生播下了生命的种子，做了必要的历史准备与铺垫。二是内容单一。原始社会生产力极其低下，生产工具基本处在石器阶段，生产对象基本局限于耕作与狩猎场域，生产方式基本以群体合作方式进行。这一阶段具有职业教育意义的社会生产活动涉及方面极其有限，主要局限于在最早出现的自然农（牧）业和生活经验方面，而后才逐步繁衍扩展到手工业，如制陶、纺织、建筑和冶金等方面。三是形式随机。原始社会职业教育孕育与生产劳动及生活浑然一体，一方面表明职业教育与社会生产劳动相结合是与生俱有的本质属性，但另一方面也从职业教育制度层面历史性地表明了这一时期无论"教民以猎""教民以渔"和"教民以耕"，都还未能从生存需求中分离出来，形成独立的社会活

---

❶ 恩格斯. 家庭、私有制和国家的起源 [M]. 北京：人民出版社，2003：5.

动和制度化方式，因此也就没有专门的组织、场所与人员，主要通过经验技能现实观察、演示模仿与口授相传，即言传身教方式进行，基本处在一种自然的、随机的、零散的和自发的状态，是"在无意识中为下代创造了幸福"❶。

（二）奴隶社会职业教育雏形

生产力发展是推进社会变革的决定因素。恩格斯《家庭、私有制和国家的起源》指出，原始社会晚期，发生了三次社会大分工，即游牧部落从野蛮人群中分离出来，农（牧）业与手工业分化，商人阶层出现。这一时期，社会分化加速了产业形成、阶级分化和社会变革。到夏代，原始社会落下历史的帷幕而退位于奴隶社会。在世界古代史上，被称为"文明古国"。进入奴隶社会后，伴随生产工具与手段的进步、生产规模扩大和脑体力劳动的分野，农（牧）业得到较快发展，手工业日趋发达，商业开始繁荣，职业进一步分化，社会开始设官分职，生存教育与社会生产劳动也出现了第一次分离。在此基础上，职业教育出现了三股潮流（模式），即发生在社会底层劳动技能培训的"百工"模式和在官吏阶层中恪守"官守学业"传统的职官模式以及统治者主导的"学在官府"模式。比较而言，这三者的共同点是均打上了历史的烙印，都从不同角度为维护已有的社会基础和权威服务。不同的是"百工"模式是指在奴隶（工奴）劳动中传授训练工艺技能，后经演变，泛指一般手工业劳动者；职官教育是指在官吏阶层中实行"子习父学"教育，为官之父兼为师，传其学，为官之子则就其父学，习其所业，表现出官守学业的家业相传和封闭垄断的双重性；"学在官府"则是当时官方施教的主流形式，无论军事、宗教和道德教化都贯穿为奴隶制服务的思想和目的。如贯穿于夏、商、周的"六艺"（礼、乐、射、御、书、数）之教，从社会目的看就是为统治者培养各类御用人才，但从教育内容看却均属技能教育范畴，与职业教育相通。总之，在上述三种模式之中，"百工"模式尽管具有特定历史背景和强制性的劳役特征，汉代古籍《礼记·月令》称，"命工师，

---

❶ ［法］卢梭. 论人类不平的起源 ［M］. 吕卓，译. 北京：九州出版社，2007.

令百工，审五库之量，金、铁、皮、革、筋、角、齿、羽、简、胶、丹、漆，毋或不良"，但从职业教育特点看，其学习形式则更能体现职业教育"做中学"和师徒相传的特点，从这一意义而言，将其视为古代职业教育的雏形，是在理应之中。

纵观奴隶社会，是古代职业教育萌芽形成雏形的时期，与原始社会相比，表现出不同的特点：一是形成雏形。职业教育活动古而有之，但在漫长的原始社会基本处于孕育阶段，尚未形成真正意义的古代职业教育。奴隶社会是古代职业教育生命发展的关键时期。伴随产业发展、分工细化和阶级分化，原与生产劳动及生活浑然一体的生存技能传承培训逐步分离，完成了从孕育到萌芽形成雏形的历史蜕变。二是主体突出。奴隶社会职业教育出现了不同形态的教育模式，相对而言，主要存在于民间与职官教育之中，而且形成了师徒制教育雏形。三是形式多样。奴隶社会职业教育改变了原始社会单一格局，从农耕畜牧式社会传承到"百工"式技能培训，从民间世袭相传到职官教育，从生存能力传承到学在官府教育，逐步呈现出多样化发展态势。

（三）封建社会职业教育发展

春秋战国是我国古代社会由奴隶制向封建制转变时期，秦汉时期进入了封建社会形成与发展的大统一时代，唐宋时期达到了历史鼎盛，元明清则由极盛走向衰退。伴随社会历史发展波澜，我国古代职业教育也一路同行，历经历史风雨洗礼和兴衰涨落，走过了兴起、繁荣与平缓发展的阶段。

古代职业教育兴起。经过原始社会孕育与奴隶社会萌芽形成雏形，春秋战国面临新的历史机遇。在社会变革冲击下，奴隶社会"学在官府"制度不能为继，产生了适应新兴生产力发展的职业教育主张与形式。如我国古代职业教育奠基人之一管仲提出"四民分业定居"思想，适应了社会需要，促进了产业发展、社会分工和职业分流，推动了职业教育发展。不仅使各社会阶层家族内兴起了"子就父学、弟从兄学"技艺传家风气，而且催生了私学产生。当时，儒墨两家就是私学办学形式的代表，除人伦道德教化与修身养性之外，也不乏职业教育因素，如传授自然科学知识，劝学生产劳动实践等，表现出与官学不同的性质，即摒弃了教育阶级等级性，增强了办学灵活性和实践性。另外，艺徒制也突破了家族相传的禁忌，以师带徒，师徒相授的形式得到了更广泛的流行。

"秦时明月汉时关"。秦汉是封建制形成时期，也是古代职业教育制度初创时期。伴随政治体制建设的需要，一套专门为培养"吏"（即基层行政管理人才）的职官教育机构建立起来，称之为"学吏制度"。同时，适应社会改革的要求，还相继建立起我国古代也是世界最早的专科学校"鸿都门学"，开启了我国古代职业学校教育的先河，而且在办学倾向上萌发了民主意识，贴近平民阶层，注重能力培养，赋予了古代职业教育新元素，是对古代职业教育理念的变革，对职业教育制度建设的一次成功实验和创造。魏晋南北朝起到了历史的承上启下作用。唐宋时期，社会发展达到鼎盛阶段，古代职业教育也呈现繁荣气象。尽管这一时期科举制建立，从教育理念到体制制度，形成了一股排斥以专业教育和技艺传授为主的职业教育的社会势力，造成了深远的历史影响，但是职业教育依然在夹缝中穿行，并出现了历史的繁荣。尤其在制度建设上有了历史的进步，如在教育体制上从中央到地方建立起专科学校教育制度，在中央官学中建有尚书省国子监管辖的律学、算学和书学等专科学校，地方官学中建有府州医药学校等。另外，在办学制度上也得到了进一步完善。学徒制是职业教育典型，在我国出现在13世纪之后，尽管这种学习形式的因子早在奴隶社会已出现，但是这一时期的"学徒制"则已与世界职业教育发展相呼应，突破超越了家族相传的历史局限，具有了公共性意义。在这一期间，发达的官营手工业作坊普遍采用学徒制方式培养能工巧匠，促进了生产效率提高和技术推广，推动了职业教育制度建设，完善了职业人才培养方式。

元明清进入了封建制的衰落期，商品经济得到发展，西学东渐纷至沓来，资本主义经济开始萌芽，社会处于变革时期。职业教育在外力冲击与自身惯性的双重作用下，保持了繁荣后平缓发展。这不仅表现在官方职业教育方面，官营手工业作坊学徒制得到持续发展。如元朝重视农业教育，国家设立司农司和劝农司衙门，地方成立社学，组织农田、水利、树艺、渔牧等职业教育与培训，也体现在职业专业学校教育进一步完善之中，学科增多，规模扩大，管理加强。另外，民间职业教育也得到了进一步的普及。明末清初，历史进入了又一个动荡与剧变的时期。旧制度衰亡和新制度产生同样不可避免，深刻影响古代职业教育发展，一方面表明了职业教育发展自古以来就充满艰难与曲折，另一方面也预示着一个新的历史阶段即将来临。总之，封建社会职业教育有了历史性的发展，为近现代职业教育的产生与发展做出了必要的理论铺垫和实践准备。

二、近现代职业教育萌芽

从鸦片战争至新中国成立百余年，是中国社会变革与发展的关键时期，也是职业教育历史转变与萌芽发展的重要时期。民族危机深重、阶级矛盾尖锐和社会变革迫在眉睫，成为近现代职业教育的历史背景。

（一）近代职业教育形成

特定的社会形态性质，是进行断代史划分的主要依据，而事实是基础。1840 年，鸦片战争爆发，西方帝国列强的巨炮利舰轰毁了古老中国数千年的"平衡"，击穿了长期闭关锁国的大门，中国开始从封建社会沦为半封建半殖民地社会。素以"文明大国与礼仪之邦"著称的中国受到前所未有的挑战，面临丧权辱国的危机。当此时刻，救亡图存，振兴中华，成为历史主潮和社会心声。一批开明爱国激进的人士睁眼看世界，对现实表示质疑，提倡学习先进科技，发展实业实学。在历史上产生重要影响的，首先是主张"中学为体，西学为用"的洋务运动兴起，引进科技和科学知识，倡导经世致用之学。1865 年北京同文馆设立科学系，1866 年开设福州船政学堂。这是中国近代出现最早的新式学堂，传递出近代职业教育萌生的第一声。其次，是素以"救亡图强，爱国忧民"著称的戊戌维新运动兴起，顺应了时代潮流，推动了社会变革，促进教育发展。实业教育兴起，是维新运动的结果，标志了近代职业教育的开端，具有重要的历史意义。这是一个自上而下的过程，不仅政府主导，如 1898 年江南矿务铁路学堂和 1902 年京师大学堂师范馆等相继成立，拉开了中国职业教育早期现代化的序幕，而且民间也投入并开展实业教育，如江西蚕桑学堂等。至于这一思潮与职业教育的关系，学界存在不同意见，但总的来看，两者有一定的差别，但基本属于同质共源的范畴，实业教育只不过是历史职业教育发展变革的新状态，"是继承与发展的关系"❶。19 世纪末，随着工业文明兴起、推动了社会变革和实业教育开展，教育变法与制度建设也揭开了历史的扉页。1902 年清政府《钦定学堂章程》（又称壬寅学制）和 1903 年《奏定学堂章程》（也称癸卯学制）颁布，集中体现了这一时期教育变革的进程与成果，从教育理念层面，提出了实业教育主张，从制度建设层面，规定了各类学校办学，其中包括职业教育办学规范。这些尽管是初步的，但在矫正早期模仿的偏颇，开始从国情实际出发，迈出了历史的第一步。

（二）现代职业教育兴起

20 世纪初，近代职业教育制度（当时为实业教育）已有较快发展，表现出新制度的生命活力。但中国传统文化重伦理轻自然的偏执与传统教育"重道轻艺"的影响依然制约着职业教育发展。破旧方能立新。辛亥革命爆发，终结了数千年的封建专制，开启了历史新纪元，为现代职业教育兴起提供了社会基础和文化背景。中国现代职业教育在辛亥革命中萌发，形成于"五四"新文化运动前夕，兴起于 20 年代中后期。民国初期，"革除前清学制之弊、开新学制之纪元"，颁布了一系列教育改革的政策法令。如在 1912 至 1913 年间，先后颁布实施了《学校系统令》（称为壬子学制）、《专门学校令》《实业学校令》《实业学校规程》等一系列教育行政法律条令，史称"壬子·癸丑学制"。这些制度的制定实施，为确立现代职业教育在学制中的地位和建立基本法规制度打下了基础。然而，历史在演进中难免局限，如将高等（实业）职业教育列入另册。1917 年，"中华职教社"的诞生，成为我国职业教育发展史上的大事记，堪称"开创我国近现代职业教育的先河"❷。从 1918 年起，我国职业教育先驱黄炎培创办了中华职业学校，有力推动了职业教育理论和实践的发展，催生了一批中等技术学校和为数不多的职工学校相继破土萌发。"五四"新文化运动，揭开了中国现代职业教育的历史新篇章。但在以后的数十年里，新生的现代职业教育受多种历史因素的影响，起伏跌宕，进入了曲折缓慢发展阶

---

❶ 韩兵. 中国职业教育早期现代化述评 [J]. 广西社会科学，2013（6）：166 – 170.
❷ 中华职业教育社简介 [EB/OL]. http：//www.zhzjs.org.cn.

段。究其主要原因，是旧中国社会经济发展缓慢，工业落后，观念束缚，严重制约了职业教育发展。

三、当代职业教育发展

新中国成立，开辟了我国历史发展的新纪元。中华职业教育拂去历史的尘埃，在新的社会政治经济基础上获得了新生，开启了当代历史的新征程，进入了改革振兴发展繁荣的新时期。

（一）新中国成立后职业教育兴起

新中国成立后，我国职业教育步入了当代重要历史新阶段。改革旧体制，确立新体制，开创新局面，是新生当代职业教育的重要特征。"中国共产党在中华人民共和国成立以后的历史，总的说来，是我们党在马克思列宁主义、毛泽东思想指导下，领导全国各族人民进行社会主义革命和建设并取得伟大成就的历史"。● 作为其中重要组成部分的当代职业教育也不例外。适应新中国社会主义建设的需要，在此期间，先后召开了两次全国教育工作会议和多次专题教育工作会议，确立了党的教育总方针，指明了教育为社会主义建设服务、与生产劳动相结合的发展方向，提出了坚持从实际需要出发，发展职业技术教育的一系列重要方针政策与措施，推动了职业教育发展。从最初兴办工农速成中学和技术专修班到创办全日制和半工半读的中等技术学校，技术教育初显端倪，多渠道多样化办学走出了第一步，尽管从制度意义看还是一个雏形，却为新中国建设培养了一大批急需的中高级技能型人才和新型劳动者（技术工人和农民），满足了社会经济发展急需，探索了一条颇具特色的多样化高效率的职业教育发展路子，发挥了不可低估的历史作用，取得了开创性的成果，铸就了当代职业教育的第一个历史丰碑，使传统教育刮目相看，其经验弥足珍贵，标志新中国成立后当代职业教育进入了有史以来第一个发展的黄金季节。在激情启航的年代里，处在社会变革与新旧交替之际的中国当代职业教育也面临初创期的理论薄弱与认识局限。如

● 中国共产党中央委员会关于建国以来党的若干历史问题的决议 [M]. 北京：人民出版社，1999：42.

受传统体制局限，在人才培养理念上延续了知识主导的价值取向与学科导向的发展思路，制约了职业人才培养；在专业教学上缺乏对现代职业教育的自觉精神，尚未形成人才培养的理论与实践体系。

令人深感遗憾的是这种良好的发展局面未能继续，在"文革十年"一场历史劫难中遭到了毁灭性的损伤，中断了当代职业教育体系探索与构建的进程。

（二）新时期职业教育发展

改革开放举世瞩目，迎来了历史空前盛世。我国当代职业教育开始走进复苏振兴改革发展的新时期，"进入了历史上最好的发展时期"，形成了新中国成立以来第二个发展的黄金时季。

二十世纪八九十年代，经国务院批准召开了三次全国职业教育工作会议，制定颁布了一系列重要政策法规文献。如1985年《中共中央关于教育体制改革的决定》标志着新时期职业教育开始，1991年《关于大力发展职业技术教育的决定》和1993年《中国教育改革和发展纲要》为新时期职业教育改革与发展指明了新方向，1996年我国当代第一部《中华人民共和国职业教育法》诞生，为职业教育进入法制化发展新阶段奠定了基础。在党和国家政策的强势扶持推动下，坚持"教育要面向现代化、面向世界、面向未来"战略方针和发展方向，积极学习借鉴国外职业教育经验成果，如基于能力本位理念而风靡全球的德国"双元制"、美国"社区学院"和澳大利亚TAFE模式等，撬动了职业教育传统意识和发展模式，促进了教育理念的转变。适应市场经济新体制、工业化和农业现代化发展的新需要，面向社会生产服务一线，培养适用能用管用的技能型人才，中等职业教育走向回暖复苏，产教联盟，工学结合蔚然成风，为推动社会经济发展、促进民生就业改善和创造"中国制造"传奇发挥了重要作用。但在快速发展的同时，新时期职业教育改革与发展也面临新情况和新挑战。在市场意识和工业文明崛起之日，也是人文精神低落之时。功利主义流行，对职业教育造成的冲击也不容忽视。一方面传统的精英人才观得到修正，加强了以就业为导向和能力为本的人才培养意识，受益匪浅；另一方面在市场推动下也出现急功趋利与厚此薄彼的人才培养倾向，使人才培养顾此失彼，素质教育相对薄弱。历史上曾提出的"失去灵魂的卓越"❶ 其忧虑与警示，引起社会和教育及学术界的反思和警觉。

（三）新世纪职业教育繁荣

进入 21 世纪，职业教育历经规模扩张与生存竞争后开始走向理性，回归本位，思考终极，形成热流。适应社会经济发展和人民群众渴望优质教育的需求，先后召开 3 次全国职业教育工作会议，产生了一系列纲领性政策文献，如 2002 年《关于大力推进职业教育改革与发展的决定》，2005 年《关于大力发展职业教育的决定》，2011 年《国家中长期教育改革与发展纲要（2010—2020 年)》，2014 年《关于加快发展现代职业教育的决定》和《现代职业教育体系规划（2014—2020 年)》等，有力推动了中国特色职业教育体系构建和职业教育快速持续发展，展示出良好发展的新态势。职业教育制度建设日趋完善，中国特色职业教育体系构建进入关键时期，中等和高等职业教育人才培养衔接与高等职业教育创新发展各项行动计划有序推进，引导一批普通本科高校向应用技术类型高校转型；中等职业教育走向稳步发展，中等职业教育年招生规模和在校生规模，创造了历史新高纪录；高等职业教育快速崛起，现有高职院校 1147 所，占据"半壁江山"，招生人数占普通高校招生总数一半以上，成为我国职业教育发展新增长点及其体系进一步完善的重要标志；成人教育与培训快速发展，覆盖城乡的教育与培训网络基本形成，城乡劳动者教育与培训日趋丰富多样；"改革开放以来，累计培养了 8000 多万中等职业教育毕业生，2000 多万高等职业教育毕业生"❷。预示了当代职业教育发展繁荣春天来临。

第二节　中国特色职业教育体系的现实基础

"体系"构建，现实是根基。改革开放尤其是新世纪以来，我国职业

---

❶ ［美］哈瑞·刘易斯. 失去灵魂的卓越 [M]. 侯定凯，等，译. 上海：华东师范出版社，2012：1.

❷ 第四战略调研组（组长：王明达，周稽裘）. 职业教育发展战略研究 [J]. 教育研究，2010（7）：20-25.

教育适应社会经济发展与人民群众对教育的需求，在国家积极政策的推动下，转变观念，深化改革，优化资源，创新创特，统筹发展，提升质量，总体呈现出健康快速持续发展的图景，为"体系"构建打下了现实基础。

一、中国特色职业教育体系现实支撑

职业教育发展是"体系"构建的支撑条件。自 2002 年全国第二次职业教育工作会议首次提出探索中国特色职业教育发展道路、初步构建职业教育体系目标，到 2014 年全国第四次职业教育工作会议完整提出形成"具有中国特色、世界水平的现代职业教育体系"，以及习近平总书记明确提出"加快建设中国特色职业教育体系"目标要求以来，"体系"构建逐步进入科学与实践的新阶段，体系目标日趋鲜明突出，理论探索不断走向深化，各项改革积极推进，事业发展取得突破性的进展。所有这些都为"体系"构建提供了坚实而必要的现实支撑条件。

（一）观念转变与认知提高

历史证明，观念转变具有决定意义，认知提高是先决条件。从古代春秋时期思想家管仲提出的"四民分业"职业教育思想，到近代职业教育启蒙者严复提出的"实业教育"思想，再到现代黄炎培提出"本土化职业教育"思想，乃至当代流派纷呈的职业教育思想，在不同的历史阶段对职业教育发展都产生了深刻影响，并形成形态各异的职业教育发展模式。今天，"体系"构建是一个全新的概念，核心是"中国特色"和"世界水平"，关键是自主创新，根本是观念转变。因为我国职业教育较长时间受国外教育思潮的影响，有"舶来品"之说，同时也深受传统文化教育观念与小农经济残余及计划经济观念的影响，制约着改革与发展。所以，转变观念，提高认识，是"体系"构建摆脱历史束缚，走向创新发展的前提。改革开放以来，解放思想为职业教育生命自由的释放创造了良好的环境氛围，广泛借鉴吸收古今中外一切有益的思想文化成果，紧密结合中国特色、职业教育特点和改革发展的实际，转变思想，更新观念，提高认识，不断突破历史局限和传统束缚。在指导思想上树立起科学发展、适应变革、服务发展、促进就业、满足需求的观念，在人才培养上确立了立德树人、育人为本、能力为重、全面发展的理念，在办学体制上形成了政府主导、社会参与、学校办学的思路，在教育改革上增强了产教融合，校企合作、工学结合、终身发展、国际接轨、特色办学的意识等。总之，在思想观念理论方面为"体系"构建奠定了良好基础。

（二）制度建设与体制改革

制度是一切社会活动不可缺失的保证，具有长期性、稳定性、规范性、保障性的功能作用。"体系"构建从根本而言，属于制度建设范畴，就是要从法治层面建立起有法可依、依法治教的法律制度保障体系，保证教育改革与发展长期有序有效进行。这既是一个历史过程，有传统继承与发展问题，更是一个与时俱进改革与创新过程，走自己的路，方能形成具有中国特色和职业教育特点的法治体系。新中国成立特别是改革开放以来，从中央到地方制定建立实施了一系列加快职业教育发展的政策法规，其中最为重要的有《职业教育法》，还有与之相配套的职业教育行政法规，也在逐步建立起来。目前，已初步形成了以《中华人民共和国宪法》为根本、以《中华人民共和国教育法》为依据、以《职业教育法》为核心、以其他相关法律法规行政规章制度为支撑的职业教育法律体系，促进了职业教育改革和发展。制度改革日趋深化，体制建设稳步推进，教育体系逐步完善。政府主导作用、社会力量参与办学和学校办学活力得到进一步提高。中高等职业教育衔接、与普通教育沟通、构建人才培养"立交桥"、现代职业学校制度建设、职业院校面向社会和市场办学自主性也不断增强。这些体现了"体系"制度建设与体制改革带来的积极效应。

（三）模式创新与质量提升

模式，即范式或样式，这里是指人才培养方式方法。一般而言，内容决定形式，形式为内容服务，并反作用与内容。由此可见，一定的模式对于人才培养具有决定性意义，有什么样的模式，就有什么样的人才培养。职业教育是培养技术技能人才的，是与其他教育的分水岭和根本标志。因此，新中国成立以来，当代职业教育在不同的阶段都进行过有益的探索与实验。特别是改革开放以来，创新成为发展的不竭动力和竞争制胜的武器。运用于职业教育，以质量为生命线，推进人才培养模式创新，成为

"体系"构建核心、职业教育改革重点、提升就业竞争力和社会满意度的关键。关键是根据当代科技进步、社会经济发展方式转变和产业结构调整升级的需要，转变人才培养理念，调整专业课程结构，改革教育教学内容与方法，加大实践实训力度，加强综合素质教育，使人才培养质量不断提高，为"体系"构建创造有利条件。

（四）条件改善与环境创设

条件与环境是教育发展的基础，是内外要素的总和，包括社会性综合因素和教育方面的全部功能条件。两者相辅相成，和谐统一。资源条件和生态环境是职业教育发展赖以生存发展的基础，也是"体系"构建必备的基本条件。当代职业教育经历了一个从简陋、贫乏、落后到完善、丰富、现代的发展过程。历史表明，两者的和谐发展是职业教育发展的理想状态，也是"体系"构建的终极目标。关键是从整体性和系统性高度认识和把握内外的发展和变化，走全面、协调、可持续发展之路，促进教育整体平衡和谐发展。改革开放以来，我国职业教育在条件改善与环境创设方面有了长足进步。在宏观上、加强了与社会之间的协调联系，互动发展，资源共享得到加强；在中观上，加强了内部结构及各要素之间和谐发展，促进了办学规模、结构、质量、效益协调发展，加强了物质文明、精神文明、政治文明与生态文明同步发展，推进了教学、科研、管理、服务整体发展；在微观上，营造尊重知识、尊重人才、人财物和睦相处、和衷共济的环境，使人与校园自然环境友好相处，逐步走向全面、协调、可持续发展，形成"绿色"职教生态，为"体系"构建提供了良好的条件和环境。

二、中国特色职业教育体系问题透析

面向新世纪，人类充满着美好遐想，同时抱有强烈的危机感。我国依然处在社会主义建设与发展的初级阶段，机遇与挑战同在，希望与困难交织。职业教育地位更加突出，作用更加重大。但改革进入攻坚期，发展处在提速期。"体系"构建面临着社会经济快速发展、人民对教育的需求日益增长与自身快速可持续发展的双重压力和挑战。

（一）任务繁重，基础薄弱

改革开放以来，在"科教兴国""人才强国"、《中国制造 2025》和《互联网＋》战略、以及《职业教育法》和《大力发展职业教育的决定》强势推动下，我国职业教育快速发展，由大国职教向强国职教突进，发展态势空前。我国不仅要办世界最大规模的职业教育，而且要成为世界职业教育强国之一。前景美好，但任重道远。目前，职业教育基础仍较薄弱，加强基本建设，稳定发展规模，提高教育质量，提升办学水平，增强竞争实力，堪称当前职业教育发展主题和头等大事。重点需解决优质教育资源总量缺乏的问题。目前职业教育院校数量不断增加，办学规模不断扩大，但真正称得上特色专业、精品课程、一流师资、现代管理、特色办学和示范院校的为数不多，还不能满足职业教育发展的需求，与举办世界水平的职业教育目标相距甚远。

（二）体制单一，活力不足

体制是"体系"构建的关键。与特定的社会制度和文化模式有着密切的联系。因此，职业教育的模式与体制呈现出多种多样的图景。如世界许多发达国家或以企业办学为主体的市场模式，或以国家政府为办学主体的行政模式和多元化合作办学模式等，都是从自身国度的实际出发而形成的，体现了职业教育体制生成的适切性、灵活性和实效性。而我国职业教育受历史与现实多种因素的影响，除少数民办职业教育外，基本属于单一色的行政办学模式。固然行政主导地位不可移动，但社会参与程度也不可缺少，院校主体作用亦不能削弱。但目前的问题是受计划经济影响，行政责权过度。在这种体制下，职业教育投资主要依靠政府"买单"，而企业对兴办职业教育淡漠，缺乏应有的社会责任感和参与度，学校也因无自主灵活办学权限而严重挫伤办学的积极性，致使办学缺乏生机活力，走校企合作、工学结合、产学研一体化的办学道路步履维艰。而为数不多的民办职业院校办学体制机制多元开放性却有值得借鉴的地方。体制问题成为制约发展的主要瓶颈。

（三）改革滞后，质量欠佳

职业教育是解决劳动者的生计就业问题与促进社会经济长远可持续发展的有力武器。审视目前职业教育，无论教育模式与质量，都不能适应时代赋予职业教育使命的需要，究其原因，改革滞后于人才培养需求是最深层的原因。主要表现为：教育理念与教育模式尚未完全摆脱传统应试教育和专业教育的束缚，存在着重理论轻实践、重技术轻素质、重继承轻创新、重学历轻培训的倾向，游离于社会经济发展的实际需求；专业设置缺乏长期规划，易受市场经济的驱动而追求短期效应，存在急功近利的倾向；教学内容与方法相对陈旧落后，创新和实践能力培养仍较薄弱。一度时间，人才市场出现的"技工荒"和"用工荒"，特别是高技能人才严重匮乏问题，正是对职业教育模式与质量的严峻追问与挑战。这些问题不解决，职业教育就难以成为培养数以千万计富有创新创业能力的高技能人才和数以亿计的高素质劳动者的摇篮。改革势在必行。

（四）资源不足，生态失衡

和谐的生态系统，是实现职业教育均衡协调可持续发展的根本保障。就目前来看，我国职业教育资源总量与布局还不够完善。宏观上，东西部两极落差悬殊，布局不均，沿海经济发达地区如"长三角、珠三角、渤海湾"等职业教育资源相对集中，发展较快，而西部包括东北部特别是边远经济欠发达地区较为薄弱，与我国西部大开发战略极不适应；中观上，高职教育近年来发展较快，而作为职业教育主体的中等职业教育虽有回暖起色但仍然是薄弱环节；微观上，连年来，各职业学校办学规模持续扩大，但教育资源不足、办学经费捉襟见肘、师生比偏高、教师中"双师型"师资紧缺、教学质量亟待提高、科研科技开发基础薄弱、社会服务能力不强、就业形势不容乐观，而且各部分资源配置和相互结合度、适应度和协调度还须进一步调整和优化。这些不仅造成了职业教育内部生态系统紊乱和结构失衡而引发病态，而且直接影响着未来可持续健康发展。这些都是"体系"构建需要解决的问题。

第三节　中国特色职业教育体系发展趋势

21世纪，科技日新月异，经济波澜跌宕，产业重组升级，人才竞争激烈，职业流变频繁，教育终身发展。"这些大的趋势并不是经常都非常清晰的"。"然而，只有对大趋势或机构的重新改革有所了解，才能知道这些个别发生的意外事件是有道理的"。❶ "体系"构建面临前所未有的发展新态势。

一、理论科学化

所谓理论科学化，是指职业教育改革与发展建立在高度的科学性和自觉性基础之上，尊重实际，遵循规律，走可持续发展之路。具有丰富内涵，包括规律性、先导性、系统性、应用性等主要内容。这是未来职业教育发展的必由之路。践行科学发展观，标志着这一时刻的到来。首先，规律性是理论的本质。要义是既要遵循市场经济与社会发展的规律，更要合乎职业教育自身的规律，关键是要结合中国的实际，构建与发展中国特色现代职业教育体系。唯此，才能使我国职业教育走上自主创新可持续健康发展的道路；其次，先导性是理论的本色。发展是硬道理。但没有科学理论的指导必定是缺乏方向的危险旅程。中国特色现代职业教育要在优胜劣汰的竞争中稳步发展，需不断加强理论创新，在探索未来发展战略与策略和破解发展中面临的困惑和难题等方面，始终引领职业教育发展的方向；再次，系统性是理论的构架。要求从系统论的维度深入探索职业教育宏观层面与社会政治经济文化生态双向互动规律和微观层面自身内在组织结构、运行模式包括途径和方法等，从理论到实践构建我国职业教育特色化现代化发展的新体系；最后，应用性是理论的实质。实践是中国特色现代职业教育体系的根本所在。强调应用性，就是要强化实践价值在职业教育中的中心地位，坚持以服务为宗旨、就业为导向、以培养高素质技能型人才为根本的教育方向，走产学研结合的办学道路。唯此，才能保证"体系"构建的正确方向。

二、体制法治化

加快建设社会主义法治国家，是治国理政治教的需要，为"体系"构建指明了方向，提出了新要求。从学理来看，体制与法治属于不同的范

---

❶　[美] 约翰·奈斯比特. 大趋势 [M]. 梅艳，译. 北京：中国社会科学出版社，1984：2.

畴，但在职业教育系统中却是不可分割的。因为只有两者和谐统一，协调发展，职业教育方可走上制度化、法治化发展的轨道。世界一些发达国家（如德国、日本、瑞典等）都十分重视职业教育制度化、法治化建设，在不同的历史阶段，都相继制定出台了一系列有关促进职业教育发展的制度和法规，保证了职业教育发展，产生了重要社会影响。如德国《联邦职业教育法》等。历史证明，发展职业教育，不能没有相应的法律法规制度的支撑和保障。建立与社会主义市场经济相适应、以政府为主导、面向市场、多元化办学的中国特色现代职业教育体制和相关法律制度，是构建和发展中国特色职业教育体系的现实需要，也是深化职业教育改革发展的必然趋势。在教育体制、学制、教育政策法规和教育管理行为规范及运行机制等方面进一步完善法律、规章和制度，同时切实加强各项制度的执行力，"依法治教""依法治校"必能更有效地协调、约束和规范各行为主体，保障与促进职业教育的发展。这为"体系"构建提供根本法律保障。

三、功能一体化

中国特色现代职业教育体系是一个集教学、科研、生产和社会服务功能于一体，并作用于外部环境对象所产生各种有效影响的完整系统。"它的作用是使经济、社会和个人都受益，是造福平民的崇高事业。它能促进消除贫困、社会和谐和可持续发展"❶。面向当今科技经济社会高新化、综合化、网络化、一体化发展趋势，中国特色现代职业教育体系必须加强功能一体化建设。首先是综合化。所谓综合化，就是在科学发展观的指导下，在功能的设定与建设上改变以往单一离散封闭的格局，构建以技术技能型人才培养和培训为主体、以应用性科技开发与社会教育服务为两翼、职前教育与职后培训、学历与非学历、科技开发与文化交流与人才培养及社会服务相互沟通衔接、彼此支撑补充协调发展的新体系。以"一体两翼"综合化发展推进功能一体化建设进程，提升教育的社会服务效益，增强综合实力和竞争力。当前，既要全面理解并正确推进功能"一体化"建

---

❶ 欧阳河，等. 职业教育基本问题研究 [M]. 北京：教育科学出版社，2006：19.

设，保持彼此的协调发展，又要在目前乃至今后相当长一段时间里，坚持以培养技术技能型人才为基本功能定位，不能偏离这一方向；其次是和谐化。所谓和谐化，是指功能结构体系的均衡和谐，包括与社会发展和谐和自身各功能因素的和谐。前者是要找准自己的服务与发展定位，有所为有所不为，把自身纳入国家经济社会发展的整体规划中去，合理配置教育资源，强化教育功能，既充分满足社会经济发展的需求，又使无业者有业，使有业者乐业；后者关键在于内在各功能因子要优化整合、协调发展，形成和谐互动促进增效的有效体制和机制，全面开创中国特色现代职业教育体系发展新局面。

四、形式多样化

多样化，是职业教育培养职业人才的必由之路，也是世界职业教育发展的总体态势。中国特色现代职业教育体系必须从实际出发，走向并融入世界多元化发展潮流。但目前，我国职业教育办学体制机制与现行的"坚持和完善公有制为主体，多种所有制经济共同发展的基本经济制度"❶，与现代市场体系，与全体劳动者职业生涯发展都还不相适应，突出的问题是以行政为主体的办学模式与"制器"为特征的传统人才培养模式显露其单一封闭的弊端，严重影响职业教育发展和人才培养。如专业设置、人才培养与市场和生产缺乏紧密结合，就业"有市无人或有人无市"的尴尬令人不安。因此，实现办学多样化发展，是突破办学单一封闭局限、"激发职业教育办学活力"、加快职业教育发展的需要。一方面，加大体制改革的力度，既要凸显行政主导作用，又要充分发挥企业、行业和社会力量举办职业教育的积极性，形成政府主导统筹、以企业为主体、教育机构、社会和个人共同参与的多元化办学新格局；另一方面，深化教育教学改革，面向政治、经济、科技、文化发展的社会宏观背景，对系统内部各层次结构和资源配置加以合理调整优化整合，重点是创新人才

---

❶ 胡锦涛. 高举中国特色社会主义伟大旗帜为夺取全面建设小康社会新胜利而奋斗 [M]. 北京：人民出版社，2007：10.

培养模式，突出能力素养，实施分型培养，加强全面发展，使办学形式与人才培养模式多样化发展，更好地满足新经济常态下人力资源建设的需要。如此，"体系"构建才能形成稳健发展、多样化充满活力的办学体制机制和职业教育网络。

五、办学特色化

所谓办学特色，是指一种与众不同的风格，是内涵质量的象征，也是生命力所在。这里主要指职业教育定位、发展模式和人才培养的特色化。我国走新型工业化发展道路，建设社会主义新农村，全面建设小康社会，加快现代化建设进程，不仅需要一批高、精、尖的创新型专业人才，而且需要一大批能够参与一线生产的具有较宽的文化基础知识、较强的综合职业能力和专业知识技能的不同层次的技术技能人才。职业教育是为人人、为就业、为福祉培养技术技能人才的教育，由此与普通教育形成根本区别，彰显其不可替代性，从而形成独特的办学特色。中等职业教育主要培养实用操作层面的技术工人和初中级人才，高等职业教育则主要培养适应产业结构高移、发展先进制造业和现代服务业需要的高技术技能型人才。他们不仅要有合理的科学文化知识、突出的专业技术知识和能力，还具备良好的思想品质和身心素质。我国职业教育在"优先发展教育，建设人力资源强国"进程中，应始终坚守职教定位，明确自身职责，实施错位竞争战略，扬长避短，不断强化自己的办学特色优势，在坚持人才培养的职业性和技术性的同时，密切关注人才的和谐发展和完整人格形成，加强人文精神与科学精神的结合，大力提升综合素质，培养高素质的技能技术型人才。在未来的发展中，"职业教育的成功与否，最重要的标准就是看其培养的人才是否适应了社会发展的需要，是否受到了用人单位的欢迎"❶。这是衡量中国特色现代职业教育体系的一个带有根本性的指标，也是"体系"构建必须坚持的办学方向。

---

❶ 刘春生，马振华. 职业教育的"中国特色"问题 [J]. 教育研究，2006 (5)：72-75.

六、资源社会化

资源配置与开发，特别是实践教育资源，是职业教育发展和人才培养的基础。事实上，职业教育培养技能型和实用性专业人才，教育投资成本与资源配置的标准相对较高，单靠政府投入与学校自筹是远远不够的。改变资源配置方式，拓宽投融资途径，走教育社会化发展道路，是职业教育发展的趋势，也是解决教育经费与资源不足的有效途径，对于实行教育资源共享、实现预期共赢，具有广阔的前景。国外发达国家职业教育资源配置与利用有许多成熟的做法和成功经验，值得学习借鉴。如德国企业不仅仅提供学生实践的场所，更是给学生提供课程与学校互动的教育场所。结合国情和职业教育特点，促进教育资源社会化，要有市场意识，关键是形成"开放"和"共享"的可持续发展机制和格局。当前适应市场经济的发展，一方面，继续加大政府对职业教育的财政投入和政策支持；另一方面，坚持"以服务为宗旨，以就业为导向，走产教（学、研）结合的道路"，通过人才培养与科技服务等不断提高办学效益，增强经济功能，再一方面，企业要把职业教育视为"企业眼中的教育"和"企业手中的教育"，在"互利双赢"的战略合作框架中积极支持参与职业教育，为职业教育发展注入动力资源，同时还要调动社会各方面积极支持职业教育，为"体系"构建和职业教育发展提供政策、资金、技术、设备、管理、人员和场所等资源的支撑与贡献。

七、技术现代化

技术现代化，是指职业教育理念、目标、制度、内容、方式、手段和过程的现代化。这是培养一支高素质、强技能、专业化劳动大军的关键。纵观现代化理论与实践发展历程，教育技术现代化已逐步改变了单纯追求数量指标发展方式，越来越注重科技在教育改革发展以及人才培养中的支撑作用。"体系"构建离不开科技平台的支撑。目前，职业教育科技含量总体还需加强，这决定着职业院校办学水平和人才培养质量。顺应当代科技日新月异的发展变化，职业教育必须树立"科技兴教"理念，依托整个社会现代化平台，将自身的现代化建设和发展自觉融入社会主义现代化建设的总体格局，密切与现代科技和生产力结合，吸收和运用现代科技发展的新成果和新技术，如现代信息网络技术和传媒技术等，深化教学内容与方法改革，创新人才培养模式，建立科技研究开发体系，提升教学现代化水平，大力培养现代化建设需要的高素质技术技能人才，大幅度地提高劳动者的素质，促进现代化建设。

八、发展终身化

所谓发展终身化，是指职业教育与其他各类教育相互沟通、协调发展、构建具有终身教育特点的现代教育体系。实践表明，没有其他比职业教育更能体现终身教育发展趋势。职业教育与人的职业生涯不可分割，同步发展。在知识经济和信息时代，知识更新换代比历史任何时期更快。知识爆炸，技术革新，如潮而来，倒逼学习方式的转型发展。建设学习型社会成为历史的必然。因为社会每个人都面临转岗转业并重新获得新的职业资格的挑战，终身不断地学习已成为历史的必然选择。职业教育具有终身学习的独特功能，迎来历史的好机遇。它可以为社会每个成员在生产劳动和职业生命周期的各个不同阶段提供终身接受职业教育并不断发展职业能力的机会，使之终身连续接受职业教育和培训。历史赋予使命，自身具有能力，赢得了未来发展空间。在纵向上，要加强职业教育衔接，使职前教育、职后教育和继续教育相互沟通促进，形成终身一体化发展体系；在横向上，要突破传统职业教育封闭、分割的"围墙"，构筑起一种"纵横一体，和谐发展"的新型职业教育制度，即实现职业教育、普通教育、继续教育不同教育之间相互沟通、支撑和合作，使职业教育贯通人的职业生涯发展的全过程，持续不断地提供适应社会生存发展的职业技能培训，促进人的职业能力的可持续发展与职业行为的可行性漂移，使职业生活永葆青春，充满生机活力，保障可持续发展。

本章小结

追溯历史源头，分析发展现状，探索未来趋势，是"体系"构建的需要，对于厘清改革思路，推动发展进程，具有重要的理论意义与现实意义。我国职业教育发展源远流长，经历了远古原始、奴隶、封建社会到近现代及当代社会漫长而曲折的历史过程。原始社会职业教育是人类社会出现较早的教育形态，具有自然、随机、零散、自发的特征，是无意识中落下了原始职教胚胎。奴隶社会进入职业教育雏形期，封建社会有了较快发展，出现了秦汉古代职教制度初创期和唐宋古代职教的初步繁荣期，为近现代职业教育产生做出了必要的理论铺垫和实践准备。近现代，是职业教育历史转型与发展的重要时期。中国现代职业教育萌发于辛亥革命，生成在"五四"新文化运动中。新中国成立，开启了当代职业教育新纪元，进入了改革振兴发展繁荣的新时期。特别是改革开放新时期以来，职业教育发展"进入了历史上最好的发展时期"。面向21世纪，当代职业教育进入改革与发展的关键时期，中等职业教育走向稳步发展，高等职业教育快速崛起，"体系"构建形成热流，科学发展成为主流，覆盖城乡的教育与培训网络基本形成，预示了当代职业教育发展繁荣春天来临。但改革无止境，发展无终点。当前，"体系"构建面临着社会经济快速发展、人民群众对教育需求日益增长与自身深化改革、快速可持续发展的双重压力和挑战。任务繁重，基础薄弱，体制单一，活力不足，资源困乏，生态失衡。这些都是"体系"构建需要解决的问题。关键是坚持新时期教育"面向现代化，面向世界，面向未来"方针，抢抓机遇，深化改革，加快发展，不断推进理论科学化、体制法治化、功能一体化、办学特色化、形式多样化、资源社会化、技术现代化和发展终身化进程，全面开创教育教学改革、人才培养模式创新、质量和综合实力提升、竞争能力增强、可持续发展的新局面。

中国特色职业教育体系的本体意蕴

本体（Ontology）原属哲学范畴，称之为"本体论"，也称其为"本质"或"基质"，是一切存在不可逾越的基本命题，也是探究存在本源依据、规律、认知与价值不可替代的逻辑起始点和立足点。引入"体系"构建语境，旨在探索与解决职业教育基本问题，为其发展奠定理论基础。在哲学视域下，本体是客观存在的反映，也是思维活动的产物，贯穿于理论研究始终，至关整个体系的命脉与发展。中国特色职业教育体系作为社会科学的独立学科也不例外，必然有其本体做基础，建立在自身本体之上。它既非形而下的浮光掠影，又非形而上的纯逻辑演绎，而是"体系"的理论根基、客观依据和发展的根本，具有客观性、稳定性、生成性、延展性的意义。本研究从科学精神、本质内涵与基本架构三个层面，探讨"体系"构建的本体意蕴和基本特征。

第一节　中国特色职业教育体系的科学精神

所谓科学精神，是指在科学活动过程中所形成的科学思想、理想信念、价值追求、职业态度和行为规范的总和，具体表现为求索、唯实、向善、创新、严谨、进取精神，同时，它又是普遍性与特殊性、共性与个性的统一。对于"体系"构建，它不仅具有一般事物的系统性、整体性、共生性和协同性，还具有职业教育的特殊性、本质性、内涵性、外延性和生成性。其科学精神，是指受本体特性所决定、在长期实践过程中所形成的思想观念、价值信念、道德规范的总称，体现在理性追求，辩证思维和系统构建三大方面。

一、理性追求

理性，又称理性精神，是本体精神精髓，是科学精神的心理基础，是人类摆脱神话思维走向科学思维的根本标志，也是保证科学发展的思想基础。因此，"体系"构建作为新世纪我国职业教育改革与发展的一项核心关键工程，既要满怀"中国创造"激情，全身心投入，又要在科学发展观理性指导下，遵循规律，求本唯实创新，使其既合目的性和规律性，又不乏创新性和创造性，全面实现"2020"既定目标。

（一）理性追求与反思

21 世纪，是理性主导、科学发展的新时期。因此，"现代常常被认为是理性的时代，它是相对于被看作是信仰甚或迷信的时代的中世纪而言的"❶。处在这一大背景下的"体系"构建也毫无例外地追随现代化大潮，走科学发展大道，但需要理性意识、心态、品行和能力的支撑。一是追寻科学理性的自觉精神。所谓科学理性的自觉精神，是指"体系"构建能科学理智地对待所处的环境条件及其关系需求、并能从自身实际出发、遵循规律、科学决策、理性定位、错位竞争、统筹资源、优化管理、协调发展、培养高素质技术技能人才的智慧和方法。首先，科学理性的自觉意识。这是指"体系"构建的一种自觉认知和理性把握，表现为价值的自觉和行为理智。社会是一个网络，"体系"嵌入其中，成为整体的一部分和接点，一方面受整体结构的制约影响，另一方面又反作用于社会结构与基础。反思职业教育历程，客观是条件，但主观是根本，关键是处理好主客

---

❶ ［美］大卫·雷·格里芬. 超越解构：建设性后现代哲学的奠基者 ［M］. 鲍世斌，等，译. 北京：中央编译出版社，2002：229.

观的关系，这对"体系"构建具有决定性的影响与作用。其次，实事求是的思想方法。一切从实际出发，是"体系"构建活的灵魂，贯穿于当代职业教育始终。"体系"构建面临的最大实际是国情。目前，我国仍处在社会主义建设的初级阶段，大力提高社会生产力水平、科学技术水平和国民综合素质是根本任务。职业教育肩负国家与民族的使命，须以大力培养高素质技术技能人才，提升劳动者素质为己任；二是科学理性的反思精神。所谓科学理性的反思精神，是指实事求是的科学态度、以及勇于探索与敢于创新的精神。首先是科学理性的反思意识。反思作为一种思维方式和探索精神，古今中外曾有许多学者与文人做出过富有哲理意味的表述，如德国哲学家黑格尔认为"哲学认识的方式只是一种反思"。美国教育家约翰·杜威在他的哲学与教育学思想体系中也活跃着探究和创新思想及反思的哲学色彩。

在我国也不乏对历史反思的"前事不忘，后事之师"，对理想追求的"路漫漫其修远兮，吾将上下而求索"等一系列至理名言。所有这些表明，反思是人类总结经验与探索未来的重要思维工具和方法。"体系"构建是一个历史过程，其中既有经验，也有值得记取的教训。如新中国成立之初，在当代职业教育初创阶段，曾在学习借鉴苏联职业教育发展模式的同时，注意结合本土实际和历史发展阶段特点，组建职业教育体系，成功培养了一批适应社会经济改造、重建与复兴急需的初中级技术技能人才。其经验来之不易，值得记取。改革开放新时期，职业教育总体进入了繁荣发展的黄金时节，但在市场经济与竞争大潮冲击下，曾出现过发展数量与质量、规模与效益、科技与人文教育失衡的错位。究其原因，与职业教育主体理性薄弱有着直接关系。进入新世纪，科学发展观开启了"体系"构建与职业教育全面持续发展的新阶段，使主体复归理性，走上了科学发展大道。目前，在进入"体系"构建的关键时刻，增强反思意识，是保证理性发展的关键，不可或缺；其次，是科学理性的反思能力。这是理性精神的关键。"体系"构建需要科学理性的反思能力，应具有强烈的主体意识、科学的批判精神、务实的探究能力、良好的思维能力和有效的控制能力。因为只有发现"体系"构建过程中存在的问题或不足，才能不断促进其走向完善与有效。但这些能力不是与生就有的，需要在后天社会实践中不断地探索与积累，方能形成并不断走向卓越。

（二）理性探索与创新

"明月几时有？把酒问青天。不知天上宫阙，今夕是何年？"探索未知与向往未来，是人类永恒的理想和不懈追求。所谓理性探索与创新，是指"体系"构建没有现成的模式与经验照抄照搬，必须探索与创新，形成原创性成果，才能达到理想的彼岸。一是探索精神。这是信念与责任的转化，由此产生不竭的创新动力。目前，"体系"构建正在快速推进之中，需不断深化开发，探索未知。例如如何借助"互联网＋"新形态，顺势而上，创新发展等，诸如此类的"众创空间"新课题亟待破解。继续保持与发扬科学理性的探索精神，是"体系"构建致力在基本问题与关键领域突破与创新理性精神的体现；二是创新精神。所谓科学理性的创新精神，属于科学精神和思想范畴，引入"体系"构建语境，是指思维创新性和能力创造性。恩格斯指出："一个民族想要站在科学的最高峰，就一刻也不能没有理论思维。"首先，思维创新性。这是由"体系"构建内涵和依存的本体特性所决定的，即规模最大，基础薄弱，结构复杂，形式多样，工程艰巨。"体系"构建既不可一味沿袭传统思维习惯，也不可机械克隆他国经验做法，必须转变思想观念，创新思维方式，适应中国国情与职业教育特点以及发展阶段，强化本土思维意识，加强创新发展意识等。其次，能力创新性。所谓能力创新性，是指构建主体创造性地运用思维工具和方法，解决"体系"构建实际问题和关键问题的能力，包括基本理论与实践技术路径、集成创新与原创能力等。这是科学理性精神与创新精神发展的高级阶段，也是"体系"构建的客观要求。历史证明，学习借鉴不可缺少，但不是目的，归根结底是为我所用。能力是根本，创新是动力。一切先进的经验和成果，必须经过理性陶冶，技术创新，才能成为本体生命的一部分和"体系"构建的根本动力。因此，只能加强，不可或缺。

二、辩证思维

辩证思维是"体系"科学精神的重要内容与体现。古人云："天下万物生于有，有生于无。"闪烁出古代哲人朴素辩证思维的光华。但何谓辩证思维，从古到今，从古代朴素的辩证法、唯心主义的辩证法到现代唯物主义辩证法，学界对此并无统一的界定，一般是指一种思维方式和世界观，是唯物辩证法在思维活动中的运用和体现。从互联变化发展创新的视角观察分析认识事物并揭示本质规律是其特征，实质是"辩证"思想和方法的坚持与运用。在辩证思维下，"体系"构建是一个独特复杂系统的组织结构和历史过程，形成合理布局、结构优良、特色鲜明、质量上乘、制度健全、高效运行的体系，科学全面掌握运用辩证思维原理和方法是必不可少的条件与保证。不仅能规避因理性偏颇与思维缺陷而造成在理论与实践上的失衡、断裂和冲突，而且可增强理性的自觉性，提高思维的科学性，提升发展的有效性。这是"体系"构建应有的品质。

（一）辩证思维意义与特征

"体系"构建是一项复杂系统的社会工程，辩证思维发挥着举足轻重的作用。一是辩证思维意义。首先，理论指导性。一般而言，理论对实践具有先导性的作用。辩证思维是思维运动的高级形态，是对客观事物的正确反映，是科学思维的自觉运用，具有方法论意义。运用于"体系"构建，关键是认识与掌握本质规律，形成科学合理有效的思路、策略和方法。其中，贯穿着辩证方法，需要用辩证思维发现问题，解决问题。辩证思维为其提供科学理论与方法。其次，实践指导性。"体系"构建，是多要素合成连接的网络结构，关系复杂，需要辩证思维指导与支持。仅教育体制而言，包括政府、行业企业、学校及培训机构和社会个体四大方面，如何将这些不同利益和预期统一到职业教育上来，使其各在其位、各司其职、合作共赢、共同发展，需要辩证思维提供理论与方法的指导，方能正确认识内外纵横的彼此关系，形成合作共赢的体制机制。二是辩证思维特点。首先，共性与个性统一。在教育学视域下，它同属于国民教育体系，但又不同于普通教育，具有职业教育独特性和不可替代性。在全球化视野下，它是世界职业教育不可缺少的组成部分，但又具有本土化特质，保持民族化发展的方向。其次，阶段性与终身性沟通。在传统思维下，教育包括职业教育都是以学历教育为中心的阶段性教育。这显然有悖教育系统性、整体性和发展性，是教育思维的局限。事实上，职业教育是伴随终身职业发展的教育，弥合历史断裂，体系终身化发展理念，是教育的理想与终极。在思维架构上必须突破有限性，重构终身性，为社会所有成员提供终身无限教育服务。再次，技术教育与素质教育统一。反思历史，以文化知识为中心的科学教育和以技术能力为中心的技术教育是两种不同的教育体系。从理论来看，两者相辅相成，相得益彰。从实践来看，社会多样化需要人才多样化，不同的人才培养模式是社会产物，但无论何种类型，人才培养都应具有全面素质，不同的只是数量与技术的比重差异，配置差别。因此，任何唯我独尊、各自为政、非此即彼的思维方法都有失科学、公正与合理，必须加以修正完善。最后，城市与乡村统筹。这是"体系"构建的重点，也是合理布局的需要。说到底，城乡发展失衡，是历史所致。今天，构建和谐社会，推动可持续发展，职业教育已进入均衡发展的新阶段。城乡关系是复杂系统，由许多单位构成，如人口（市民、村民、工人、农民、企业家、管理者、科技人员、学生）、产业（第一产业、第二产业、第三产业）、环境（城市、乡村）、机制（交换机制、转化机制）、趋势（工业化、城镇化、均衡化）等。缩小城乡差距，是"体系"构建的重要目标和任务，关键是确立辩证思维理念，借助统筹方法，逐步解决教育失衡与有欠公平的问题。

（二）辩证思维法则与应用

"体系"是一个对立统一的系统，辩证思维是主脉。必须按照辩证规律与法则，处理好本体与客体、时间与空间、内容与形式、框架与接点、知识与技能等错综复杂的关系，形成科学合理有效的网络。从这一意义而言，关系即体系，关键是正确处理好"体系"矛盾，根本是辩证思维原理与法则的应用。一是辩证思维法则。所谓辩证思维法则，是指辩证思维规律性与原则性统一。首先，对立统一思维定律与方法。这是辩证思维的实质和核心，也是"体系"构建必须遵循的基本规律与法则。对于"体系"构建而言，矛盾是普遍而客观存在的，如市场与就业、投入与效益、数量与质量、学术与行政、科研与教学、知识与技术、学生与教师等关系矛盾，而且直接制约影响着"体系"构建和职业教育发展。因此，在分析解决这些矛盾的过程中，理性审视和正确处理它们既矛盾又统一的辩证关系，是避免"体系"构建认知片面性和极端性的根本途径和方法。其次，运动发展思维定律与方法。以运动发展变化的观点看待事物，是辩证思维又一个重要内容和特点，为"体系"构建提供了基本思维原则和方法。事实上，社会经济、科技、产业、职业始终处在发展变化之中，不同历史阶段对技术技能人才培养和劳动者素质培训都会提出不同的需求，如从能力为本到全面发展、从学校教育到终身教育。适应教育基础环境的发展变化，职业教育及"体系"构建也必须顺势而为，以变应变，始终处在否定之否定的运动发展变化过程之中。以不变应万变，只是对规律而言，对待现实问题，只能顺应变化，因势利导，加快发展，才能不断获得生命持续和价值递增；二是辩证思维应用。所谓辩证思维应用，是指主体运用辩证思维原理与方法、认识与改造客观世界的历史过程和路径方法。本质是实践，核心是创新。首先，辩证思维实践。实践是联系主客体的桥梁，是检验真理的标准。"体系"构建千言万语，说到底，是实践问题。在实践与认知相互作用的推动下，不断将"顶层设计"付诸实践之中，固化在人才培养与事业发展之上，"体系"构建是根本。其次，辩证思维创新。辩证思维作为一个科学理论、思想和方法具有普遍意义，与"体系"构建实践相结合，不仅赋予科学思维方法，而且提供了科学创新思路。本体性、规律性、原则性和系统性，这是不可移动的基础，但不能没有创新，否则将失去动力和活力，生命力也就大打折扣。创新是认知与实践统一。为此，"体系"构建创新，必须坚持唯物主义原则和辩证思维法则，增强问题意识，处理好各种关系，做到创新性与科学性、理论性与实践性、普遍性与特殊性的统一。由此，"体系"构建方能真正走上创新驱动发展之路，保持与时俱进、科学发展的总体态势。

三、系统构架

系统构架是系统科学在结构形态上的直观呈现，是其理论与方法具体运用的成果。所谓系统科学（系统理论），是一个广义的概念，是指崛起于 20 世纪中叶的一组横断科学，包括系统论、信息论、控制论（又称

"老三论")和耗散结构论、协同学、突变论(也称"新三论")以及超循环理论、混沌学、模糊逻辑学等一大批新兴学科综合集成的科学。它在理论上最突出的特点是将世界视为系统与系统集合,将研究和处理对象作为一个系统即整体来对待,并从一个更广的理论层面进行概括和综合,不但揭示系统的关系、属性、特点和规律,反映系统的层次、结构、演化过程,而且更注重调整系统结构、协调各要素关系,使系统达到最理想的程度,体现了现代科学整体化和综合化的发展趋势,为解决现实社会政治、经济、科学、文化、教育等各种复杂问题提供了科学方法论基础。它是辩证唯物主义的一个组成部分,也是"体系"构建科学精神的又一重要体现。

(一)系统构架理念

系统科学不仅反映客观规律,揭示世界发展趋势,而且为"体系"构建提供科学理念指导。一是整体立意。整体性是系统科学的基石,是系统科学的核心理念。所谓整体立意,是指"体系"构建运用系统科学、立足整体、进行系统化构思的意识和观念。"系统是相互联系、相互作用着的诸元素的集合或统一体,它是处于一定的相互关系中并与环境发生关系的各个组成部分的总体"。❶ 也就是说,系统是由若干要素按一定结构规律组合而成的有机整体,要素与要素紧密合作,要素与系统有机统一,相互支撑,相互制约,协调发展,形成综合效能。"职业教育体系是一个国家或地区职业教育层次、类别、阶段、形式和分布等组成的具有技术型、技能型人才培养结构和功能的整体,包括职业教育的层次、类型、阶段、形式、分布等要素"。❷ 同时,还包括自然、社会、经济、文化、生态等外部因素。系统科学为其整体化构建提供理论的指导,使系统化构思和整体化布局成为可能,有效防止短板所导致整体效应的递减;二是互动理念。所谓互动理念,是客观规律的反映,是指"体系"构建基于特定的历史背景、始终处在运动变化过程之中的观念。在整个社会系统中,"体系"构

---

❶ [美]路·冯·贝塔朗菲. 一般系统论:基础、发展和应用 [M]. 林康义,等,译. 北京:清华大学出版社,1987.

❷ 黄尧. 职业教育学:原理与应用 [M]. 北京:高等教育出版社,2009:132.

建与社会经济发展变化和教育分工密切相关，它们之间不存在隔膜，互联互动是常态，并形成合力，产生动力，推动教育要素、结构、功能不断优化升级。"体系"构建秉持这一理念，就是增强与系统的联系互动，激发活力，推动发展，"使我们对人与事都有一个真正的跨学科的了解"❶；三是特质意识。这是系统科学的重要理念，也是"体系"构建的核心观念。所谓特质意识，就是指"体系"构建从国情实际和职业教育特点出发、建设具有中国特色和民族风格的现代职业教育体系。这是"体系"构建的出发点和终极目标以及生命所在。因此，所有活动都围绕这一中心而合力运行，任何因素的变化都会影响系统的整体性，并改变其特质性状与目标方向。因此，坚持中国特色和现代化结合，是"体系"构建必须坚持的基本原则，贯穿始终，确保发展的稳定性和方向的正确性。

（二）系统构建方法

系统科学是一个完整体系，其中派生出的科学方法是解决理论到实践问题的必经桥梁。"体系"构建，离不开系统的科学方法。一是系统设计法。所谓系统设计，是指把"体系"构建视为一个整体、进行全面系统设计的方法。它既是定量的，又是定性的，是两者的有机结合，唯此"构成一个最简单且可能的系统模型"❷。在系统框架下，所有支系统都是支撑"体系"大厦的支柱，如理论、制度、资源、管理等，缺一不可，否则，将成为残垣断壁，不成其为完整意义的系统。因此，系统设计是"体系"构建的重要前提和条件，而且必须建立在具体的分析和系统研究基础之上，方能保证系统构建的科学性和合理性及有效性；二是功能布局法。教育是"人为"和"为人"的社会活动载体。所谓功能布局法，是指"体系"构建依据主体（本体）与客体（服务对象）相互作用所产生的影响效应、进行功能设计安排的方法。一般而言，教书育人、科学研究、社会服务是教育的三大基本职能，也称教育的三大支柱。联系职业教育实际，

---

❶ [美]约翰·奈斯比特. 大趋势 [M]. 梅艳，译. 北京：中国社会科学出版社，1984：201.

❷ [美]欧文·拉兹洛. 系统、结构和经验 [M]. 李钊同，译. 上海：上海译文出版社，1987：10.

服务社会经济，解决就业问题，培养技术技能人才和提高劳动力综合素质是其主要功能。在社会发展进程中，它不只是数量意义上的量级概念，而且是质量的权重，在不同历史阶段有不同的内涵、需求与标准。从目前社会对职业人才需求来看，总体呈多样复合智能一体化的趋势。"体系"构建必须从实际需要出发，与时俱进，不断充实调整优化功能体系，使布局与实际需求紧密衔接，增强吻合度，提升适应性，加强服务性，发挥功能布局在"体系"构建中指导性的作用；三是统筹协调法。所谓统筹协调法，是系统科学的重要方法，也是"体系"构建的客观需要，是指"体系"构建按照系统科学方法，从宏观层面加强对内外构成要素的综合平衡和协调发展的方法。处于社会经济发展变化之中"体系"构建的复杂性是不言而喻的，总体协调是前提，关键是统筹。其中，既有对"体制"内各因素的统筹协调，又有对社会经济、产业、服务和国际交流合作等外部关系的统筹协调。只有形成总体均衡、因素匹配、彼此互动、和谐发展的格局，方能保证"体系"构建与职业教育健康有序加快发展。否则，将会有失平衡，造成许多麻烦。

（三）系统架构形态

内容与形式统一，是系统科学的基本理论。任何一个复杂的系统都有一个内容与形式统一的问题。"体系"构建，是一个复杂系统，有其独特的逻辑结构和形态特点。属性决定形态，是唯物辩证法的规律。一是社会性与主体性吻合。这是"体系"的结构形态。其中，社会性具有广义性，是指"体系"构建的外部客观因素，包括科技、政治、经济、文化、生态、人力资源等内容，具有基础性的地位。主体性是指"体系"构建的本体性，是社会性的产物，也是推动社会发展的源动力。两者有机结合，构成系统架构的基石，但关键是增强彼此适应性和吻合度；二是多元性与一体性统一。这是"体系"构建的组织（体制）结构形态。多元性是指"体系"构建内含成分与类别的复杂性和多样性的总和，既指办学体制多元性，又指办学方式、人才培养类型、社会服务途径的多样性。一体性是指"体系"构建的系统性。其中，固然有丰富复杂的结构因素，但又是完整统一的体系。凡是缺乏内在联系又彼此封闭的条件因素，只能是形而下没有生命力的东西，而只有在对立统一的原则下形成辩证机制，才能超越自身，盘活能量，形成合力，构成系统，发挥整体效能；三是阶段性与终身性衔接。这是"体系"构建在时间维度上的结构范式。职业教育历来分初级、中级和高级程度，这是历史连续递进的规律和客观需要。问题是受传统观念影响和历史局限，人为地隔断了彼此天然般的联系，使本应连续的教育体制，异化为各自为政、封闭办学的弊端，严重制约了人才培养的连续性和终身性，乃至使职业教育发展倍受制约，出现人才培养的历史断裂也是在所难免。解决问题的有效办法，就是深化教育体制的改革，加强与终身教育衔接，把阶段性与终身性有机结合起来，真正构建起一个体现终身教育理念的结构系统，形成人才培养的"立交桥"，促进教育的公平公正，满足人的自由全面发展需求，推进学习型社会与和谐社会建设。

第二节　中国特色职业教育体系的内涵特征

内涵特征是事物构成的血肉和灵魂。在社会经济发展急遽转型和加快发展职业教育的战略下，聚焦"体系"构建，深入开展内涵与特征研究，对于科学系统地回答"建设和发展什么样的职业教育"和"怎样建设和发展职业教育"问题，促进又好又快发展大有裨益，具有重要的理论指导意义和实践价值。本研究从学理的维度，立足当代社会背景，遵循职业教育规律和特点，并以此为逻辑起点和构建主线，对"体系"蕴含与特征进行理论探讨与分析，勾勒其基本框架轮廓（模型）。

一、中国特色职业教育体系的基本内涵

中国特色职业教育体系是一个科学系统的概念。"它既是我国职业教育理论与实践成果的凝练，又是世界职业教育在当代中国的丰富、创新与发展"。❶ 就其内涵而言，是一个全息系统的概念，包括"体系"理论与实

---

❶ 蒋旋新，蒋萌. 中国特色现代职业教育体系内涵与特征研究［J］. 成人教育，2010（8）：17－20.

践、历史与趋势、本土与国际、资源与文化、教育与科研、服务等众多丰富复杂的内容。就其性质而言，是指在科学发展观指导下，适应我国社会主义市场经济与现代化建设需要，与当代社会、政治、经济、科技、文化、生态及人生相匹配，遵循职业教育发展规律和特点，坚持以服务为宗旨、以就业为导向和以育人为根本，具有先进的职业教育理论体系、完善的办学设施条件、丰富的教学资源、精良的师资队伍、较强的科研科技开发与社会服务能力、以及体现终身教育理念、坚持走产教结合、校企合作、工学结合、产学研协调发展的办学道路，培养高素质技术技能人才和提升全体劳动者素质的完整教育体系。

（一）鲜明的教育宗旨

教育宗旨是教育的信仰与追求，决定着教育发展的目标与道路，是教育的起点和归宿。职业教育从来就是一种与社稷民生血肉相连的事业，永远承载着重要的社会使命，具有鲜明的目的性。因此，"在教育方面，可能比其他领域，更多地在国家策略上采取了决定性的行动"❶，以保证"教育行为的选择服从于和服务于一定的教育目的"❷。我国职业教育是因社会经济发展需要和人民群众需要职业技术教育而生成发展起来的，在长期政府激励性政策法规推导下，不断成长壮大，成为与普通教育并驾齐驱的教育类型。客观决定存在，基础决定上层建筑。在我国社会政治经济文化基础上生成发展起来的职业教育，必然具有鲜明的社会意识形态特征和强烈的时代精神，同时也不乏独特的民族风格，由此，决定了"体系"构建与职业教育发展的宗旨方向，即教育必须为社会主义现代化建设服务，为人民服务，与生产劳动和民生就业相结合。这成为一条不可逾越和更改的根本信念与原则。在全面建设小康社会、基本实现现代化奋斗目标下，全面贯彻党和国家新时期教育方针，使教育与我国社会政治经济文化生态发展阶段相协调，与提高劳动者素质和城乡劳动力的就业创业能力相统一，与社会及个性化的需求相契合，大力培养高素质的技术技能专门人才，为全

---

❶ 联合国科教文组织. 学会生存——教育世界观的今天和明天 [M]. 北京：教育科学出版社，1996：218.

❷ 杨念. 高等职业技术教育特色论 [M]. 长沙：湖南师范大学出版社，2005：5.

面建设小康社会和加快推进工业化、现代化、城镇化发展提供人才支撑和智力贡献，始终保持正确的服务方向，成为"体系"构建与时俱进的方向和躬身力行的宗旨。

（二）科学的理论基础

理论是对客观本质规律与特征的反映，是实践的基础。职业教育是一门独特的社会科学，"体系"构建不能没有理论指导。它涉及研究对象、范围、内容与形式，是一个完整的学科逻辑体系。从历史维度看，我国职业教育活动自古就有，但从理论而言，起步相对较晚。清末民初第一次出现"职业教育"概念，标志了我国职业教育理论自觉意识开始萌发，而后逐步踏上引进消化探索构建的历程。经历百余年探索之路，目前，中国特色现代职业教育体系初步形成。尽管在科学研究上还处在初级阶段，但已有的经验与形成的成果为"体系"构建提供了不可或缺的理论依据和实践指导，发挥着重要作用。如本体构架理论为"体系"构建提供了一个系统完整的结构图谱，对于形成完善其理念、思路、目标与结构框架体系，奠定了理论基础；科学发展理论是"体系"构建的核心主导，对于确立以发展为主题，以人为根本，服务需求、就业导向、可持续协调发展目标，指明了方向；产教结合理论体现了职业教育的一贯思想和原则，为"体系"构建坚持走产教融合、校企合作、工学结合的办学道路，提供了理论依据；终身一体理论是新时期职业教育理论与实践的新进展，是当代职业教育发展趋势，成为突破传统教育体制和建立现代终身一体化的教育新体制的重要理论力量；开放融通理论适应了改革开放新发展，为"体系"构建融入"互联网+"与教育国际化潮流提供了战略新思路，在形成对外开放、国际化发展与对内沟通、协调发展新格局方面起到了关键性的作用；创新驱动理论是当代科技发展与社会转型的产物，是"体系"构建的不竭动力，特别进入经济发展"新常态"，转变发展方式，重构发展模式，离不开创新创造，坚持与实践这一理论，无疑增强"体系"发展动力和创新活力。

（三）自主的发展道路

所谓自主发展道路，是指坚持从国情实际和职业教育特点出发，走中国特色化的发展道路。综观世界职业教育发展历史，大凡成功者都是富有特色个性的，而且与所依赖生存发展的环境条件保持高度的和谐统一。无论德国"双元制"、日本"产学合作"、美国"合作教育"和英国"三明治"等模式，都无一例外地诠释了职业教育发展这条铁的规律，也为构建和发展中国特色职业教育体系提供了重要的参照。实践证明，植根于足下的土地，立足国情实际，走自己的发展之路，无疑是一个国家、地区和民族职业教育生存发展的生命之根。联系国情实际，我国人口多、底子薄、发展不平衡和要办世界上规模最大的职业教育是最大的实际，是构建中国特色现代职业教育体系的立足点和基本点，必须坚持不动摇。在当前国际化发展与竞争日趋加剧的条件下，强调科学发展观，坚持走独立自主发展的道路，具有特别重要的意义。首先，历史必然性。独立自主是历史必然，也是中国特色，但与国际化与现代化并不矛盾。联系"体系"实际，关键是正确看待与处理职业教育中国化与国际化、民族化与现代化的关系。两者比较，中国化与民族化是建设中国特色的根本方向，也是"体系"构建与职业教育发展的正确道路，舍此，必然误入歧路，毫无中国化化与民族化，也无国际化与现代化可言。这是历史必然；其次，现实必要性。当今，世界发展进入经济全球化、信息网络化和教育国际化时代。世界"地球村"已不再是传说。加强国际交流与合作，是大趋势。这是发展的一个必要条件，但坚持走独立自主的发展道路，依然没有改变。加快"体系"构建，必须坚持中国特色的发展方向，走民族化发展道路。这是现实的必然选择，也是"体系"构建与职业教育发展的必由之路。应切忌两种倾向：一是"体系"构建是一个开放发展的历史过程，国际化与现代化是重要条件，如果片面拒绝学习借鉴国际先进经验与成果，忽视现代化建设与发展，那么必然走向闭关锁国、抱残守缺、唯我独尊的误区。不但失去国际化与现代化发展条件，也会延误中国化与民族化发展机遇。二是"体系"构建是本土化与国际化的辩证统一，本土化是自主发展的根，国际化是本土化发展的流。因此，坚持本土化发展是加快"体系"构建的根本方向和道路，积极追踪国际化发展是推进教育现代化和建设国际水平的重要条件。科学辩证地把握两者关系，是"体系"健康快速发展的保障。

如果脱离本土实际，盲目追求国际化与现代化，也必然会迷失方向，失去生命的根基和发展动力。因为"一个教育系统只有当它牢牢地扎根于本地的、地区的和民族的环境中，才能以它的经验、思考能力尤其是以它的判断来丰富别国的遗产"❶，促进国际化发展。因此，只有坚持独立自主发展的方向，坚持以我为主、扬长避短、取长补短、优化整合、集成创新方针，海纳百川，博采众长，广泛吸纳世界科技、经济、社会、文化先进成果和职业教育发展的新经验，并与我国具体实际相结合，"体系"构建与职业教育发展才能真正走出一条中国特色现代职业教育的发展大道，更好地与社会经济发展相协调、与人的全面发展及社会就业需求相一致、与建立完善国民教育体系相统一、与世界职业教育发展趋势相呼应。

（四）合作的办学体制

开放合作是我国新时期以来走出的一条成功大道。可以说，没有改革开放与交流合作，就没有中国的发展，也难以建立一个与时代相呼应、与市场经济发展相协调、密切联系社稷民生的现代职业教育体系。在高度开放与合作的新时代，在市场经济条件下，职业教育不是某些特定机构能一手包办的教育体系，而是一个开放多元合作互利共赢的共同体，其参与实施主体应包括政府部门、劳动部门、行业企业、教育与培训机构和家庭个人等。因此，确立开放意识，建立多方合作联盟的办学运行体制和政策协调机制，是中国特色职业教育体系的应有内容。《中国教育改革和发展纲要》明确提出"各级政府一定要高度重视，统筹规划，贯彻积极发展的方针，充分调动各部门、企事业单位和社会各界的积极性，形成全社会兴办多形式、多层次职业教育的局面"。《国务院关于加快发展现代职业教育的决定》明确要求"完善分级管理、地方为主、政府统筹、社会参与的管理体制"。目前，我国职业教育体制改革正在不断深化，多元合作办学体制正在形成之中。但要真正形成多元开放办学新体制与以国有公办为主、民办、校企和中外合作办学等共同参与职业教育的办学新格局，还有很长的

---

❶ ［法］加斯东·米亚拉雷，让·维亚尔. 世界教育史（1945年至今）［M］. 张人杰，等，译. 上海：上海译文出版，1991：510.

路要走。在改革进程中，关键是要突破横亘于政府、社会企业和职业教育机构之间的壁垒、困惑和羁绊，广泛挖掘和集聚社会办学的多种潜力，打造以政府为主导、企业、行业和社会共同参与、教育机构（学校与培训机构）为主体的充满生机活力的职业教育办学新体制和机制，为推进职业教育改革与发展提供制度保障。

（五）健全的教育体系

我国职业教育在整个国民教育体系中是一个独立自主发展的教育类型，应有完备的充分体现自身教育特点的体系。这是"体系"构建的重要基础和保障。就体系的内容结构而言，大致可分学校教育与成人培训两大类型，其中各自又划分为初、中、高三梯次职业教育层次。新中国成立以来，尽管我国职业教育事业发展走过了一段"之"字型的曲折发展道路，但在总体上，特别是在改革开放强劲推动下有了长足发展，呈现出复苏回暖并快速发展的新气象，保持了改革创新发展的总态势。但职业教育体系还处在改革发展的历史进程之中，需要根据不断变化发展的新情况和新需求，不断调整充实，予以健全完善。我国《教育法》明确指出，"国家适应社会主体市场发展和社会进步的需要，进行教育改革，促进各级各类教育协调发展，建立和完善终身教育体系"。《国务院关于加快发展现代职业教育的决定》明确要求"巩固提高中等职业教育发展水平""创新发展高等职业教育""引导普通本科高等学校转型发展"和"完善职业教育人才多样化成长渠道"。这为"体系"进一步建立健全教育体系指明了方向和道路。职业教育作为一种直接服务社会经济发展、面向全民人生大计、通向就业、连接终身化教育的重要桥梁，在构建学习型社会进程中，已不再局限于"使无业者有业"的职业训练层面上，还应承担起"使有业者乐业"和创业之历史使命。由此出发，"体系"要以整个社会经济和人们职业生涯的变化发展需要为依据，确立全民性与终身化的教育理念，关注人的生存发展、全面成长和综合素质提高，构建学校教育与社会培训相结合、初中高等职业教育相衔接、学历证书与职业证书相并举、与普通教育、成人教育和特殊教育相沟通、多规格、多层次、多样化、协调发展的教育体系，"破顶"（完善人才培养体系），"立交"（构筑人才培养立交桥），"为公民接受终身教育创造条件"，为构建中国特色现代职业教育体系提供保障。

（六）独特的培养模式

教育模式即人才培养模式，是由教育类别属性与人才培养类型性质所决定的。不同教育及其人才培养，应有不同的理性与行为模式。职业教育的根本任务是"培养适应现代化建设需要的高技能专门人才和高素质劳动者"❶。这是中国职业教育人才培养的根本方向，也是"体系"构建的本体依据。从比较教育角度看，职业教育是一种有别于普通教育的类型，两者分别而立，特色分明，形成分水岭的根本原因是人才培养目标定位和培养方式不同。首先，从目标定位看，普通教育以学科科学知识教育为主，以升学为目标；而职业教育以职业教育与技术培训为特色，以就业为方向。它所培养的是处在生产、经营、服务一线的，既有够用的理论知识、又有较强的职业能力和良好的综合素质，既能动手、又能动脑，手脑并用的操作型、应用型人才，而且有特定的未来服务方向。因此，职业教育是集"知识性、职业性、技术性"于一身的独特教育；其次，从教育特点看，普通教育从自身教育逻辑出发，演绎的是学科专业知识的教育体系。而职业教育则从面向职业准备出发，立足技术文化教育，侧重于提高培养对象从事某种社会职业必备的文化科学知识、专业理论知识和专业技术与解决实际问题的能力，不仅进行理论教育，更重视实践与培训。总之，"专业教育教给学生什么事能做和如何做；普通教育教给学生什么事需要做，做事要达到什么目的"❷。但这种教育冲突，伴随社会变革与发展潮流，也在悄然发生变化，在欧美一些发达国家已出现异质合流重组的端倪和走势，如在美国普教与职教已形成交融合作的新模式。不过，这是一个文化嬗变与历史过程。目前，我国正处在经济结构战略性调整、千方百计提高自主创新能力、增强经济整体素质和国际竞争力的关键时期，从"中国制造"

---

❶ 温家宝. 大力发展中国特色职业教育——在全国职业教育工作会上的讲话 ［J］. 中国职业技术教育，2005（12）：5－7.

❷ Report of the Harvard Committee. General Education in a Free Society ［M］. Poston：Harvard University Press，1946：196.

向"中国智造"发展，迫切需要数以亿计的高素质劳动者和数以千万计的高质量技术技能应用型专门人才。据此，我国职业教育应把培养适应知识经济发展和新科技革命的高技术技能人才和高素质劳动者作为目标，尽快改变我国劳动力素质整体偏低和高技术技能人才不足的现状，为全面建设小康社会和人力资源强国服务。

（七）现代的管理体制

教育管理体制是教育观念、机构、规范与运行机制的总和，建立在知识、认识、价值和方法的基础之上，目前已进入现代化建设与发展的新阶段。"学校因从事人力生产而导致其独特的组织和管理问题"❶。职业教育是一个特殊而复杂的教育类型。它以服务为宗旨、以就业为导向、以工学、产学研结合与校企合作为办学基本模式、以培养高素质技术技能人才为根本任务，使职业教育规划、组织、控制和协调过程变得十分繁复而特殊。1996年，我国颁布实施了《中华人民共和国职业教育法》，对改革和加强职业教育管理提出了一系列明确要求和规范。但由于历史原因和职业教育特殊情况，目前我国职业教育管理运行系统和运行方式还不适应改革发展的需要，历史惯性尚未消解，新的体制机制正在构建之中。"从计划培养向市场驱动转变，从政府直接管理向宏观引导转变，从传统升学向就业导向转变，从学科本位向职业能力本位转变"❷，是加快职业教育现代化管理和制度文化建设的主要目标和任务，是提升教育管理水平的关键。推进管理体制机制改革与创新，首先，要更新教育管理理念。体制改革具有根本性意义，观念变革是先导。根据全面深化改革的要求，从职业教育实际和特点出发，贯彻民主、公正、协调、高效原则，要转变传统的管理理念，重塑以人为本与现代治理理念，借鉴国外现代管理理论与实践经验，重构分级协同集约化的职业教育管理模式；其次，要深化教育内部体制改革。这是体制改革的重点。贯彻《职业教育法》，按照协调关系、优化组合、整体联动、提高效率、形成特色的基本思路，建立"完善分级管理、

---

❶ [美] E·马克·汉森，教育管理与组织行为 [M]. 上海：上海教育出版社，2004：12.
❷ 黄尧. 中国职业教育形势和今后发展的目标任务 [J]. 职业技术教育，2008（12）：46-48.

地方为主、政府统筹、社会参与的管理体制",形成教育教学、科技开发、社会服务和合作交流相互联系、互动合作、协调发展的新格局,促进"体系"构建与有序、稳定、高效、持续发展。

(八)完善的保障体系

完善保障体系,是教育发展的基本要求和重要保证,也是"体系"构建的物质基础和必要条件。所谓完善保障体系,是指运用系统理论,加强资源合理配置,促进有效流动,提高使用效率,包括资金、政策、设备、师资和环境条件等。其实质是资源配置,目标是"提升发展保障水平"❶,关键是统筹协调。目前,我国职业教育已初步建立起以政府为主导的保障体系,但还不尽完善,投入的单一化与配置的失衡性是制约影响保障体系的主要瓶颈。"体系"构建迫切需要通过体制改革与制度创新,进一步强化优化保障体系。一是构建多元化资源投入体系。多元化资源投入来源于多元化的办学主体,建立在市场调节机制之上,才能保证资源投入体系的多元化。《职业教育法》明确规定,"行业组织和企业、事业组织应当依法履行实施职业教育的义务","国家鼓励企业、事业组织、社会团体、其他社会组织及公民个人对职业教育捐资助学,鼓励境外的组织和个人对职业教育提供资助和捐赠"。其中,政府是职业教育举办者和资源主要供给者,但仅靠国家政府的投入,显然不全面,也不利于形成合作办学格局,难以满足其他社会主体对职业教育的需求与预期。企业是职业教育办学不可或缺的重要角色,是市场机制运行和实现职业教育资源合理有效配置的基本环节。只有形成举办者、参与者、办学者和学习者共同分担的多元化合作投资体制,才能满足职业教育对资源的客观需求,形成一个良性循环的体系;二是形成合理化资源配置体系。所谓合理,是指"体系"资源配置科学有效,能满足发展的需求,体现绝大多数人的预期。实施均衡化发展战略,是推进资源合理化配置的必由之路,对于我国地区(城乡)差别较大显得尤为重要而迫切。因此,"体系"构建不仅要加强对不同层次、类型和地区的资源统筹协调,而且要加大对职业教育内部资源结构的优化整

---

❶ 国务院关于加快发展现代职业教育的决定 [N]. 光明日报,2014 – 6 – 23.

合，同时重视解决教育资源闲置浪费的问题；三是建立市场化资源运行体系。计划经济模式下，较好实现了突出重点、集中资源办学的预期，但也造成了历史的不平衡，加大了城乡资源落差，制约影响了农村职业教育发展。市场条件下，应确立市场观念，借用市场无形之手，即经济资源配置方式，加强资源调节，使之合理流动，促进职业教育区域、层级、类型、系统的均衡发展，为"体系"健康持续发展奠定基础。

二、中国特色职业教育体系的本质特征

在世界职业教育版图中，中国特色职业教育是植根于中华大地的"这一个"，具有独特的民族性与不可替代性。除职业教育的一般共性之外，更拥有个性和本色，成为区别于其他教育的显著标志。

（一）历史性与现代性沟通

历史性与现代性属于时空范畴，表示社会发展的不同阶段，呈现不同的时空内涵。它们既区别，又联系，彼此依存，相互促进。引入"体系"语境，这一特征是指职业教育历史传承与现代化发展有机统一。首先，历史性。我国职业教育是历史的产物，经历了漫长曲折演化发展的历史过程。"坐地日行八万里，巡天遥看一千河"。历史在变革，时代在发展。但"体系"构建与历史文化传承有着血脉相连的联系，与历史性紧密结合在一起。无论我国古代以师徒"言传身教"为主要形式的职业教育雏形，还是近现代职业教育先驱黄炎培关于"使无业者有业，有业者乐业""为己谋生，为群服务"的职业教育主张，都是历史弥足珍贵的文化遗产，起到了推动我国职业教育发展的历史作用；其次，现代性。"体系"是教育现代化的必然趋势，也是历史发展的延伸。两者有机联系，彼此沟通，推动发展。面向 21 世纪，"中国职业教育在新的历史起点上，进入以强化内涵、提升质量为重点，加快建设现代职业教育体系的新时期"❶。这要求"体系"构建，一方面要尊重历史的延续性和依存性，始终与民族历史文

---

❶ 中华人民共和国教育部中国联合国教科文组织全国委员会. 构建中国特色的现代职业教育体系：新经验、新起点和新战略 [J]. 中国职业技术教育，2012（16）：40-54.

化传统特别是职业教育文化传统保持血脉联系，另一方面又不能完全拘泥于传统与经验，应将历史的传承性与时代的发展性紧密结合起来，以与时俱进和改革创新的精神，在历史与时代、传统与现代的有机交融中构建和发展中国特色现代职业教育体系，为建设人力资源强国与创新型国家、促进社会就业与教育公平、全面建设小康社会与和谐社会而培养更多更好的生产服务一线的高素质技能型人才。

（二）社会性与主体性统一

在系统论视野下，社会与教育处在一个整体关系之中，二者相辅相成，辩证统一。这一大写的规律性，体现在"体系"的本质上具有内因与外因、内涵与外延统一特征。首先，内因与外因统一。社会需求是职业教育社会性的外在因素，强调职业教育要融入社会生活与经济发展，为社会人生与经济发展服务，体现了教育的宗旨性和适应性。适应需求是职业教育主体性内在要素，要求从实际出发，按照自身规律，突出职业与技术的本质特点，赋予人才培养、科技开发和社会服务以职业教育的独特价值和不可替代的社会地位及作用。《中华人民共和国职业教育法》明确规定："职业教育是国家教育事业的重要组成部分，是促进经济社会发展和劳动就业的重要途径。"《中国教育改革和发展纲要》也明确指出："职业教育是现代教育的重要组成部分，是工业化、社会化和现代化的重要支柱。"党的十七大则站在历史的新起点，进一步做出了优先发展教育、"大力发展职业教育"的决定，并纳入了"加快推进以改善民生为重点的社会建设"之中。❶ 内外因素和谐统一，奠定发展的主客观基础。其次，内涵与外延统一。服务空间拓展与办学规模数量增长是"体系"重要的外延概念，内涵结构与发展方式是教育内涵的根本所在，两者统一决定"体系"构建，为社会性与主体性统一提供基础条件。关键是促进内涵与外延协调发展。新时期改革开放以来，我国当代职业教育外延不断得到拓展，增强了教育人本性、民本性与大众化发展，延展了职业教育社会性空间。同

---

❶ 胡锦涛. 高举中国特色社会主义伟大旗帜为夺取全面建设小康社会新胜利而奋斗 [M].北京：人民出版社，2007：37.

时，内涵建设也不断走向深化与发展，观念转变，推动体制改革，促进质量提高，不仅丰富了职业教育的内涵，增强了内在张力，而且在更高的层面上促进了职业教育社会性（义务）与主体性（权利）和谐统一，形成互为支撑、互为促进、和谐发展的长效机制，为"体系"构建提供不竭动力。

（三）职业性与人本性和谐

职业性是职业教育的本色及最基本的功能，表现为以就业为导向，以能力培养为根本的教育理念和方式。人本性是教育的本质属性与道德规范，体现为一切为了人和服务人的教育宗旨和实践。突出二者和谐性，是"体系"的根本特征。首先，职业性。这是职业教育的本色。相比而言，"职业教育是培养技术型、技能型人才的一类教育和培训服务"❶。重点是以职业需求为导向，培养必要的职业道德、能力和素养。这是由职业教育的本质属性（即技术技能职业性）所决定的。它对于维护社会生产系统的合理生态和正常运转，保证人的生存发展能力和权益具有不可替代的重要地位和作用；其次，人本性。这是职业教育的本质属性，体现教育"以人为本"的宗旨和目的。其重要意义在于引领中国特色现代职业教育走和谐发展的道路，在职业性与人本性两大基本问题上达到和谐统一。在当代科技高度综合化、生产高度集约化和社会发展和谐化的趋势下，在素质教育、创新教育、终身教育与和谐教育等新的教育理念下，未来的职业教育显然不仅是培养单一性的"经济人"，关注的也不全是教育的"技术目标"和"市场目标"，而是更注重人本、终身与和谐发展，把教育的职业性与人本性提高到一个历史新高度，纳入人才培养的整体规划中，为社会培养高素质技术技能人才和劳动者。这是"体系"构建的根本目标。

（四）全民性与终身化衔接

职业教育与人的终身发展密切结合，是社会发展的基本趋势，也是"体系"的本质特点。党的十七大提出"建设全民学习、终身学习的学习型社会"新目标。这不仅赋予了教育新义，而且拓展延伸了职业教育的对

---

❶ 欧阳河. 职业教育基本问题研究 [M]. 北京：教育科学出版社，2006：10.

象、内容与途径。首先，全民性。这是指"体系"服务对象的基本特征。"职业教育应该是面向人人的教育，使更多的人能够找到适合自己学习和发展的空间，从而使教育事业关注人人成为可能"。❶ 在"知识爆炸"、科技创新、经济发展和人们职业转换成为生存发展必需条件下，教育尤其职业教育已不再局限于学校教育阶段，而是一种面向全社会的大众教育。在此理念下，"体系"要"促进职业教育与社会需求紧密对接"，"坚持学校教育与职业培训并举"，"建立有利于全体劳动者接受职业教育和培训的灵活学习制度，服务全民学习、终身学习、推进学习型社会建设"；其次，终身化。这是"体系"构建的基本特征和过程。在这种体制下，职业教育不再是学校一次性有限教育过程，而是延续贯穿于人的终身。这是历史性的变革，是对传统教育时空的拓展与超越。关键是改变传统精英教育与应时阶段性、谋生工具性的教育观念，突破传统阶段性教育空间局限，树立全民性、终身化教育新理念，推进初中高职教衔接、与成教连接，构建终身化教育新体系，面向全社会，为所有不同背景的人提供全方位、多元化再学习、再教育的机会。"让当前和今后的所有青年和成人都能够收益于工作技能和生活技能"。❷ "新的整体行动的最终目标是建立一个学习的社会"。❸

（五）适应性与创新性互动

适应性与创新性是"体系"构建应有的两大功能支撑和内外属性的有机结合。首先，适应性。这是"体系"构建的效能特征。"文章合为时而著，歌诗合为事而作"。职业教育是经济社会发展的产物，适应性是它天然具有的属性和功能，表现为时代性和动态性特征。从静态来看，适应性表现为适应社会经济和产业发展的需求，最大限度地满足人们接受教育与职业生涯发展的需求。从动态来看，适应性体现为一种服务的主动性和自觉性，既表现为根据社会客观需求变化不断调整完善自身体系结构，增强

❶　温家宝. 大力发展中国特色职业教育——在全国职业教育工作会上的讲话 [J]. 中国职业技术教育，2005（12）：5-7.
❷　联合国教科文组织. 职业技术教育与培训的转型：培养工作与生活技能 [J]. 中国职业技术教育，2012（16）：23-38.
❸　联合国教科文组织第二届国际职业技术教育与培训大会关于职业技术教育与培训：展望21世纪的建议 [J]. 戴荣光，译. 中国职业技术教育，2000（5）：52-56.

自身服务能力，也表现为善于根据社会经济发展和职业变化的趋势而不断调整教育体制、专业体系，改革人才培养模式、以及增强社会服务能力。关键是处理好社会本位与主体本位的关系，确立辩证统一的理念，不断适应经济社会发展的需求，满足主体内在发展的追求。其次，创新性。这是"体系"构建的动力特征。顺应客观变化与发展需要，是适应性的意义，带有生态学的印记，缺乏创新和创造精神。而面对客观环境变化与发展，能动地去干预改造世界，则是人的创新精神和创造活力的彰显。"体系"构建既要适应社会经济发展趋势，更要未雨绸缪，创新创造，开拓进取。如果只是一味地适应而没有独立思考和创新实践，那么在翻天覆地变化和层出不穷创新的新形势下是无力面对"体系"内外存在的矛盾与困惑的。因此，"体系"构建必须尊重历史，顺应时代，从本体规律和实际出发，增强创新能力，通过理念、制度、管理等创新，来克服化解改革发展中的各种错综复杂的制约因素和矛盾困难，从而形成一套完整的创新体系，推进中国特色、世界水平的职教体系建设与发展。

（六）后发性与跨越性整合

后发性与跨越性是"体系"构建在发展方式上的显著特征。由于某些社会历史的原因，我国职业教育发展从总体来看还滞后于社会经济发展需要，与世界发达国家职业教育发展相比还有不小的差距，但具有后发性和跨越性发展优势特点。从外部机遇看，当前，我国正处在改革发展的关键阶段，推进工业化、城市化、现代化进程，促进社会就业和解决"三农"问题，完善现代国民教育体系和构建终身教育体系，全面建设小康和谐社会，迫切需要大力发展职业教育；从内部发展看，改革开放以来，党和国家高度重视职业教育，"把职业教育作为经济社会发展的重要基础和教育工作的战略重点"，为职业教育发展提供了重要的政策支持和条件保障，有力推动了职业教育整体发展，形成了新世纪以来我国中等职业教育回暖和高等职业教育迅速崛起的新局面。但我国仍属于发展中国家，而且将长期处于社会主义初级阶段。根据国情和教育基础条件，我国职业教育发展不宜生搬硬套国外发达国家和地区职业教育现成的经验和模式，而应充分认识、把握我国职业教育后发特质中潜在的优势，增强创新发展意识，确立超常跨越式发展战略，走"后发性与跨越性合力推进"、尤要"以特色求发展"的内涵式发展道路，正确处理好规模、结构和质量、效益的关系，形成良好的可持续发展机制，走出我国职业教育健康、快速、协调、可持续发展之路。

（七）融通性与协调性共生

融通性与协调性是"体系"构建理念规律方法的重要特征。首先，融通性。是"体系"构建的重要理念，也是现代职业教育发展的趋势。"世界不是既成事物的集合体，而是过程的集合体"。[1] 从这一意义而言，"体系"构建是众多因素和事物的可融合发展过程的集合体和融合体，不可能独立于世界和社会经济之外，必然与依存的环境条件保持密切联系。在教育国际化背景下，"体系"构建必然与世界职业教育发展潮流相融相通，保持相互学习借鉴和共同促进发展的格局。同时，在社会发展一体化的条件下，"体系"构建必须增强社会融合度，与社会经济、产业、职业发展保持同构同向发展的联系，走产教融合、校企合作、工学结合、产学研结合、职业教育与普通教育沟通、职前职后一体、全日制与非全日制并重、学历证书和资格证书融通的办学道路。其次，协调性。是"体系"构建协同发展、和谐共生不可缺少的原则。融通需要协调，协调离不开融通，具有因果性、连续性、融合性的联系。职业教育是独特的教育类型和系统。但也不可片面地强调矛盾性与对立性，要全面、系统、发展地看待自身的独特性和不可替代性，正确处理好共性与个性、自律与他律、自主与合作等辩证关系，并通过协调的方法，促进融通和谐发展。既要加强与本体外社会经济产业职业发展的沟通联系，又要按照职业教育发展规律和技术技能人才培养特点，科学定位，合理布局，统筹发展，处理好内外部各方面关系，形成长效机制，保持稳定持续发展的局面。

（八）民族性与世界性交融

民族性与世界性是"体系"构建的本质特征。越是民族的越是世界的，两者辩证统一。大凡成功的教育必定与本国实际相结合，与世界文化相交

---

❶ 马克思恩格斯选集：第 4 卷［M］．北京：人民出版社，1995：244．

融。首先，民族性。职业教育是民族文化的重要组成部分，是在独特的自然环境和社会、经济、人文基础上生成发展起来的，在教育的理念、内容与形式等方面具有鲜明民族特征。如我国著名的职业教育家黄炎培一贯主张职业教育与社会的联系，提出"职业学校的生命在于社会化"，始终强调职业教育的实践性，倡导"手脑并用，学做合一"等。改革开放又赋予了时代新的因素，得到了新的丰富和发展。民族性即本土化、特色化。党和政府不断加强对职业教育领导和指导，提出"中国特色""科学发展""服务宗旨""促进就业"和"立德树人"等发展观，为"体系"构建民族化指明了方向。坚持民族性，就是要立足本土，充分发挥本国和本民族文化教育的特色优势，因地制宜，因势利导，做到"人无我有、人有我强"，坚持走中国特色化发展的道路。其次，世界性。这是不可改变的发展趋势。在全球化背景下，我国加入WTO，职业教育作为教育的一部分已纳入教育贸易服务的范畴，从而加速了与世界接轨和融合的进程，增强了教育民族性与世界性的对话，进入了文化大交汇、大融合的新阶段。顺应发展的新情势，开启教育民族性与世界性交流合作的新阶段，成为"体系"构建的应有之义和重要特征。世界性即全球化、现代化。强调世界性，就是要解放思想，胸怀全球，改革开放，积极学习借鉴国外特别是发达国家职业教育的先进理念和成功经验，不断拓新拓展教育的内涵与形式，推进教育现代化发展，努力形成民族性与世界性交融发展的职业教育新模式。让中国职业教育镀亮民族性，增进世界性，加强现代性，使"世界水平"成为可能。

第三节　中国特色职业教育体系的基本架构

"体系"构建是主体与客体、时间与空间、内容与形式、理论与实践的统一。其中，架构（结构）是一个连接中间的桥梁，是"体系"构建的基本框架和重要载体。"这一框架具有体现终身教育理念，服务需求、开放融合、纵向流动、双向沟通的特点"。❶ 拥有属于自己的空间与逻辑，是

---

❶　教育部. 现代职业教育体系建设规划（2014—2020年）［Z］. 2014－06－16.

系统内各要素相互连接的方式，是理念、资源、决策、教育、学术、管理、交流、服务的总和，是数量、规模、质量、作用、效应互动、变量与发展的过程。因此，从整体层面，研究"体系"构建的结构及方法，对于建立结构合理、功能完善、运行协调的总体框架，是必不可少的环节和基础。

一、中国特色职业教育体系结构形态

以史为鉴，可知兴替，明得失，兴未来。"研究教育史可以产生两种效益，一是让人看清过去解决问题的要素有哪些还存在于现在；二是让人看清不同时代、不同民族曾怎样解决类似目前出现的问题"。❶ 我国当代职业教育从新中国成立起步至今，已走过 60 余年的历程，回响着历史足音，跳跃着时代律动。但受各种社会和教育制约性条件影响，在不同的历史阶段，"体系"构建形态和方式也不可避免地带有历史的印记，显现出不同的形态和特点。

（一）体系结构布局沿革

"体系"构建，框架结构是基础，布局是关键，形态是特征。所谓布局形态，是指"体系"构建诸要素在结构中的相对位置和它们在不同性能等方面的相互搭配及联结方式，以及由此形成的驾驭全局的能力，具体表现在数量与规模、内涵与外延、功能与效应的结合程度。我国当代职业教育历经"集聚统一"到"非均衡"和"协调持续"发展的变化过程，目前正走向"新常态"发展的新旅程。

1. 集聚型

职业教育发展布局结构形态，是特定历史的产物。所谓集聚型，是指聚合资源发展职业教育的规划与布局模式，特点是集中有限的资源，重点投入，有限发展。这在当时有其合理的背景。新中国成立初期，百废待兴，基础薄弱。在这种特定历史条件下，在计划经济基础上，我国职业教育集中并利用优势环境与有限资源，以大区省市城市为中心，高度集中，

---

❶ 美国教育史 [M]. 北京：人民教育出版社，1994：631.

布局结构，形成了"集聚型"结构模式，产生了历史的集聚效应，加快了开局之初职业教育发展，为经济复苏和社会发展提供了急需的初中等技术人才支撑。但这种"集聚型"结构布局也存在历史的局限性，如忽略了职业教育体系整体布局与构建，延误了部分地区职业教育的发展，特别是农村牧区职业教育的发展，产生了职教总体布局失衡、发展顾此失彼的弊端。尽管在局部领域有"东水西调"举措，但职教资源基本集聚沿江濒海发达地区和中心城市，而经济欠发达地区和边远滞后地区及农（牧）村相对稀少薄弱，加剧了区域社会经济和人力资源发展不平衡性，影响了职业教育均衡发展。

2. 非均衡型

非均衡原指经济发展的不确定性，是市场经济理论的支柱。将此理论引入职业教育，是指职业教育发展也存在变速、变量、变化的不确定性。20世纪70年代末期，在解放思想、改革开放的推动下，计划经济逐步以渐进式变迁方式向市场经济转轨。在这种特殊转型背景下，职业教育形成非均衡布局结构，非均衡正是这一理论与实践合乎逻辑渗透影响的产物。职业教育一改传统"集聚统一"格局，适度倾斜，重点发展，形成了"非均衡发展"新格局。珠三角、长三角和京津冀前沿发展板块应运崛起，职教城、各级各类职教联盟集团如雨后春笋破土而出，呈现出多元竞争活跃发展的新态势，有力推动了职业教育发展。结构决定性质，性质决定功能，功能产生效应。由此"非均衡"也造成了结构的不稳定性，突出表现为一度人才资源"孔雀东南飞"，东西南北部区域差距和城乡落差突显，引起社会关注与教育界反思。任何时候都应"把促进公平作为国家基本教育政策"❶，长期坚持下去，落到实处，谨防极限风险，确保"体系"构建走上稳步持续发展的轨道。

3. 协调型

结构决定性质，性质决定功能，功能产生效应。"非均衡"由此也造成了结构的不稳定性，进入新世纪，科学发展观引领，"五位一体"社会

---

❶ 国家中长期教育改革和发展规划纲要（2010—2020年）［N］. 光明日报，2010 - 07 - 30.

总体发展布局开启了我国职业教育改革发展的新视野和新进程。"体系"构建进入协调可持续发展的新阶段。据《2012 中国高等职业教育人才培养质量年度报告》显示：院校总数 1276 所，西北地区 25%，民族地区 19%，另外地级城市或县级区域 66%。表明区域差距和城乡落差正逐步改善缓解。但伴随改革发展加快，这种不平衡性还会长期存在，而且在某些领域还会突显出来，如资源布局矛盾将逐步演变为内涵质量水平发展差距。所以"建成覆盖城乡的基本公共教育服务体系，实现基本公共教育服务均等化，缩小区域差距"❶。还有相当长的路要走。按照这一路线，"体系"结构不仅空间资源布局要更合理，开发环境条件要更优越，而且教育内涵水平与人才培养质量要有新提升，自我发展、社会服务和参与竞争能力要有新增强。

4. 优化型

新常态是对世界金融危机后，经济发展出现变速，历史沉积风险释放，形势逐步趋于常态化发展所做出的一个战略判断。"这些变化所产生的以知识为基础的社会，会为教育与培训提供令人兴奋的模式"❷。以 GDP 为中心的以投资为主导的粗放式增长方式难以为继，新的生产力和新的经济增长点相继形成，并推动经济发展走向新常态阶段。延伸到"体系"构建上，就是认识新常态，适应新常态，服务新常态，顺势而为，因势利导，乘势而上，把握发展速度、规模、结构和进程，推动转方式、调结构、促升级，形成"优化型"结构模式。所谓"优化型"结构，就是按照新常态发展总体要求，改变粗放方式，优化结构模式，提高质量效应，促进改革发展。调整优化结构，关键是处理好发展速度与趋稳、数量与质量、规模与效率的关系，才能消除粗放发展所带来的隐患和危机，形成新常态发展需要的模式。在新常态下，GDP 型的增长速度已不是唯一的追求目标，关键是看综合效率是否得到全面提升。如果结构优化给"体系"构建带来了新的增长点，质量与效应有新提升，那么"新常态"在"体系"

❶ 国家中长期教育改革和发展规划纲要（2010—2020 年）[N]. 光明日报，2010 - 07 - 30.
❷ 联合国教科文组织第二届国际职业技术教育与培训大会关于职业技术教育与培训：展望 21 世纪的建议 [J]. 戴荣光，译. 中国职业技术教育，2000（5）：52 - 56.

构建中也就得到了落实，即生根、开花、结果。

（二）体系结构功能定位

结构功能，是"体系"结构与功能的统称，两者辩证统一。所谓结构功能定位，是指"体系"结构能动性与价值作用的理性选择和安排。就性质而言，反映职业教育本质与特点，决定目标预期，具有关键性作用。就内涵而言，是指职业教育独特职能、特有能力和特殊效能的总和，体现在办学定位、资源条件、组织保障、教学能力、服务功能等方面，是"体系"构建的重要组成部分，又是日常职业教育（人才培养、科技服务和文化交流）的依托和保障，成为职业教育理论界关注与研究的重要领域。关键是要与时俱进，不断开拓完善，赋予结构功能以新的内涵和形式。

1. 需求与服务对接

职业教育与经济产业密切联系。实现需求与服务对接，是"体系"结构功能定位的必然选择。首先，社会经济发展需要。社会经济产业发展取决于经济结构、人力资源和科学技术因素，职业教育是提高劳动生产率与劳动力再生产的主力军，是培养具有先进理念和适应经济转型与产业升级需要的高素质技术技能人才的基地。我国走新型工业化道路，实施《中国制造2025》战略，从"中国制造"向"中国创造"转变，迫切需要推进经济转型与产业升级，关键是人才，教育是基础。这是"体系"结构功能定位的客观依据和基础动力；其次，"体系"服务方向。"以服务发展为宗旨"，是"体系"结构功能定位的指导思想。当前，存在的主要问题是职业教育与经济产业发展不相适应，人才培养与农业、工业、现代服务业的实际需要还有差距，"技工荒"和"用工荒"就是这一问题最直接的反映，迫切需要从理念到体制、课程和方法进行一场革命性的变革，使人才培养跟上时代发展步伐，与经济产业企业同行，真正成为实用型应用型人才培养基地、社会经济产业发展的人力资源供给源和社会终身学习的有效平台。这是一个需要不断创新发展的历史过程。当今，人类社会进入信息化互联网时代，彻底改变了人类生产实践的内涵与外延，在不断创造新的物质产品的同时，新理念新技术新信息新方法也如雨后春笋不断涌现，使人耳目一新，为发展提供不竭动力。当此时刻，职业教育应成为新一代信息技术开发与应用的推动者和传播者，在推进《中国制造2025》和"互联网＋"战略以及促进"新常态"发展进程中发挥积极作用，促进经济方式转换、在提升产业结构、推进生产方式和经营管理模式的创新中，成为一支重要力量。

2. 就业与民生保障

就业与民生休戚相关，至关重要。《中华人民共和国职业教育法》指出："职业教育是国家教育事业的重要组成部分，是促进经济、社会发展和劳动就业的重要途径"。我国是一个人口大国，就业始终是天下第一大事，关系社稷民生，维系国家稳定、安全与发展。因此，为就业与民生提高保障，是"体系"结构功能定位的基本点和落脚点。一是促进就业。一方面，优化产业结构，积极发展经济，目前，我国三次产业结构是"二、三、一"格局，工业化发展保持不衰势头，未来，我国产业调整的主要目标是逐步提升第三产业在产业链中的比重，千方百计增加对劳动力吸纳的比例，促进就业改善。另一方面，职业教育与产业息息相关，关系就业大计，在这场改革调整过程中，应主要通过人才培养模式创新，质量提升，结构优化，增强竞争力，为就业创造良好条件；二是美好民生。人民幸福是"中国梦"的核心价值观和终极目标，就是人民拥有美好生活，民生得到改善。因此，"对终极价值和绝对真理的虔敬是一切教育的本质"❶。这也是对"体系"结构功能社会本质的诠释。为实现这一功能目标，"体系"必须坚持"以人为本"和"服务民生"核心理念，必须将就业创业与美好民生紧密联系起来，尊重人，服务人，促进人的全面发展，为每个人提供出彩、梦想成真的机会，真正将服务就业与民生功能落到实处。"这就是要使更多的人接受职业技术教育，使职业技术教育能为满足人力资源开发的需要并能促使人们有效地进入工作世界"。❷让人民更好更快走上幸福之路。

---

❶　[德]雅斯贝尔斯. 什么是教育[M]. 邹进，译. 北京：生活·读书·新知三联书店，1991：44.

❷　联合国教科文组织第二届国际职业技术教育与培训大会关于职业技术教育与培训：展望21世纪的建议[J]. 戴荣光，译. 中国职业技术教育，2000（5）：52－56.

3. 民主与和谐共建

民主是政治文明的本质要求，和谐是社会理想的价值追求。运用于"体系"结构功能语境，有其特定的内容。所谓民主与和谐共建，是指"体系"政治功能与社会功能同步共振共建，使之成为制度保障，共同支撑并推动"体系"构建与职业教育发展。一是推进教育民主进程。教育民主是职业教育的重要命题。探讨教育民主，是"加强社会主义民主政治制度建设"的需要。联系教育实际，民主不仅是一种政治制度，也是教育方式，是"体系"结构不可忽视的功能要素。因为，民主是自由平等观念在教育过程中的体现。落实到"体系"结构功能上，就是尊重师生个性发展，维护师生权益，兼顾大多数利益，处理好责权利义、功利与自由、个体与群体、教与学、教学与科研与服务、德智体美、民主与管理等关系，改革一切不合理的制度，形成既有约束又有自由、既有集中又有民主、既有统一意志又有个人心情舒畅的教育局面，促进全体受教育者终身求知进取、追求创新，并全面持续提高自己职业素养能力与专业技术水平。这是"体系"构建的民主使命和责任；二是促进教育和谐发展。和谐是"体系"结构功能要求和内涵，体现在共性与个性、整体与部分方面。一方面，"体系"结构和谐。按照和谐功能建设的要求，处理好"体系"内外关系，外部完善与社会、经济、政治、文化、生态的互动关系，内部统筹各要素、各层次和子系统关系，形成协调发展的体制机制。另一方面，个人发展和谐。在和谐教育理念的指导下，转变思想，更新观念，正确处理好德育与智育、理论与实践、知识与能力、科学与技术、就业与升学关系，并固化于教育教学制度与人才培养模式之中，促进人才培养全面协调发展，实现教育的终极目标和价值理想。

4. 教育与培训并举

教育与培训是职业教育的主流形式，也是它的基本服务功能。加强两者联动与合力，是"体系"结构功能定位的着力点。首先，加强共性与个性统一。面向社会，服务人人，是职业教育的根本宗旨。有效提供职业技术教育服务，是社会主体安生乐业、终身发展的客观需要，也是"体系"宏观意义共性功能的体现。这是"体系"教育方式的总体定位，但具体落实到每个接受职业教育主体还需具体化，对接职业生涯，使每个人受益终身。因此，强调教育共性与个性统一，是职业教育与培训服务的使命，也是确保传授职业知识和技术技能、使社会每个个体的特长潜能和创造力充分地发挥、满足发展社会生产力的需要、满足受教育者求职谋生和个体发展需要的保证；其次，促进开放与多元结合。这是对职业教育服务功能形式的定位要求。现代职业教育与培训是一个开放多元合作的体系，包括学校教育、职业培训、网络教育和终身教育。在现代信息技术高速发展的互联网时代，尤其要借助于现代信息平台和网络媒体，发展网络职业教育，拓展与提升教育服务功能，推进终身教育发展，更好地"适应每个特定国家和全球范围内的技术发展"；再次，增强职业与技术的融合。这是优化"体系"结构功能定位的关键点。坚持职业性、技术性和实践性统一，是现代职业教育改革与发展的重要理念，也是培养合格技术技能人才的核心环节。高素质技术技能人才应有良好的职业道德、综合素质和职业能力培养，赋予人以现代素质、职业素养和专业技能，掌握实实在在的生存与发展能力，创造改变生命状态与实现社会价值的必要条件，使社会和谐发展，使人人诗意般生活成为可能。从这一根本需要出发，加强职业与技术融合，是职业教育人才培养的需要，也是"体系"进一步完善与优化教育与培训功能的必由之路。

（三）体系结构机制流变

所谓结构运行流变，是指结构运行组织结构受外力和内因的作用调节方式和控制系统的演化过程，是"体系"功能构建的重要参照和依据。历史证明"我们所有的行为均发生在一种错综复杂的制度环境中"❶。"体系"结构运行方式必然受特定制度环境的制约和影响，当代职业教育经历了由单一封闭到多元开放的历史演化轨迹。

1. 集中包揽制生成

结构运行模式是历史产物，属于历史范畴。不同的历史时期形成不同

---

❶ [美]赫伯特·西蒙. 现代决策理论的基石 [M]. 杨烁，等. 译. 北京：北京经济学院出版社，1989：126.

的结构运行方式。计划经济时期（新中国成立至改革开放前），与计划行政管理体制相适应，职业教育建立了中央及相关专业部门统一集中管理体制。在这种体制下，结构运行主要通过政府行政方式（如决策、计划等）来规划发展方向，供给教育资源，推进建设发展，具有鲜明的计划性和统一性特征。一方面政府统一包揽职业教育，形成集中统一的运行模式；另一方面与生俱有来自母体（计划经济）的单一封闭极限性弊端，刚性有余而柔性不足，调节滞后，顾此失彼，面临计划赶不上变化的尴尬，造成了人才培养与社会经济需要相脱节的病相，并且不能合理兼顾社会各方预期者利益，使办学缺乏动力、人才培养单一、发展缺乏活力。

2. 开放合作制创立

改革开放，催生了市场经济，孕育了多元开放合作办学的运行新模式。从 1985 年《中共中央关于教育体制改革的决定》提出"发展职业技术教育，要充分调动企事业单位和业务部门的积极性，并且鼓励集体、个人和其他社会力量办学。要提倡各单位和部门自办、联办或与教育部门合办各种职业技术学校"、1993 年《国家教育改革与发展纲要》要求"各级政府要高度重视，统筹规划，贯彻积极发展的方针，充分调动各部门、企事业单位和社会各界的积极性，形成全社会兴办多种形式、多层次职业技术教育的局面"，到 1996 年《中华人民共和国职业教育法》规定"政府主管部门、行业组织应当举办或者联合举办职业学校、职业培训机构，组织、协调、指导本行业的企业、事业组织举办职业学校、职业培训机构"，职业教育结构运行方式不断得到调整，单一封闭运行模式逐步走向开放多元。但这一阶段合作办学依然缺乏具体配套制度的保障，因此，加快制度建设进程，成为"体系"构建完善结构运行体制的现实需要。

3. 统筹协调制演化

面向 21 世纪，科学发展成为时代的主流。职业教育适应发展趋势，转变发展方式，调整结构运行模式。从 2002 年《国务院关于大力推进职业教育改革与发展的决定》强调"各级人民政府要加强对职业教育工作的领导，把职业教育工作纳入当地经济和社会发展的总体规划，列入政府重要议事日程，帮助职业学校和职业培训机构解决实际困难和问题。调动和保护社会各个方面兴办职业教育的积极性，充分发挥行业、企业、社会中介组织和人民团体在发展职业教育中的作用"、2010 年《国家中长期教育改革和发展规划纲要（2010—2020 年)》提出"推进职业教育管理体制改革，建立并逐步完善在国务院领导下，分级管理、地方为主、政府统筹、社会参与的职业教育管理体制"、到 2014 年《国务院关于加快发展现代职业教育的决定》"引导支持社会力量兴办职业教育，健全企业参与制度，加强行业指导、评价和服务，完善现代职业学校制度，鼓励多元主体组建职业教育集体"，职业教育结构运行体制和方式不断改革，逐步完善，目前步入关键阶段。统筹就是立足全局，发挥政府行政职能优势，运用立法建制之手，理顺社会利益关系，均衡资源条件，为各级各类职教发展创造基础平台；协调就是和谐内外利益关系。对外协调社会性发展环境条件，包括政治经济社会文化生态及其他教育，对内和谐自身各要素关系，使硬件与软件、教学与科研、管理与规模、质量与水平等友好相处，均衡发展，形成整体良性互动态势和机制，走"绿色"发展之路。一批教育部确定的职业教育体制改革试点（天津、江苏、河北等）正按照系统、开放和协同性要求，突破体制机制障碍，深入关键领域和重点环节，"围绕服务现代产业新体系建设与构建现代职业教育体系"，推进体制改革，积极为推进与创新"体系"构建提供经验支持与制度贡献。

二、中国特色职业教育体系结构模型

人类已进入空间科学探索与开发利用新时代，体现空间理念的结构模型研究越来越受关注与青睐。所谓结构模型，原属于现代系统工程学范畴，运用于"体系"构建研究，是指"体系"构建已非传统单一平面孤立封闭的系统，而是一个跨界、连横、合纵、超越时空、内涵丰富、外延宽广、结构开放、体系系统、形式多样、相互联系、创新发展的多维系统立交网络体系。研究的重点是描述"体系"构建关系结构图谱及其联系互动方式，形成系统结构模型。其中，中国特色是本色，理论观念是先导，人才培养是根本，体制机制是基础，改革开放是大道，创新驱动是动力，灵活多样是形式，和谐发展是保障。

（一）体系结构总体框架

所谓体系结构总体框架，是指"体系"构架中带有本质性意义和具有原则性决定性作用的决策体系，是"体系"构架的根本点。就具体内容而言，中国特色、职教特点和世界水准是"体系"结构总体框架的根本所在，决定"体系"结构的基本思路和方向。

1. 中国特色

这是"体系"结构的灵魂、打造"中国模式"的根基。历史证明，"愈是民族的愈是世界的"，即使在新全球化发展浪潮中也不会改变，相反却因各国自然禀赋和经济社会文化传承及现实条件的客观差异，形成具有不同国家识别性特征和形态的职教样式。一是国情特点。我国幅员广袤、人口众多、资源贫乏、区域发展欠平衡、社会主义建设还处在发展初级阶段。"当前，我国发展进入新阶段、改革进入攻坚期和深水区"，正在"为建成小康社会，不断夺取中国特色社会主义新胜利，实现中华民族伟大复兴的中国梦而奋斗"；二是发展道路。"中国道路是改革开放以来，在中国政治经济实践基础上逐渐形成的一种社会发展模式"。在这一基础上，构建"体系"结构模型，必须从国情实际出发，根系本土，情怀民族，着眼发展，面向世界。在思想上以中国特色社会主义理论为指导，坚持教育社会主义方向，"以服务发展为宗旨"，以人为本，以德树人，建设"具有中国特色、世界水平的现代职业教育"。在发展道路上立足社会主义初级阶段基本国情，适应全面建设小康社会和创新型国家需要，发挥制度优越性，改革创新，走可持续发展道路。在发展方式上遵循民族性与世界性、时代性与历史性、现代性与传统性、数量规模与质量效益协调发展的普遍规律，培养数以千万计高素质劳动者和技能型人才，走出一条与世界职业教育"和而不同"的特色化发展之路。

2. 职教特点

鉴于职业教育办学方式的独特性和人才培养的不可替代性，职业教育是一种类型，已是不争之事实。坚持这一属性和特性，是"体系"构架的依据和基础。基于与产业经济职业就业对接，行业企业参与办学，坚持从生产生活实际需要出发，构建职业教育办学与技术技能型应用性人才培养模式。职业教育办学的自身特点，集中体现在"三特"办学本色上。一是办学有特色，即面向市场，以就业为导向，以能力为本位，走工学结合、校企联盟、产教一体化的办学道路；二是专业有特点，即适应产业结构不断调整升级，满足社会职业岗位需要，构建灵活柔性的专业动态构建机制，加强与生产、职业岗位和终身教育的链接；三是学生有特长，即按照技能型人才培养的规格要求，"重点加强职业道德教育和职业技能培养，使学生树立正确的职业理想，养成高尚的职业道德，具备娴熟的职业技能"[1]。

3. 世界水准

面向世界，到"2020 年建成较为完善的适应需求，有机衔接、多元立交、中国特色、世界水准的职业教育体系"[2]，是国家规划纲要提出的战略目标，也是"体系"总体框架的核心理念和关键要素。就其内涵而言，这是数量、规模、质量、水平与效益的综合。一是教育理念国际化，确立以人为本、开放融通、公平均衡、持续终身的科学发展观；二是教育体系科学化，"形成适应发展需求、产教深度融合、中职高职衔接、职业教育与普通教育相互沟通，体现终身教育理念，具有中国特色、世界水平的现代职业教育体系"；三是教育方式现代化，建立稳定的投入机制，改革职业教育的办学体制，完善职业教育国家制度，创新技术技能人才培养模式，提高信息化水平，更新教育教学技术，营造良好的生态环境，促进可持续发展。

（二）体系结构耦合模型

耦合概念源于物理学，指的是若干系统按照一定的关系方式、相互结合、彼此作用、产生影响的现象。引入"体系"构建研究，所谓体系结构耦合模型，是指"体系"结构不同要素、能量、系统相互联系、合理匹配、彼此互动的行为方式和组织模式。研究对象包括"体系"内外和上下

---

[1] 鲁昕. 在全国中等职业教育教学资源信息化建设现场会暨农村职业教育改革发展会上的讲话 [J]. 中国职业技术教育，2010（1）：13 - 20.

[2] 中华人民共和国教育部，中国联合国教科文组织全国委员会. 构建中国特色的现代职业教育体系：新经验·新起点与新战略 [J]. 中国职业技术教育，2012（16）：40 - 45.

结构关系和互动方式，其中，内因是根本，外因是条件，两者和谐相处，辩证统一，不可错位，不能偏废。必须遵循规律，借助耦合原理和方法，处理好彼此联系和互动关系，形成相互结合、互惠共生、协同发展、绩效上乘的耦合互动创新模式。

1. 内外耦合与合力驱动

"体系"结构耦合模型是一个内外模块与接点的耦合系统。从宏观看，职业教育与社会经济民生就业休戚相关，是一种直接对接并提供技术技能人才和高素质劳动大军的教育。两者天然结合，不可分割，互动成为共生的需要，合力成为发展关键。一是相互结合，协同发展。社会性因素是"体系"的外部结构，是发展的根本动因和力量。其中，科技经济发展是基础，政府宏观决策统筹是关键，行业企业参与是保障，意识形态支持尤其是职教文化营造是条件，共同成为职业教育发展必要的外部环境和条件。主观性因素（即职教本体）是"体系"的内部结构，是以服务为宗旨、以人才培养为根本、以学科性为内核、以教育价值与办学功能为驱动的统一体。两者具有双重性，即"我为人人，人人为我"，社会发展需要高素质技术技能人才和劳动者，为职业教育发展提供资源、政策、技术、文化和生态的支撑，职业教育是高素质技术技能人才和劳动大军的培养者和供给者，但离不开社会性的客观背景和条件基础。这种互补、共生、互动性状为打造耦合互动创新结构模型奠定基础；二是有机整合，和谐发展。客体与主体有机整合，是"体系"结构达到高度耦合发展的基础条件。根据耦合理论与方法，实现"体系"主客体结构互补和兼容，是关键。实质是在不同层面实行有机对接和融合，包括资源系统、制度系统、管理系统和文化价值系统的整合。在战略上立足一体同构，协调发展，在战术上要坚持从实际出发，合理解决发展中的实际问题，夯实"体系"结构耦合基础，方能产生合力和动力，推动双边合作和共同发展，促进效益的提高。

2. 上下联动与协调发展

结构耦合有不同的关系类型，既有宏观空间内外层面耦合关系，又有微观上下层级耦合关系。其中，协调上下层关系，是建立一体联动构建方式的前提。一是加强顶层决策与统筹力。目前，我国职业教育实行的是中央统一领导，地方分级管理、社会参与的综合行政管理体制。各级政府是权力掌控者、政策决策者、社会管理者和法规执行者，居于主导地位，起着决定性作用。迫切需要建设社会服务型政府，建立起与我国社会管理体制和基本公共服务体系相匹配的现代职业教育体系，包括政策法规体系、组织管理体制、发展保障制度和质量监控机制等；二是提升行业企业参与度。这是现代职教发展要求，但目前参与投入积极性还不高，这成为行业指导与校企合作的瓶颈，应通过政策调整（利益兼顾）与建设社会责任型企业从根本上来解决；三是提高职教综合发展能力。这是"传统制造"向"智慧创造"发展的现实需要，也是真正把"体系"建成"中国梦工厂"，即高素质技术技能人才培养基地和知识劳动者培训中心以及惠及全民职业成长发展高地的必由之路。

（三）体系结构优化路径

"体系"结构架构具有多途径的选择，是增强结构能量与提高系统耦合的关键。因此，确定什么样的路径，对于"体系"结构耦合程度和模型形成具有深刻影响和重大意义。

1. 传承与现代沟通

"体系"结构是一个历史逻辑和发展过程。在纵向上，体现为一个不断向历史深层开掘延伸的线性进程，但绝不是一个直线发展恒定不变的过程。纵观今昔职教演化史，从"田间作坊言传身教"原生态到"以技为本、谋求职业"生存型再到"以人为本、终身教育"发展型，历史证明"所谓绝对的、纯粹的空间理论或绝对的、纯粹的算子理论，其实是不可能、不足道的"❶。落实到"体系"结构方面，一是推进"体系"结构历史转型。由注重外延性即数量规模速度发展，向更加注重战略性管理和内涵性即结构质量水平方向转变，建设现代国际水准的职业教育体系；二是加快结构现代化进程。一方面加强初中高职教衔接，核心是课程衔接，另一方面构建当代职业教育终身化体系，重点突破教育与培训历史壁垒，还

---

❶　钟怀杰．巴拿赫空间结构和算子理想［M］．北京：科学出版社，2005：120.

有横跨两者之间教育层次"升级",即办应用技术本科和专业学位研究生。目前,职业教育体系结构日益完善。"一批普通本科高校向应用技术型高校转型将有实质进展,学分积累和转换将启动试点,技术技能人才多样化成长的渠道更加通畅"。❶

2. 合作与竞争协调

在横向上,吸引社会各利益预期者参与职业教育合作办学是体制改革发展的关键。我国职业教育较长时间里存在条块分割、各自为政、各谋其利的弊端,以至出现办学脱节、资源失衡、发展趋同、管理顾此失彼等麻烦。欲改变这种局面,其一,构建多方参与合作体制。职教与社会各行各业有着不解之缘。但过度集中封闭管理方式和以校为本单一办学模式制约了合作性发展,建设一个既有统一意志又有充分民主、生动活泼的"体系"已是改革的必然;其二,转变合作发展方式。"体系"结构是一个独立与共生、依赖与互动的辩证统一。因此,携方圆促合作,是职教体制改革的主要途径,也是改革发展战略必然选择。核心是"责权利",关键是统筹兼顾。在管理体制上,形成统一领导、分工合作、协调发展的办学体制;在发展环境上,加强生态化建设;在"多教"统筹上,重点加强"三教"(职教与普教与成教)沟通,打造技术技能型人才培养"立交桥",同时加快农村职业教育发展、缩小城乡差别,形成纵向一体、横向开放协调发展的"体系";其三,增强错位竞争意识。竞争是市场经济的必然产物,就本质特征而言,是指在纷繁复杂、机遇与挑战并存的市场竞争的夹缝中谋求生存与发展的一种竞争理念和策略。在思想上,树立竞争意识,克服办学单一化和发展趋同化的倾向;在发展方式上,坚持有所为、有所不为,走错位竞争发展之路,力戒从各个方面参与全面竞争,而是利用差别,培育优势,面向产业和就业,利用新技术、新知识和新成果,建设特色优势专业,培养急需、实用、能干、具有就业优势、惠及民生、促进发展的技术技能型人才,从夹缝中探寻出一条发展通途、开辟出一片属于自己自由飞翔的空间。

---

❶ 教育部. 展望 2015 中国职业技术教育 [J]. 中国职业技术教育, 2015 (1): 8 – 9.

3. 开放与互动统一

同住"地球村",已不再是梦幻。当今,世界多极化、经济全球化、文化多元化,网络信息化正以空前规模迅捷发展。开放成为世界潮流,互动成为历史必然,并日益演绎为各国空间发展战略。这对"体系"构建同样具有积极意义。一是面向世界,开放发展。"他山之石可以攻玉"相对而言,现代职业教育先起于西方。今天站在新全球化竞争的历史新起点,闭关锁国没有出路,故步自封更没有前途。"体系"构建迫切需要加强与世界对话、合作。但本土是"源",外域是"流",必须坚持"以我为主,为我所用,交融创新"原则,本着"走出去,引进来"方针,正确处理好本土化与国际化关系。从国情民情区情实际与职教特点出发,学习国外先进职教理念,引进优质教学资源,借鉴有效的人才培养经验和成果,如德国"双元制"(校企结合)、美国社区学院(开放式办学)、澳大利亚 TAFE 体系(终身化职业教育)和新加坡 ITE(职业技能证书制度)以及日本"多层次办学体制"等,取其精华,博采众长,促进发展;二是合作互动,融通创新。合作是为了发展,融通则是为了更好利用异质教育文化精髓创新发展。世界走向中国,中国走向世界。作为后发外生型现代化发展国家,融通民族性与世界性,走中西合璧创新之路,是必由之路。"体系"结构也不例外。但目前教育国际化发展还有不小差距:交流广泛,但真正付诸办学与人才培养实践的中外合作办学项目还较少较小。借助"国际合作网络"(UNEVOC)教科文组织职业教育项目等,更广泛开展国际职业教育合作与交流,不断推进改革创新,开拓国际化发展新领域是为进一步开放发展之道。

4. 灵活与多样结合

灵活与多样是"体系"结构重要方式,两相结合,有利于增强体系的服务功能。一是灵活性。职业教育具有不同于普教的办学程式,赋予"体系"结构以极大的自主性与灵活度。但反思历史,分析现状,目前无论教育体制和办学方式都还较封闭,缺乏活力,政策导向偏重宏观规划调控而对微观层面的分类指导不够,办学体制重"公"轻"民"结构失衡,协调乏力,招生制度尚沿用普教应试分类选拔的制度和方法,没有形成促进自身事业发展的招生选拔制度。形成问题症结的原因在于没有真正从实际与实践中来到实际与实践中去，恪守传统或本本，以至于落入"剪不断理还乱"的纠结之中。改变单一封闭弊端，增强办学的灵活性，必须坚持一切从实际出发，创新发展思路，激活办学体制机制，是"体系"结构"活"的灵魂；二是多样性。多样性是"体系"结构的重要特征。强调多样性，旨在促进办学方式和人才培养模式多样化。改革开放以来，引入市场机制，借鉴国外办学经验，在"教育市场化、产业化"探索热潮推动下，职教办学体制改变了单一包揽办学体制，走多元化办学之路，初步构建了政府主导、行业指导、企业参与、公办民办协调发展一体化办学新体制，形成了国办、民办和混合联办等多元化的办学式样。但目前各类管理还不完善，制度创新依然不足。重点是建立一体化管理体制，加强对公办民办分类指导等。同时，职业人才培养也日趋多样化。职业教育面向人人，要求人才培养数量规格必须与现代产业发展相适应与职业岗位相匹配，不仅量大而且类多。从社会职业看，根据《中华人民共和国职业分类大典》，我国现有职业 1838 个，其中技术技能型职业占主导主体。据有关统计，2011年高等职业教育共有专业 953 种，2010 年中等专业学校专业共有 1815 种。目前，职业人才培养总体基本满足社会需要，但在对接产业和职业岗位需求上依然不相协调，存在明显结构性问题。一度劳动力市场"技工荒"凸显，实质是人才培养与现实产业结构需要存在严重错位与失衡弊端，即二次产业偏少而三次产业偏多。因此，必须加强对现有专业体系结构调整，进一步深化人才培养模式改革，增强与现代产业和职业发展适应性协调性，使"体系"结构真正成为推进人力资源建设、产业结构转型、小康社会建设、实现"中国梦"之战略力量。

本章小结

本体意蕴是一个科学概念，具有本质意义。对于"体系"构建，它不仅具有一般事物系统性、整体性、共生性和协同性，还具有职业教育特殊性、本质性、内涵性、外延性和生成性特点。在理论上，体现为本体科学精神，呈现于理性追求，辩证思维和系统构建三大方面；在内涵上，它是一个丰富复杂的系统，主要包括鲜明的教育宗旨、科学的理论基础、自主的发展道路、合作的办学体制、健全的教育体系、独特的培养模式、现代的管理体制和完善的保障系统；在特征上，除了教育一般共性之外，更拥有自己独特的个性化特点，如历史性与现代性沟通、社会性与主体性统一、职业性与人本性和谐、全民性与终身化衔接、适应性与创新性并举、后发性与跨越性整合、融通性与协调性同步。它们相互联系，辩证统一，形成特色；在架构上，从历史视域看，历经"集聚统一"到"非均衡"和"协调持续"发展的变化过程。目前，正按照"新常态"发展的总体目标要求，转变方式，优化结构，提高质量，走向创新持续发展；在功能定位上，体现为教育与培训并举、经济与产业同步、就业与民生统一、民主与和谐同构；在机制上，经历了由单一封闭集中包揽制到多元开放合作统筹制的历史轨迹；在模型构建上，是一个跨界、连横、合纵、超越时空、内涵丰富、形式独特、外延宽广、结构开放、体系系统、相互联系、创新发展的多维立交网络体系。中国特色是本色，职业教育是特征，理论蕴含是先导，人才培养是根本，体制机制是基础，改革开放是大道、创新驱动是动力，灵活多样是形式，和谐发展是保障，内外耦合合力是驱动，上下联动协调是路径。总之，各要素和部分有机统一，为"体系"本体构建奠定坚实的基础。

中国特色职业教育体系的目标定位

目标定位具有战略意义，是"体系"构架顶层设计的逻辑起点和内涵支点。所谓"体系"目标定位，是指根据社会经济和国民教育的需要，结合职业教育特点，通过综合调研与分析，对一定时期职业教育发展性状与结果做出预期，提出奋斗纲领和达到理想境界，体现了"体系"构架价值取向和战略定位，具有导向、阶段、凝聚、激励和规范的功能作用，是"体系"构架的核心和原则，必须从战略高度，进行科学判断、合理规划和有效抉择。

第一节 中国特色职业教育体系目标逻辑

在哲学视域下，目标是人类社会实践活动的本质追求和重要环节，是目的转化和预期固化的实践过程。动物的活动即使再精致也只是出自本能，而非有意识的具有目的性的活动。从历史角度看，目标是社会历史的产物和过程，在不同历史阶段具有不同的内涵与外延。从原始社会"生存竞争"到现代社会"改造世界"，历史演绎了人类社会进化变革发展的恢宏史话，折射出不同历史阶段社会实践的目的与目标的差异。目的与目标是两个不同概念，但两者既有区别，又有联系。区别在于目的带有根本性，体现出发点和归宿点，目标带有方向性、制约性和规范性，联系在于目的制约目标，目标为目的服务，两者是一体同构，辩证统一。所谓"体系"目标逻辑，是指目标内涵、外延、层次、结构和体系，具有严密的逻辑性和整体性，决定要素变量、环节构成和相互关系，制约"体系"构架和发展。具体体现在目标理论基础、现实依据和基本原则三个方面。

一、中国特色职业教育体系目标理论基础

"体系"目标具有目的性、预测性、可塑性和规范性的特征，具有理论属性和实践意义，其中，理论是基础，是指导。因此，深入探讨目标定位的理论问题，有助于揭示目标定位的逻辑架构、基本内涵和结构特征，更好为"体系"构建提供科学导航和理论支撑。

（一）特色理论引领目标

中国特色理论是马克思主义中国化的理论成果，包括毛泽东思想、邓小平理论、"三个代表"重要思想和科学发展观等重大战略思想，突出了建设中国特色社会主义的主题，科学回答了如何建设发展中国特色社会主义伟大理论与实践的一系列重大问题，是建设社会主义现代化的指导思想，是实现"中国梦"必由之路。在此背景下，建设中国特色现代职业教育体系是题中之义，建立在中国特色理论基础之上。一是中国特色理论是根本指导思想。如何建立"体系"目标定位，学习借鉴国外先进职业教育经验成果不可缺少，但各国有自己的国情实际、发展阶段和文化特点。历史证明，在职业教育世界舞台上，没有现成可套用的模式，必须形成适合于本土条件的理论和方法。中国特色理论不仅是建设发展中国特色社会主义伟大理论，而且是引领中国特色现代职业教育体系构建的科学理论。在此理论指引下，"体系"目标定位将摆脱历史上较长时间处在后发外生型发展模式的困境，重构"面向现代化，面向未来，面向世界"的目标新体系；二是中国特色理论开辟科学发展道路。在人口众多、发展不均衡的条件下，构建中国特色现代职业教育体系，探索科学发展道路，是一个不可回避又必须解决的重大理论问题和现实课题。中国特色理论为其导航，开辟道路，走出一条中国化发展道路，即后发内生型发展道路。本质是中国

模式，要义是科学发展，核心是以人为本，关键是创新驱动，走可持续发展道路。由此，形成后发内生发展条件，建立中国模式，开辟一条通向中国特色现代职业教育发展的大道。这是"体系"目标定位的根本所在。

（二）系统理论优化目标

系统理论（系统科学）前面有所涉及，此处，就目标定位而言，"体系"目标定位是一个系统概念，系统理论提供目标定位的理论基础。一是系统理论基础性。从系统理论而言，它是20世纪初期科学革命之界碑，也是21世纪具有广泛应用空间不乏活力的科学理论之一。在该理论视域下，系统是一切事物普遍存在的方式之一，世界上的一切事物现象和过程几乎都以不同方式包含在系统之内，构成有机整体。它们既各成系统，又互成系统，彼此处在一种或从属或并列或交互变量的复杂关系之中，同时，又必然从属于它们共同依存的整体。它以系统及机理为研究对象，包括系统类型、属性特点、运动规律和演化机制。所有这些为"体系"目标定位提供科学的理论与方法，具有基础性意义。二是定位目标体系性。从"体系"目标定位看，这是一个复杂的系统结构和整合过程，具有整体性、层次性、时代性、开放性、耦合性和动态性的特征。因此，需要运用系统理论和方法，方能从宏观上把握目标定位的总体结构，从微观上处理好要素的辩证关系，从而形成一个科学合理可行的目标体系。这不仅是目标定位研究的逻辑归属，也是"体系"构架重要的坐标系统和根本方法。

（三）现代管理支撑目标

目标管理理论作为现代科学管理理论之一，是美国管理学家彼得·德鲁克（Peter F. Drucker）于1954年在其名著《管理实践》中率先提出的管理思想。此后，这一管理理论逐渐成为企业管理体系的核心内容，被广泛运用于各类管理实践之中。它作为一种管理理论，是指以目标为导向、以人为中心、以绩效为标准、以控制为手段的管理系统。它作为一种管理方法，是指目标设定、时间限定、组织安排、责任落实、监督反馈、保证措施、绩效评估等一整套管理运行机制。运用于"体系"目标定位研究，是理论支撑。在管理视域下，"体系"目标定位涉及目标基础、目标决策、目标实施、目标控制、目标评估等一系列管理程序和过程，需要借助目标管理理论和方法，形成一体化的目标体系。目前，"体系"总体目标已经确立，大政方针已经明确，"到 2020 年，形成适应发展需求、产教深度融合、中职高职衔接、职业教育与普通教育相互沟通，体现终身教育理念，具有中国特色、世界水平的现代职业教育体系"❶。关键是依据顶层设计，结合实际，分解目标，正确定位，形成体系，明确职责，落实措施，推动进程，确保完成。为此，在横向上，加强各项目标的关联性和协同性，在纵向上，保证各项目标的层次性和衔接性，在总体上，形成纵横立交、互联互动的目标体系，确保总目标的实现。

二、中国特色职业教育体系目标现实依据

社会经济发展需求是"体系"目标构建的客观依据，自身发展需要是"体系"目标构建的内在主体因素，两者辩证统一，成为"体系"目标构建的现实依据和平台基础。

（一）社会经济发展对高素质技术技能人才迫切需求

在创新发展视野下，人力资源具有决定性的意义，是第一战略资源。推进社会主义现代化建设，教育是基础，人才是关键。不仅需要培养一大批拔尖创新人才，而且"迫切需要职业教育提供数量充足、结构合理的高素质劳动者和技能型人才作支撑"❷。在历史进程中，我国当代职业教育为人力资源建设发挥了重要作用，做出了不菲的贡献。但面临的形势依然艰巨，任重道远。据有关统计，在目前我国庞大的技术工人队伍中具有高级工、技师和高级技师职业资格的数量严重不足，"仅占 4% 左右"，在一些高新技术产业中，问题更为突出。珠三角、长三角等地区曾出现"用工荒"危机，实质是"技工荒"的反映。劳动力市场连连爆出技能型人才"有市无人"的尴尬，深层原因是人才资源不足与结构不合理。职业教育面临改革与创新的机遇与挑战，只有进一步加强人才培养模式创新，提升

---

❶ 国务院关于加快发展现代职业教育的决定［N］. 光明日报，2014.

❷ 袁贵仁. 认清形势，明确思路，开拓创新，推动职业教育实现科学发展［J］. 职业技术教育，2010（36）：26-29.

质量，改善结构，才能从根本上改变这种局面，满足社会经济发展需要，适应从人力资源大国向强国转变的新形势。实施《中国制造2025》战略，走新型工业化道路，职业教育不可缺位。国家做出了"大力发展职业教育"决定，教育唱响了"以人为本，面向社会需求，优化结构布局，提高教育现代化水平"主旋律，职业教育应抓住当前发展的有利形势，利用空前优越的发展环境和条件，做出战略回应。关键是从实际需要出发，立足目标定位，加快人才培养，促进事业又好又快发展。

（二）建立健全国民教育体系对职业教育的强烈要求

我国当代职业教育60余年，"建成了世界最大规模的教育体系"❶。这是令人振奋的教育之举，也是中国对世界教育做出的重要贡献。但欲达到"具有中国特色、世界水平的现代教育"高度，"形成惠及全民的公共教育""提供更加丰富的优质教育资源""构建体系完备的终身教育"，还有不小的距离。表现在：与社会经济发展的实际需求和人民群众普遍要求接受优质教育的强烈诉求还不相适应；在教育体制结构布局上还不尽合理，普教与职教发展不平衡。无论社会环境和办学条件，职业教育都还不占优势。这不仅制约了职业教育的发展，也影响到"现代国民教育体系更加完善"这一整体和谐发展战略目标的实现。欲改变长期存在的教育发展不平衡性状态，关键是运用统筹发展规律，通过优化配置资源等措施，加快推进职业教育发展，促进国民教育的整体和谐发展。既要在宏观上立足全局，着眼整体，面向未来，深化教育体制改革，加大教育统筹力度，促进各级各类教育整体协调发展，逐步实现教育均衡化发展，又要在微观上大力发展职业教育，不断加大政策扶持与经费投入力度，特别是改造经济欠发达地区和农村职业教育之"短板"，促进沿海与内地及城乡职业教育均衡协调发展。这是国民教育和谐发展的必然要求。

（三）职业教育从大国走向强国转型发展的迫切需要

我国不仅是职业教育大国，未来还要建成职业教育强国。这是"中国梦"的应有之义。未来是我国职业教育发展的关键时期。外因是条件，而

---

❶ 国家中长期教育改革和发展规划纲要（2010—2020年）［N］. 光明日报，2010 - 07 - 30.

内因是决定因素。面向 21 世纪，科技日新月异、经济跌宕起伏、竞争日趋加剧、生产方式转换与产业结构调整等，对职业教育产生了深刻影响。历史上长期存在的重数量轻质量、重规模轻效率、重物化硬指标轻内化软实力的教育理念和发展方式必将退位于以质量为根本、内涵为重点和可持续发展为目标的现代职业教育价值观与发展观。伴随观念的交替转变，职业教育内在隐含的结构性矛盾和发展性问题也将不断显露出来，如办学体制不完善，职教与普教成教、学历教育与非学历教育发展不平衡，城乡职教统筹不健全，中高等职教衔接不紧密，打造人才培养"立交桥"深层次改革欠深入，职业教育文化建设相对薄弱等，与未来"形成惠及全民的公平教育""提供更加丰富的优质教育""构建体系完备的终身教育"和"健全充满活力的教育体制"❶ 目标还有不小的差距。所有这些都表明深化内涵建设，是我国职业教育从大国走向强国完成历史变革与转型的必由之路，也是"体系"目标构建的重中之重。

三、中国特色职业教育体系目标基本原则

原则具有指导性、规定性和规范性的作用，关系"体系"方向、道路、体制和机制。目标建立，是"体系"构建的前提和基础，确立原则是目标构建的关键，必须提到突出地位，摆到首要位置。

（一）公益性与市场性结合

教育公益性是我国职业教育的本质属性和"体系"构建的重要原则，在指导思想上体现为"为人人，为社会"的办学宗旨，与社稷民生与经济生产发展血脉相通。在价值观上集中表现为实践教育公平、为更多有需要的人群提供职业技术教育与培训服务的社会责任。在功能上突出强调为"推动经济发展，促进就业，改善民生，解决'三农'问题"的教育实践。然而，在与市场经济的关系问题上，长期以来，走过一段"之"字型的道路，受传统文化和经济体制的深刻影响，我国职业教育较欧美国家职业教育相对封闭，对外部市场缺乏应有开放度。客观决定存在。在市场经济条

---

❶ 国家中长期教育改革和发展规划纲要（2010—2020 年）［N］. 光明日报，2010 - 07 - 30.

件下，职业教育的公益性与市场性即经济并不矛盾。因为，"市场经济是中国社会主义现代化必由之路"❶。从社会学角度看，教育是社会公共服务事业，从经济学角度看，它兼有产业属性和经济特征，即产品性和效益性，所不同的是它的特殊性，即人才培养不完全等同于经济生产。其实质就是在教育公益性的前提下，运用市场调节机制去更好发展职业教育。因此，强调与市场经济结合，是职业教育服务经济改革发展、打破公益性与市场化结合的壁垒、形成互动合作发展新机制新模式的必然要求。它既有助于培育市场竞争和现代经营意识，提高职业教育服务社会经济发展和参与国际竞争的能力，推进教育现代化发展，又有助于优化教育资源配置，增强办学活力，提升综合教育实力和竞争力。因此，公益性与市场性有机结合，是"体系"目标构建的重要原则和方法。

（二）自律性与他律性统一

在哲学中，即指主客观的统一。在"体系"目标构建下，自律性实质是从"体系"自身特点与规律出发，协调内部系统，发挥整体能量，以独特方式，作用于客观对象。他律性本质是遵循"体系"客观规律，从实际出发，利用客观赋予的条件资源充分发展丰富自己。历史表明，职业教育发展史就是一部社会发展史。"你中有我，我中有你，辩证统一"，这是职业教育发展不可逾越的基本原则和方法。反映在与社会关系上，需求与服务始终是职业教育改革发展的永恒主题，贯穿于历史的全过程。那种不管条件盲目扩张或恪守本位无所适从，都是教育与社会需求相脱节的表现。究其原因，是自律与他律在理论与实践结合上未能达到统一的结果。由此可见，"构建体系是目标，两个满足是根本"❷。实现"两律"和谐发展，要义是辩证统一，关键是正确处理需求与服务的关系。这是中国特色现代职业教育体系构建与发展的基本原则和思路。据有关统计，我国社会对职业教育和培训的诉求在持续增长，职业教育也进入快速发展时期。职业教育应将"两律"和谐统一并融入教育目标建设与实践中，关键是主动满足

---

❶ 罗归国. 中国现代化若干重大理论问题 [M]. 北京：中共中央党校出版社，2004：40.

❷ 袁贵仁. 认清形势，明确思路，开拓创新，推动职业教育实现科学发展 [J]. 职业技术教育，2010（36）：26-29.

经济与大众需要，并从自身规律特点出发，努力培养高素质技能型人才。唯此才能开创可持续发展的新局面。

（三）民主化与法制化和谐

民主与法制属于政治学范畴，也是"体系"目标的一项重要原则和要求。它既是建设政治民主的必然要求，也是实现社会公平正义的重要保证。相对于职业教育，更需要民主普照下的公平和法制保障下的民主。因为，在传统观念尚未消退与教育资源还不充分的条件下，意识中重普教轻职教、发展中重城市轻乡村等不平衡问题，单凭经济发展是不可能完全解决的，必须通过民主与法制的途径来解决。基于这一实际需要，改革开放以来，党和国家积极推进职业教育民主化进程和加强法制化建设，如制定施行了《职业教育法》和《大力发展职业教育决定》等。这就从根本上为依法治教确立了社会法律基础，提供了民主权利保障。诚然，现实中职业教育面临"两难"挑战与考验是不可避免的：一方面要满足广大人民群众接受终身职业技术教育与培训的需求，另一方面又深受教育体制机制不健全、办学条件相对落后、资源不足，尤其是'双师型'师资严重匮乏的困扰。欲妥善处理这对矛盾，改变落后状态，既离不开民主根本，也离不开法制保障。因此，积极推进教育决策、管理民主化和法制化进程，是构建与发展中国特色现代职业教育体系不可或缺的重要原则。

（四）阶段性与终身性统一

阶段性与终身性统一，是教育在时间维度上高度统一的重要目标，也是"体系"目标必须遵循的一项基本原则，体现了教育由低到高、逐层递进、螺旋上升的时间规律。但将阶段性与终身性视为职业教育的基本原则，却经历了一个历史过程。在较长时期里，受传统思想观念和思维习惯的影响，将职业教育当作生存立足的工具，满足于阶段性的职业教育和培训是较普遍的现象，远未能从社会发展、知识更新、技术升级和职业变换终身教育的层面来思考职业教育发展的目标问题，以至造成职业教育体制的缺陷和认知局限，影响了职业教育发展，制约了职业人才自我完善。"体系"构建是历史的新起点，将"中高职业教育衔接沟通"和"体现终身教育观念"列入了目标定位之中，从而加强了阶段性与终身性的统一，体现了"以人为本"教育思想，将为了人、服务人的教育宗旨真正落实到教育目标构架之中，使人的发展诉求与教育完整价值得到了体现，同时坚持了职业教育循序渐进的规律，确立分层办学与终身教育统一的基本原则，贯穿于职业教育全过程，必将推动终身职业教育发展，促进人的自由充分发展。

（五）本土化与国际化融通

在全球化与本土化相互渗透彼此推动发展的新时代，教育包括职业教育由本土出发走向国际化发展，已是21世纪教育发展的趋势。因此，以此为依据，并将其确立为"体系"目标构建的一项空间原则，也是题中之义。因为在一个高度开放的时代，中国特色现代职业教育体系不可能在一个独立自我封闭的环境和系统中完成，必将在改革开放合作融通新原则下崛起和形成。本土是"根"，外来是"流"，在历史的演进变革过程中，职业教育既要克服"中体西用"传统观念的局限性，也要防止脱离实际"全盘西化"危险倾向的发生。在国际化与本土化交流、交汇、交融的历史进程中，必须始终坚持辩证唯物主义和历史唯物主义立场观点方法，正确看待职业教育的历史传统和现实基础，与时俱进，推陈出新，使传统在现代精神的烛照下焕发生机活力，使现实在传统的润泽下更加强盛；同时积极引进借鉴国外特别是一些发达国家地区发展职业教育的成功经验和成果，如德国"双元制"、美国社区学院、澳大利亚TAFE体系和新加坡ITE（技术教育学院）等，博采众长，取其精华，中西合璧，使民族性与世界性、历史性与时代性有机融通，整合创新，为"体系"构建提供理论和技术的新视野、新经验和新方法。

（六）区域性与全局性统筹

统筹发展，构建均衡，是建设生态文明的重要理念和战略。"体系"构建也不例外，应将区域性发展与全局性构建统筹纳入发展目标的原则之中，以此保证"体系"可持续发展生态建设。目前，国家职业教育发展战略已经将此纳入"目标任务"之中，提出"发展环境更加优化"指标要求。加强区域性与全局性统筹发展，是其中应有之义。没有区域的协调均衡发展，就没有职业教育均衡协调发展的大局。然而，我国职业教育发展还不平衡，总体呈现一种由东向西、由城市及农村逐步递减的状态，在发展规模、速度和质量水平等方面存在着东西南北和城乡（农牧）的明显落差，与21世纪我国社会经济可持续发展不相适应。解决的根本途径和方法，是确立可持续发展观，形成全面协调持续发展战略，关键是加强统筹协调，不断加快区域职业教育发展，重点扶持农（牧）村职业教育发展，尽早构建起具有中国特色现代农（牧）村职业教育体系和网络，缩小城乡差别。同时抓住国家西部大开发战略机遇，从区域优势产业经济和特色经济发展对人力资源建设实际需要出发，加快西部尤其是经济相对欠发达地区的职业教育发展，逐步缩小与珠三角、长三角和渤海湾等地区的差距，不断改善和优化职教生态布局，形成区域和全局协调均衡发展的新局面。

第二节　中国特色职业教育体系目标设计

目标设计是"体系"目标形成的关键环节，也是进行目标管理的重要依据。必须在先进目标管理理念指导下，通过科学有效的发展战略目标系统设计，配置相应的资源、制度和机制的保障条件，方能形成理想的目标体系。

一、中国特色职业教育体系目标分析

目标设计建立在理论指导、规律认知、机遇把握、发展条件、有效空间的基础之上，形成于系统规划、战略选择、统筹协调之中。因此，反思历史演进，面向国际参照，遵循现实依据是必不可少的重要条件。

（一）中国特色职业教育体系目标历史演进

"体系"构建，是我国当代职业教育发展的历史使命和社会责任。在不同的历史阶段，基于不同条件，适应不同需要，形成不同的发展目标和任务。如新中国成立初期，在新的社会基础上，新生的当代职业教育在社会变革和经济重建高潮推动下，在"教育为社会主义建设服务、与生产劳动相结合"的方针指引下，以"提高人民文化水平、培养国家建设人才"为目标，全面贯彻德智体全面发展的教育方针，致力培养"有社会主义觉悟的有文化的劳动者""从最初兴办工农速成中学和技术专修班到创办全日制和半工半读的中等技术学校，尽管从制度意义看还是一个雏形，却为

新中国建设培养了一大批急需的初中级建设人才（技术工人和农民），满足了社会经济发展急需"❶，成为这一阶段职业教育发展的基本特征；改革开放新时期，开启了我国职业教育人才培养的新时期。面向社会生产服务一线，为就业，重能力，产教联盟，校企合作，工学结合，培养适用能用管用的技术技能人才，成为这一时期我国职业教育人才培养的主流目标，为推动社会经济改革与发展、创造"中国制造"奇迹、改善民生就业发挥了重要作用；跨入新世纪，职业教育进入了科学发展的新时代。适应我国"五位一体"发展的总体布局，坚持以人为本，立德为先、能力为重、全面发展、终身学习的人才培养目标定位，倾力打造中高衔接、普职沟通、"对口培养"和分型教育的人才培养立交桥，使人才培养迈向和谐终身发展的新阶段。

（二）中国特色职业教育体系目标国际参照

教育国际化是世界经济全球化的产物。不同国家和地区教育对话、合作、交流成为当今教育国际化趋势的重要特征。这是一个双向互动的过程，对大多数国家和地区而言，是通过国际化互动交流平台，走向互相学习借鉴、共同提高发展的新路。加快国际化发展是"体系"构建的现实需要，也是走后发内生型发展道路的重要参照。内因是根本，但外因是条件，不可缺少。因此，"体系"目标定位在加强本土化建设同时，也需要不断推进国际化进程，以此为发展视野和历史参照。因为建设中国特色现代职业教育体系和培养高素质职业人才，需要学习借鉴国外先进职业教育人才培养经验和成果，需要不断推进教育国际化进程。两者相互依存，互联互补，辩证统一。历史证明，改革开放以来，我国职业教育人才培养积极借鉴国外特别是发达国家职业教育发展经验与成果，如德国"双元制"职业教育人才培养模式和澳大利亚（TAFE）终身职业教育体系等，促进了职业教育体系建设和人才培养模式改革与发展。这是后发外生型国家现代化发展的必经之路。"他山之石可以攻玉"。关键是处理好传统、借鉴与创新的关系，将国际经验和本国实际有机结合、取长补短，融通创新，促

---

❶ 蒋萌，蒋旋新. 中国特色现代职业教育体系人才培养模式探索与创新［J］. 教育与职业，2015（2）：5 - 8.

进自主创新，实现中国特色与世界水平双轮驱动、相得益彰的预期目标。这是"体系"构建的重要原则目标。

（三）中国特色职业教育体系目标现实基础

"全面建成小康社会，进而建成富强民主文明和谐的社会主义现代化国家，实现中华民族伟大复兴的中国梦"❶，是"体系"构建面临的历史使命，也是目标定位的现实基础。"新常态"和"中国梦"为"体系"目标定位奠定了坚实的社会基础。"强国必先强教"。这是世界大国崛起的历史经验。转变社会经济发展方式，优化产业结构，加快人力资源建设，促进创新驱动发展战略，走新型工业化道路，实现"中国梦"，教育是基础，人才是关键。"体系"构建应抓住当前发展的有利机遇，利用空前优越的发展环境和条件，立足定位，加快发展，有所作为，成为不可替代的社会力量；促就业，保民生，建和谐，为"体系"目标定位创造了发展空间。日益突出的失业问题已成为全球最大的挑战和世界性的难题，创造就业成为当今世界发展的中心话题。我国最基本的国情，"就是总人口占世界总量比重的 1/5（2013 年为 19.3%），劳动年龄人口（指 15~64 岁）占世界总量比重 22.0%"❷。未来，就业形势总体趋于缓和，但就业压力难度依然严峻，任务依然艰巨。因此，实现比较充分就业是我国全面建设小康社会的重要目标，也是职业教育发展面临的根本任务。目前，求职就业专业技术培训持续升温，关键是牢固树立"为民""惠民"的服务宗旨，坚持"以就业为导向"，使职业教育成为改变生存状态通向人生理想与社会福祉之桥梁，真正体现现代职业教育"以人为本"的教育理念和服务民生社会经济的宗旨，办人民真正满意的教育；教育现代化发展为"体系"构建目标定位开拓了前行道路。现代信息通信技术发展，为教育提供了新思维方式和新技术支持。在互联网下，职业教育面临全新的发展环境和机遇。教育从封闭走向开放，知识共享共创和终身学习成为可能。所有这些都为"体系"构建创造了良好基础和条件。

---

❶　中共中央关于全面深化改革若干重大问题的决定［N］. 光明日报，2013 - 11 - 16.

❷　胡鞍钢，等. 就业发展"十三五"基本思路与目标——构建更高质量的充分就业型社会［J］. 北京交通大学学报，2015（1）：1 - 6.

二、中国特色职业教育体系目标内涵

目标内涵是目标定位具体化、基本原则可视化和现实需求对象化，是"体系"构建的核心和支撑。它需要科学的战略思想，"如果没有战略远见，战略规划就一文不值"❶。从目前这方面研究来看，视域宽口径，研究多视角、内容多元化是一个突出的特点，前期的理论探究提供了有益的经验，但在过程中也存在理论碎片化和理念泛溢化的困惑。本研究以科学发展观为指导，立足"体系"构建本体，运用系统与空间理论与方法，从社会目标、本体目标、建设目标层面探索目标内涵体系，构建一个"'三个适应'＋'四个统一'＋'三大举措'"的目标内涵体系。

（一）"体系"社会目标内涵

社会目标内涵属于"体系"外部环境条件，包括社会经济、产业和社会主体即人，是"体系"目标内涵构建的基础，具有制约和决定性作用。因此，"三个适应"是"体系"社会目标的主要内涵。

1. 适应社会经济发展需求

社会经济是职业教育的基础，也是"体系"构建重要的目标内涵之一。《国务院关于加快发展现代职业教育的决定》提出"适应发展需求"目标任务。首先就是要适应社会经济发展的需要。这是一条不可逾越和更改的基本原则。社会经济发展为职业教育提供物质保障和经济基础，同时提出了对接性、应时性和多元性的教育服务要求。目前，世界经济发生了结构性的变化，我国社会经济发展也进入了速度变化、结构演化和方式转化"新常态"。依靠新科技革命和新能源革命推动创新型社会经济发展成为未来发展的趋势。职业教育必须适应"新常态"，服务"新常态"，促进"新常态"，从教育内容与方式上，全面加强与社会经济发展的适应度和耦合度，提供协调发展的水平，形成相互配合、互动发展、彼此促进的机制，不仅在专业和人才培养数量上满足社会经济发展的需求，而且在质量

---

❶　[美] 约翰·奈斯比特. 大趋势——改变我们生活的十个新方向 [M]. 北京：中国社会科学出版社，1984：92.

上与社会经济发展相统一，为社会经济发展提供人才支撑和智力贡献。

2. 适应产业结构调整需要

产业是一个大系统，其内部之间存在着复杂的关系，相互制约，彼此促进，形成动态演化发展的产业体系。在"新常态"下，产业结构调整与升级是经济发展与模式转型的重要特征。互联网、大数据、知识创新，推动了产业重组改造，成为创新发展的重要引擎和动力。原有三次产业结构面临新调整，农业和工业比重将会明显下降，服务业比重明显上升，并成为经济增长的主导产业。2013 年，全国第三产业增加值占国内生产总值的比重达到 46.1%，首次超过第二产业。这表明了中国经济已告别以工业为主体的时代，开始转向以服务业为主导的经济格局。这意味着社会职业和就业创业也将随之出现变化，种类与形式将趋于多样化，产业体系吸纳劳动力能力也将进一步增强。职业教育面临产业对技术技能人才新需求和劳动力市场新变化，从观念到办学都应重新调整和布局，加强专业与产业对接，人才培养与劳动技术岗位要求耦合，改变学生"就业难"和企业"技工荒"的尴尬局面，为产业发展提供优质的人力资源和人才支撑。

3. 适应社会主体发展诉求

建设学习型社会，打造创新型社会，为社会每个人创造了自由充分发展的环境和机遇。面向 21 世纪，中国将进入万众创新和大众创业的新时代，迫切需要现代知识和技术武装。面对"大智移云"新一代信息网络技术革新与发展，社会主体对新知识与新技术的需求与日俱增，空前高涨。教育特别是技术教育培训需求与滞后的教育服务体系成为主要矛盾。当此时刻，职业教育面临历史发展新机遇与严峻挑战。"体系"构建应把优化强化职业技术教育与培训作为根本任务，把提升劳动者技术技能和综合素质水平、满足就业创业需求作为根本目标，更加深化教育教学改革，创新人才培养模式，以更加灵活多样有效的方式，面向社会，服务人人，建立健全现代职业教育体系，开拓技术技能人才成长通道，提升高素质技术技能人才供给能力，满足社会主体求知、求职、创业、乐业的诉求。让人人都具有出彩的人生。

（二）"体系"本体目标内涵

本体原属哲学范畴，是指客观事物的本质和规律。运用于"体系"构建语境，所谓本体目标内涵，属于内层目标，是指"体系"目标内涵系统建设，统领职业教育体系构建的全部内容和要求，关系大局，具有决定性意义。就具体内容而言，大致归纳为"四个统一"，即产教融合、中高衔接、职普沟通、终身发展的有机统一。

1. 产教融合

在教育现代化道路上，产学研结合，是通向成功职业教育的必由之路。因此，"体系"构建必须从自身实际出发，以此为内涵目标，深化彼此融合，促进互动共赢发展。目前，我国产业发展进入了转型升级的新阶段。实现从低附加值转向高附加值、从高能耗高污染转向低能耗低污染、从粗放型转向集约型升级、以及从制造业大国向制造业强国转型，是适应"新常态"、促进"新常态"发展的大思路，关键是科技进步，根本是培养各级各类高素质技术技能人才和劳动者。因此，构建"适应产业结构调整要求的现代职业教育体系"，既是产业升级转型的客观需要，也是"体系"构建的内在要求。职业教育拥有良好的技术技能人才培养基础实施条件和科技研发应用的平台，将人才、技术、信息、资源等高级生产开发要素嵌入产业转型升级之中，便能成为发展的重要引擎和动力。目前需要解决的重点问题是结构偏弱、效率偏低，这是制约产学研结合走向融合的主要瓶颈。关键是从现实需要出发，立足体系实际，加强与产业转型升级结合，探索深度合作互动和提高效率的内在机制、有效路径和方法，推动产教融合，提升合作绩效，实现共赢目标。

2. 中高衔接

中职高职衔接，是"体系"构建的重要内容和目标。"按照系统培养技能型人才、高端技能型人才的思路，通过举办5年制高职、3年中职+2年高职等模式，推动中等与高等职业教育有机衔接"，是改革开放新时期以来中国职业教育改革与发展取得的一项突破性的进展和成果。目前，我国已初步形成了中职高职衔接的职业教育体系，但实现真正意义的衔接，还有一段路要走。突出表现在，人才培养从目标定位到生源、专业、课程、师资等都缺乏系统化设计和持续性发展，造成了中职高职"形合神离"问题，直接制约和影响了人才培养"立交桥"和"直通车"构建。因此，推进完善中职高职衔接，关键是处理好发展基础、重点与增长点的关系。一方面，继续坚持以中职为基础、高职为重点的发展战略；另一方面，积极发展本科技术教育，稳步启动研究生层次的专业学位教育，这是职业教育人才培养新的增长点，有助于进一步推进"体系"构建和完善人才培养体系，更好适应未来社会经济发展对技术技能人才的新需求。

3. 职普沟通

职业教育与普通教育相互沟通，是当代教育发展的总趋势，也是社会主体适应内外环境变化和实现生命自由充分发展的需要。从微观看，职业教育与普通教育是两个不同的教育类型，从教育目标规格到教育教学内容、方式具有不同的特点和区别；从宏观看，教育是一个有机整体。两者只是分工不同和表现形式不同，教育人与培养人是共同的目标，加强互联互通更有利于人才培养与教育发展。因此，区分两者的不同类型是必要的，有助于按规律特点培养人，但万万不可由此将它们分离对立起来。它们不仅是独立的，更是统一的。任何形而上学地隔断联系，孤立地就事论事，都是不利于教育的辩证和谐发展的，非此即彼的思想方法也是有害的，否则将造成许多麻烦。加强职业教育与普通教育的结合和沟通，形成互联互通平衡发展的体系，是教育的大逻辑，也是"体系"构建的重要目标内涵和改革发展趋向。

4. 终身发展

终身教育是我国教育发展的重要国策，是建设学习型社会的重要基础。《国家中长期教育改革和发展规划纲要》明确"到2020年，基本实现教育现代化，基本形成学习型社会""构建体系完备的终身教育""现代国民教育体系更加完善，终身教育体系基本形成"。《国务院关于加快职业教育发展的决定》提出"到2020年"，形成"体现终身教育理念，具有中国特色、世界水平的现代职业教育体系"。这是"体系"构建的重要指导思想，应告别终结传统"应试教育"和"阶段性教育"模式，以整个社会经济和人们职业生涯的变化发展为依据，构建全民化与终身化教育理念，关注人的生存发展、全面成长和综合素质提高，形成学校教育与社会培训相结合、初中高等职业教育相衔接、学历证书与职业证书相并举、与普通教育、成人教育和特殊教育相沟通、多规格、多层次、多样化、协调发展的教育体系，从而"为公民接受终身教育创造条件"，为构建中国特色世界水平的现代职业教育体系提供保障。

（三）"体系"实践目标内涵

"体系"的实践目标内涵，是回答"怎样建设与发展"问题的重要内容，在"体系"目标总体架构中属于实然层面，就其具体内容而言，大致分为"三方面"，即基础条件、保障制度和执行能力建设。各项指标各在其位，各司其职，但又互相联系，彼此支撑，形成合力，共建"体系"本体构架。

1. "体系"目标基础条件建设

基础条件是"体系"构建与目标实践之基石。离开这一点，再完美也只能是梦中之境、"空中楼阁"。当前，"体系"构建具有良好的环境基础条件，但也面临外部发展的压力和推力。一是推动现代化建设进程。现代化是新中国成立以来始终追求并为此奋斗的目标，也是当代职业教育发展主题。《国家中长期教育改革和发展规划纲要（2010—2020年）》明确提出"基本实现教育现代化"的战略目标。职业教育作为教育事业的重要组成部分，作为与经济、社会、教育等诸多层面均有密切联系的教育形态，其目标定位与内涵也必然纳入现代化进程之中。何为现代化，在学界尚未形成统一的解说，但将此视为趋于现代化进程和基于现代化构建，无疑是一种有益的理论视野、认知判断和价值选择。目前，我国已进入现代化建设的关键时期。转方式，促发展，创新驱动，"五位一体"，对"体系"基础条件建设提出了新的更高要求。因此，从经济与技术基础层面，提高适应性，依然是"体系"实践目标的重要内涵，是提升服务能力的基础条件。关键是增加投入，核心是提升技术，根本是提高效率；二是促进均衡持续发展。实施均衡持续发展战略，这是国家科学发展的基本国策，也是中国特色现代化教育发展之路。纳入"体系"构建实践目标，就是要以科学发展观为指导，重构职业教育发展时空，处理好点、线、面、层、体的关系，建立和谐生态，促进均衡持续发展。

2. "体系"目标保障制度构建

良好的制度是职业教育发展的根本保证，也是"体系"构建实践目标的重要内容之一。它源自实践，又反作用于实践，贯穿于"体系"建设始终，具有长期性、稳定性、指导性和规范性作用。这是一项艰巨复杂的系统工程。法律法规是根本保证，是制度目标建设的根本内容。一是加强法治建设。在国家大法的框架体系下，进一步完善职业教育法律法规体系，重点加强配套制度建设，为实现"良法之治"奠定基础，确保《职业教育法》的贯彻落实。二是完善管理制度。在法治视域下，行业性的行政管理制度建设是对法律法规的补充和支撑，是"体系"建设的保证。职业教育主体具有多元性的特征，建立一个以政府为主导、行业指导、企业参与、教育机构自主办学的体制，关键是要有一个相应的协调制度作保障。这是促进预期各方友好合作、共创共赢、和谐发展的先决条件。在今天"新常态"下，转变发展方式，加强职教联盟制度建设，也是促进区域职业教育集聚发展优势和推进均衡和谐发展的重要途径和方法。如近年来"长江沿岸城市职教联盟"的成立在这方面率先起步，提供了制度创新与发展的有益经验和做法。在加快发展时期，质量问题日益成为职业教育转换发展方式和加快"体系"建设的生命线。质量保障，基础在规范，根本靠制度。建立健全质量保障体系，关键是建立完善的教育质量评估制度，建立一个综合保障体系，这是改革的重要思路。从职业教育特点出发，还应吸收企业力量参与办学与人才培养质量评估。

3. "体系"目标执行能力提升

执行能力是决策的关键。它作为"体系"构建实践目标的核心内涵，包括社会适应、战略决策、融通创新、统筹协调、综合服务、开发研究和持续发展等能力，是将战略规划转化为实践成果的决定性因素。21世纪，是一个管理革命的时代。管理作为一种特殊的社会实践活动，贵在实践，关键是提升治理能力。当今，治理已成为国家管理的核心理念，是建设中国特色法治国家的核心力量。运用于"体系"实践目标构建上，具有特别的可塑性。它完全可以成为"体系"构建的一个基石和破解发展中各种难题的力量。当前，"体系"正处在构建与发展的关键时期，提升执行能力，关系到现代治理能力的提高。一是树立治理理念。增强问题意识，提高分析破解问题的实际能力；二是提高治理能力。善于从战略高度、以全局长远的眼光来观察、思考、处理问题，正确处理好当前与长远、局部与全局、内涵与外延、教学与科研与服务等关系，形成一个协同综合治理与协调发展的局面；三是增强创新能力。顺应时势，把握趋势，因势利导，探索"体系"构建的新思路新举措新办法，不断赋予时代新因素，建立新秩序，使整个系统处在良性运行之中，推进目标的最终实现。

第三节　中国特色职业教育体系目标特征

特征是一个事物的个性与本质的体现和区别标志。职业教育是一个独特的类型，具有不同于其他教育的区别特征和规律。这种区别特征集中反映在该"体系"构建目标体系上，表现出职业教育的类型特征和个性本色。

一、体系结构系统性

"体系"属于系统论的范畴，就职业教育而言，是职业教育内容形式及全部关系的总和，是趋于成熟的重要标志。《国家中长期教育改革和发展规划纲要（2010—2020年）》提出"到2020年形成适应经济发展方式转变和产业结构调整要求，体现终身教育理念、中等和高等职业教育协调发展的现代职业教育体系"的战略目标和要求。在此目标的指导下，职业教育理论界出现"体系热"的研究新状态。这不是偶然，而是历史的必然，表现了理论的社会责任、引领功能和不可或缺的地位。在"体系"构建中，运用系统科学理论和方法，是一个重要的逻辑起点和思想方法。在系统科学理论视野下，"体系"构建是一个理论与实践的有机系统。一是形成科学完整的理论体系。特别是学科体系，不仅要明确研究对象，探索内涵与外延、结构与形态以及运用机制条件等，而且要在形成特色化理论上下功夫，为"体系"构建提供理论支撑。二是建立完善有效的制度体系。深化教育体制改革，建立健全法律法规体系，形成"依法治教"的根本格局。三是建立健全实践体系。加快"体系"构建和职业教育发展，要有明确的发展思路、健全的组织管理系统、特色化的人才培养模式、独特的产学研结合方式和高效的后勤服务等一系列实践体系支撑。缺损其中任何一隅，短板都在所难免，将不可能形成完整体系，保证职业教育有效持续健康快速发展。因此，建立相匹配的理论与实践体系，是职业教育面向21世纪加快发展走向成熟的重要目标和内生条件。

二、发展定位本色性

在世界职业教育谱系中，中国职业教育是本土化的产物，也是世界职业教育的重要组成部分。历史证明，"越是民族的越是世界的"，越是本色的越是最富有生命力的。因此，确立特色定位的本色性，其实质就是坚持中国特色和体现职教特点。这是"体系"构建与发展中带有根本性的目标和原则。一是打造中国特色。这是构建"中国模式"的根本。从我国的国情民情社情教情出发，不仅理论上如此，而且在实践中始终不偏离所依存的客观基础和历史发展阶段，保持一以贯之的发展战略思路，扬长避短，与时俱进，创新发展，走出一条自己的前行道路。二是凸显职教特点。重点是加强职业教育理论与实践体系建设。两手抓，两手都要硬。一方面，加强理论体系建设。"职业教育学作为一门真正的独立学科，在当今的教育理论界仍受到某种程度的质疑"。[1] 形成争议的原因是多方面的，但理论的薄弱是根本的原因。所以"职业教育科学研究的一个重要任务，是探求如何从教育类型的角度赋予职业教育与普通教育，甚至职业教育学与普通教育学以同等学科地位的理由"[2]。另一方面，突出实践体系构建。在这方面，面对不断变迁繁衍的社会职业和严峻持久的竞争挑战，必须转变发展方式，从单纯的"GDP"（办学规模数量）增长向特色化、全面协调可持续发展转型。重点是坚持特色化办学方向，面向市场，以就业为导向，以能力为重点，走工学结合、校企联盟、产教合作一体化的办学道路，满足产业结构不断调整升级的需要，构建灵活柔性的专业动态型构建机制，加

---

❶ 陈鹏，等. 近五年我国职业教育研究热点综析及未来展望 [J]. 天津市教科院学报，2010（3）：30－35.

❷ 姜大源. 职业教育学研究新论 [M]. 北京：教育科学出版社，2006：2.

强与生产、职业岗位和终身教育的链接，按照技能型人才培养的规格要求，"重点加强职业道德教育和职业技能培养，使学生树立正确的职业理想，养成高尚的职业道德，具备娴熟的职业技能"❶，不断增强特色，促进发展。

三、内涵品格现代性

现代性系现代化的结果，是"体系"构建与职业教育发展的历史目标和根本道路。面向 21 世纪，世界欧美发达国家职业教育已进入现代化阶段，突出表现为职业教育融入现代产业、市场经济和终身教育，真正成为社会后现代化的推动力。目前，中国职业教育现代化运动仍处在由传统向现代转化的交替发展阶段。在历史转型中，中国职业教育由外而内、从广度到深度、从内容到形式、由数量到质量都将发生革命性的变化。一是职业教育理念现代化。人才培养向新技术新职业发展，政府机构办学向全社会共同参与民主化办学改革，技术技能教育向职业综合素质教育拓展，低层有限职业教育向高层一体教育提升，阶段职业教育向终身职业教育延伸。二是职业教育形式多样化。逐步形成不同层级职业学校学历教育、社会成人职业教育、国际远程职业教育、继续教育和终身教育协调发展新体制。三是职业教育内容科学化。立足技术技能人才培养目标定位，突出职业教育特点，突破学科束缚，从职业岗位实际需要出发，构建以价值观为核心、职业技能为根本和综合素质为平台的系统化课程体系，为人才培养提供制度保证。四是职业教育技术现代化。在现代信息与通信技术广泛运用的新时代，教育技术现代化成为推进职业教育发展的关键力量。"互联网＋"新发展和"慕课"（MOOC）浪潮兴起，预示着职业教育先进技术装备升级时代到来。改变传统职业教育管理模式和教学手段方法，加快教育教学信息化建设与发展，包括教育信息化基础条件建设、数字化教学资源开发、师资队伍建设和教学模式重构等，全面提高信息技术运用水平，

---

❶ 鲁昕．在全国中等职业教育教学资源信息化建设现场会暨农村职业教育改革发展会上的讲话［J］．中国职业技术教育，2010（1）：13－20．

已是必然趋势，也是必要之举。

四、教育功能多元性

教育功能是指对社会及其主体的实践意义和历史的反作用。它受制于社会历史，又反作用于社会历史，始终处在运动变化之中，表现出多元性特征。历史是最好的诠释。职业教育作为一种教育类型，具有独特而不可替代的功能作用，但走过了一条从单一封闭走向开放多元的历史发展道路，其内涵与外延不断得到开拓和发展，逐步形成集人才培养、职业技术培训、科技开发、社会服务和文化传承交流于一身多功能集聚的教育体系。在改革开放的新时代，职业教育功能作用日趋多元丰富。但也要注意处理好功利与非功利、主导与非主导功能的关系，推进均衡发展。其中，人才资源是第一战略资源。培养技术技能人才和职业技术培训是中心，是主体和主导，关系到人力资源建设和人的可持续职业能力的形成，将巨大潜在的生产力转化为不竭的现实生产力，推动社会经济发展，具有决定性的意义；科技开发、社会服务与文化传承交流是两翼，一方面加强产学研结合，通过应用性科技研发的主渠道，支持与促进企业发展，服务企业，推动区域社会经济发展，另一方面加强文化传承建设与交流，广泛开展文化交流活动。核心是把社会主义核心价值观融入教育全过程全领域，弘扬爱国主义民族精神，增强改革创新的时代精神，加强理想信念和道德教育，为培养高质量的技术技能人才和合格公民发挥重要作用。

五、服务方式终身性

教育终身化说到底是社会经济、科学技术、产业升级发展的产物，也是社会主体（人）满足社会需求和自身发展诉求的必然选择。它成为"体系"构建与职业教育发展的重要目标，从一个侧面体现了教育未来发展方向。在人类步入信息社会的今天，"很多工业时代里积累的知识将在未来太阳能时代里日益变得不合时宜，最终不得不全部摒弃"❶。职业教育正处在这样的

---

❶ ［美］杰里米·里夫金，等.熵：一种新的世界观［M］.上海：译文出版社，1987：212.

时代。面向 21 世纪的公民仅靠学校所学习到的知识和技能，要应对与时俱进急速变革的社会要求，是根本不可能的，全新发展的时代迫使人们选择终身教育方式去适应它和进行各方面的改革。站在历史的新起点，职业教育必须用终身教育的理念改革教育观念、内容和方式，最大限度地利用现有的教育资源和条件，不断扩大职业教育的开放性，形成终身性，满足社会职业技术教育与培训的多种需求，更好地发展职业技术教育。

六、发展模式和谐性

"天苍苍，野茫茫，风吹草低见牛羊"。和谐是人类世世代代孜孜追求的理想与目标，也是"体系"构建与职业教育发展的目标追求。这种教育发展的价值理念与模式，要求教育发展数量与质量、规模与效益、层次与水平彼此匹配，和谐统一，形成良好的生态系统，保持均衡和谐发展，与传统发展观和方式有着本质的区别。但在较长的时间里，片面地追求办学规模数量的增长，虽然在职业教育恢复与回暖过程中起到了推动作用，但最终也给职业教育发展造成了麻烦，埋下了隐患，加剧了教育资源的不足，带来了教育质量的危机。历史证明，任何极限的发展方式，注定不会长久，科学发展观引领职业教育走向发展新境界。重新确立职业教育和谐发展的世界观和目标定位，成为历史发展的必然要求。新世纪以来，加强了宏观指导，职业教育转变发展方式，以均衡发展为杠杆，以统筹为抓手，推动职业教育和谐发展。职业教育发展规模、专业设置与社会经济发展需求相适应，中高等职业教育发展相衔接，统筹城乡职业教育发展，学校教育与职业培训并举，学历教育与非学历教育并重，工学结合与校企合作办学，为建设和谐教育生态体系，促进整体协调发展，实现可持续发展提供了保障。

七、交流合作开放性

在经济全球化、文化多元化、教育国际化浪潮推动下，国际对话交流合作已是世界各国的共识、价值选择和行动模式。教育服务也别无选择。"他山之石可以攻玉"，积极引进、吸收、借鉴国外先进的职业教育经验与成果，是后发内生型国家加快职业教育发展的重要战略和必由之路，对于我国职业教育同样具有积极意义。在这一战略目标导航下，一是在发展思路上坚持改革开放。开拓国际化视野，"走出去，请进来"，以宽阔的胸襟，开放的视野，面向世界，学习借鉴一切有益的经验和成果，丰富发展自己；二是在改革举措上要强化本土化意识。坚持"融通古今，合璧中西，创新发展"方针，确立融通创新理念，博采众长，融会贯通，创新发展。关键是处理好教育国际化与本土化关系。从根本上说，本土化是建设中国特色现代职业教育体系之根本，国际化是改革开放之途径。因此，在扩大开放加快国际化发展的进程中，不能不把建设中国特色放在首位。这是"体系"构建与职业教育发展之根本，舍此则成无源之水、无本之木，这是不可动摇的战略目标和发展道路。

本章小结

目标定位是"体系"顶层设计的关键，体现价值取向和目标预期，具有导向、规范、激励功能作用。它建立在理论基础、现实依据和基本原则之上。特色理论导航目标，系统理论支撑目标，管理理论助力目标。社会经济发展对卓越技术技能人才热切呼唤，国民教育体系建立健全对职业教育强烈诉求，职业教育从大国走向强国迫切需要且步履紧迫。发展中呈现出公益性与市场性结合，自律性与他律性统一，民主化与法制化和谐，阶段性与终身性统一，本土化与国际化融通，区域性与全局性统筹的基本特征；目标设计是目标形成的中心环节，历史演进、目标分析、国外经验和现实基础都是不可或缺的条件。重点是抓好目标体系建设，既要确立适应社会经济发展需求、适应产业结构调整需要和适应社会主体发展诉求的社会目标，强化产教融合、中高衔接、普职沟通、终身发展"四个统一"本体目标，又要加强基础条件、保障制度和执行能力"三个方面"协调发展。关键是把握目标结构系统性、发展定位本色性、教育功能多元性、服务方式终身性、发展模式和谐性、交流合作开放性的特征，促进目标各个方面互联互动，彼此支撑，合力发展，为形成"体系"目标总体架构与系统奠定基础，创造良好条件。

中国特色职业教育体系的空间战略

所谓空间战略（Space Strategy），是指"根据具体情况，为实现最终目标而制定的一系列概念、过程和工具的集合"●。它所形成的不仅是政策或项目建议，而且是为整个发展提供战略方向和行动框架，具有全局性长期性系统性应对性特征。运用于"体系"构建，具有特定的内涵与结构，是"体系"空间战略全部要素与环境条件的总和，涉及宏观社会背景，辐射微观专业领域。其中，空间是条件，战略是核心，关键是形成具有中国特色和职教特点的空间战略体系，否则再完美的战略规划也不过只是美丽的幻影，无法固化为空间战略框架体系，转化为现实生产力。因此，战略诚重要，但空间不可缺，只有两者有机结合，才能真正构筑起面向未来、持续发展的希望"体系"，其理论意义与实践价值怎么说也不为过。

第一节　中国特色职业教育体系空间战略基础

空间战略是一个庞大复杂的体系，涉及"体系"构建每个领域和种种

● 刘慧，等．"美国2050"空间战略规划及启示［J］．地理研究，2013（1）：90－98．

关系，包括宏观的社会经济、科技、文化、生态和微观的资源布局、专业设置、人才培养、中高衔接、产教融合、校企合作、工学结合、国际交流、城乡统筹等。其理论启示、历史演进与现实环境是构建"体系"空间战略的三大基本依据，具有基础性意义。

一、空间战略理论启示

战略意识与思想是古而有之，最初产生和运用于军事领域，如《孙子兵法》堪称古代军事战略思想的发轫之作和杰出代表。空间意识也是如此，由来已久，是人类文明的象征，如中国古代"书法的空间创造"、古希腊雕塑和西洋古典绘画，以及被称为"空间化的社会生活、凝固化的历史文化、物质化的精神载体"的中西式建筑等，无不透现出不同的空间追求与志趣，映射出不同的空间文化特点与基因特征。在此诠释的空间战略属于战略学范畴，是一种全景式的视角，是一个整体性的概念，关注的是全局态势、持续发展、长效机制和长远效能。但从古代军事战略思想萌芽到启蒙社会时空观念形成再到具有现代广域意义空间战略理论的崛起与发展经历了一个漫长的历史过程，从学理角度看，真正站在学术层面并形成空间战略理论与实践体系，还是在现代社会之后。最先兴起于 20 世纪 80 年代欧美区域与城市发展领域，以 1983 年欧洲联合会《欧洲区域/空间规划宪章》发表为先驱，而后逐步扩展广泛流行于社会各个领域，乃至延伸至陆、海、空、天和网络五度空间的竞争与发展。21 世纪进入全球化竞争发展的新阶段，开始更加注重环境因素、整体构建、合作共赢和可持续发展，成为一种国家发展战略的行动框架。"它可以影响相关主体在未来的投资，并规范他们的行为"。职业教育作为一种独特的社会活动既离不开空间支撑，也离不开战略支持。登高则可望远，望远而致思深。尤其在"体系"构建成为国家发展战略重要组成部分背景下，空间战略具有重要的理论启示意义。

（一）开拓"体系"构建新视域

空间战略是推动当代社会发展的一个新视域。当今世界各国都高度重视构建体现本土特色与优势的空间战略发展规划。其中，新理念和新成果层出不穷，如"全球视野""一带一路"和"区域行动"等，不断改变着传统空间战略模式，也为"体系"构建提供了新视角。

1. 一体化

一体化在这里是一个宏观发展的空间视域。系统整体构建与可持续发展是当代空间战略的重要特征，也是区别于传统空间规划的根本标志，并深刻影响与推动着"体系"构建，赋予其"一体化"空间战略的新视域。就具体内容而言，就是运用社会学和系统论的理论与方法，从更加宽广悠深系统的时空视角，关注"体系"社会基础，时代背景、历史传承、生态条件等，使"体系"建立在宏观视域之下，与社会经济、科技产业、历史文化、生态环境有机统一，协调发展，真正成为国家总体发展战略的一个重要组成部分。

2. 特色化

这是"体系"空间战略的核心，也是形成空间特色的重要视域。它是自然禀赋、社会经济发展阶段、文化传承和职业教育发展有机化和综合化的必然结果，即使在全球化浪潮中也不会改变。我国幅员广袤、人口众多、资源不足、区域发展欠平衡、社会主义建设还处在发展初级阶段。"体系"构建，根系本土，必须从基本国情出发，不可偏移这一发展视野与方向。这是空间战略的基本点，要求在指导思想上以中国特色社会主义理论为指导，坚持教育社会主义方向，以人为本，以德树人，发展现代职业教育。在发展道路上立足社会主义初级阶段基本国情，适应全面建设小康社会和创新型国家需要，坚持改革开放，走自主创新发展的道路。在发展方式上加强民族性与世界性、时代性与历史性、现代性与传统性的有机结合，促进数量规模与质量效益的协调发展，大力培养技术技能人才和高素质劳动者，形成"体系"的中国特色。

3. 体系化

所谓体系化，是指"体系"自身空间的战略构建，属于微观视域，是一种内视的方法。"教育空间就是一种特殊的存在方式，拥有自己的空间话语、逻辑结构、历史传承、人文血脉、发展轨迹和社会功能，是理念、资源、决策、教育、学术、管理、交流、服务关系的总和，是数量、规模、质量、效益生成场所与发展过程"。❶ "体系"空间战略构建，有其独特性，涉及战略定位、规划、组织、结构、管理、评估等重大要素和重要环节，必须遵循教育规律，注重职业教育特点，在系统作用下产生聚合和互动效应，使各项功能高效运行和充分释放，形成中国特色现代职业教育空间战略体系。这是"体系"空间战略构建的本体，是不可迷失的视域。

（二）创新"体系"构建新思维

所谓新思维，是指战略思维（Strategic Thinking），是一种以战略概念为先导、战略预期为基础、战略目标为核心、战略决策为根本的思维活动，具有全局性、长远性、根本性、预见性和创新性特征，是思维的新范畴，也是"体系"空间战略构架的重要基础和环节。空间战略不同于传统工作规程，是一项复杂系统的思维过程。它不是投资的彩票，与运气无关，也不是陈列的商品，任人取舍。关键是坚持科学发展观，把握"中国特色"，形成中国模式。这是"体系"构建的根本任务和目标，也是"体系"空间战略的核心所在。然而战略思维并非天然之物，它是科学思维的产物，是长期思考探索决策的结晶和过程。因为在一个极度开放、极速变革、不乏机遇的社会空间中，面临复杂严峻的挑战和选择是不可回避的，不能没有科学思维和创新思维，只有把握规律，转变观念，与时俱进，创新思维，才能适应"新常态"发展节奏，形成科学合理有效的空间战略体系。

1. 整体系统思维

适应"体系"空间战略构建需要，形成整体系统新思维。"职业教育是国民教育体系和人力资源开发的重要组成部分"。这是对"体系"空间战略思维的总体定位，其中包括"体系"空间战略宏观与微观、内涵与外延、物质与精神、本体与客体等全部要素与功能定位。各个要素有其相对的独特性，但必须纳入同一系统中，相互联系，有机组合，彼此作用，方能形成合力，固化体系。重点是改变传统单一碎片化的空间思维模式，重

---

❶ 蒋旋新，蒋萌. 中国特色现代职业教育体系空间视域与架构 [J]. 教育与职业，2014
（5）：5 - 8.

构空间战略的整体系统思维框架。目前，解决问题的关键是精心处理好具有影响力的战略关系：如人本与市场统一。21世纪是人本主义复归风行的时代。适应历史转型的需要，职业教育应将人本主义精神贯穿于市场经济原则规律之中，既要有人本信念，又要有市场意识，只有使两者达到高度统一，方能推动"人"与"市场经济"密切结合，真正培养出体现人的全面发展和适应市场经济需要的高素质技术技能人才和劳动者。又如传统与创新交融。职业教育具有自己的发展历史传统，可从不同角度做出理解和解说，但从根本上说，技术文化教育乃是职业教育的历史传统和文化精髓。因此，基于社会生产实际需要所形成的技术文化教育精神始终是职业教育的生命线和支撑点，离开这一点，职业教育就将丧失立足之地和生命之泉。但传统也有一个与时俱进的问题，只有不断赋予其时代精神，才能永葆生命之永存。"创新"即指在对传统的借鉴中倾力于发展，实质是推陈出新，根本是增强教育创新能力，形成新机制，转化为发展动力。这是"体系"空间战略构建的重要思维方法。再如本土与国际接轨。"体系"空间战略构建离不开赖以生存的本土化基础和国际化发展环境。本土化是源，国际化是流，两者结合方能根深叶茂，源远流长。还有阶段与终身统一，阶段性教育是载体，终身性教育是目标，这是我国职业教育中长期改革与发展的战略目标。

2. 立体纵深思维

适应"体系"空间战略重构需要，确立立体纵深发展新思维。这是解决体制问题的重要思路。传统扁平狭小的空间发展思维不具有战略属性和意义，与"体系"空间战略构建相去甚远，迫切需要重构一个立体纵深空间战略新体系。所谓立体，是指点、线、面、层、体的交织与集成。这是一个立体结构，每个接点既是各在其位，各司其职，又是相互联系，彼此照应，辩证统一，也就是由点到片到面到体，构成空间战略的总体格局；所谓纵深，是指预期、举措、效益具有长期长远长效特征。这种空间发展战略思维，对于进一步明确发展定位、改革办学体制、聚焦主攻方向、优化人才培养、完善办学模式、创新管理体制、加强资源保障，营造良好氛围等具有现实意义与战略意义。

3. 持续发展思维

适应"体系"空间战略绩效需要,坚持持续发展新思维。要义是发展,核心是持续。中国特色现代职业教育体系是一个跨越历史、立足现实、前瞻未来的时空体系,追求的是长远目标、长期效应和常态发展。关键是要在科学发展观指导下,坚持持续发展新思维,加强"体系"空间战略的长期长效常态构建,处理好数量与规模与质量与效应的关系,形成良好的生态发展局面,将"体系"空间战略构建牢牢定格在终极发展目标上,不断推动"常态化"发展。

(三)重构"体系"空间新理念

新世纪以来,我国职业教育快速发展,有目共睹。截至 2014 年,"目前,全国共有 1.2 万多所中职学校、1300 多所高职学校,年招生总规模1000 万,在校生近 3000 万,年培训达上亿人次。我们建成了世界上规模最大的职业教育体系,基本具备了大规模培养高素质劳动者和技能型人才的能力,为经济社会持续健康发展做出了重要贡献"❶。但发展无止境,空间无终结。在"新常态"面前,适应社会经济发展新变化新状态新趋势,必须不断更新空间理念,引导"体系"持续发展。

1. 综合化改革

所谓综合化改革,是指适应我国社会经济改革发展总趋势,确立全面深化改革新理念,"必须更加注重改革的系统性、整体性、协同性",深入推进教育综合改革,全面提升改革红利和综合效应。面向"十三五",这是"体系"构建的关键时期,改革进入"攻坚战"和"深水区",必须以系统设计与整体举措全面深化改革,继续稳定投入机制,优化资源配置,深化体制改革,激发办学活力,提高人才培养质量,提升保障水平,促进均衡持续发展,加快体系构建,努力拓展"体系"发展的新空间。

2. 多元化融合

融合是空间理论促进集聚增长的新理念,是指引入不同类别因素形成

---

❶ 刘延东. 深化改革 加快发展 开创我国现代职业教育新局面 [J]. 职业技术教育,2014(18):33-37.

集聚融合效应所产生的宏观结果。这对于"体系"空间而言，是理念的更新与发展。确立多元融合空间新理念，关键是转变观念，突破壁垒，重构空间新格局。不仅加强理论学科层面不同学派流派之间的对话交流，扬长避短，取长补短，共同发展，而且增强社会主体之间的跨界合作互动，多元融合，构建职业教育"众创空间"，尤其要激励经济主体企业参与融入职业教育办学与人才培养，合力推动"体系"空间的新发展。

3. 终身化架构

终身教育属于教育制度范畴，在空间视域下，体现了教育的时空理念，实质是建立一个持续发展的教育空间体系。在传统教育体制下，教育包括职业教育基本是学校教育，人的终身教育需求与自由充分发展深受空间"围墙"局限。终身化架构，"体现终身教育理念"，是教育改革的重要指导思想，也是"体系"重构发展空间的基本思路和对策，对于进一步拓展完善职业教育空间具有重要的现实意义和深远的历史意义。

4. 生态化发展

绿色生态是现代教育发展的必要条件和重要保障，成为教育面向未来的一项重要空间战略。"体系"构建以此为理念，就是借助生态理论与方法，加强生态空间构建，促进职业教育的健康持续发展。关键是以生态价值为取向，以发展为理念，反思生态文明建设问题，通过调整布局，优化结构，均衡资源，协调发展，推进"体系"生态化空间建设，形成可持续发展局面。重点是正确处理发展中的重大关系，增强扶持力度，完善资助体系，促进城乡区域协调发展，加快贫困地区建设。这是"体系"空间构建的重要目标和任务。

二、空间战略历史反思

从空间战略历史演进看，我国当代半个多世纪职业教育在特定宏观社会经济发展战略主导下，经历了复兴与曲折、改革与创新、统筹与协调演化轨迹。但归根究底，有什么样的战略规划，就有什么样的空间状态，战略决定空间，空间服务战略，给人以深刻反思和启迪。

（一）空间战略理念演化与崛起

在教育史上，其空间观念是动态的概念，历经变迁。在远古原始社会，"自然状态"前教育元素胚胎开始孕育萌发，先民为生存和繁衍，以"大自然"为空间，以"日出日落"与"阴阳四时"为时间，以"口传身教"为方式，在长幼之间传承劳动与生活经验，属于一种集体无意识行为，但从一个侧面揭示出教育起源于劳动与生活的生命奥秘，而且最先出现的是与人类生活生命攸关的原始"自然状态"的职业教育萌芽。至近现代，随着社会生产力演化，人类文明进步，早期"自然状态"教育空间逐步蜕变转换为"人为空间"，即校园空间，在一定时段内完成单元教学内容和任务，并逐步形成以学校、教师、教材为"三中心"的传统经典模式的教育空间；当代特别是进入信息化和互联网时代以来，传统教育空间理念开始被翻转，一个借助于互联网平台以数字化为特征的教育空间观念在全球迅速崛起。网上在线"慕课"兴起，以全新理念和巨大引力将传统的教育空间导向自由无限的"云"空间，展示出虚拟教育空间（网络教育）新范畴，步入传统与现代并存发展的教育空间新时代。在此背景下，"体系"空间战略意识迅速崛起，全面系统长远规划职业教育发展未来成为当前一个自上而下和由下至上的集体行动，预示当代职业教育空间发展变革时代的到来。

（二）空间战略目标物化与权衡

空间战略目标是"体系"空间发展的关键和前提。但反思职业教育历史，在空间发展目标上始终存在着物化与权衡的博弈。所谓物化，是指源于传统地理学空间物理层的目标构建，主要包括内外空间资源环境条件构建，是物化体的总和。所谓权衡，是指对传统空间理念与模式反思与解构，对传统空间逻辑转向和目标定位修正，在空间战略规划与目标设定上运用现代系统论与生态理论和方法，权衡利弊，规避矛盾，优化组合，整体规划，持续发展。"该过程的主要内容都在选择哪些因素能够更好地公平地应对问题、挑战、期望和多元化"。❶ 这是两种不同空间战略模式的对话与转化，是对立统一。因为前者的局限性将成为后者的发展性。彼此对

---

❶ Louis Albrechts. 对空间规划的重新审视 [J]. 侯丽，译. 国外城市规划, 2003 (6): 66-70.

立是历史静态，而辩证统一则是发展趋势，关键是优胜劣汰，根本是转化发展。市场经济滋生出以效益为导向的价值模式，知识经济孕育出以创新为驱动的空间模式。在科学发展新时代，无论传统以物质资源为主导和市场以效益为驱动空间模式，都将退位于"以人为本"和知识创新为驱动的空间发展新模式。因为"我们正处于创造性的经济浪潮中，在这种经济中人本主义是获得成果的最神秘因素"❶。人是空间主人和根本，其他不过只是为了预期的手段。"体系"空间战略目标是一个科学体系，需要理性精神和辩证方法，权衡有利于目标体系设计的精细化、合理化和均衡化，是空间战略思维的自觉和进步，是通向科学发展的重要环节，是创新驱动的基础。因此，"体系"空间战略目标从物理化走向权衡化，是理论与实践的历史进步，是空间战略构建的必然趋势，是走向科学化的重要台阶。

（三）空间战略结构渐变与重构

空间战略结构，是指"体系"要素和功能在空间范围内分布、组合和运行方式，是社会、经济、文化、教育、生态的有机统一。它一般表现为空间主体、空间布局、空间关系和空间形态四个方面。空间主体是指从事战略规划的社会人和群体，其中决策者是主角，处在核心地位，参与者也不可或缺，共同彰显人本主体对空间的支配与创造精神；空间布局是指教育资源配置和空间占有，是教育发展的物质基础，对教育产生深刻影响，在职业教育空间中具有更加重要的地位；空间关系是指主体与客体、人与环境的联系，决定"体系"与社会生产力特别是与经济产业空间的适应性和耦合度，具有依存性、互动性和时效性特征，始终处在活动状态，必须按照社会需求，体现自身追求，定义和构建空间关系，使之相互协调，互动发展，合作双赢；空间形态是指"体系"结构状态，是一定社会发展阶段的产物，受社会、经济、产业、文化和环境影响，是空间战略结构研究的重要内容。但无论任何方面，空间战略结构必须伴随社会发展与时代变迁由低向高演化发展，而且每次转型都促进空间结构升级和方式转换，这是历史的必然规律。当前，社会经济发展进入"新常态"，"体系"与其相

---

❶　[英] 亚当斯·乔利. 创新 [M]. 李旭大，译. 海口：海南出版社三环出版社，2003：36.

适应，必须加强对空间战略结构的调整与完善，横向上与外部空间环境条件相适应相协调，纵向上加强内在空间的系统建设，使中职与高职人才培养有机衔接，与普通教育、成人教育尤其高等教育相互沟通，"从中职层次到研究生层次，为接受职业教育的学生提供一个完整的继续学习通道"❶，形成终身教育体系。这是"体系"空间战略结构渐变与重构的必然趋势和要求。

（四）空间战略动力挖掘与释放

空间战略需要动力牵引，否则，难以奏效，更不用说形成战略力量。因此，动力来源与动能形成是空间战略生产必不可少的条件和保障。探讨空间战略动力问题，关键是从"体系"构建整体系统出发，挖掘动力基础，探讨动能来源，释放动力根本。一是内生驱动力。所谓内生驱动力，是指"体系"构建的内在驱动力，关键是增强动力生产力，基础在"体系"内在要素优化组合、集聚优势，挖掘潜能，由此形成内在的驱动力，具决定性意义。二是外生推动力。所谓外生推动力，是指"体系"外层空间动力作用，主要是社会经济实体对战略空间产生的促进力。这是一个潜在的丰富动能空间，关键是形成激发激活动能机制，促进其能量释放，加强社会推动力。这是"体系"动力的重要组成部分和来源。三是综合影响力。所谓综合影响力，是指职业教育对社会经济发展、人力资源建设、文化教育繁荣速度程度所产生的积极效应，体现了内力与外力的有机统一。这是一个历史的系统的工程和过程。其中，关键是加强内在服务能力和外在支撑能力建设，为形成空间发展的综合实力奠定基础。

三、空间战略现实审视

现实是空间战略的重要视域和基础。对于"体系"构建而言，"也许更重要的是将这种活动纳入实践范畴"❷。因为空间战略能否达到预期目

---

❶ 鲁昕. 深化中等职业教育改革创新 提升技能型人才培养能力和水平 [J]. 江苏教育，2010（6）：6-12.

❷ 托尼·达维拉. 创新之道——持续创新力造就持久成长力 [M]. 刘勃，译. 北京：中国人民大学出版社，2007：279.

标，不仅取决于本身状态，而且要依赖它的背景条件和现实基础。当前，"体系"空间战略正面临发展转型、创新驱动、能力建设、破解瓶颈和持续发展的新形势和要求。

（一）转型发展推动空间战略

"新常态"是社会经济发展转型的产物。从宏观看，这是一个世界性的经济现象和过程。起始于国际性金融危机之后，全球经济发展进入了新的调整转型时期。中国经济是世界经济发展的重要板块，不仅是本土发展的基础，而且对世界经济发展具有重要影响。当前，我国社会经济发展已平稳着陆"新常态"，产业结构发生新变化，新兴产业、服务业、小微型企业作用更加凸显，新技术、新产品、新业态、新商业模式大量涌现。在这一常态推动下，二次产业企业将从粗放加工制造型向智能精细制造型转化，智能制造、精细制造、高科技含量制造将成为转型发展的主流。因此，稳步发展新变奏、体制改革新内容、创新驱动新方式和又好又快又优又省又美新模式对于"体系"空间战略具有深刻影响，要求"体系"空间战略适应社会经济转型发展新变化、新特点和新需要，深化改革，转变方式，形成发展的"新常态"。关键是全面把握"新常态"本质内涵、基本特点与根本要求，加快空间内涵与方式优化与升级。重点是深化体制改革，转变发展方式，提高技术技能人才培养质量，提升综合服务能力。前提是解决体制不完善、发展不平衡、质量不稳定问题。动力是以创新为驱动，全面推进空间战略建设与实施，促进"新常态"新发展。

（二）创新驱动引领空间战略

创新是发展的不竭动力，也是空间战略的核心力量。当代职业教育发展历史就是一部不断改革与创新的历史。新中国成立之初，学习借鉴苏联教育经验与模式，促进了当代新生职业教育改革旧体制和构建新体系的发展新空间，但受历史局限，也留有缺陷和不足，以至对后来发展造成空间失衡（特别是城乡差距）的深刻影响。改革开放，创新成为时代话语和发展浪潮，新时期职业教育一方面从市场经济改革与发展中汲取有益的因素，深化体制改革，促进空间发展，另一方面加强国际化进程，广泛学习借鉴欧美包括东南亚职业教育发展经验和成果，从德国"双元制"（校企结合)、澳大利亚 TAFE 体系（终身化职业教育）到新加坡 ITE（职业技能证书制度）以及日本"多层次办学体制"等，推动了理念、体制、人才培养模式改革，开拓了职业教育空间。但创新本质是破旧立新，如何实现"他山之石可以攻玉"，实质是以我为主，为我所用。新世纪，创新发展开启空间发展新进程。经济增长从过去主要靠要素投入驱动转到靠创新驱动推动发展，从重数量转到重质量，从重规模转向重效益。创新发展新趋势和新特点，对"体系"提出新要求，引领空间战略新变化。传统重规模数量扩张的发展模式已经不能适应创新驱动的新要求，必须从空间理念到模式有新的调整和发展。这是"体系"空间战略落实创新驱动战略的必由之路。

（三）发展瓶颈倒逼空间战略

问题导向是唯物主义的方法和科学发展观的理念，也是成功破解抑制发展瓶颈的有效途径。改革开放以来，我国当代职业教育取得了历史性的进展，在政策阳光雨露的滋润下，呈现繁荣发展的气象。但由于历史原因和现实发展中的问题，"体系"空间依然存在薄弱环节和发展短板，如在空间布局上总体还不平衡，东西部差异仍较明显，城乡空间发展也不协调，乡村资源短缺，均衡发展任重而道远；在改革发展上教育体系还不完善，中高等衔接，与普通教育沟通，与继续教育链接，都未达到一体化要求，离终身化教育体系构建还有不小的差距；在人才培养上突破传统模式，走产教融合、校企合作、工学结合之路，培养高素质技术技能人才，还需进一步建立健全制度，调动社会主体尤其是企业参与办学的自觉性和积极性，创新人才培养模式。这些问题不解决，"体系"空间发展战略也难以落到实处。问题倒逼空间战略，迫使"体系"对此做出积极反应，建立反制约的对策与措施。可以说，破解瓶颈之日就是"体系"空间战略生根、开花、结果之时。前提是确立问题导向意识，把解决影响空间发展的问题摆在首位，真正做到整体规划，统一部署，优先解决问题和难题，关键是集中力量攻坚克难，针对影响空间发展的重大问题和难题，制定相应政策与措施，形成专项治理方案，为"体系"空间走向强教优教、拓宽未来服务与发展边界提供有效保障。

第二节　中国特色职业教育体系空间战略抉择

空间战略抉择，是"体系"空间战略规划与建设的关键环节，是战略主体基于历史背景、发展趋势与现实基础对空间发展战略进行环境分析、现状思考、目标定位和战略决策的过程，旨在为"体系"空间拓展与升级提供战略导航和指导。重点在于深刻分析影响因素，科学把握战略要点，全面构建体系框架。这是"体系"空间战略抉择的前提和根本。

一、"体系"空间战略影响因素

"体系"空间战略是主客观的统一，而且受制于两者双重影响，涉及理论、布局、供需和要素的关键领域。其中，既有正负双面影响，也受多样交织波及。关键是要扬长避短，趋利避害，集聚优势，创新发展，使积极因素最大化，使消极因素最小化，控制在最低程度。

（一）空间战略理论发展与演化

空间战略理论是一门关于知识与行动的科学，与其他学科相比，具有鲜明的方法论和实践性特征，对"体系"空间构建具有重要影响。在历史上，产生深刻影响的是兴起于 20 世纪末的欧洲空间战略规划理论与实践，完成于 1999 年的《欧洲空间发展展望》（ESDP）就是这一探索经验与成果的体现，显示了空间战略理论的复苏与进程。新世纪以来，我国空间战略理论探索也日渐活跃，深入发展，成为学科发展新的增长点和理论研究的新热点。建设具有中国特色的战略学知识理论体系，有力推动各级各类空间战略规划与实施。战略研究与规划开始从边缘走向中心，成为一门显学。如"十二五"时期，我国实施区域发展总体战略，促进整体空间优化与发展。面向"十三五"，适应形势需要，"一带一路"、京津冀协同发展和长江经济带成为国家三大重点发展战略，构成新的空间发展战略框架。在此格局下，职业教育也面临空间战略新调整和新规划。"有中国特色的职业教育理论呼之欲出"。❶

---

❶　石伟平. 时代特征与职业教育创新［M］. 上海：上海教育出版社，2006：1.

国家与地方中长期职业教育事业发展规划也相继出台。"加快发展现代职业教育""建设中国特色职业教育体系"理论新崛起,成为改革发展的共识与趋势,有力推动了"体系"空间战略的构建与发展。

(二) 空间战略布局调整与优化

空间战略布局是指"体系"要素空间分布和组合方式,是资源自然禀赋与社会主体创造的有机结合,具有目的性、整体性、层次性、有序性和动态性特征,并对"体系"空间战略产生全局性、实质性的影响。一般而言,教育空间战略布局应从国情实际与职教特点出发,与区域分布、经济发展、产业结构、文化传统、教育基础、人口状况相匹配,形成良好的空间生态结构系统。只有空间战略布局达到高度统一,才能促进教育空间良性循环和科学发展,否则将产生空间矛盾,造成发展的麻烦。如新中国成立17年,鉴于国情实际和社会发展阶段特点,在社会经济二元发展体制下,我国职业教育曾以"集中统一"管理方式和优先城市空间发展规划,有效推进了开局初期改革旧体制与建立新体制的历史进程,促进了数量增长与规模扩展,但也存在历史局限,如在一定程度制约了乡村职业教育发展,扩大了城乡职业教育的差距。新时期,改革开放,使长期积聚的能量得到了释放,促进了职业教育空间快速回暖,走向发展,出现了少有的繁荣气象。但在加快规模数量发展同时,也留下了总体发展欠均衡的缺憾。目前,我国职业教育空间布局依然存在不平衡的问题,据有关统计,从中等职业教育分布看,东部和中部地区的中职学校各占31%,西部和东北地区各占28%和10%。因此,解决空间布局不平衡问题依然是"体系"空间战略构建的重大任务。"院校布局和专业设置更加适应经济社会需求""完善资助政策体系""加大对农村和贫困地区职业教育支持力度",促进均衡协调健康发展,是"体系"空间战略布局调整与优化的重要方向和领域。

(三) 空间战略供需现状与趋势

"以促进就业为导向",是《国务院关于加快发展现代职业教育的决定》,体现了服务经济、改善民生、稳定社会的要求。从经济学角度看,教育是一种准公共产品,职业教育是其中之一,是人力资源开发的重要部分,其发展能力取决于社会供需状况。当前,我国职业教育正处在发展的好时期，供需生态良好，而且眼下"新常态"、新发展对职业教育发展提出了新要求。实践表明，发展方式转变，产业升级，创新驱动，企业竞争都需要大批高素质技术技能人才和劳动者。据国家统计局2008年国民经济和社会发展统计公报，2008年年底我国总人口已经达到13.28亿人。但技能劳动者仅占就业人员的19%，高技能人才数量还不足5%，已成为经济结构调整和经济发展方式转变的瓶颈。主要原因是教育发展尤其是乡村职业教育发展、劳动力职业技术培训还不能适应发展的需要，造成了人力资源质量总体偏低，结构不合理，全国人力资本存量仍然处于较低水平和技术技能人才短缺的现状。值得欣喜的是近年来这种状况正在发生重大变化，但距建设人力资源强国还有较大的距离。因此，优先发展教育，加快职业教育发展，是中国当代社会发展的重点，是变人口压力为人口优势、实现人口大国向人力资源强国转变的关键因素。这意味着"体系"空间战略面临重要的历史机遇，教育空间边界还需进一步拓宽，人才培养质量和数量还要进一步提高。这是赢得空间和促进发展的重要保障。

（四）空间战略体系优化与升级

空间战略体系是由一系列概念、要素、结构、过程有机聚合的系统，除了宏观理论和社会背景之外，更多涉及政策制度、法律法规、办学资源、人才培养、管理规范和环境保障等方面内容，而且是一个动态创新过程，将随着社会发展和形势变化而不断优化升级，对"体系"空间战略具有深刻影响。当前"新常态"具有新特点新任务新要求，转变方式，创新体制，优化结构，提升质量已是中心工作。"体系"空间战略必须顺势而为，做出相应的调整优化，促进升级。其中，优化资源空间是基础。资源空间是指与之相关的资源数量与配置结构，是物质和精神统一，具有基础性特征，具体包括资金、设备、规划、制度、知识、人员和环境等方面。这是空间战略的基础和依托。新时期以来，不断加大投入促进了基础建设，但在快速发展进程中，教育资源数量短缺和结构矛盾日渐显露，表现为实践教学设备设施规模和师资的不足、投入与效益不平衡等问题。践行科学发展观，迫切要求"体系"空间战略树立均衡发展理念，优化资源空间布局，强化资源配置，重点是加强城乡职业教育资源布局，保证区域职业教育均衡协调发展；提升技术空间是关键。这是一个多元概念，从思维学角度看，是一个方法的逻辑问题，从战略学角度而言，是一个关系战略与策略的宏观问题，从教育管理学维度分析，是一个关于职业教育制度、途径与方法理论与实践的体系问题。正是这一空间特殊性和重要性，在"体系"空间战略构建与发展中起着决定性的作用。在空间战略思维上必须强调树立科学发展观，引领空间技术发展方向。在空间战略决策上必须强化问题导向意识，抓住关键问题，着力解决"体系"空间面临的突出矛盾和问题，促进可持续发展。在空间战略改革上不断深化教育教学改革，以体制改革为重点，以创新人才培养模式为突破口，以加强综合治理为保障，推进教育综合改革，促进"体系"空间科学合理有效发展。

二、"体系"空间战略系统建构

空间战略是一个多元素集合，不仅涉及社会背景、经济基础、文化传承、人力资源建设，也与自身系统的整体构建密切联系，包括内涵外延、结构方式、模型特征、途径方式等。因此，研究"体系"空间战略系统构建，是一个整体构思与形成框架的过程。

（一）空间战略系统核心内涵

1. 定位统领战略

空间战略定位，是指"体系"空间战略的总体定位，包括教育理念、办学方向、教育体制、办学层次、规模和人才培养类型等战略定位。定位的核心是价值观，实质是人才观，是"体系"空间战略构建的前提和依据，具有根本性和导向性意义。关键是要从"职业教育的基本问题是人与职业的关系问题"[1] 出发，把握"以服务为宗旨""以人为本"和"以就业为导向"目标定位，使办学方向、模式和人才培养体系符合国情实际，满足市场需要，为求职就业创业提供技术智能条件，创造优势，奠定基

---

[1] 欧阳河，等. 职业教育基本问题研究［M］. 北京：教育科学出版社，2006：7.

础。这是一个实践宗旨、落实服务、创新模式、强化功能、彰显个性、构建卓越的过程，必须放到战略"龙头"地位。在教育服务目标对象上，职业属性与技术特质决定它必须转变传统"精英"的教育观念，树立"全民"终身教育的新观念；在人才培养目标规格上应扬弃传统教育"重理论轻实践""重知识轻能力""重学历轻培训"弊端，按照职业教育"注重能力分型培养"的思路和方法，构建技术技能人才培养新模式，"加快培养适应经济社会发展需要的高素质劳动者和技能型、应用型人才"❶；在事业发展目标定位上应规避时尚趋同化发展的诱惑与风险，不排斥交流与合作，走错位竞争发展的道路。唯此才能保证"体系"构建的方向性和不可替代性，增强吸引力，从而赢得良好的生存发展空间和条件。这是"体系"空间战略定位的基本点。

2. 特色竞争战略

特色竞争战略是"体系"空间战略的核心要素。在语义上，特色与竞争是不同的概念，特色为竞争提供实力，竞争为特色提供依据，彼此印证，不可分离。它作为与资源资本息息相关的战略新概念，适用于各个空间领域，成为思想、政治、经济、文化交锋的"核力量"。对于教育包括职业教育这种特殊的社会公共服务事业同样具有决定性的意义。突出表现为：为抢占更有利的人才高地，获取更大的发展空间和效益，各国（地区）各类各级教育都不约而同地推行竞争战略，扬长避短，以强制弱，构筑发展优势。其中凝练特色，是形成竞争战略的核心。在市场经济深入发展和教育国际化的背景下，构建中国特色现代职业教育空间体系和优势，特色竞争战略是题中之义，关系到未来我国职业教育发展空间和环境，也是跻身于市场经济大潮、构建现代国民教育体系和参与国际教育竞争的关键性因素。欲解其要义，离不开对本质的理解和把握。职业教育是社会大生产的产物，是连接人与技术、生活与职业的中介桥梁，是赋予人改造自然、发展经济、创造生活与改变命运能力的有力武器。因此，构建"体系"空间特色竞争战略必须与人的社会的发展需求和职业技术教育功能有

---

❶ 王明达，周稽裘. 职业教育发展战略研究 [J]. 教育研究，2010 (7)：20－22.

机融合，在教育理念、办学体制和人才培养模式等方面体现个性化教育的特征，如：校企合作、工学结合，培养生产管理服务一线的技术技能人才，由此形成"人无我有、人有我优、人优我特"差异化发展优势和错位性竞争格局。这对于"体系"空间战略构建具有持久的深远意义。

3. 体制创新战略

体制创新是"体系"空间战略构建的重要内容，一般包括组织、办学、教学、管理、师资、保障和招生就业等。纵观世界职业教育历史，因各国（地区）空间自然禀赋和社会政治经济文化的差异，形成了各不相同的职业教育空间体制与模式。无论美国主张"人本"、注重发展、强调开放、实施多元的普教与职教交融的教育体制，英澳青睐"市场"力量、在国家资格框架下实行校企互动的教育体制，以及德国崇尚"职业性"、立足"企业本位"的学校职业教育与双元制培训并举的职业教育空间体制和模式等，都是从不同国度所处的社会经济发展阶段和文化背景出发做出的历史选择。由此可见，一种教育空间体制和模式形成发展，关键在于从实际出发，遵循规律，体现时代性，形成特殊性（区域性和民族性）。从我国职业教育来看，改革开放极大释放了思想观念，深刻触动了办学体制机制，使改革创新教育蔚然成风。但受传统经济和文化的影响，目前我国职业教育体制还相对封闭单一，缺乏开放灵活多样高效的机制作保证，发展进入"关键期"，改革进入"深水区"。创新是改革的不竭动力，体制创新是重点。欲推进这项战略进程，关键是进一步理顺职业教育管理者、举办者和办学者"责权利"关系，使管理者更好地运用职教立法权、评估导向力及行政权威性加强宏观调控，使举办者更加严格依法治教、保障应有的投入、监控办学走向、质量状况和效益动态，使办学者（各级各类职业院校）不断强化法制意识和社会责任、更好地面向市场和社会就业自主办学，真正形成"政府宏观主导、社会企业积极参与、学校自主办学"的运行新机制，形成各尽所能、和谐互动和合力推进职业教育发展的新局面。

4. 质量提升战略

质量问题是"体系"空间战略生命线和核心竞争力，也是各行各业共同关注的重要领域和发展保证，是产品形象的标志、信誉的丰碑和竞争的力量。新时期以来是我国职业教育发展历史的黄金时期，经历了一个从数量发展到规模扩张的过程。据统计，"2008年，中等职业教育（包括普通中专、职业高中、技工学校和成人中专）招生达到810万人，在校生超过2000万人，基本实现了中等职业教育与普通高中招生规模大体相当的目标。高等职业教育2008年招生300万人，在校生900万人，招生规模占普通高等教育招生规模的一半"❶。"按照'十二五'末职业教育发展的基本目标，中等和高等职业教育在校生规模将在2013年的基础上分别增长14.8%和42.8%。'十三五'期间职业教育规模将继续平稳增长，中等和高等职业教育在校生规模较'十二五'末将分别再增长4.4%和6.5%"❷。这为培养大批高素质的劳动者和技术技能人才提供了发展空间。"体系"空间战略在关注空间规模与数量快速增长的同时，更不能忽略由量变到质变的事物发展规律和必然趋势。质量问题凸显，已是"体系"空间战略关注和改革重点，必须提高到战略高度，予以解决。因为没有质量的教育是无信赖前途无希望生命力的教育，也是空间拓展遭受挤压的主要瓶颈。应当看到，关注质量，实施空间战略提升工程，是构建拓展中国特色现代职业教育体系的迫切需要。要义是可持续发展，核心是提高人才培养质量，重点是培养学生的职业道德和职业技能及综合实践能力，关键是突出内涵发展主旋律，深化教育教学改革，加强教育教学与生产实践、技术应用、社会服务紧密结合，促进人才培养与社会经济、就业市场有机衔接，根本是造就一支热爱熟悉职业教育、具有国际化视野、专业业务精良、理论与实践结合、专职与兼职并举的"双师型"教师队伍。

5. 国际交融战略

国际交融是"体系"空间战略的大视野。当今世界已进入大交汇大融入大整合的新世纪。借助现代信息网络平台，"地球村""一体化"应运而生，一个更加开放互联合作共赢的新时代已经到来，教育国际化成为发展潮流、竞争前沿和空间战略。"他山之石可以攻玉"，建设发展中国特色现

❶ 王明达，周稽裘. 职业教育发展战略研究 [J]. 教育研究，2010 (7)：20–22.
❷ 韩永强. 我国职业教育发展：现状、问题和方略 [J]. 职业技术教育，2015 (7)：17–22.

代职业教育体系迫切需要加强与世界的对话与合作。改革开放，国门敞开，特别是加入 WTO 以来，教育作为一种特殊的服务贸易，在通向国际化进程中学习经验熟悉规则探索道路开创局面是不可逾越的阶段。现代职业教育与世界的联系已有历史，但真正从战略的高度开展国际交流合作，还是在改革开放之后。新时期，我国职业教育本着"走出去，引进来"的方针，结合实际，积极学习国外先进教育理念，引进优质教学资源，借鉴成功的人才培养经验和成果，在教育国际化发展和本土化构建方面进行了有益的探索和尝试。今天站在全球化竞争的历史新起点，闭关锁国没有出路，故步自封没有前途。构建中国特色现代职业教育体系既然离不开国际化发展的大舞台，就必须面向世界，走向开放，实行联盟，推进合作，深化交流，通过互补互利双赢平台，实现合璧中西、自主创新、跨越发展的目标。同时，这是一个在国际范围进行异质教育文化交流合作的过程，因此，立足本土是"源"，开放合作是"流"，必须注意处理好两者的辩证关系，否则，将成为无源之水、无本之木，任何一种偏颇和失误都将造成发展空间的断裂和麻烦。当前，要紧的是贯彻《国家中长期教育改革和发展规划纲要（2010—2020 年)》和《国务院关于加快发展现代职业教育的决定》，构建国际化战略，提出"体系"空间战略目标，通过各种不同内容形式的项目渠道和方式，广泛参与国际职教交流合作，积极深入借鉴吸收一切有益的经验和成果，如职业分类、现代化发展、终身化体系构建、校企结合、开放式办学、中高等职业教育有机衔接、课程改革和师资专业发展等。由此，推进观念转变，激活开放，创新理论，盘活资源，丰富实践，形成成果，为"体系"空间战略构建乃至为世界职业教育提供理论与实践的支撑和贡献。

6. 联盟合作战略

联盟合作是"体系"空间战略构建的重要内容。所谓联盟合作战略，是指"体系"合纵连横，集聚能量，形成优势，旨在推进发展的战略。这是时代发展的产物。在人类加快现代化进程中，扑面而来的是层出不穷的新情况新问题新挑战，其复杂性、多样性、艰巨性长期性都是历史不可比拟的，迫切需要集聚智慧，形成合力，方可破解这些难题。结合职业教育实际，历史发展到今天，已是初具规模并形成体系。"一个学历教育与职业培训并举、形式多样、灵活开放、有中国特色的职业教育体系基本框架初步建立"。❶ 但制约未来发展的问题和瓶颈依然存在，较集中表现在："学校本位"教育教学体制和人才培养模式至今改观不大，影响行业企业参与职教的瓶颈尚未打破、制度不健全、积极性不高，社会上长期轻薄职业教育的意识依然存在等、使校企合作和工学结合步履维艰、直接影响到人才培养质量。联盟合作战略兴起，为职业教育"开门办学"，走联盟合作的道路，提供了空间发展的新思路。诚然，从战略理念到战略实践，需经过复杂艰辛的改革和创造性的探索。深化体制改革，加强法规制度建设，是基础。欲将社会各个不同主体集结在职教"旗帜"下，组成空间共同体，形成一体化办学网络，必须加快制定相关制度条例，如《校企合作办学促进条例》等，为联盟合作战略提供制度保证；突破区域局限，实行跨界合作，是关键。地区经济发展受主客观条件影响，形成不同的发展模式和量级，成为制约职业教育发展的因素。实施联盟合作战略，就是要打破地理局限，加强区域合作，推进共同发展，这是建设全面小康社会的要求。由此出发，构建"体系"空间战略，加强区域联盟合作是题中之义。应继续推进"长三角、珠三角和渤海湾"等区域职教联盟战略的深入发展，并针对我国职教区域有落差、东西南北发展失衡的实际，重点开展对经济欠发达地区和贫困地区职教战略合作，推进"国家开发大西北战略"进程，扶持拉动职教发展，为逐步解决教育发展不平衡问题创造条件；创新思路，走加强校际包括与国外职业教育联盟合作的路子。革新现行职教管理体制和模式、如组建职教集团，开展形式多样的职教院校（所）合作项目，在投融资、专业建设、课程改革、师资培养、实训基地建设等方面整合教育资源，集聚办学优势，提升核心竞争力，更好地推动"体系"空间战略实施与发展。

7. 资源优化战略

资源优化是"体系"空间战略的物质条件。资源是职业教育空间的物

---

❶ 王明达，周稽裘. 职业教育发展战略研究 [J]. 教育研究，2010（7）：20 – 22.

质基础，包括办学资金、教育教学设施设备、环境条件和人员（管理、师资和后勤）素质等，在一定意义上决定着职业教育的数量、规模、质量和发展空间。因此，加快发展职业教育，拓展"体系"空间，不能没有资源物质基础的支撑和保障。改革开放以来，在中央财政和地方政府及社会的合力支持下，我国职业教育办学条件总体上得到了历史性的改善和提高，人才培养和社会服务能力有了进一步的增强。但随着教育现代化的快速发展，资源不足，设施设备陈旧，条件落后等问题依然突出，甚至在一定范围内还较严重，但靠常规的思路和方式方法已是不堪重负，难以解决。必须从发展战略高度，面向现代化，着眼全局，立足长远，加大投入，统筹兼顾，协调发展，方能改变这种落后的局面。因此，实施资源优化战略，已成为"体系"空间战略的客观需要：深化体制改革、优化投融资体制机制，是关键。继续保持财政拨款为主渠道，同时面向社会多渠道筹措教育经费，为"职业院校办学条件提升计划"提供足够的经费支持，确保职业教育发展的需要；优化资金管理运作、进一步提高办学效益，是保障。教育不同经济生产是不争之事实，但不等于不讲效益，不要经营。市场经济需要经营，职业教育战略管理和实施也需要学会经营，促进发展，提高效益。因此，经营应是现代职业教育办学的一种重要理念和方法。在目前教育资源紧缺和经费尚不充足的条件下，强化经营意识，对于推行资源优化战略显得尤为重要。应采取对重点领域、环节和项目加以重点投入的策略，更有效地利用和提高教育资源的效益，如：高水平示范职业院校建设、县级职教中心建设、特色专业与精品课程构建、实训中心和实践基地建设以及师资培训等。同时，提高现有教育教学资源的使用率，尤其是基础性的教学资源，应最大限度地发挥其作用，任何空置或闲置的现象都是对资源的浪费，对人才培养的损失。

8. 统筹协调战略

统筹协调是"体系"空间战略的需要。"体系"空间架构与拓展，是一个复杂系统工程，涉及方方面面关系，必须从战略高度精心谋划，统筹协调。历史是最好的证明。职业教育在历史发展中出现的曲折和存在的弊端，如体制上"条块分割"、资源上布局失衡、办学上趋同发展、管理上顾此失彼等，都与宏观教育发展整体观缺乏和微观系统协调意识薄弱有关。职业教育体系每个领域与各个环节虽具相对的独特性，但作为子系统却与整个大系统有着"剪不断，理还乱"丝缕相连般的联系。这种自然内生的共生性、依赖性和互动性，必然延伸出为维护本系统而协调内外"责权利"的统一法则与机制，形成总揽全局、统筹协调、刚柔相宜、合作高效、富有生机活力的运行管理系统。这是中国特色现代职业教育体系所不可缺少的条件和基础。建设发展中国特色现代职业教育体系，就是要运用统筹协调的法则，协调内外关系，统筹各方利益，优化组合方式，各尽所能，各得其所，形成职业教育发展长效机制，最大限度地产生集聚综合效能。宏观上增强职业教育与社会经济文化生态的联系，使社会经济文化生态为职业教育提供就业市场、发展空间和环境条件，职业教育为社会经济文化生态发展培养合格的建设者和劳动者，并提供文化科技服务；中观上协调职业教育与政府、行业、企业关系，加强职教与普教成教沟通以及城乡职业教育统筹，重点是加快农村职业教育发展、缩小城乡差别、促进和谐社会建设；微观上加快自身体系建设。以专业建设为龙头，以资源建设为基础，以体制改革为关键，以人才培养为核心，以队伍建设为根本，以加强管理为保障，系统构建，综合改革，协调发展，全面推进中国特色现代职业教育体系建设进程，打造人才培养立交桥，提升服务能力，推进可持续发展。❶

（二）空间战略系统框架结构

"空间是交流的最基本和普遍形式的本质所在"。❷ 构建怎样的空间结构系统和如何构建，具有特定的要素内涵与结构形态，是"体系"空间战略的核心问题。总体而言，它是空间元素与关系集合、传统与创新融合、以及点线面层体的有机化合，反映空间战略系统生成特点和规律，影响发展模式，决定质量效应，可以说，有什么样的空间系统结构，就会有什么

---

❶ 蒋旋新. 中国特色现代职业教育体系发展战略研究［J］. 教育学术月刊，2012（8）：95-98.

❷ ［英］布莱恩·劳森. 空间的语言［M］. 杨青娟，等，译. 北京：中国建筑工业出版社，2003：8.

样的空间规模、质量和效能。

1. 空间战略系统结构特征

空间战略系统结构特征，是"体系"空间战略系统外部形态特点的表现，反映系统结构要素组合关系及其运行方式，形成空间布局、制度、人才和环境四大体系。

（1）空间布局均衡化

空间布局均衡化，是指"体系"空间战略遵循客观规律，按照职业教育实际需要，从自然禀赋和社会基础以及职业教育特点出发，全面系统科学合理有效地决策发展规模、资源配置和发展速度，形成均衡可持续发展过程和局面。目前，"体系"空间发展正处在转型的关键阶段，也是矛盾的突显时期。转变方式，促进发展，落实在"体系"空间布局上，就是从实际出发，因地制宜，因势利导，统筹协调，优化布局，加强均衡发展的影响力和推动力。宏观上继续推进东部沿海和发达地区职业教育发展，加快西部和边远贫困地区发展，优先发展农（牧）村职业教育；中观上加强"多教"统筹协调和中等职教与高等职教衔接发展；微观上加强"体系"内部空间要素和组织的协调发展，形成全面协调、可持续发展、具有良好生态格局的空间体系。同时，处理好均衡与非均衡结合、共性与个性和谐、历时与共时统一的三大关系，更好地促进均衡持续发展。

（2）空间制度科学化

空间制度科学化，是"体系"空间战略的核心环节和根本保障，具有规范、约束和引导的特征。所谓科学化，是指"体系"空间战略按照职业教育发展规律和特点，设计和决策制度原则、目标、结构与内涵，形成科学化制度体系。特色鲜明是根本，结构完善是体系，配置合理是条件，规范引导是机制，合理有效是保障。首先，制度体系科学化。制度空间是一个科学系统，应是数量与质量、形式与内容、历史与现实、制度与效率的有机统一，不是越多越好。关键是运用系统理论和方法，规划制定制度体系，提高制度科学性、可行性、规范性和有效性，为"体系"空间战略提供制度保证；其次，制度功能集约化。科学化是空间制度构建的前提，集约化是制度的功能目标，实质是形成合理有效的运行机制。空间制度体系是一个集聚优势和综合推动的过程，要求从制度设计、形成、实施到评估"一气呵成"，相互联系，彼此支撑，合力作用，达到集约化程度与效果。前提是理论与体系与机制的有机统一，上下左右前后协调贯通，而现实中制度理论与实践脱节、前后矛盾，顾此失彼，是常见的问题。要规避克服这些弊端，既要考虑制度科学性和系统性、也要关注制度可行性和规范性，还要不断增强其针对性和协调性，使制度成为"体系"空间战略的导航、规范和抓手，推进制度化、法治化进程，为加快现代职业教育发展提供制度保障。

（3）空间教育一体化

所谓空间教育一体化，是指职业教育人才培养一体化，"推进中等和高等职业教育紧密衔接"，"加强职业教育与普通教育相互沟通，为学生多样化选择、多途径成才搭建'立交桥'"。这是"体系"空间战略的核心和落脚点。培养数以亿计高素质劳动者和技术技能人才是"体系"空间战略的根本任务，也是一项系统工程。核心是"推进人才培养模式创新"❶，关键是一体化构建，实质是推进人才培养多样化、综合化与终身化统一。多样化是指人才培养服务经济，对接产业，面向人人，导向就业，适应人力资源建设多样化多层次需求；综合化是指职业教育人才培养目标与途径的复合性和特殊性，不仅保证基本知识理论教育，更要加强专业技术技能与综合实践能力培养，与传统精英人才培养模式不同，必须走校企合作和工学结合的办学之路；终身化是指顺应时代社会发展和促进学习者与劳动者生命发展需要，改革传统"阶段式"教育体制和"封顶式"人才培养模式，重构一个超越时空充盈生机活力的终身职业教育体制。这是一个面向人人、服务终身职业生涯发展的人才培养新体系，必须实现人才培养与社会经济发展需求、与学习型社会构建、与个体终身学习和职业生涯发展需要的紧密对接，不断推进横向联系与纵向发展。这是"体系"空间战略在人才培养方面的改革方向。

---

❶ 国务院关于加快发展现代职业教育的决定［N］. 中国教育报，2014－06－23.

（4）空间环境生态化

青山伴绿水，红花扶绿叶。这是对空间环境生态化的形象写照。良好的教育生态环境和氛围，是"体系"空间战略的物质基础和环境支撑，对"体系"构建具有重要意义。因为，没有良好生态的支撑，"体系"构建就没有发展保障，空间战略也就失去环境支撑。因此，必须重视空间生态环境营造和呵护，纳入空间战略体系。当今，人类生态建设与环境保护已面临"增长的极限"挑战，严峻的生态现实也警示"体系"空间环境建设到了固本强基的重要时期。目前，存在的主要问题是空间环境意识薄弱，重规模数量物质轻结构内涵精神，整体构建失衡，制约着空间环境生态体系的营造与优化。加强空间环境体系建设已是势在必行，成为"体系"空间战略不可缺少的重要组成部分。当前，正值"体系"空间环境建设与拓展的重要时期，不仅要增强生态战略意识，而且要提高政策导向性，增强资源供给力，加强社会综合统筹协调性，为其保驾护航，为其固本强基，营造良好的生态环境与氛围，充分发挥空间环境对"体系"构建的支撑推动作用。

2. 空间战略系统构建模型

模型是一种对既有对象方式和形态的形象化表述。运用于"体系"空间战略系统构建，从本质而言，它是一种结构类模型，表明其结构要素关系与组合方式，反映在特定空间条件下形成的战略系统，体现物质相互作用和从量变到质变的发展规律。本研究视野下的"体系"空间战略系统构建模型，是指一个多元聚合、纵横一体、动态发展、立体构建的综合体。

（1）空间战略系统模型构建机理

机理属于理论范畴，是指"体系"空间战略系统模型构建原因、基础与定律。一般而言，任何事物建模必有其成型规律和条件，"体系"空间战略系统建模也不例外。一是特定的宏观背景条件做支撑。"中国梦"是大目标，"新常态"是新基础，不仅表现在观念转变、方式转换、进度调节、结构升级和质量提升上，也表现在空间结构调整和重构方面，但"万变不离其宗"，根本是人才培养。其中，高素质技术技能人才、"大国工匠"和新型劳动者是人力资源主体和生产力中坚，也是实现"中国梦"和推动"新常态"发展的根本动力。因此，以人为本，加快人力资源建设，发展职业教育是现实需要，为"体系"空间战略系统构建提供了有力支撑。二是日趋完善的发展基础做铺垫。"体系"空间战略系统建模不是"另起炉灶"，而是一个承上启下与时俱进的历程，需要历史传统的参照、资源经验的积累和技术平台的支撑。当代职业教育尤其是改革开放新时期以来得到了快速发展。近年来"体系"构建成为国家战略，各项改革创新试点工作全面展开，如在"天津等地部署了 9 个国家职业教育改革试验区，2010 年国务院办公厅公布了 425 项国家教育体制改革试点，形成了重点领域和关键环节的协同创新网络"，为空间战略系统构建奠定了坚实的现实基础。三是维系根本的学科规律作保障。在理论视域下，"体系"空间战略系统是一个科学系统。其空间战略模型体现职业教育特点，实现持续发展，必须遵循自身发展规律。如学科理论建设必须从国情出发，突出职教特点和发展规律。职教实践与发展必须从社会经济发展需求出发，对接产业结构，坚持以人为本，以就业为导向，产学交融，校企合作，工学结合，培养高素质技术技能人才和劳动者。由此保证建模的归属性、前瞻性和发展性。

（2）空间战略系统模型架构特征

"体系"空间战略系统是一个独特的类型，具有自己的话语、内涵和结构特征，是模型形成空间识别性和归属感的关键。一是空间体系的一体性。这是"体系"空间战略系统模型的结构特征。强调一体性，旨在表明系统的整体性、结构的完整性和形态的协调性，形成横向互联、纵向贯通、终身一体的空间体系。二是空间功能的定向性。功能是价值实现的基础，价值是功能量级的体现。职业教育除了具有普通教育共性外，还有特殊的价值意义，体现在功能属性上是一种有别于普通教育的职业技术教育，不属于自由教育，是一种以就业为导向贯穿职业生涯始终的应用教育。基于这一基本定位，"体系"空间战略系统模型构建，要求从技术技能人才培养目标出发，加强专业建设与产业结构对接，课程体系反映生产过程，教学与实践结合，形成具有特色的人才培养体系。三是空间体制的互动性。从宏观看，职业教育是一个社会大系统，单凭经济、工具或自身能力难以实现人才培养目标，必须是经济与政策、产业与就业、技术与环境、科学与人文、教育与服务的有机结合，形成政府主导、社会参与、企业分担、学校办学的合作互动体系，是支撑职教发展的保证；四是空间效能的综合性。职业教育之所以成为国家发展战略，根本在于其维系社会经济发展大局，关系社稷民生大事，是人力资源建设、完善国民教育体系、保障人自由发展、建设学习型和谐社会的需要。反映在效能层面上，"体系"空间战略系统建模囊括职业教育办学和社会服务综合功能与作用，一方面通过空间系统设计与构架，完善"体系"整体建设，另一方面注重空间内涵发展，增进"体系"能力建设，拓展效能空间，更好地挖掘与释放反作用于社会经济发展的潜能和效能，在培养"大国工匠"和促进"中国制造"向"中国智造"转型升级中发挥扛鼎之功效。

（3）空间战略系统模型主体架构

所谓主体架构，是指"体系"空间战略系统模型构建的总体框架结构。本研究抽象表述为是一个"点线面层体"结合的五维一体化空间，概括为"一个中心""一条主线""两个翼面""三个层面""一大体系"。"一个中心"是指人才培养，是"体系"核心，也是空间建模根本。任何时候都要把培养高素质技术技能人才和劳动者置于中心，放在首位；"一条主线"是指贯穿"体系"始终的"中国特色"和"职业教育特点"，是"体系"构建的基本路线，也是空间建模的逻辑主线；"两个翼面"是指"体系"目标功能的两个方面，即服务社会经济产业文化生态发展和服务人人提供职业技术教育与终身教育服务，是"体系"构建的出发点，也是建模的根本点；"三个层面"是指"体系"构建的办学体制、教育教学体系和治理机制，是"体系"空间战略构建的关键领域，也是建模的三大核心支柱；"一大体系"是指一个"中国特色职业教育体系"，即形成具有中国特色和职教特点、现代品质、中高衔接、体现终身教育理念、可持续发展的职业教育体系，是"体系"构建的总体目标，也是空间建模的集大成者。这五个方面既相对独立，自成系统，又相互联系，彼此依存，和谐统一。它们是整体与部分、大局与中心、体系与功能、目标与战略、途径与方法的辩证统一，是形成"体系"空间战略系统模型构建总体框架的核心要素、关键构件及重要基础，缺一不可，集成体系，凝成合力，共同支撑"体系"空间。

第三节　中国特色职业教育体系空间战略路径

战略路径是通向现实的必经之路，是"体系"空间战略系统关于如何实践实现既定目标任务预期的中介桥梁和重要环节。因此，选择科学合理有效的途径和方法对于推动战略规划管理与实践并转化为现实绩效具有决定性意义。

一、立足国情，科学定位，打造空间特色

坚持从国情特点与职业教育实际出发，包括发展阶段，是世界职业教育发展的基本规律和经验。"体系"空间战略系统构建必须遵循这一基本理论和原则，科学预测，合理定位，打造特色，形成特色鲜明稳健可持续的发展空间。

（一）强国定位，引领空间发展

"优先发展教育，建设人力资源强国"是国家总体发展战略的重大部署，也是中华民族伟大复兴的必由之路。作为战略重要组成部分的职业教育是中坚力量，不可或缺，并纳入强国发展总体战略框架定位与轨道之中，迫切要求"体系"空间战略转变观念，服务发展。

1. 转变粗放式发展理念，确立持续发展空间观

"面对新形势新任务，全面建设小康社会，进而建设富强民主文明和谐的社会主义现代化国家"❶是我国改革开放加快社会主义现代化建设的宏伟目标和战略定位。又好又快发展，全面提升综合国力是必然要求，做大做强职业教育是应有之义。这是发展的需要，也是对传统空间的超越，不仅促进了"体系"空间战略观念转变，也为"体系"空间战略转移提供了发展的新视野。首先，强国战略定位，转变空间发展观。重规模数量，

---

❶ 中共中央关于全面深化改革若干重大问题的决定［N］. 光明日报，2013 – 11 – 16.

轻质量效率是典型传统粗放式空间发展理念和方式，究其根源，是受传统观念制约和现实发展挤压双重影响的结果。实践表明，在知识经济和科学发展的新时代，仅有数量规模发展，已是"昨日之黄花"，不会带来真正意义上的发展和繁荣，相反只会造成麻烦和隐患。因此，强国战略定位加速了发展理念的历史转变，全面科学发展成为必然趋势，传统粗放型发展观念已到了非改不可的时候，成为"体系"空间战略转移的关键点；其次，确立科学发展观，加快空间方式转型。历史证明，观念是先导，有什么样的观念，就有什么样的空间，对空间发展方式具有决定性的作用。"体系"空间是一个有机体，需要全面协调，持续发展，关键是确立可持续发展观，重构规模与内涵、数量与质量、速度与效益全面协调可持续发展新模式。这是推进"体系"空间科学化发展的重要保证。

2. 转换生存型发展方式，重塑科学化发展模式

生存型是传统发展模式，特征是片面追求物态性的增长指标，以满足生存需要为目标。在较长时间里，成为职业教育发展的逻辑框架，注重追求物质性改善与规模性发展，GDP 增长成为衡量绩效的唯一权重，以致造成了空间失衡和生态失调。新世纪，落实科学发展观，开启了职业教育转型发展新时代，总体格局不断得以修复和改善。2009 年"发展和改革蓝皮书"《中国道路与中国模式（1949—2009）》发表，报告我国在科学发展观指导下已经由"生存型"阶段向"发展型"阶段转变。社会发展转型带动了职业教育转型，生存型逐步让位于全面协调可持续发展，成为"体系"空间战略系统构建的新模式和新趋势。近年"新常态"横空出世，又为其注入了空间融合协同创新发展的新动力，"加快转方式、调结构、促升级具有十分重要意义"。一个强国定位、特色鲜明、创新驱动、可持续发展的职教空间战略正在崛起。

（二）对接产业，释放空间红利

进入新世纪，世界经济经历了惊心动魄的金融危机和凌空着陆的经济调整，走上了修复常态和探索前行的新旅程。如美国、欧盟等相继出台政策并推出了"再工业化"战略，2009 年英国推出了"重振制造业战略"，2010 年美国颁布了《美国制造业促进法》，2012 年日本发表了《制造业白皮书》，

2013 年德国提出"工业 4.0"战略等。我国也不例外，顺应大势，结合实际，宣告进入了发展"新常态"。2015 年启动实施《中国制造 2015》强国战略。在此背景下，增长调速，方式转换，需求变化，倒逼产业结构调整和变化，促进了从要素驱动到创新驱动、从低端锁定到高端攀升、从数量规模到质量效益、从单个创新到集群创新、从区域发展到均衡发展的战略转型。适应产业结构调整与升级需要，保持与产业协同发展的方向，是"体系"空间战略构建的出发点和新起点。

1. 遵循互动发展规律，推进产教融合

经济产业犹如一条奔腾不息的大河，职业教育恰似一条行船"不进则退"。两者相互依存，彼此促进，相得益彰。首先，在客观上产教融合不是简单结合的过程，而是一个包含主客体的辩证运动。处在常态修复与产业调整时期，经济产业与职业教育和谐互动尤为重要，既有助于职业教育在转换过程中获得市场经济产业科技的支持和推动，赢得发展空间环境和条件。市场经济产业得益于职业教育所提供的技术技能人才支撑和技术支持，依靠人才红利而持续发展。总之，循规律，强互动，是推动合作互利双赢的动力，也是促进"体系"空间战略构建与发展的定力；其次，在主观上互动双方各在其位，各负其责，共同支撑"体系"空间发展。不但举办者、办学者要首先转变观念，肩负关键责任，而且参与者、合作者也要深刻嵌入这一体系，履行社会义务，成为战略合作伙伴，协同推进"体系"空间战略构建与发展，否则在一个"碎片"上是难以形成并矗立起现代职业教育制度体系的。目前，这方面已有顶层设计和规划，相关试点也在有序进行，但总体构建尚未完形，发展还不平衡，体制改革仍然是"体系"空间战略的重中之重。举办者（管理层）应加强政策宏观规划和指导，参与合作者（行业企业层）则应深度融入"体系"空间，参与技术技能人才培养，办学者（各级各类职业教育机构层）应牢固树立开门办学理念，融入企业，走合作办学道路，受教者应坚定职业教育信念，走自己发展道路。由此形成合力，推动"体系"空间战略不断走向深入。

2. 借助调整升级机遇，深化教育改革

产业结构调整与升级，是指产业构成、相互联系和比例关系调整变化过程，是社会经济活动的主干部分，对社会各个方面产生深刻影响。教育改革是指以观念转变为先导、以教育内容与方法改革为重点、以优化资源配置为载体、创新人才培养模式的过程，是"体系"空间战略的核心，也是创造人才红利的关键。它受经济产业结构影响，是教育改革发展的根本动因，可谓牵一发动全身，由此及彼，引发社会职业变化继而波及"体系"空间结构并影响人才培养。当前，中国经济结构正在发生深刻变化，"产业迈向中高端水平，先进制造业加快发展，新产业新业态不断成长，服务业比重进一步上升"❶。适应"新常态"，"体系"空间战略应加强对产业现状与发展趋势的研究，把握职业市场变化对人力资源的需求，不断调整完善专业设置，优化结构，同时根据市场对人才需求情况，改革教育教学内容与方法，创新人才培养模式，形成与经济产业良性互动机制，不断提高"体系"空间与产业结构的适切度和满意度，"创造更大人才红利"，为经济产业调整与发展提高人才与技术的贡献率。

（三）就业导向，践行服务宗旨

天下大事就业为首，民生大事就业为基。根据我国人口众多和就业压力巨大的实际，创造比较充分的就业机会，完善保障机制，事关发展大局、社会稳定和人民福祉，万万不可粗心大意，松懈怠慢。然而，就业是一个系统工程，影响因素复杂多变，必须站在实现全面小康社会的战略高度，聚精会神地谋划，科学理性决策，切实落到实处。

1. 增强互动性，完善空间体制

互动性是社会赋予就业与"体系"空间战略内在的生命机制。其一，共生性。"人是社会关系的总和"，其中生产与生活是第一需要，基础在职业，提供物质来源与生活保障，而前提是就业，在满足职业岗位要求并创造社会财富同时获得相应回报，是立身之基和发展之本。关键是具有职业能力，但不是与生俱有的，是通过后天系统教学与社会实践逐步形成的。"授人以鱼，不如授之以渔"。在这方面，以就业为导向，以职业技术教育

---

❶ 中共中央关于制定国民经济和社会发展第十三个五年规划的建议［EB/OL］. 新华网，www. news. cn，2015 - 11 - 04.

为特征的职业教育具有不可替代的作用,授予对象以社会所需职业能力,使无业者有业,使有业者乐业,获得生活基础。由此,奠定了职业教育的社会地位,也确立了"类教育"的学科地位,保证了职业教育自由发展的空间,形成了生态的共生性;其二,协调性。伴随产业结构转型升级,职业变动不仅是外延的,导致结构性变化,而且是内涵的,对具体岗位综合素质、专业知识和技能量级也提出了日益明细更高的要求。反映到就业层面,人力资源配置必须与之相适应相协调。在此条件下,以就业为导向的"体系"空间战略必须从这一定律出发,增强服务适应性和发展协调性,使人才培养融入就业,为其服务,推动经济产业的调整升级和稳定持续增长;其三,促进性。具有双向互动的特征。就业是"体系"空间战略的推力,是体现服务宗旨和能力的根本标志,也是应对竞争风险的有力保障。就业作为"体系"空间战略风向标和晴雨表,始终引领发展,推动改革,促进创新。同时,客体作用于"体系"空间战略,必然引发主体反弹力和反作用。"体系"空间战略从自身定位、功能与特点出发,以就业为导向,贯穿于人才培养全过程,为人人提供职业技术教育与培训,促进较高质量的就业创业,对社会做出了最宝贵的贡献。"预计,2014 年城镇新增就业将首次突破 1400 万人,4 年累计超过 5000 万人,将提前实现'十二五'规划 4500 万的目标。在长达 6 年的全球金融危机背景下,中国创造了这一超大规模就业的奇迹,充分体现了中国共产党和中国政府卓越的治理能力"。❶ 其中,不乏职业教育为此做出的重要努力。

2. 坚持导向性,强化空间服务

所谓导向性,是指基于就业对于经济增长国民增收社会稳定乃至小康社会建设所产生的重大战略意义,对于职业教育具有方向性意义。其内涵是面向社会和人人,满足社会经济发展需要和就业创业实际需求,提供职业技术教育和培训服务。这是空间的本质所在和生命力的体现。其一,增强服务就业理念。《中共中央关于制定国民经济和社会发展第十三个五年

---

❶ 胡鞍钢,等. 就业发展"十三五"基本思路与目标——构建更高质量的充分就业型社会[J]. 北京交通大学学报,2015(1):1-6.

规划的建议》明确提出"促进就业创业""坚持就业优先战略"的民生目标和发展思路。贯彻于"体系"空间战略，就是确立以就业为导向、服务就业、支撑就业、促进就业、提升就业的理念，并以此规范促进教育教学改革，推动人才培养，不断提高质量，实现高质量就业和增长；其二，着力破解就业瓶颈。审视就业背景，总体而言是机遇与挑战同在，希望与困难交织。今天，经济修复与产业结构调整升级，为促进改善就业提供了客观条件和基础，但依然面临总量压力偏大、结构矛盾突出、职业教育与培训不尽完善等问题。令人困惑的就业难，招工难，技术技能工人短缺和人力资源高端低配等瓶颈期待破解，否则将困扰"体系"空间发展。破解瓶颈的关键是发挥政府就业主导作用，完善市场就业供需机制，不断扩大就业规模，改善结构，实现充分就业。但基础在教育，相对而言，职业教育是关键，肩负为社会所有成员提供终身职业教育和培训的义务。当前，与就业形势最密切的是随着经济发展转型与产业结构升级，中国将进入大众创业和万众创新的时期，对劳动力质量与结构提出了新的更高需求。当此时刻，"体系"空间发展战略应坚持以就业为导向，以提高劳动者就业创业能力为目标，密切与经济产业和就业需求的联系，在专业与人才培养方面加强衔接，做好一次产业，做强二次产业，做优三次产业，支撑新兴产业，更加注重人才职业素养和实际能力培养，不断提高对社会与职业适应性，促进较高质量就业创业，为技术技能人才的出彩人生奠基，为破解全球性就业挑战所面临的共同难题而建树中国职业教育的丰碑。

二、面向开放，兼容并包，创新空间内涵

互联网将世界带入了一个极度开放相互融合的空间，使互联互补互通包容合作成为世界发展的潮流，使开放协同创新发展成为全人类的共同选择。在此背景下，中国职业教育发展面临空间发展新机遇与新挑战。适应这一趋势，需转变观念，创新思维，面向开放，兼容并包，以"海纳百川，有容乃大"气度和胸怀，创新空间内涵，促进"体系"空间的开放发展。

（一）开放视野，构建空间新理念

开放是一个空间理念，过去是，今天也是我国"十三五"时期的重要发展理念。对于"体系"空间战略也不例外，是核心理念。这是一个建立在宏观开放背景下的理念。世界多极化、经济全球化、社会信息化、通信网络化使世界"地球村"成为现实。今天，"互联网＋"（Internet＋）在中国崛起，一个"大智移云"（大数据、智能化、移动互联网和云计算）时代已经到来，正以一种移动泛在交融创新的空间力量及创新媒介迅速渗透融入社会各界与经济实体，不仅催生出众多新生态和新范式，而且促进了空间发展和格局剧变。在此条件下，"体系"空间战略走向开放是必然趋势。

1. 转变观念，开拓空间视域

开放是职业教育的历史因子和发展需要。因此，学界有"舶来品"之说。我国早在近代工业革命时受国外职业教育新思潮影响，特别是在"五四"新文化运动推动下开启了职业教育发展的新历程。现代教育家黄炎培主张的职业教育思想和以中华职业教育社为代表的职教实践活动就是这一时期教育面向世界、开放视野、转变思想、更新观念、创新思维的先驱，为中国教育改革和职业教育转型提供了新思维、新理念、新方法。新中国成立，揭开了我国当代职业教育发展扉页。适应新社会经济基础和发展需要，改革旧制度，建立新体制，确立了发展的新理念和新方针政策，其中，不乏对外开放，特别是学习借鉴"苏式"（苏联）职业教育经验，推动了新生当代职业教育发展，为经济复苏发展培养了大批适用性的技术人员和劳动者。改革开放开创了我国职业教育开放发展的历史新纪元。"建设中国特色职业教育体系"成为新世纪职业教育改革与发展的新进程和新成果，其中，贯穿着一条对外开放对内搞活的主线。这一已被历史证明了的成功历史经验，对"体系"空间战略具有深刻的哲学启示和重要的实践意义。在世界进入互联网时代，时空跨界穿越，现实与虚拟结合，将职业教育开放发展推向一个全新的空间领域，改变了理念定势，促进了空间开放。职业教育开放不仅是物理层的跨国（地区）开放合作交流，而且是面向未来和超越时空的概念，即利用现代信息移动网络技术平台，推动互动合作、协同创新和资源共享，为"体系"空间开发与应用提供更加便捷高效无限的载体，成为空间战略的新视野和新发展。

2. 创新思维，推进空间发展

所谓创新思维，也称创造性思维，是指有别于传统模式、旨在突破常规、超越定势、改变习惯、创新理念与思路的高级思维活动和创新过程，对于"体系"空间战略发展是思维创新和智慧提升，具有理性启示和实践指导作用。一是超越定势，形成"体系"空间战略发展新思路。定势类似于范式或模式。中国职业教育发展具有自己的发展模式与道路，这是对世界职业教育经验的概括，也是自主创新的体现。由不成熟逐步走向成熟是历史发展的必然趋势，但发展无止境，不进则退。不断创新、超越和卓越是时代的要求，也是"体系"空间战略发展的归宿。思路是思维的载体，是思维的创新成果。但关键是超越定势，就是根据不断变化的形势和任务，解放思想，创新思维，不落窠臼。进入"新常态"，"体系"空间战略面临基础与环境的新变化和新挑战，"怎能重复昨天的故事"。墨守成规，按图索骥，显然不合时宜，落伍时代。必须突破定势，超越传统，重构发展新思路，方能走出"体系"空间战略的新路子。二是转变方式，重建"体系"空间新范式。变更惯性，超越习惯，是转变方式的关键，也是重建"体系"空间战略新范式的基础。一定的方式是历史的产物，不同历史阶段具有不同的形态特点。在复苏恢复时期，注重规模数量的增长是历史需要，具有合理性和必要性。改革发展时期，转变单一线性发展方式，重构规模与内涵、数量与质量、速度与效益协调发展方式，适应了教育与社会转型一体互动发展的需要，体现了"体系"空间战略的适应性与发展性。"十三五"期间，全面建成小康社会进入决胜阶段。"以提高发展质量和效益为中心，加快形成引领经济发展新常态的体制机制和发展方式"，成为"体系"空间战略转变新契机。三是创新思维，形成"体系"空间新举措。创新思维是推进"体系"空间战略转移的需要和动力。就目前职业教育现状来看，一方面在政策推动下不断走向繁荣发展，另一方面问题依然突显，如体制改革还待进一步深化，区域发展还欠平衡，重点领域改革创新还需深入推进，人才培养质量还要进一步提升等。而所有这些都与创新思维、深化改革紧密相连，但思路不变，方式不转，问题难解。科学发展观为"体系"空间战略提供了新思维和新方法。适应"新常态"和互联网发展新形势，更新观念是前提，转变方式是关键，创新思维是动力。核心是突破传统思维定式，创新思维方式，推进发展方式转变，尤其要善于借助新一代信息网络移动技术和方法，拓展空间思维，提升发展平台，创新发展路径，探索未来"体系"空间战略新走向和新模式。

（二）兼容并包，构建空间新体系

"体系"空间战略是一个开放体系和博大空间，借鉴吸收了古今中外的职业教育优秀文化传统，是规律所致和现实需要，体现了开放包容的辩证法思想和方法，成为"体系"空间战略活的灵魂，对于构建空间新体系具有重要战略意义。

1. 包容互动，为我所用，丰富空间理论体系

兼容并包是文化学概念，是指一种开放兼容的文化精神和方法，在这里是空间战略概念。历史上，"学界泰斗、人世楷模"著名教育家蔡元培是倡导和实践这一理念的典范。这不仅是历史的丰碑，而且是历久弥新的优良文化精髓，对于"体系"空间战略坚持空间开放原则，推进协同发展具有重要的理论意义与实践意义。一是兼容并包，促进空间理念变革。兼容并包渗透了辩证法思想。世界是一个宏观空间，所包含的万事万物都不是孤立存在的，彼此联系，相互包容，共同支撑。正如古人所言"万物并育而不相害，道并行而不相悖"。联系"体系"空间战略实际，从广域角度看，它是世界职业教育重要组成部分，各国包括地区形成不同文化传承的职业教育体系，彼此共存兼容碰撞，引发"头脑风暴"般效应，促进理念的变革。从局域角度看，"体系"空间战略又是一个具有本土特色的系统，其中各要素扮演着不同角色，但又相互联系，彼此支撑，共同发展，形成整体，成为推动空间战略观念变革的内生动力。二是为我所用，丰富空间理论体系。"体系"空间战略理论构建是一个与时俱进和不断完善的过程，广泛吸收一切有益的思想理论成果是不可逾越的阶段，思想理论上的兼容并包与为我所用是辩证统一，与西方19世纪30年代流行的自由主义思潮有着本质区别。尽管各国职业教育具有国别和民族的禀赋和特点，但在思想方法和选择道路上依然存在相互学习借鉴的地方。关键是确立以

我为主、为我所用的战略原则。一方面以开放态度面向世界，增进对话，取长补短，兼容并包，另一方面立足本土，结合实际，取其精华，为我所用，和而不同，促进"体系"空间战略理论体系的构建与发展。

2. 博采众长，融会贯通，创新空间实践体系

博采众长与融会贯通是兼容并包核心内容之一，也是创新空间战略实践体系的重要途径和方法。它贯穿创新全过程，关键是建立一个适用有效机制，保证借鉴与融通有机衔接和有效转化，形成空间战略实践体系新模式。一是博采众长，助力空间实践体系创新。职业教育根本任务是培养生产、管理、服务一线的技术技能人才，强调实践性是人才培养的需要和保证，是"体系"战略构建的重要任务和着力点。长期以来，职业教育在增强教育实践性和人才培养针对性方面进行了持续富有成效的探索，如国外"以职业能力"为本位的"德式""双元制"培训模式和"能力本位"的"美式"职业教育模式等，国内职业教育借鉴国外经验，结合本土实际，也走出了新路，如实行"双证书制"，即学历证书与技能等级证并举，积极倡导产教融合，工学结合办学道路。所有这些都为促进空间实践体系创新提供了丰富宝贵的经验和成果。但关键是要善于发现经验，积极吸收成果，博采众长，形成多元有效的外部推力，不断丰富发展自我；二是融会贯通，推进空间实践体系创新。融会贯通是学习活动的升华，是通向创新形成创新能力的关键，对于创新空间实践体系至关重要，是创新不可或缺的动力机制和中介桥梁。当下，空间实践体系正面临"新常态"和互联网发展的新机遇和新挑战，处在经济产业转型与发展方式转换的关键时期，如何顺势而为，抢抓机遇，促进发展，善于融合与变通是重要应对策略。它表现在空间方式上就是沟通古今、合璧中西、广闻博取、合纵连横与融通创新，落实在"体系"战略构建与空间实践体系建设上就是加强交融性，提升创新性。因此，围绕空间实践体系创新，无论古今中外，只要有助于空间战略实践体系创新发展的，都是学习借鉴的对象和融会贯通的途径。对内熟谙从传统中挖掘文化精髓，对外善于从国外吸取先进经验，并不断推进当代职业教育实践性环节改革与创新，锻造出具有中国特色职业教育特点的空间实践新模式，促进"体系"的自主创新与自我超越。

三、统筹协调，均衡发展，营造空间生态

绿色低碳完美型生态是人类孜孜追求的美好夙愿和境界。然而，历史发展却不以人们的意志为转移，走过一段"之"字型的弯路，为世人普遍关注并深感忧虑的生态危机日益演化为影响地球环境和人类家园安全与发展的一个全球性的重大社会问题。正如法国哲学家和"思想系统的历史学家"米歇尔·福柯所言"我们这个时代中的焦虑，与空间有着根本的联系，其甚至超越了与时间的联系。"新时期以来，环保与安全开始以醒目的主题进入公众视野，提到议事日程。1992年联合国环境与发展大会通过的《21世纪议程》对可持续发展理论做了全面阐释。应对教育领域生态危机挑战，1998年美国教育促进基金会在《美国研究型大学发展宏图》报告中提出"大学生态系统"平衡发展的理念。2003年英国能源白皮书《我们能源的未来：创建低碳经济》将"低碳经济"嵌入政府文件。2006年，前世界银行首席经济学家尼古拉斯·斯特恩在《斯特恩报告》中呼吁全球向低碳经济转型。我国党的十七大以来，顺应趋势，立足现实，前瞻未来，以科学发展观为指导，提出了"建设生态文明"战略目标，并列入国民经济和社会发展规划，使"坚持绿色发展""坚持可持续发展"成为基本国策和行动纲领。适应生态文明建设需要，"体系"空间战略应遵循生态规律，结合自身特点，从我做起，树立绿色发展理念，探索生态化发展道路，构建均衡发展的充满生机活力的现代职业教育空间体系，推进"体系"可持续发展。

（一）确立绿色理念，引领空间生态建设

所谓绿色理念，是指一种合乎遵循生态法则规律又兼顾自身特点的科学发展意识和理论体系，对于建设"体系"空间生态具有理论的指导意义。在生态学视野下，"体系"空间生态是一个多元整合平衡有序和谐发展的系统，其中，观念是先导，理念必先行。

1. 更新观念，确立空间生态观

教育空间生态观，属于生态学范畴，是指运用生态学的理论和方法研究把握教育空间发展规律以及系统结构关系的理论体系。它是站在哲学高度，

依据生态学逻辑体系和科学方法建立起来的一种崭新的空间观。在这视域下，职业教育空间是一个全面、协调、可持续的发展系统和过程，要义是全面协调均衡发展，核心是以人为本，培养高素质技术技能人才，关键是统筹兼顾，可持续发展，目标是构建科学合理有效的空间发展体系。一是增强反思意识，突破狭隘的空间观念。建设生态文明，是人类社会认识与实践上的一个具有革命性意义的进步。但受传统经济与市场经济制约影响，"体系"空间生态理念依然薄弱，应时功利痕迹还较明显，存在着重数量轻质量、重科技轻人文、重升格轻特色、重学历轻培训等弊端，造成了空间生态系统失调和发展失衡，使空间总体生态结构处于不平衡的"亚健康"状态，直接引发病态。近年以来，尽管针对性地进行调整与改革，不断有所好转，但与党的十八届五中全会提出的"牢固树立并切实贯彻绿色发展理念"和"生态环境质量总体改善"以及"推进美丽中国建设"的目标还有差距，必须从理念上加以根本性转变，破字当头立在其中。二是更新观念，确立科学的生态理念。关键是要疏理解决规律性与目的性的统一问题。规律性是空间生态有序性、渐变性、均衡性、和谐性和持续性的体现，要求"体系"空间必须具备生态特点和完整系统，构建人与社会、生产、知识、技术、自然环境的友好关系，创造可持续发展环境和条件。目的性是教育的自觉性，也就是教育社会性的体现，通过教育手段，使"体系"空间成为社会经济发展所需要的技术技能人才培养基地、技术服务平台和社会终身职业教育培训载体。总之，两者辩证统一，只有同时符合规律性和目的性，才能达到空间生态的和谐统一，真正体现教育发展的规律性，充分实现教育的社会功能，发挥育人的智慧作用。反之，不仅难以实现教育的目的，而且还会造成教育生态系统的变异，带来不必要的麻烦。

2. 创新思路，建设空间新生态

在历史视域下，"体系"空间生态是一个应时而生、与时俱进、不断优化完善的系统和过程。在当今新知识信息泉涌、科技创新日新月异、社会经济产业改革不断走向深化、教育现代化迫在眉睫、世界总体格局"深刻复杂变化"条件下，"体系"空间战略没有不变的模式，唯有创新，才能更新理念，转变思路，促进变革，激发活力，推动发展，主动适应"新常态"新变化新趋势，不断开创新生态和新局面。一是调整价值取向，建立空间新定位。促改革，谋发展是职业教育的主流方向，但在不同阶段形成不同的价值需求和发展形态。目前，"我国经济正在向形态更高级、分工更复杂、结构更合理的阶段演化。"适应"新常态"新阶段，"体系"空间战略价值需求正面临转变与调整的变革，生存型发展阶段形成的偏重物理性质的空间价值取向已逐步淡出职业教育发展空间，代之而来的是以人为本、布局均衡、和谐育人、全面构建、持续发展绿色生态型价值新取向，为空间战略价值做出新定位，从而推动"体系"空间新发展。二是创新思路，建设空间新生态。所谓创新空间思路，是一个相对于传统空间定势定位定式的概念，属于空间战略资源范畴，是指基于科学发展、体现创新精神、具有生态文明特质的思想和方法。进入新世纪，规模、数量和速度已不是主要矛盾，关键是"把转方式调结构放到更加重要位置"，推动空间发展方式从规模数量速度单一粗放增长型转向规模数量速度与质量效率生态协同和谐发展，形成绿色职教新理念、和谐生态新局面、创新发展新趋势。当前，"随着人类社会由工业时代步入信息时代，在教育领域，信息技术及其广泛应用正在引发人类历史上教育的第四次革命"❶。这是"互联网＋"与教育融合发展的必然趋势。"体系"空间战略生态构建必然跨越电化教育和数字教育阶段走向智慧教育未来，将借助于移动互联网、物联网、云计算、大数据等新一代信息技术和方法，创新发展空间生态。这不仅有助于以人为本生态观、价值观、出发点及落脚点得以落实，人与环境全面和谐共生协调持续发展的育人理念得到贯彻，适应社会经济发展、产教融合、中高衔接、多教融通、城乡统筹、终身一体、协同发展的教育空间生态体系得以建立，而且有益于"体系"空间战略融入国家空间绿色发展战略，成为改善生态环境和建设美丽中国的有生力量。

（二）实施生态工程，推进空间可持续发展

生态工程是生态学应用与发展的产物。绿色生态维系"体系"空间生

---

❶ 钟晓流，等. 第四次教育革命视域中的智慧教育生态构建［J］. 远程教育杂志，2015（4）：34－40.

命和发展大局。实施生态工程，就是依据生态规律和职业教育特点，运用系统优化的原理和方法，建设和谐生态体系，推进"体系"空间可持续发展，形成以生态促和谐促发展的战略新格局。

1. 合作共生，建设生态圈

在生态文明下，任何事物都不可独立存在，必须依赖其他生物或非生物环境才能生存发展，而且部分受整体制约且决定。"体系"构建在社会大生态圈中称得上是一个独特的教育系统，但与生存环境又保持千丝万缕的联系。因此，强调生态意义上的合作与共生，对建立友好型的空间生态环境和形成合理生态圈具有战略意义。一是加强纵向衔接，增强共生性。"体系"构建是由高、中、初多层梯次构成的教育体系，各层次互为依存，彼此促进，相互沟通，逐层推进，有机统一。在这体系中，中等职教是基础，高等职教是重点，各自分担不同阶段层次职教人才培养任务。但绝非孤立封闭的教育，阶段性层次性不过是人才培养成长历程中的一个接点，彼此保持着承上启下、沟通衔接的历史性和发展性。"体系"构建面临的一个重要任务，就是改变以往封闭孤立的办学模式，重构中高衔接的人才培养新模式，为加强人才培养系统性，不断提高教育教学质量，构建终身教育新体系奠定基础。二是加强横向联系，增强沟通性。首先，加强宏观调控，深化体制改革，促进空间优化升级。大力发展职业教育，政府的作用举足轻重。积极发挥政府的主导性作用，借助行政、经济和法律优势，加强对"多教"的统筹协调，理顺职业教育与普通高等教育、成人教育与继续教育的关系，突破教育体制封闭性瓶颈，消解人才培养制度性阻滞，填补在办学内容、层次上的断裂，合理地配置和共享教育教学资源，使"多教"合作共生，相辅相成，合力推进，更有效改善整体生态状态；其次，密切社会联系，调动有利因素，加强空间构建合力。"体系"构建不仅是举办者和办学者的责任，也是合作者和参与者的义务。这是一个多元组合共同分担的事业。任何有限的方式，都不利于"体系"空间构建与发展。必须从职业教育特殊性出发，与社会企事业和行业协会及家长学生等建立广泛的联系，营造教育友好合作的生态化环境和氛围。同时，还要开展广泛的交流与合作，包括与国外职业教育界的交流与合作，形成各在其位、各尽所能、和谐联动、优势互补、相互促进、共同发展的良好生态局面。

2. 均衡协调，优化生态体

均衡协调发展是生态文明的本质要求和显著标志，也是优化"体系"空间生态体（系统）必由之路。目前，我国经济发展还不平衡，总体呈现一种由东向西、由城市及农村逐步递减的状态。受其影响，职业教育东西部、城乡之间发展也不平衡。因此，不断加大教育空间布局和资源配置结构的调整力度，促进职业教育整体相对均衡发展，是"体系"空间战略的选择。一是重点支持，加快发展西部尤其是经济相对欠发达地区的职业教育。多年来，国家实施西部开发战略，是一项浩大的系统工程，覆盖12个省（市）自治区直辖市，旨在"建成一个经济繁荣、社会进步、生活安定、民族团结、山川秀美、人民富裕的新西部。"但振兴西部，关键是加快发展科技与教育，提高劳动者素质，才能实现跨越发展。职业教育是挺进西部振兴西部的排头兵和生力军，一方面按照"中央引导、地方为主、突出重点、协调发展"方针，加大国家财政投入，通过教育资源注入、重组和整合等途径，重点解决经费难、招生难、教学难等问题，加快推进职业教育发展，另一方面根据区域优势产业经济和特色经济发展需要，加强政府宏观调控和区域指导，集中力量办好现有各级各类职业院校，在中心城市应高标准、高起点建设和发展综合性高等职业教育，抓好"国家示范性高等职业院校建设计划"的实施，着力建设好示范性高职院校，从总体上不断改善和优化教育生态结构布局，推进职业教育区域性和全局性相对均衡发展；二是重点扶持，加快发展农（牧）村职业教育。关注农（牧）村职业教育发展，是从区域教育发展的实际和基于对农民工培训和劳动力转移开始的。新世纪初，国务院办公厅下发《2003—2010年全国农民工培训规划》，全面实施农村劳动力转移培训阳光工程。2014年，国家正式确定10月17日为国家扶贫日。目前，"携手消除贫困，实现共同发展"成为社会共识和国家意志。我国农（牧）村劳动力资源丰富，人口占总人口的70%以上，尚有数千万人口期待转移培训，道路依然曲折漫长。按预期，2020年我国农村贫困人口将全部脱贫，时间紧迫，任务繁重。开展教育扶贫，特别是职业教育，责任重大，任务艰巨。解决好"三农（牧）"问题，推进脱贫工程深入发展，关键是大力培养有文化、懂技术、会经营的新型农（牧）民，提高他们的综合素质、职业技能和就业创业实际能力。基于现代农业发展、建设社会主义新农村和培养造就移动新型农（牧）民，应从政策上积极扶持推进农（牧）村的职业教育发展。这方面，可借鉴美国大学的农业推广制度和建立乡村社区学院的经验，创办县（市）级社区职业技术学院，有条件地逐步向乡镇推进，尽早构建起具有中国特色的农（牧）村职业教育体系和网络，尽快缩小城乡差别，推进全面小康社会建设。

3. 错位竞争，强化生态位

生态位是生态学的核心理念，作为一种理论与方法已超越了生物学范畴，被广泛运用于其他领域，用来描述分析解说系统内与系统关系的时空位置与功能地位。从生态位看，错位竞争与互补促进是生态调节促进平衡有序发展的自然法则和规律，也是形成生态位的动力机制。教育活动不同于自然界，但也有相似甚至共同的生态规律及方式。一般而言，一种教育的存在与发展必有其自身特点和特殊价值，否则将失去与众不同又相互补充的生命意义。职业教育是一种独立存在与发展的"类"教育，推进错位竞争与互补促进，是强化生态位建设的必要之举。一是增强特色发展生态意识。世上没有完全相同的两片树叶，由此形成的差异也是客观存在的，但只要科学运用生态错位竞争的原理和方法，合理确定发展生态位，找准自己的比较优势，完全可以从被动走向主动，由劣势转为优势，走出一条属于自己独特发展的生态之路。职业教育是一个独特类型，不同于普通教育以科学与人文教育为主要内容，就本质特点而言，它是一种以就业为导向，以技术为本位，侧重于培养提高受教育者实践操作能力与分析解决实际问题能力以及就业创业能力的职业技术教育，同时坚持"以德为先"原则，除培养职业技术技能外，也重视职业道德、文化修养和心理素质等方面的教育培养。面向现代农业、现代制造业、现代服务业培养高素质技术技能人才是其生态位的显著标志。二是坚持独特鲜明办学定位。职业教育作为社会系统的重要组成部分，其发展模式受到一定社会经济产业文化技术人才等因素的制约和影响，应该毫不动摇地坚持特色化发展目标，形成突出的生态位办学特征。《中国共产党第十八届中央委员会第五次全体会议公报》提出了"构建产业新体系，加快建设制造强国，实施《中国制造2025》，实施工业强基工程，培育一批战略性产业，开展加快发展现代服务业行动"总体发展战略目标。"体系"空间战略应树立生态位意识，明确办学思路和定位，遵循比较优势的原则，坚持有所为、有所不为，走错位竞争的发展道路，在日趋激烈的竞争中占据有利优势地位，赢得属于自己的空间，力戒不分主次参与全面竞争，使专业结构布局和人才培养适应经济产业发展的新需求，形成可持续发展生态定位；三是构建独特人才培养模式。这是"体系"空间战略生态位建设的核心。当代科技发展、社会经济转型及其产业结构调整升级对技术技能人才需求总体呈多样化高级化发展趋势，学术研究型人才难找，而高新技术技能人才更难觅，中国制造呼唤"大国工匠"崛起。适应这一需要，国家将"实施国家技能型人才培养培训工程，加快生产、服务一线急需的技能型人才的培养，特别是现代制造业，现代服务业紧缺的高素质、高技能专门人才的培养"❶。"体系"空间战略应坚持人才培养定位，以现代职业教育理念为指导，坚持以服务为宗旨，以就业为导向，以能力为本位，加强校企、工学结合，走产学研协调发展的办学道路，深入进行教育教学内容和方法改革，加强实践教学，构建现代化综合性高技能型人才培养的新模式。在专业建设方面根据经济发展和产业结构调整升级的需求，适应现代职业岗位发展变化，不断加强学科专业建设，培育特色专业，提升优势专业，增设新兴专业，逐步形成优势突出的学科专业群。在人才培养方面应集中精力，培养社会适应性强，专业技能、综合实践及就业创业能力突出的生产、管理、服务一线的技术技能人才，强化自己生态位优势，走出自己的发展之路。

4. 和谐发展，提升生态力

和谐发展是生态文明的终极目标和归宿，也是"体系"空间战略提升生态力的基础和关键。"体系"空间战略生态是一个开放的体系，包括宏

---

❶ 《国务院关于大力发展职业教育的决定》[N]. 中国教育报，2005－11－10.

观中观微观的多层复杂因素与成分，唯有形成浑然一体的整体，才能最大可能整合释放全部能量，获得"1＋1≥2"的效能。一是在宏观上，加强"体系"空间战略与社会经济之间协调联系。增强适应性和互动性，优化信息、物质、能量交换过程，建立与政治、经济、文化、社会、生态等互联互动互通互补共生发展的生态平衡协调机制，营造良好外向型生态环境条件，为构筑生态力奠定基础。二是在中观上，加强"体系"空间战略系统组织要素之间的和谐发展。按照科学发展观要求，正确处理好改革、发展、稳定、安全等重大关系问题，深化体制改革，优化教育资源，创新人才培养模式，增强科技创新与社会服务，扩大合作交流，加强文化建设，促进全面协调发展，使"体系"空间战略系统与物质文明、精神文明、政治文明、社会文明、生态文明建设保持同步发展总趋势，实现物质与精神、科学与人文、学术与行政、教育与服务和谐发展，创造一个优化组合、良性互动、相互促进、协调发展、充满生机活力的空间生态格局。三是在微观上，和谐"体系"空间战略各层次的生态关系。协调好"体系"空间内不同利益群体之间的关系，各尽其能，各得其所，相互支持，和睦相处，使教学、科研、管理、服务整体和谐发展，使人与人与集体、人与物与自然友好相处，营造尊重知识、尊重人才、和睦相处、和衷共济的生态环境，形成全面、协调、友好、可持续发展"绿色"生态链，提升和谐共生的生态力，促进"体系"构建和职业教育可持续发展。

本章小结

空间战略是发展方向和行动纲领，具有全局性长期性系统性应对性特征。这是一个庞大复杂的体系，涉及"体系"构建的每个领域和种种关系。理论启示包括理念、思维与思路，历史演进反映内容、形式与方法变化轨迹，现实环境面临发展转型、创新驱动、能力建设和破解瓶颈的挑战和机遇，这是构建"体系"空间战略的三大基本依据，具有基础性意义；空间战略抉择是战略规划与建设的关键。其中，深刻分析影响因素是前提，要扬长避短、趋利避害、集聚优势和创新发展，使积极因素最大化。科学把握战略要点是根本，应突出"加快发展现代职业教育"与"建设中国特色职业教育体系"主体思想；全面构建体系框架是重点，需着力推进空间战略布局调整与优化，以及体系完善与升级；空间系统建构是战略主体。包括定位统领战略、特色竞争战略、体制创新战略、质量提升战略、国际交融战略、联盟合作战略、资源优化战略和统筹协调战略，以及结构体系系统化、制度体系科学化、教育体系一体化和环境体系生态化和"点线面层体"五维一体的空间战略构建模型，即一个中心、一条主线、两个翼面、三个层面、一大体系，共同支撑"体系"空间战略；空间战略路径设计是保障。立足国情，科学定位，打造特色是思路。强国定位，引领发展是目标。转变理念，转换方式、重塑科学化发展模式是改革方向。对接产业，推进产教融合，就业导向，深化教育改革，是发展重点。面向开放，统筹协调，均衡发展是有效路径方法。由此，建立科学有效的空间战略，促进"体系"可持续发展。

中国特色职业教育体系的发展主题

发展主题是时代趋势的体现，承载未来的希望，也是"体系"的本义。这是一个具有挑战性的战略命题，也是一个富有极度空间的发展机遇，必须做出科学的判断与决策，形成合乎趋势和实际的发展思路，方能保持与时俱进的共时性、改革发展的先进性和和谐健康的持续性。我们说，以发展为主题，就要坚持发展硬道理和主旋律不动摇，认真总结历史经验，理性把握发展潮流，科学确立发展思路，不断创新改革举措，这是推动发展的原动力。在此视域下，中国特色现代职业教育体系构建也不例外，发展是题中之义，必由之路。所谓"体系"发展主题，"是指当代中国职业教育在现实条件下必须面对和解决的关键问题"❶，关系大局，决定前程，是"体系"的命脉和未来。演绎这一命题，不是一个简单的问答，而是有一个认知方式方法问题。运用层次分析法（Analytic Hierarchy Process，简称 AHP），有助于揭示发展主题的内涵与结构系统。从研究对象看，它是以"中国特色职业教育体系"构建与发展为中心主题，突出了主要矛盾和基本问题，贯穿于理论与实践的全过程；从研究层次看，发展主题是一个三维架构的理论体系，即由"基本主题""理论主题"和"实

---

❶ 蒋萌，蒋旋新. 中国特色现代职业教育体系的发展主题 [J]. 教育与职业，2016（17）：10－14.

践主题"构成，其中"基本主题"即基本问题，是发展主题的中心思想和基本依据，统领"理论"与"实践"两大主题，构成理论的总体框架体系。

第一节　中国特色职业教育体系的基本主题

基本主题是"体系"建设与发展的客观依据、主体思路和实践定位，统领全局全程，关系到理论与实践的方向性和着力点。任何一种缺失或偏离，都不利于理性认识问题和解决问题。因此，把握和确立基本主题是"体系"建设与发展的关键，根本要从社会需求出发，立足自身实际，探索其原理意义、科学内涵和应用路径，在纷繁复杂的现象中发现和把握最具本质性的问题。这是形成"体系"基本主题的根本途径和方法。

一、中国特色职业教育体系基本主题原理意义

基本主题形成与发展，属于历史范畴，与社会历史进程和特定发展阶段密切相关，在不同历史条件下，具有不同的历史内涵，面临不同的历史选择和发展问题。当前，我国职业教育发展正处在重要的战略机遇期。"到2020年全面建成小康社会"，"产业迈向中高端水平"，"人民生活水平和质量普遍提高"，"国民素质和社会文明程度显著提高"。❶ 实现这一宏伟奋斗目标，职业教育肩负重大的历史使命，由此孕育产生发展的基本主题，形成历史新起点，体现时代新要求，提出发展新主题。

（一）中国特色职业教育体系基本主题的原理特征

中国职业教育当代发展60余年，从初创到逐步完善，走过了一段不寻常的道路，经历了一个漫长改造重建积累探索到改革开放系统构建可持续发展的量变到质变的过程。投射到基本主题层面上是历史孕育了"体系"并促进了建设与发展，呈现出历史发展规律性与职业教育特殊性协调发

---

❶　中国共产党第十八届中央委员会第五次全体会议公报［EB/OL］. http：//www. people. com. cn. 2015－11－02.

展、历时性与共时性辩证统一的原理特征。

1. 规律性与特殊性协调发展

社会经济发展规律性与职业教育特殊性协调发展是"体系"基本规律和主题。首先，规律性。它是社会历史发展的基本原则和法则，包括系统论、辩证法和发展论等。从教育看，就是指教育共性，如功能传道授业、内容科学人文、方式循序渐进与因材施教等。这些也都是"体系"构建必须遵循的"铁的必然性"，必须从规律出发，并自觉纳入轨道，确保按规律办事；其次，特殊性。它是一个个性化的概念。职业教育是一个独特的教育类型，不同于普通教育，不仅体现在教育理念上，强调与经济产业职业就业的密切关系，而且落实于办学体制与目标之上，贯穿于人才培养过程之中。以就业为导向，产教融合，工学结合，培养技术技能人才，就是对职业教育特殊性的诠释，也是这类教育本质意义和生命价值的体现；最后，协调性。这是将前两者有机整合引导互动的动力机制。没有协调，就没有规律性与特殊性发展。在知识经济与产业转型升级时期，在推进《中国制造2025》战略进程中，两者和谐互动是职业教育"类"属性和重要性得以最大限度放大，地位日趋提升，作用与日俱增的核心保障。在此条件下，社会经济发展与职业教育互联互动达到历史新高度，协调发展进入时代新境界，成为规律性与特殊性互动发展的润滑剂和关键点。

2. 历时性与共时性辩证统一

历时性与共时性是瑞士语言学家索绪尔（Ferdinand de Saussure）提出的命题，以此表述对系统研究两个不同方向的分野：一个是系统发展的历史性变化；另一个是特定时刻该系统内部各因素之间的关系。将这一理论与方法运用于"体系"基本主题研究语境，旨在阐释其历史形成的时空条件和特征。首先，历时性。所谓历时性，是指"体系"基本主题形成的历史进程和时代特征，反映了基本主题对历史内涵和使命的理解把握。如新中国成立初期，应国民经济改造恢复和工业化起步发展的历史需要，新生的当代职业教育以初中等技术和技工教育为主题，培养了一批实用管用的技术技能人才和劳动者（工人和农民）。改革开放新时期，在工业化、现代化和国际化浪潮推动下，当代职业教育以"大力发展职业教育""培养数以亿计的高素质劳动者和技术技能人才"为主题,不仅使职业教育迅速复苏,而且走向回暖,在规模数量和内涵形式等方面都取得了历史性进展;进入 21 世纪,我国职业教育发展进入了历史黄金时节。可持续发展和"建设中国特色职业教育体系"系统化建设成为时代的崭新主题,预示着中国职业教育春天的到来;其次,共时性。所谓共时性,是指在"体系"基本主题下形成的主客观关系与空间特征。客观上体现为与社会经济协调发展,主观上要求系统内各因素和环节统筹协同发展;最后,统一性。所谓统一性,是指"体系"基本主题历时性与共时性的辩证统一。在时间维度上充分体现历史发展必然性,在空间维度上充分彰显互动统一性。这是两者统一不变的定律和法则。

(二) 中国特色职业教育体系基本主题的现实意义

"建设中国特色职业教育体系",是历史的必然要求,也是"体系"构建的基本主题和所需解决的中心问题。因此,充分理解与把握其现实意义,对于提高基本主题的自觉性和执行力,具有重要的指导和促进作用。

1. 确立"体系"价值定位

将"体系"基本主题聚焦于价值定位,不仅因为是"体系"根本点、逻辑起点和理论研究切入点,而且具有立意、导向、构思、布局、保障的关键作用。它作为哲学范畴,是指自然与社会依存方式与利益关系在价值主体心理上的反映和判断,具有历史性、民族性、时代性和个性化特征,并决定其发展性质与趋势。纳入"体系"基本主题范畴,是指"体系"构建价值取向和行为准则,旨在解决建设怎样的和怎样建设"体系"的根本问题。它源自实践,又反作用于实践,贯穿于"体系"始终,具有主体性、倾向性和指导性的重要特征,堪称"体系"构建总纲。一是导向性。它是"体系"建设价值定位的核心,也是持续健康发展的保证。新中国成立以来,当代职业教育在不同历史阶段受多种因素影响形成不同的价值定位和发展模式。当下,"中国梦""五位一体"(政治、经济、社会、文化、生态文明)的发展战略为"体系"构建指引了方向。以此为价值定位,"体系"建设以科学发展观为指导,坚持"中国特色"发展方向和"世界水平"目标定位,通过加强系统化建设,促进可持续发展。二是规范性。这是"体系"构建与发展价值定位的关键。中国发展已进入"新常态",要求职业教育适应"新常态",加快转型,促进发展。目前,"体系"构建顶层设计基本就绪,关键是落实,根本是增强执行力。强调规范性,具有特殊意义,实质是从实际出发,增强法治意识,不断深化体制机制改革,加强制度建设和创新,加大综合治理,形成发展"新常态";三是保障性。是"体系"构建与发展价值定位的保证。职业教育是一个集公益、教育、服务等多元职能于一身的社会公共服务事业,具有结构多元化、功能多样化、对象全员化、教育特色化、服务终身化、时空国际化的本质特征,必须建立在一个现实发展的基础上。发展是硬道理,保障也是硬道理。因此,"体系"构建应不断加强物质、制度、技术、文化和环境等供给侧建设,提高保障力。

2. 奠定"体系"奋斗目标

"体系"基本主题具有定向性的功能作用,它的形成为职业教育中长期改革与发展奠定了目标方向。2014 年 6 月,教育部等六部门印发《现代职业教育体系建设规划 (2014—2020 年)》提出"到 2020 年,形成适应发展需求、产教深度融合、中职高职衔接、职业教育与普通教育相互沟通,体现终身教育理念,具有中国特色、世界水平的现代职业教育体系,建立人才培养立交桥,形成合理教育结构,推动现代教育体系基本建立、教育现代化基本实现"目标,全面阐述了"体系"内涵与外延,为基本主题奠定了目标方向。一是形成"具有中国特色、世界水平的现代职业教育体系"。根本是加强本土化建设,关键是促进国际化发展,核心是提高人才培养质量和发展水平。二是"建立人才培养立交桥"。如果说哲学解决的是人类智慧的话,那么职业教育本质意义在于为技术技能人才成长发展提供服务之道。因此,"体系"目标从根本而言,一方面通过加强职教人才培养制度衔接和完善,解决"断桥"与"破顶"问题,形成一体化人才培养体系,另一方面通过增强与普通教育和继续教育的沟通,构筑人才培养立交桥,保证人的自由全面发展,为推进教育终身化发展创造必要条件。三是"两基"目标实现。即建立现代教育体系和实现教育现代化。这是历史赋予基本主题的理想目标,"体系"大有作为又任重道远。

3. 明晰"体系"基本思路

"体系"建设与发展正处在历史发展的关键时期。"我国发展仍处于可以大有作为的重要战略机遇期，也面临诸多矛盾叠加、风险隐患增多的严峻挑战"，"十三五时期是全面建成小康社会决胜阶段"。"体系"构建应从世界背景、国情实际、社会需求和职业教育特点出发，必须善于在纷繁复杂的诸多问题中抓住具有统摄性和根本性的问题，结合基本主题，形成思路与对策。归纳起来，就是"一条主线两个基本点"。一是"一条主线"，即指"体系"构建。当前，社会转型加快，由此带来许多不确定的因素和动因，也创造了诸多发展机遇。步入"新常态"的职业教育开始新一轮改革发展旅程。关键是从新形势任务出发，立足主题，围绕中心，形成主线，有效推进"体系"构建。"一条主线"勾勒了"体系"构建主线，为加快发展，化危为机，理清了思路；二是"两个基本点"，即指"中国特色"和"世界水平"。这是两个基本点，没有中国特色，就没有中国职业教育，没有世界水平，也就没有中国职业教育现代化。坚持两个基本点，根本是"中国特色"，形成中国特点和民族风格，关键在于具有"世界水平"，建设现代化，确立国际地位。两者辩证统一，不可或缺，共同支撑中国职业教育未来。

二、中国特色职业教育体系基本主题科学内涵

基本主题在整个系统中处于元层面，具有基础性意义，是"体系"逻辑起点、历史依据和生命源头。因此，不但明确"是什么"，还应把握"有什么"科学内涵。因为在哲学本体论视域下，整体是由部分组成的，而且还制约影响整体性状。不仅关系"体系"方向、原则、道路根本性问题，而且决定内涵建设与模式选择，具有决定性意义。

（一）中国特色职业教育体系基本主题的核心要素

"体系"基本主题是一个多因素复合集成的有机体。从解析构成因素入手，深刻挖掘提炼归纳科学内涵，是从源头揭示基本主题的有效路径，是"体系"基本主题应有之义，是研究"体系"基本主题科学内涵的一个不可缺少的重要环节。概括起来，主要有四大核心因素。

1. 类型根本依据

人才培养的独特性与教育地位的不可替代性是职业教育生存发展独步教育成为类型的根本依据。就其内涵而言，主要包括主客观两大理由。一是社会发展需要。其一，经济产业发展需求。现代制造业是当代经济发展的主体。为打造制造业竞争力，我国提出《中国制造2025》战略规划，标志中国制造业将由资源与劳动密集型向资本与技术密集型转型的必然趋势。其中，高素质具有创新能力的技术技能人才成为战略转型的关键。推进知识经济发展，产业转型升级，发展先进制造业迫切需要加快人力资源建设，发展职业教育，大力培养技术技能人才和高素质劳动者。其二，完善国民教育体系需要。我国是教育大国，建立健全国民教育体系是兴国富民的根本需要。但长期以来，受历史多种因素影响，存在重普教轻职教、重学历轻培训、重阶段教育轻终身教育的弊端，以至造成职教的短板。新中国成立后特别是新时期以来，在政府积极政策推动激励下，职业教育取得了长足进步，但在完善国民教育体系主题下仍需加快发展，成为时代需要。其三，实现人自由全面发展诉求。"以人为本"是教育哲学的核心价值观。由此，我们确认"教育的核心应当是对人的确立，对社会实践的人本确认"。❶ 这是教育的基本主题，但问题的关键是在教育过程中如何持守人本性，促进社会与人的辩证统一，既不随波逐浪，也不顾此失彼。职业教育坚持"以人为本"理念，从社会需求和人的实际出发，以育人为根本，以服务为宗旨，以就业为导向，"努力让每个人都有人生出彩的机会"，回应了社会民众的需求，体现了教育为人的自由充分全面持续终身发展最终实现生命价值和幸福夙愿而躬身服务的信仰。在当前建设学习型社会与促进和谐社会建设条件下，人的终身学习与持续发展离不开职业教育的平台和支撑，"仅有一技之长而不具有持续学习的能力，终将会被社会淘汰"。二是教育类型互补需要。教育是一个多教协调互动发展的综合体。"类型是职业教育赖以生存的基础"。❷ 实质是因人才培养定位不同而

---

❶ 周震豪. 论"以人为本"的教育本体观 [J]. 教育研究, 2006 (8)：31 – 33.

❷ 姜大源. 构建现代职业教育体系需把握三个基本问题 [J]. 广州职业教育论坛, 2012 (1)：1 – 3.

导致功能分工各异的结果。职业教育是不同于普通教育的一种类型，旨在满足经济社会对高素质劳动者和技能型人才的需要，满足人民群众接受职业教育的需求，培养高素质技术技能人才和劳动者。而普通教育则以追求学科知识系统化见长，显然，两者是不同的教育类型。它们是各居其位，各有所长，各司其职，各有所为，但却又相互沟通，彼此互补，共同支撑和谐的教育空间。

2. 本土立足根基

国情特色与民族特点是特定教育得以茁壮成长的土壤和条件，也是"体系"基本主题的核心要素和深层底蕴。职业教育具有国际性背景，但离不开本土条件，"愈是民族的愈是世界的。"一是镀亮中国特色。中国特色不是简单的标签，而是一个科学概念，是"体系"基本主题的根基。关键是理解把握中国国情，立足现实中国，这是解决"体系"一切问题的根据。从纵向看，最基本的问题是搞清楚社会性质和发展阶段，目前我国社会主义发展仍处在初级阶段。这是"体系"基本主题的基本点和立足点，发展是当前中国职业教育的基本任务和中心工作，其中，纵向空间的提升和开拓是大趋势。从横向看，21世纪是世界职业教育国际化与区域化发展新时期。世界各国职业教育之间的对话与借鉴、区域职业教育发展一体化、职业教育资源全球互动等构成了当今全球职业教育发展的新态势，如何合理处理好国际化、区域化和本土化关系成为新世纪职业教育改革发展的热点话语和"体系"的基本主题。二是体现民族特点。民族特点是教育包括职业教育的基因，应扎根在"体系"基本主题之中，并落实于实践之上。在当今经济全球化和教育国际化背景下，不同文化并存与冲突是不可避免的，因此，坚持教育民族性是保持教育本色的重要战略，是"体系"的基本主题，关键是走"和而不同""错位竞争""共存共生"和"创新发展"的道路，将民族历史积淀和时代创新成果融入职业教育政策、制度、治理、教育教学内容方法和文化环境建设之中，形成具有中国气派和民族风格的职业教育体系。这是"体系"构建的根本。

3. 现代发展品质

一般而言，现代（modern）属于时间范畴，是一个时间的分段概念，相对于古代而言。意思是指目前、现在、当前和今天。这里论述的"现代品质"是一个空间概念，有着更广泛的内涵和外延，体现一种存在性质与发展状态。运用于"体系"基本主题，是指当前与今后一个时期我国职业教育发展所要达到的一种量级水平与预期过程。对此可以从两个方面来理解。一是静态定格中"现代性"。这是"体系"基本主题的本质追求目标。与传统职业教育既联系又区别，更加突出时代性和发展性。关键是突破传统，赋予新意，加快现代化建设进程，将"现代性"渗透到"体系"各个方面，使"结构规模更加合理""院校布局和专业设置更加适应经济社会需求""职业院校办学水平普遍提高"和"发展环境更加优化"。❶ 二是动态趋势下"现代化"。这是一个历史过程。中国职业教育现代化最早启蒙于清末洋务运动时期，是兴起的实业教育拉开了早期现代化序幕，但因历史复杂原因，走过了一段漫长曲折的历程。新中国成立后特别是改革开放新时期，中国当代职业教育开启了现代化建设与发展的新纪元。在以知识资本和创新能力为核心竞争力的知识经济时代，中国现代化建设更需要教育现代化的推动和支撑。加快"体系"构建，就成为当下中国现代化建设和中华民族伟大复兴的必然选择与战略需要。但梦想实现，是一个系统构建和由量变到质变的历史过程。到 2020 年，"体系"构建将进入收官之年，届时具有中国特色世界水平的现代职业教育体系基本建成，将标志一个具有现代品质的新型职业教育体系落成，也预示繁荣发展春天的到来。

4. 体系构建格局

体系格局是一个空间概念，也是基本主题的重要内容，具有整体性、结构性、开放性的特征。运用系统论理论和方法是认识这一问题的关键。把握了这一点，理解体系格局的内涵与特征也就有了基础。体系具有普遍意义，世上万事万物生成发展都具有相对独立体系，离不开系统构建，职业教育也不例外。因此，有无体系格局，就成为衡量职业教育体系发展水平质量的重要尺度，也成为眼下"体系"构建的重要目标和任务。一是整体性。职业教育是多要素共生和谐发展的统一体，是一个具有自身逻辑发

---

❶ 国务院关于加快发展现代职业教育的决定［N］. 光明日报，2014－06－23.

展脉络和内外组织形态的有机系统。整体性是这一内在本质规律的反映，体现了体系格局的形态特征。二是结构性。结构问题一直是职业教育理论与实践的基本主题，关系体系格局的总体框架和内涵特征。其中，本体研究（是什么）是基础，包括体系性质、规律特征、功能作用和战略地位；理论探索（做什么）是关键，包括体系目标、任务、原则、思路、内涵、层次、制度、资源和环境；实践路径（怎样做）是根本，包括战略、路径、措施和方法。彼此独立，相互照应，互为支撑，协同发展，合纵连横，从而形成完整的体系结构。三是开放性。职业教育是一个不断更新发展的体系，开放性是体系格局的重要特征和保障条件。特点是要素的灵活性，实质是不断吸收时代涌现的新信息和世界职业教育的新经验新成果，为推动创新发展提供不竭动力。

（二）中国特色职业教育体系基本主题的精神实质

基本主题是职业教育发展和"体系"构建的核心要素，具有深刻的影响力。究其原因，它主要来自内在动因，即精神实质，包括问题本源性、方向制导性、职能定力性、规范保障性和创新超越性。

1. 问题导向

矛盾论是唯物辩证法的理论基石和基本法则，也是推动职业教育发展和"体系"构建的根本动力。因此，从辩证法角度看待"体系"基本主题的精神实质，以问题为导向，本身就是回归事物的起点，有助于发现与解决存在的实际问题。所谓问题导向性，就是指"体系"从基本问题出发，以此为现实根据和根本，发现解决职业教育发展面临的主要矛盾和突出问题，如观念滞后、供给侧失衡、效率偏低和投入不足等。坚持问题导向性，就是从实际出发，探索发现解决问题的有效途径和方法。这不仅有助于夯实基本主题的现实基础，而且也有益于针对性地破解问题，使基本主题释放更大的效能，真正使"体系"构建成为"有源之水""有本之木"和"有的放矢"之民心工程。

2. 方向引领

方向引领是"体系"基本主题的一项关键功能，体现于对社会经济需求和产业发展变化的认知把握。21世纪中国职业教育进入了发展的黄金时期，但也面临社会经济转型和产业调整升级的新情势和新挑战。当前，我国社会经济发展进入"新常态"，发展要有新思路、改革要有新举措、创新要有新思维、推进要有新动力、开放要有新局面。职业教育适应、服务和促进"新常态"，就是要更加注重供给侧提升，促进结构优化、内涵发展、质量提升、终身构建、持续发展，建设中国特色现代职业教育体系，打造强国职业教育优势和特点。这是当今职业教育发展和"体系"构建的基本主题和方向。

3. 职能独特

职能独特性是职业教育以不变应万变的根本所在，是客观存在，也是"体系"基本主题的立足点和支撑点。因为职业教育，归根到底，是以人为本，服务社会经济，为社会经济发展培养高素质技术技能人才和劳动者，促进可持续发展。这是社会赋予职业教育的独特职能。任何时候都不能离开这一基本原则和根本定力，否则，将会失去存在依据和发展空间。因此，坚持职能定力性，是"体系"基本主题生命力的关键。横向上要处理好职业教育与普通教育和继续教育的关系，形成既独立又联系、彼此依存、相互沟通，取长补短、协同发展、合作共赢的格局。纵向上要与时俱进，适应知识经济和互联网时代，不断深化改革，创新人才培养模式，增强服务主动性和创造性。这是职业教育职能定力辩证法。

4. 规范保障

规范是狭义概念，即指"体系"导向下的制度与行为规定和准则总和，包括体制机制、职业道德、教育教学、科研服务、交流合作等。保障性是规范本质属性和价值导向所产生的制约保证的综合效应，对于职业教育走向科学发展具有重要意义。规范出于实践，为实践服务，是"体系"基本主题的重要内容和改革重点。如基于职业教育发展需要，2010 年，国务院颁发了《关于开展国家教育体制改革试点的通知》，由此全面拉开了教育体制改革大幕，同时在教育部指导下，职业教育随即也开始了体制改革试点。实践证明，发展离不开规范，是优化供给侧、提升质量水平、促进可持续发展的可靠保证。因此，规范作为一项基本保障性建设，就成为职业教育发展和"体系"构建不可或缺的关键环节。既涉及制度、道德、业务和环境等领域，又关乎它们之间的关系。因此，科学合理有效地处理好彼此联系，形成既有区别又有密切合作的规范体系，是"体系"构建与职业教育发展的重要保障。

5. 创新超越

创新是一种对历史的超越，是发展的不竭动力。"体系"构建需要在已有基础上创新发展，纵向上对传统超越，横向上为世界职业教育提供新经验和新范式。关键是要正确处理好继承与创新的辩证关系。首先，继承与弘扬职业教育优良传统。在漫长的历史进程中，中国职业教育积累了丰富经验和优良传统，如崇尚技术，注重实践，服务人生，奉献社会等。所有这些为当代职业教育发展和"体系"基本主题奠定了科学与人文精神，成为职业教育核心价值观活的灵魂；其次，创新与重构中国特色现代职业教育体系。在历史长河中，古今中外职业教育积累的丰富经验和优秀成果都是"体系"基本主题的弥足珍贵财富，但不可照抄照搬，否则将失去其本真意义。关键是结合时代特点和现实需要，追踪前沿，挖掘潜质，赋予新意，使传统获得新生，使"体系"构建在新旧更新转化重塑中得到启示，探寻到新方向、新道路、新动力和新方法。

三、中国特色职业教育体系基本主题的应用思路

实践是检验真理的唯一标准。理论生命在于应用，并经受实践的有效验证。联系到"体系"构建，全部理论是为了应用，付诸实践。这是"体系"基本主题的归宿，也是落实于根本的必由之路。

（一）践行科学核心理念

科学化发展是"体系"基本主题的核心理念。不仅是社会协调持续发展的要求，也是当代职业教育进入自觉自新自强发展新阶段的追求。世界历史证明，凡单向线性的价值导向和发展观，只会导向行动的极限，并带来风险后果。因此，确立科学化发展观，是"体系"应有之义和指导思想。首先，坚持以人为本的核心价值观。"人"是职业教育发展和"体系"构建的主体，既是"人为"，也是"为人"。因此，充分发挥人的主观能动性，是科学化发展核心价值观的集中体现，实质是培养高素质劳动者和技

术技能人才。这始终是"体系"的基本主题和根本任务，应摆在一切的中心地位；其次，坚持融通协调可持续发展观。当前，我国经济发展进入"新常态"，伴随而至的新战略、新产业、新业态、新模式层出不穷，如《中国制造 2025》横空出世，"互联网＋"、大众创业、万众创新高歌猛进，职业教育迎来了改革发展的好时机。关键要树立"创新、协调、绿色、开放、共享的发展理念"●。正确处理好职业教育发展与市场需求、与政府和行业企业协调以及规模与质量与效益、科技与人文与自然、教学与科研与管理、就业与升学与创业、教育与培训与服务等关系，形成科学发展长效机制，为可持续发展奠定基础。

（二）确立系统构建思路

系统化构建是"体系"基本主题的重要思维主线。在系统论视域下，"体系"构建是一个相对完整的系统工程，内外所有构件与要素（包括物理层和非物理层的）均按照职业教育规律和特点有序组合，既独立又联系，辩证统一，形成一个相对完整的结构整体。首先。内在系统和谐。这是"体系"内涵建设的根本，包括理论、制度、教学、科研、管理、服务、交流、资源、环境等。关键是加强内含各要素和环节（子系统）关系和谐，形成一体化格局；其次，外部系统协调。这是"体系"外延建设的关键。职业教育与外部环境（经济、政治、文化、社会、生态等）有着广泛密切的联系，彼此进行着能量互动和交换，形成相互适应、依存和促进关系。因此，应从建立和谐生态高度不断增强相互的协调性和均衡性，优化外部环境。其中，政策完善是根本，预期协调是基础，法治建设是保障。重点是加强政策扶持、制度保障、社会合作、资金投入和城乡统筹，力戒狭隘弊端，倡导全局意识，着力提高社会责任感，促进"体系"系统化建设。

（三）坚持中国发展道路

所谓中国化，是指从中国实际和本土职业教育特点出发，结合时代特

● 中国共产党第十八届中央委员会第五次全体会议公报［EB/OL］. http：//www. people. com. cn. 2015－11－02.

征和世界经验，创造性地建设具有中国特色世界水平现代职业教育体系。这是"体系"基本主题转化为现实图景的必由之路。坚持这条道路，就是坚持实事求是路线和走自主创新道路。首先，坚持实事求是路线。这是基本要点，实质是不脱离社会主义初级阶段的国情实际，不偏离"中国梦"国家富强、民族振兴、人民幸福主题，不迷失"以立德树人为根本，以服务发展为宗旨，以促进就业为导向"方向，同时也不缺乏脚踏实地的作风和直面挑战的勇气。重点是面向与破解现存的主要矛盾和突出问题，如调整供给侧（需求与供给）和提升人才培养质量等；其次，走自主创新道路。中国化是"体系"建设的根本方向，走自主创新之路是发展的根本途径和保证。职业教育不仅属于中国，也属于世界。未来职业教育只有在全人类智慧和创造基础上不断推进国际化发展，才能实现"中国特色世界水平"梦想。但前提还在于首先把自己事情做好，走自主创新发展之路。这是中国职业教育走向世界的根本通途。

（四）推进国际竞争战略

教育国际化发展与竞争是经济全球化的结果。顺应大势，坚持国际化竞争战略是我国职业教育应对日益加剧的竞争挑战的重要理念和理性抉择。首先，提升参与国际竞争的能力和水平。改革开放标志我国当代职业教育开始举步进入国际交流与合作新阶段，有力推动了国际化发展进程，但参与竞争的能力还亟待提高，水平也得进一步提升。在理论上要建立具有中国特色职业教育体系，在实践上要走出培养高素质具有创新能力的技术技能人才的独特新路，包括理论创新、制度创新和人才培养模式创新等；其次，深度参与国际交流与合作。这是一个广阔空间，跨界交流与合作是教育国际化的重要特征。虽然目前这方面已迈出较大步伐，取得了重要成果，积累了一定经验，大有"遍地开花"之势，但总体而言，对外交流与合作空间无论宽度、深度与高度都还需进一步拓展、加强和提升。"必须顺应我国经济深度融入世界经济的趋势，奉行互利共赢的开放战略"，坚持"引进来与走出去并重，引资和引技引智并举"，在更多领域更高层次参与全球职业教育互动交流合作，构建日益广泛的利益共同体。唯此，中国职业教育才能真正走出国门，在世界竞争舞台上展演职教"中国梦"。

第二节 中国特色职业教育体系的理论主题

21 世纪，"体系"建设与发展进入了理性自觉时代，不能没有理论的支持和引导。何为"体系"理论主题？这是一个基于实践、需要创新的思维过程和理论成果，理念性、现实性、实践性和体系性是基本特征，是整个体系的一个重要组成部分，包括观念、范畴、原理、主题，内容与结构等，对于"体系"构建具有指导意义和深刻影响。对此，2010 年《国家中长期教育改革和发展规划纲要（2010—2020）》明确提出"到 2020 年，形成适应经济发展方式转变和产业结构调整要求、体现终身教育理念、中等和高等职业教育协调发展的现代职业教育体系"，2014 年《关于加快发展现代职业教育的决定》明确要求"到 2020 年，形成适应发展需求、产教深度融合、中职高职衔接、职业教育与普通教育相互沟通，体现终身教育理念，具有中国特色、世界水平的现代职业教育体系"。这是对"体系"理论主题的凝练与诠释，为"体系"构建提供新概念、新视野和新途径，成为业内与学界的共同话语和新热点，呈现出多样、系统、持续发展的趋势。因此，深入探讨"体系"理论主题内涵与外延及其应用思路与途径方法具有重要理论与实践意义。

一、中国特色职业教育体系理论主题的学理根基

所谓"体系"理论主题的学理根基，是一个理论概念，属于学科范畴，是指"体系"主题理论构建的基本原理和方法的总称，包括理论主题的立论依据、本质特征、历史演化、逻辑结构和内涵体系。核心是学理依据，重点是理论体系的构建。

（一）理论主题立论依据

历史表明，任何一种理论都是历史的发展，也必须建立在特定的社会基础之上。这是立论的依据。从这一意义而言，历史是理论主题积淀，时

代发展是基础,"在我国职业教育发展进程中具有重要的里程碑意义"❶。

1. 时代背景

时代背景是指"体系"理论主题立论的客观环境和依存条件。一般而言,事物的发展与其依存的背景是不可分离的。改革开放特别是21世纪以来,"体系"构建进入全新的发展阶段。一是社会经济发展为其奠基。改革开放以来,我国社会主义现代化建设与综合发展进入了历史新阶段。"十二五"时期,"我国经济总量稳居世界第二位","一批重大科技成果达到世界先进水平","公共服务体系基本建立","国家文化软实力不断增强","我国经济实力、科技实力、国防实力、国际影响力又上了一个大台阶"。❷"十三五"时期,构筑"中国梦",全面建成小康社会,进入关键决胜阶段。"不断开拓发展新境界","如期实现全面建成小康社会奋斗目标","培育发展新动力,优化劳动力、资本、土地、技术、管理等要素配置,激发创新创业活力,推动大众创业、万众创新,释放新需求,创造新供给,推动新技术、新产业、新业态蓬勃发展",离不开人力资源基础,特别是要培养高素质技术技能人才,需要职业教育支撑;二是"新常态"改革为其导航。"新常态"是历史新发展,也是社会新变革。"体系"建设进入历史发展新阶段。转变观念,转化方式,创新模式,是发展主线,为"体系"建设提供了理论与实践指导。在理念上树立"创新、协调、绿色、开放、共享"五大新意识,在发展方式上重塑创新驱动质量提升协调发展新模式,在改革目标上确立全面深化新目标,加快理念创新、模式转型和发展提升,推动"体系"构建。

2. 历史渊源

历史渊源是指"体系"构建的历史传承与基础。这是"体系"理论主题形成的历史基础。"寻根"历史传统,是深化对"体系"传统认识的需要。一是关注社稷民生的初心。社会分工和劳动分业是职业教育形成基

---

❶ 马树超,郭文富. 新时期构建现代职业教育体系的基本思考 [J]. 职教论坛,2015 (28):31-34.

❷ 中共中央关于制定国民经济和社会发展第十三个五年规划的建议 [EB/OL]. www. cpc-news. cn. 2015-11-03.

础。古代职业教育经历了漫长的萌芽成长时期，从原始社会农牧劳动生活技能"口传身教"，到奴隶社会家传艺徒制，再到封建社会时期逐步出现各类专科学校，尽管伴随社会变革，进入阶级社会以后，政治意识日渐支配教育发展，但维系社稷民生的初心犹如历史长河始终贯穿其中。这一悠悠深刻的历史传承虽然长期处于集体无意识，而且也不能等同于现当代职业教育为人生民生社会服务的自觉，但在职业教育文化惯性制导下仍为后来职业教育发展奠定了重要的人文精神。二是崇尚技术教育的历史传承。与社稷民生血脉相连的技术教育是职业教育立足点和根本点，也是与生俱有的生命基因。中国古代曾有过辉煌的科学与文明历史。早在极端低下生产力条件下，尚处于萌生状态的职业教育就开始展露劳动生活能力相传延续的功能，并随着历史进步不断得到延伸和升华。在这个过程中，职业教育崇尚技术教育的优势和特征与时俱增，不但发挥教育传道、授业、解惑和育人的根本功能作用，而且在传承日积月累的科技知识和创造新技术新工艺新工具直接推动生产力发展方面发挥了不可替代的作用。这一历史传承至今依然保持着生命活力和强劲动力。三是重视制度建设的历史传统。以制度建设为抓手，推动职业教育发展是我国职业教育自古具有的历史传统。突出表现在不同的历史时期在不同程度上都重视职业教育社会经济作用，并借用国家力量推动职业教育发展，形成了一系列治理制度，如"设官教民"制度等，推进了教育制度化进程，如"官学体制"设立等，尽管是碎片性的未形成完整体系，但为职业教育制度建设提供了有益的启示，推动了历史发展。

3. 现实根基

现实发展是"体系"理论主题的基础，理论主题必须为现实服务，成为社会发展推动力。一是政策保证。为了推进职业教育发展，改革开放新时期以来，国家不断加强顶层设计，先后出台了一系列重要政策文献，如《国家中长期教育改革和发展规划纲要（2010—2020年)》和《现代职业教育体系建设规划（2014—2020年)》等，为"体系"构建提供了根本保证。二是产业基础。产业基础是一个系统概念，包括三次产业结构、类型（劳动密集型、资金密集型、技术密集型和知识密集型）和功能（主导产业与辅助）结构，是社会经济发展基础，也为职业教育发展创造了重要的客观条件。未来五年，我国"经济保持中高速增长"，"产业迈向中高端水平，先进制造业加快发展，新产业新业态不断成长，服务业比重进一步上升，消费对经济增长贡献明显加大"❶。在新一轮发展中，人力资源是决定因素，对产业具有关键性影响。据有关统计，2015 年，中等和高等职业教育在校生数分别达到 2250 万人和 1390 万人，到"十三五"末分别再增长约100 万人。因此，培养现实产业需要的各级各类高素质劳动者和技术技能人才，将是职业教育理论主题的现实内容和中心任务。三是体制保障。职业教育作为一种特殊而又较为复杂的社会活动，离不开开放的体制保障。这是一个集政府、行业企业、学校机构、消费群体有机结合互动发展的综合体。其中政府是举办者，行业企业是参与者，学校机构是办学者，消费群体是接受者。这些社会组织和群体有效合作程度，决定着教育投入、改革、发展、管理的力度。只有形成科学合理高效的办学体制，才能使职业教育发展有动力，改革有保证，创新有支撑，服务有保障。这是"体系"理论主题的关键。

（二）理论主题逻辑框架

理论主题逻辑框架，是一种在现实中生成的事实，是"抽象的规定在思维行程中导致具体的再现"❷。因此，必须遵循规律，尊重事实，从实际出发，并始终作为一个法则（事实）贯穿在"体系"构建一切思维活动和理论主题之中。这是"体系"顶层设计，理顺关系，推动科学发展的必然逻辑。

1. 需求起点

社会需求是职业教育发展动因、定力和逻辑起点。它所涉及的论证是为何与怎样构建的基本问题，根本是面向社会需求，针对职业教育供给侧（供需结构）现状，深化改革，不断改善与社会经济及市场的关系，增强适应性、协调性和供给性。一是确立需求导向。从发生学角度看，职业教

---

❶ 中共中央关于制定国民经济和社会发展第十三个五年规划的建议［EB/OL］. www. cpc-news. cn. 2015 – 11 – 03.

❷ 马克思恩格斯文集（第 8 卷）［C］. 北京：人民出版社，2009.

育是社会需求的产物，并随其变化而变化，发展而发展。从原始社会职业教育孕育萌芽到当代职业教育快速发展，历史证明，需求是职业教育生命源泉，也是发展动力。社会分工精细化、经济产业高新化与教育终身化发展在不断推动职业教育持续发展。这是职业教育发展的基础与根本，也是理论主题必须与时俱进、坚持的客观导向。二是调优供给关系。供给侧改革，是经济领域的术语，运用于"体系"理论主题语境，实质就是解决供需关系协调问题，促进可持续发展。供需是一个互动关系和过程，社会经济与产业发展，不能没有职业教育参与，否则，就会有失全面协调，缺乏合力支撑。同样，没有社会经济与产业做依托，职业教育发展也就从根本上失去了物质基础和动力来源。因此，和谐关系，是促进共同发展，形成双赢局面的关键。对于"体系"理论建设而言，必须坚持以需求为导向，正确处理好政府与市场、教育与经济、专业与产业、教学与企业的关系，努力实现社会价值与经济价值和谐统一。这是"体系"理论主题的基础。

2. 理论支点

构建什么与怎样构建，是"体系"理论主题的逻辑主线和理论支点。真理赋予理论信仰，力量来自理论逻辑。改革开放新时期以来，伴随社会经济发展，加快职业教育发展成为日益突出主题。我国政府决策部门和学术理论界都予以了极大热情，从顶层设计、理论研究到改革试点，形成了一个全面系统的逻辑框架体系。一是理论逻辑发展。爱因斯坦有一句名言："理论决定你观察到什么。"1985 年中共中央在《关于教育体制改革的决定》中首次提出要"逐步建立起一个从初级到高级、行业配套、结构合理又能与普通教育相互沟通的职业技术教育体系"，为"体系"理论逻辑确立做出了铺垫，成为其起点。2002 年国务院颁布《关于大力推进职业教育改革与发展的决定》第一次明确提出了"力争在'十五'期间初步建立起适应社会主义市场经济体制，与市场需求和劳动就业紧密结合，结构合理、灵活开放、特色鲜明、自主发展的现代职业教育体系"。这不仅进一步明确了体系内涵，而且为"体系"理论主题完善奠定了逻辑基础。2010 年《国家中长期教育改革和发展规划纲要（2010—2020 年）》颁布，进一步提出"到 2020 年，形成适应发展方式转变和经济结构调整要求、体现终身教育理念、中等和高等职业教育协调发展的现代职业教育体系，"又一次丰富了体系内涵，标志"体系"理论进入了历史的自觉阶段，阐释内涵与探讨路径成为职教理论界的主流话语和发展主线。2014 年《关于加快发展现代职业教育的决定》颁发，提出"到 2020 年，形成适应发展需求、产教深度融合、中职高职衔接、职业教育与普通教育相互沟通，体现终身教育理念，具有中国特色、世界水平的现代职业教育体系"，成为"体系"理论主题升级版，标志"体系"理论主题完形和顶层设计的基本完成。二是理论逻辑实践。在理论逻辑视野下，理论价值在于应用，发展动力来自实践。"体系"理论主题从准备、初创到形成整个过程始终贯穿实践主线，从这一意义而言，理论逻辑形成就是实践过程。2014 年，教育部等六部门印发《现代职业教育体系建设规划（2014—2020 年)》实施，标志了"体系"构建全面展开，进入"新常态"。围绕规划的重点领域和工作重点，珠三角、长三角和渤海湾京津冀等地区各项试点紧锣密鼓推进，如北京、江苏学制体制改革，广东、四川现代学徒制探索，上海终身教育体系构建，河南、广西的办学体制改革，贵州法制体系建设等，所提供的新经验和新成果，逐步使理论主题转化为现实成果，有力推动了"体系"构建不断走向深化。

3. 系统支点

从系统论角度，探究"体系"构建问题，是理论主题的大逻辑。要义是整体谋划，系统构建，分步实施，突出重点，狠抓关键，兼顾全面，形成合力。一是立足战略，整体谋划。"体系"构建是一项国家重大战略，必须提高到全局高度，以整体视野，进行全面系统整体规划，形成逻辑框架。二是分步实施，系统构建。"体系"构建是一个系统工程，必须按照系统化逻辑构建"体系"，同时采取循序渐进与分阶段推进的方法，将各项工作落到实处。三是突出重点，狠抓关键。"体系"构建是一项具有挑战性的复杂艰巨工作，必须从实际、特点和问题出发，抓重点，抓关键，破难点，解决面临的重点问题和突出矛盾，不断提高工作的针对性有效性。这是逻辑的落脚点；四是统筹兼顾，形成合力。统筹兼顾是"体系"理论主题一个重要内容，也是形成逻辑框架的重要方法。宏观层面要处理好与社会经济发展的关系，中观层面要解决与多教协调发展构建终身化教育大体系的问题，微观层面要加强自身各部分要素的和谐统一，形成一体化格局。这是"体系"构建的逻辑要求。

二、中国特色职业教育体系理论主题的特色呈现

理论在宏观层面具有跨界融通的普遍意义，但在微观层面也有空间"边界"的问题，这是理论辩证法。"体系"理论主题属于微观概念，具有特定的空间"边界"范围。所谓理论主题特色，是狭义概念，是指职业教育理论主题在当代中国具体实践形成的独具特色，主要体现在理论特色性，历史阶段性，教育宗旨性，后发内生性方面。

（一）体系特色性

体系特色性是"体系"理论主题的特质映像，体现了个性化特征，是职业教育理论与实践的精髓，彰显鲜明的风格。相比而言，国外职业教育对特色理论研究相对较少，更多关注"中国模式"构建与发展。中国职业教育扎根于本土，孕育于民族腹内，带有天然寄宿空间基因，形成与众不同的特色。一是时代性。任何理论都是时代的产物，都带有时代印记，与我国特定时期社会发展目标保持一致性是"体系"理论主题最鲜明的特征。未来五年，是为确保如期全面建成小康社会，为实现第二个百年奋斗目标、实现中华民族伟大复兴的中国梦而决胜的关键时期。"体系"构建一路同行，将此根本目标任务置于最高的地位，落实在构建的全过程。二是继承性。从"体系"理论主题形成与发展角度看，历史继承性是"体系"理论主题的重要特质，须始终保持与民族历史经济文化教育传统密切联系，并不断丰富发展，形成中国特色和民族风格。三是创新性。与时俱进是"体系"理论主题的品质，也是发展创新的内在要求和重要途径。"体系"理论主题不仅要符合科学规律性，而且要满足现实发展时代性，在实践中不断创新发展。四是实践性。马克思指出："人的思维是否具有客观真理性，这并不是一个理论问题，而是一个实践的问题。"❶ 实践是检

---

❶ 《马克思恩格斯选集》第 1 卷 ［M］. 北京：人民出版社，1995：146.

验真理的唯一标准。只有从中国实际与实践出发，解决职业教育发展中的根本性问题，才能成为科学理论体系。这是"体系"理论主题形成的哲学基础，也是21世纪中国职业教育发展的根本要求，否则，必然是空洞、虚无和无效的。因此，"体系"理论主题只有坚持实践标准，以解决全局性、战略性、长远性实际问题为主题和主线，才能成功进行实践，完成"体系"构建目标任务，不断推进中国特色现代职业教育的持续发展。

（二）历史阶段性

历史阶段性是空间定位概念，对建设什么样的和怎样构建"体系"，具有重要理论与实践意义。一是历史阶段性。初级阶段是中国最大的国情实际和发展特点，要求必须从这一实际出发，努力探索发展规律性，既不盲目激进，也不固步守旧。对于"体系"理论主题而言，坚持初级阶段历史定位，是理论前提、立论基础和发展依据，是坚持实事求是思想路线的重大体现。因为只有从这一历史空间定位出发，才能认清发展基础的薄弱性，明确改革发展的必要性，合乎逻辑地推进"体系"构建与科学发展。二是时代跨越性。这是一个由量变到质变的过程，是社会发展嬗变的规律。作为一种发展规律和原理它与发展阶段性和持续性并不矛盾，从本质看都属于社会发展规律范畴，从关系看彼此联系相互包容支撑推动发展。社会发展是如此，如中国曾从一个半封建半殖民地社会跃入社会主义社会，目前具有发展中大国综合优势，但还将长期处在社会主义初级阶段。这是"体系"构建基本点。但在特定的环境条件下，在外因催发和内因释放互动中，职业教育发展也会迸发崛起跨越发展之势。改革开放特别是21世纪以来，我国职业教育加快发展，由生存型向发展型转型已是不争之事实。据有关统计，2013年全国高职院校总数已有1266所，千余所高职院校在较短时间内蓬勃崛起就是最好证明。三是发展持续性。这是科学发展观着眼点和落脚点。落实在"体系"理论主题上，即是在发展理念上需重构质量为本新思维，在发展方式上要加强内涵式新发展，以促进人自由全面发展为根本，以提升自我发展与服务能力为目标，以创新驱动为动力，进入发展"新常态"，在评估模式上构建全面考核新体系，克服重物轻人、重量轻质、重眼前轻长远的弊端，适应目前我国经济"调结构、转方式、促升级"新要求，促进职教的可持续发展。

（三）宗旨方向性

宗旨是教育方向的本质，是教育的根本问题，关系办学方向道路，决定人才培养目标规格。但长期以来，与此密切相关的教育性质与功能基本问题一直纠结困惑教育理论与实践。追问教育究竟是什么？成为一个长线的课题和难题，对此，历代教育家和学者从不同价值信仰出发做出了各种解说，如教育"人本论""工具论"与"功利论"等交织对话，讨论不绝于耳，始终未能形成统一认识。相对而言，《中国大百科全书教育卷》具有一定代表性，它指出"教育是培养人的一种社会活动，它同社会的发展、人的发展有着密切的联系"。阐明了培养人是教育的根本，社会实践性是实质，多元复合功能是特征，总体是一个辩证统一体。因此，从教育哲学角度强调教育人本性，从政治学角度强调工具性，从社会学角度主张功利性，都具合理性，反映了社会一方对教育需求，但也不尽全面，因为教育价值毕竟不只是为了"制器"，也不只是出于狭义的"功利"，而是通过人才培养促进社会与人的全面发展。这是理解"体系"理论主题教育方向性基本点和出发点。由此可见，"体系"理论主题教育方向性是一个辩证统一体。具体而言，一是在政治维度上必须坚持教育为社会主义现代化建设服务，为人民大众服务的方向。二是在经济维度上坚持教育为经济发展服务，以就业为导向，充分发挥市场机制作用，"推动专业设置与产业需求对接，课程内容与职业标准对接，教学过程与生产过程对接，毕业证书与职业资格证书对接，职业教育与终身学习对接"❶。三是在社会维度上坚持全面建成小康社会目标，不断推进学习型社会与和谐型社会建设进程，促进城乡职业教育均衡发展，增强教育公平公正，使社会每个个体共享阳光雨露，得以健康自由和谐发展。四是在教育维度上坚持教育与生产劳动相结合，加强中高等职业教育衔接与普通教育及继续教育沟通，推进"产教融合，特色办学"，深化校企合作与工学结合，以就业为导向，以立德树人为根本，以能力为重点，分型培养，多样成才。

---

❶ 国务院关于加快发展现代职业教育的决定 [N]. 光明日报，2014－06－23.

（四）后发内生性

后发内生是"体系"理论主题的重要特征。所谓后发内生性，是指后发者基于特殊的历史地位、借助外力和自身优势、走差异化道路、形成内生赶超型的发展系统和历史过程。我国职业教育发展由于社会历史原因，相对较为迟缓，但却具有后发内生的优势和特点。一是后发内生优势支持差异化发展。"后发优势"是美国经济学家亚历山大·格申克龙1962年提出的理论新模式，对我国社会经济发展具有启示和借鉴意义。后发性优势理论表明，发达国家处于技术前沿，为后发提供借鉴和经验成果，而后发国家可以在发达国家基础上进行追赶甚至超越。当前，世界进入新全球化和后现代化时代，我国正处于全面建成小康社会决胜阶段，推进工业化进程，促进社会就业，解决"三农"问题，迫切需要大力发展职业教育。改革开放新时期以来，党和国家高度重视职业教育发展，"把职业教育作为经济社会发展的重要基础和教育工作的战略重点"，提供了积极的政策支持和有力的条件保障。关键是要根据后发性优势理论，结合我国国情实际和后发优势特点，走差异化道路，加快自身发展；二是创新驱动战略推动后发内生发展。我国属于发展中国家，而且将长期处于社会主义初级阶段。国外发达国家和地区职业教育现代化模式和有益经验无疑是重要参考和借鉴，但不宜生搬硬套，不可能沿袭国外现代化轨迹，因为中国有自己的实际和特点，路在脚下，必须从中国的实际出发，创造性地探索具有中国特色的自主发展模式。"体系"理论主题应充分认识把握我国职业教育后发特质中潜在的内生优势，增强创新发展意识，以特色求发展，释放溢出效应，走后发内生性发展道路，正确处理好规模、结构和质量、效益的关系，建立可持续发展机制，走出自己的发展道路，形成中国特色。

三、中国特色职业教育体系理论主题的历史转换

"转型"命题最初生成运用于生物学领域，后外溢用来阐释社会结构的变革和转换，包括从乡村空间向城市空间转变、从农业社会向工业社会转变、从封闭体系向开放体系转变等。就我国职业教育而言，理论主题转换（转型）是一个战略调整和过程，在时空上体现为从历史向未来转化，

具有社会转型的艰巨性、复杂性和必然性。与时俱进是本质要求，应时转换是基本特征。回望历史，发展模式演变与理论主题转换（转型）是互动推进并随时发生的现象，从传统转轨现代就是这一发展规律的最好印证。今天，在世界进入信息化和知识经济时代，信息互联，知识爆炸，科技创新大大加速了时代变革速率，创新成为"新常态"。"体系"理论主题在此时空中不能不感知时势变革，激发起变革自觉，呈现出变革创新发展的新态势。

（一）行政推动让位战略导航

从社会组织角度看，职业教育发展是一个有组织的社会活动系统和过程。其中，国家和地方行政机构是这一系统的领导者和决策者，肩负战略规划与管理的职责，而且也具有这方面职能。关键是以科学发展观为指导，依据社会发展目标和需求，结合职业教育特点，合理规划，科学决策，全面部署，有效评估，实施发展战略。战略导航和管理，已是当今时代社会治理的主流话语和重要特征。当下，职业教育正处在发展转型期和"体系"构建关键期。战略规划与管理必然成为"体系"理论主题的重要内容。但长期以来形成的行政指导思维模式与工作方式在不同程度依然存在，这种习惯或惯性不变，将会延误发展机遇，已不能适应今天职业教育改革发展的新情势新需要。"加快转变政府职能"，重构战略导向型决策新思维和服务新方式，已是"体系"理论主题转换的必然趋势，也是加快职业教育发展的现实需要。"政府要加强发展战略、规划、政策、标准等制定和实施"，在深化改革与解决突出问题上增强决策力，加强执行力，形成影响力，促进"体系"构建与职教稳健可持续发展。

（二）规模扩张转向内涵提升

实现什么样发展，怎样发展，是"体系"理论主题探讨阐释的核心问题。关键是要处理好发展规模与效益、数量与质量、外延与内涵的辩证关系，形成协调互动机制，促进健康和谐发展。反思历史，社会发展从来没有一马平川的旅途，经历的是一种螺旋发展的轨迹。因此，在特定阶段里，一种倾向掩盖另一种倾向，造成不平衡问题时有发生，而且造成了发展裂痕和隐患，教训十分深刻。职业教育发展是面向未来的事业，根本没有现成的道路，在探索前行的过程中也需不断调整发展方式，避免失衡问题的发生。我国职业教育发展经历一个曲折过程。改革开放初期，沉寂多时的职业教育终于迎来了复苏振兴的好时节，一种亢奋的时代氛围将职业教育推上了发展快车道，中等职业教育回暖，高等职业教育崛起，GDP 式增长与规模扩张成为一时热流，由此推动了快速增长，但也造成了极限的失衡和病痛。质量问题成为职校生就业难的根本原因和"体系"构建的突出问题。科学发展观推动了社会发展转型，带动了职业教育发展方式转换，由重规模扩张转向重内涵建设提升，"提高人才培养质量"，成为"新常态"下"体系"理论主题的重要内容和职业教育发展方向。

（三）经验路径走向创新驱动

经验与创新是辩证统一，相辅相成，相得益彰。关键是如何对待经验并处理好与创新的关系。这是"体系"理论主题的重要内容，也是职业教育科学发展的重要路径。因为职业教育发展既离不开成功经验的借鉴，也离不开创新的推动，犹如"鸟之两翼"缺一不可。"体系"构建，是一项基于传统走向创新旨在发展的系统工程。因此，源自实践的经验是弥足珍贵的财富，切不可束之高阁，成为被遗忘的角落。经验在历史发展中恰如生命之血液，但在历史不断发展进程中也需要吐故纳新，赋予生命活力。历史经验如不能与时俱进，赋予时代精神，走上创新之路，便不足于成为未来技术技能人才培养摇篮和技术创新基地。尤其在创新驱动发展的新时代，对传统经验的借鉴和创新同样都是不能逾越的阶段，必须是重经验又不唯经验主义，重创新又不失对经验的传承。在服务方向上，面向人人，面向社会，面向需求，服务经济，导向就业，终身发展；在发展道路上，不因循守旧，也不照搬外国的经验和模式，走自主创新发展道路；在目标任务上，以立德树人为本，以素质教育为基，以能力培养为重，从实际出发分型培养；在办学模式上，校企合作，工学结合，统筹协调，促进可持续发展。2014 年《中国制造 2025》提出了创新驱动、质量为先、绿色发展、结构优化、人才为本的制造业发展规划。适应规划新需求，"体系"理论主题必须在借鉴历史经验同时，加大创新力度，深化改革，促进发展，进一步提高技术技能人才培养质量，为中国高端制造业发展提供人才支撑。

（四）体系构建接轨持续发展

"体系"构建是理论主题的根本和主线，其价值意义在于建立中国特色现代职业教育体系，培养造就"数亿计的高素质劳动者和技术技能人才"，促进可持续发展。这是一个循序渐进，由量变到质变的历史过程。"体系"构建是基础和保障，持续发展是终极目标。因此，将"体系"构建导向持续发展目标，是理论主题走向深化的必由之路，也是战略预期目标转化为现实图景、固化在发展成果之上的中介桥梁。这首先取决于"体系"构建科学性合理性有效性。科学性即符合国情实际和职业教育特点，体现规律性。合理性兼顾社会多元预期和利益，在教育发展目标、规模、速度、质量、效益等方面形成可控调节机制。有效性必须建立在教育适应性、互动性、可操作性基础之上，达到人才培养、科技开发与社会服务预期目标任务，获得增值的综合效应。这是可持续发展的重要基础，也是"体系"构建的根本意义，但不是目的。因此，在立足这一前提同时，还应深刻意识到，根本目的是通过"体系"构建，深化改革，促进发展，激发办学活力，提高人才培养质量，提升发展保障水平，增强职业教育社会影响力和信誉度。从这一意义而言，接轨持续发展是"体系"构建的必然选择，关键是形成可持续发展长效机制，必须树立科学发展观，提高供给侧吻合度，优化教育结构，推进均衡发展，建立完善保障机制，促进和谐发展。这是"体系"理论主题不懈的奋斗目标。

第三节　中国特色职业教育体系的实践主题

"体系"构建建立在理论与实践基础之上，其中，实践主题是根本。从这一意义而言，"体系"构建作为一项国家战略既非纯理论的，也不局限于制度构建方面，而是最终落实在实践的基础之上。它既是基本主题的立足点，也是理论主题的着力点。探讨"体系"实践主题，是发展主题的根本和归宿，必须在科学发展观指导下立足国情和职业教育特点，围绕"体系"发展中心，探索实践路径和方法，打造中国特色，创造世界意义。

关键是在这历史过程中，坚持正确导向，创新发展理念，加强社会经济发展他律与职业教育发展自律结合，形成可持续发展长效机制，创造更大人才红利，为全面建成小康社会提供人才支撑。

一、中国特色职业教育体系实践主题的核心理念

实践是主客观能动的概念，是求是、明德、创业、创新与创造的必由之路。在哲学视域下，实践主题与理论观念密切联系，不可分割，是相通互动的共同体。有什么样的理论观念，就会有什么样的实践主题，对于"体系"构建具有实践指导意义和学术价值，成为"体系"实践主题的不可或缺部分。

（一）增强体系自信

"体系"自信是实践主题的心理定力，源自"体系"构建理论与实践自觉，反作用于"体系"实践全过程，是形成中国模式和推动内生式发展的"动力的动力"。一是提升"体系"自觉性。这是形成自信心的基础。党的十八大报告站在新的历史高度提出"全党要坚定：道路自信、理论自信、制度自信"。❶ 这同样适用于"体系"构建。结合"体系"构建实际，自信是心理定力，引领方向，但必须建立在自觉的前提条件之上。但自觉养成是一个复杂过程，需要历史积淀和时代感悟，也离不开主体的理性追求。当代中国职业教育半个多世纪的发展历史奠基"体系"构建，改革开放与"新常态"为其创造重要发展机遇，现实探索与发展又为其不断创造丰富经验。正是这三者合力作用巨大激发了"体系"构建的自觉性和创造性。二是构建"体系"自信性。这是中国当代职业教育发展的源动力。党的十八大以来，哲学社会科学界围绕"三个自信"命题出现研究热潮。但业内学术界联系职业教育发展自信的研究还鲜为少见，一般都是围绕理论问题展开研究。事实上，"体系"构建与自信心关系极为密切，不仅需要加强理论自信与制度自信，而且需要加强实践自信。就其来源而言，"体系"实践自信是理论自信和制度自信的出发点和根本目标。从"体系"实

---

❶ 十八大以来重要文献选编（上）[M]．北京：中央文献出版社，2014．

践自信来看，是一种不可或缺的精神力量。关键是要将理论自信与制度自信融入"体系"构建实践全过程，使之转化为一种发自内在的力量，将"体系"构建进行到底。

（二）创新制度理念

创新制度是实践主题的关键环节和重要保证。新中国成立以来特别是改革开放以来，我国职业教育制度建设逐步建立并不断完善，在推进职业教育发展方面发挥了根本作用。但随着形势与任务转换，也有一个与时俱进问题。创新成为制度完善的驱动力，其中，制度理念创新具有根本性意义。一是形成特色理念。这是制度创新的核心，主要体现在"体系"制度创新的国情特色、属性特色和体系特色三个层面。所谓国情特色，是指"体系"制度创新结合中国国情特点和职业教育发展实际，旨在解决职业教育现实发展主要矛盾和问题，体现本土化与国际化统一的创新精神，具有中国化特质和民族本色的制度理念。所谓属性特色，是指依据职业教育类型特征，针对发展需求，基于差异化发展战略，形成富有个性化的制度理念。所谓体系特色，是指制度创新体现了科学、系统、创新、规范、合理、有效和生态理念，构建起系统制度体系。二是创新制度理念。当代职业教育发展离不开制度建设和创新。新中国成立以来特别是改革开放以来，我国职业教育制度在建设中逐步走向完善，但还不健全，突出表现在"体制机制不畅"等方面。解决这一发展瓶颈问题，关键是克服制度局限，以创新驱动为导向，不断推进制度建立健全。重点是"完善经费稳定投入机制""健全社会力量投入的激励政策""完善自治政策体系"和"加大对农村和贫困地区职业教育支持力度"。❶ 这是促进制度创新的关键理念。

（三）提升质量观念

提升质量是"体系"构建的主攻目标和重要战略，源于需求，根系发展，关系信誉。GDP 是发展的一种观念，质量提升却是根本追求，应提高到"体系"安身立命的战略高度，促进实践观念变革。一是转变观念，增强质量意识。在现代社会，质量是生命线和信誉度，对于职业教育发展至

---

❶ 国务院关于加快发展现代职业教育的决定 [N]. 光明日报，2014 – 06 – 23.

关重要。职业教育与其他事物一样，都是质与量的统一，而质是根本，量是基础。当下，职业教育发展进入"新常态"，意味着发展观念转变和方式转换，蕴含着新的内涵。其中，突出的是从追求数量增长转变为更加注重质量提升，从倾向规模扩张转变为更加主张内涵发展，从增强资源配置力度转变为加大发展方式转换，建立投入、实施和绩效统一质量观，为科学发展奠定了思想基础。二是统筹协调，推进内涵发展。这是"新常态"发展新要求，成为实践主题的主旋律。关键是处理好内涵与外延、数量与质量、改革与发展、近期与长远、软件与硬件、资源与环境的辩证关系。加快专业结构调整优化，改革人才培养模式，推进管理制度创新，促进内涵式发展。三是深入实际，增强效率理念。效率是衡量质量的根本标准，也是形成增长点的重要环节。关键是转变传统重投入轻效率的观念，将提升效率纳入质量的指标，形成有效对策，保证目标任务的落实。这是"体系"构建实践主题的重要理念。

（四）增强保障意识

增强保障是实践主题的重要观念和基本条件。它是一个广义的概念，集资源、理论、政策、制度、管理、服务和环境等要素条件于一体。缺失任何一方，都不行。因此，要有系统视野和统筹协调方法，才可形成全面有效的保障体系。一是加强硬实力，提供保障力。硬实力是指物质性筑成的可支配的实力，主要包括办学资源、设备、环境和条件。所有这些是办学和发展的基础。"体系"构建和发展职业教育，离不开物质基础，因此，必须不断稳定经费投入机制，更新办学设施设备和教育教学手段，改善办学条件。特别是重点加强对农村和偏远地区的扶持力度。二是创新制度力，增强保证力。制度力是指制度规范、约束和导向的综合作用，即人的自我规范和执行能力水平与对隶属关系及行为制约协调能力水平的对称统一。从古代法令礼仪风俗习惯规矩产生，如《周易·节》曰"天地节而四时成；节为制度，不伤财，不害命"和《孟子·离娄上》言"不以规矩，不能成方圆"到现代法治体系行为准则演化发展，经过了漫长的历史过程。历史证明，制度是一切社会活动的依据和保证。我国职业教育发展和"体系"构建也离不开制度基础和保证，必须提高到发展战略高度，不断建立健全创新发展。如建立健全合作办学、合作育人、合作就业的管理激励机制，发挥企业办学主体作用，探索构建学校、行业、企业和社会成员共同参与的质量评价体制机制，建立完善专兼结合的"双师型"师资队伍制度，继续完善中高等职业教育衔接和招生考试制度等，为"体系"构建和职业教育发展提供有效的制度保证。三是增强软实力，提升支持力。软实力是文化支撑与保障，是发展竞争的基础和条件。在较长时间里，存在着重硬偏软的弊端，职教文化精神建设相对薄弱。在科学发展的新时代，必须克服"一重一轻"局限，走全面生态发展的大道。既要重视硬件，又要重视软件。当前，尤其加强职业教育文化建设，创新发展新理念，提升职教精神，推进校园文化建设，打造富有中国特色现代品质职业教育的文化名片。

二、中国特色职业教育体系实践主题的关键领域

关键领域是"体系"构建的核心空间和决胜目标的关键板块，对全局具有决定性影响。因此，抓好关键领域的改革与发展，就成为"体系"实践主题的核心内容和发展关键。根本是人才培养，核心是教育现代化建设，关键是制度创新，重点是完善保障体系。

（一）构筑人才培养的立交桥

"体系"实践主题的根本是人才培养，决定职业教育改革与发展方向，具有重要的战略意义。一是更新人才培养理念。21 世纪科技日新，发展炫目，竞争激荡。传统阶段封闭性人才培养模式已不适时宜。转变人才观，重构育人模式，培养"智慧型"高素质技术技能人才和劳动者已是必然。不仅在层次上形成初级中级高级人才培养梯度，满足不同岗位层级工种的需求，在类型上面向三次产业，尤其"面向现代农业、先进制造业、现代服务业、战略性新兴产业和社会管理、生态文明建设等领域"❶，培养输送高素质人才，而且在体制上适应《中国制造 2025》和"互联网＋"发展战略需要，建立开放的体现终身教育和发展的人才培养新模式，真正培养

---

❶　国务院关于加快发展现代职业教育的决定［N］. 中国教育报，2014－06－23.

出一大批具有较高专业素质能力、良好职业道德修养和人文素质、以及高新技术应用能力的优秀高端技术技能人才，满足"技术进步和生存方式变革以及社会公共服务"需要，以期"创造更大人才红利"。二是建立人才培养立交桥。在横向上，开放联盟是建立人才培养立交桥的必由之路。未来职业教育人才培养，仅凭校本教育资源和人才培养方式是不够的，必须走产教融合、校企联盟、工学结合的办学之路，使人才培养与工作岗位的生产过程和技术装备浑然一体。必须拓宽多教融通合作发展路子，欧美发达国家都不同程度地加快了不同类型教育互联互通互动的进程，加强了教育结构性衔接，使教育不再受时空局限，为人人提供终身学习自由发展的机会。结合国情和职业教育实际，"体系"构建应增强以人为本和终身一体的教育空间意识，确立人才培养立交桥发展思路，形成职业院校学历教育、社会成人职业教育、国际远程职业教育、继续教育和终身教育协调发展的新格局。在纵向上，适应经济发展方式转变、产业结构调整升级和对接产业需求，按照产教融合思路，进一步调整优化专业结构，使传统专业生发活力，顺应发展需要，使特色专业凸显优势，成为竞争资本，使精品专业成为打造高端技术技能人才的高地，并发挥示范作用，使新兴专业成为人才培养新的增长点，体现专业发展方向。同时，树立纵向贯通的办学理念，加强中高等职业教育的衔接与普通教育及继续教育的沟通，并引导鼓励普通高等学校向应用技术类型转型发展，从制度上予以根本保证。在课程体系改革方面，传统学科化的专业课程体系必须解构，重理论轻实践的瓶颈必须突破。按照精理论、优特色、强实践、重开发的原则，课程体系结构不求全但求特，内容上适应劳动力市场和职业结构变化，面向行业企业岗位需求，以技术技能关键能力培养为重点，不断"强化教学、学习和实训相融合"，与职业资格要求相通融，推进中高等职业教育人才培养衔接，"形成对接紧密、特色明显、动态调整的"课程体系，为构造人才培养立交桥奠定基础。

（二）实现职业教育的现代化

教育现代化是我国教育中长期发展战略目标，也是"体系"构建的核心目标和关键所在。从1983年邓小平同志提出教育要"面向现代化"，到

1985 年《中共中央关于教育体制改革的决定》提出教育现代化发展目标，以至 2010 年《国家中长期教育改革和发展规划纲要（2010—2020 年)》将"2020 年基本实现教育现代化"确定为"十二五"期间我国教育改革与发展的总体目标，以及 2014 年《国务院关于加快发展现代职业教育的决定》，始终都聚焦加快发展现代化这一重大主题，并置于改革发展的战略地位。这是一个系统工程，也是一个动态的历史过程。一是加强理论现代化建设。时代是理论建设的催化剂，也是现代化发展的推动力。体现在职业教育实践主题上，就是突出现代化建设时代大主题。在过去一段时间里，业内学界研究较多关注思想（人）、物质（条件）和制度（保障）静态层面，这为拓展研究空间提供了良好基础。目前拓展研发层面，加强实践动态过程研究，已是深化理论研究的必然趋势。重点是深入探索职业教育现代化发展方式和道路，为职业教育现代化建设与发展提供理论参照和技术支撑。二是推进现代化实践进程。这是推动职业教育发展的强大引擎。一部中国历史，不仅是民族独立、人民解放、国家富强的奋斗史，而且也是孜孜以求、追踪现代、构筑梦想的探索史。在"体系"构建视域下，现代化是不可缺少的内涵品质和推动力。体现在实践上，加强教育教学内涵现代化建设是核心，如面向经济产业和高新科技新发展，不断引入新信息和新成果，优化专业建设，创新技术技能人才培养模式，不断推进教育现代化进程。当前，网络云计算技术浪潮兴起，移动技术（智能手机、电子书阅读器等）日趋丰富，MOOC 浪潮席卷全球，为"体系"构建开拓了新空间，提供了发展的新视野和新载体。当此时刻，加快教育信息化平台建设是教育改革发展的重点，包括数字化教学基础设施建设、资源开发、师资队伍建设和教学模式改革等。

（三）持续推进质量提升工程

质量是教育的生命线和竞争力，是"体系"构建核心价值和关键所在。因为，职业教育自信力和社会公信力最终决定于质量程度。因此，质量问题始终是维系生命和信誉的根本点，必须提高到发展战略高度，决不可掉以轻心。我国对教育质量问题的关注研究起步于 20 世纪 80 年代后期，伴随社会发展和教育改革深入，质量问题日益深入人心，成为教育发展战略思想和政策导向。2010 年《国家中长期教育改革和发展规划纲要（2010—2020 年)》提出"把促进公平作为国家基本教育政策"，"把提高质量作为教育改革发展的核心任务。"2015 年《中共中央关于制定国民经济和社会发展第十三个五年规划的建议》强调"提高教育质量"是全面建成小康社会决胜阶段的教育发展主题。2016 年教育部为深入贯彻落实《国务院关于加快发展现代职业教育的决定》提出"继续实施现代职业教育质量提升计划"，列为国家年度教育工作的"十大"要点之一。当下，中国社会发展已经进入一个新的历史阶段。"第三方评估表明，我国教育总体发展水平跃居世界中上行列，与发达国家教育差距进一步缩小"。❶ "新常态"要求教育调整发展方式，以内涵发展为主线，以提高质量为主题，以促进公平为重点，以深化改革为动力，以加强法治为保障，促进可持续发展。一是突出质量主题，推进内涵发展。"教育质量是'生长'出来的"。❷ 意在说明它是一项系统工程，是一个历史过程。21 世纪是质量竞争的时代，促内涵，高质量已成为世界共识和时代精神。关键是从发展 GDP 转到质量内涵上来，由供给标准转向需求标准、由外在标准转向内化标准、由共性标准向个性标准转化、由资源配置向创新发展转变，形成一个以质量为核心的发展新体系。2015 年，教育部制定颁布了《现代职业教育质量提升计划专项资金管理办法》，进一步推进了质量提升计划，提供了有力的保障；二是着眼制度构建，建立保障体系。提高教育质量，是一个复杂的系统工程和过程，需有制度保证。《中共中央关于全面深化改革若干重大问题的决定》提出"推进教育管办评分离"改革意见，为构建职业教育治理体系提供了根本依据。要将这一指导思想落实到实处，关键是建立现代职业教育评估与治理体系。共同治理目标设计是关键，要坚持从实际出发，克服唯指标化和数据化的倾向，充分体系职业教育特点和规律，形成综合平衡的质量评估体系。资源配置是基本要素，关键是处理好教学人才培养和科研开发的关系，根本是坚持科学办学定位。以技术技能人才培养为主导，

❶ 全面提高教育质量　加快推进教育现代化——2016 年全国教育工作会议召开 [J]. 未来教育家, 2016 (01)：27.

❷ 王烽. 教育质量是"生长"出来的 [J]. 人民教育, 2016 (01)：19－22.

优化资源配置方式，为提升教育质量提供物质保障。组织构建是提升教育质量的保障，它涉及多元主体和众多领域，政府转变管理职能是关键，社会参与办学监督和评价是基础，学校依法自主办学是中心，师生参与是根本。根本是突出质量治理理念，协调政府、学校、社会的关系，实行管办评分离。这是构建我国现代职业教育多元合作质量保障体系的基本方向。

三、中国特色职业教育体系实践主题的基本路径

基本路径，属于应用范畴，是基于现状分析和趋势探索所提出的价值判断和行动路线。这是"体系"实践主题转化为现实图景的关键。

（一）确立 CORE 规划新理念

CORE 规划是国家"十三五"规划的重要理念和发展思路。所谓 CORE，是 connectivity（连接性）、openness（开放性）、reliability（可靠性）、enterprise（开拓性）的简称，是指一种战略规划与管理系统。运用于"体系"构建，具有特殊的内涵与意义。一是连接性。这是一个立体的结构概念，是指"体系"整体结构方式，包括历史与现实与未来、内部与外部、全局与局部、上下与左右、硬件与软件、实体与虚拟等连接，旨在形成一个完整合理均衡的战略规划和管理体系。经济产业去产能，就是这一理念体现，通过连接方式，促进流通，统筹能源和资源，最大程度提高效能。加快职业教育发展也需要加强东西南北中和城乡连接，发挥东部和城市优势，促进西部和乡村发展，规避"低水平"或"高水平"极限发展陷阱，推动均衡化发展，形成良好的生态网络。二是开放性。这是一个交流的空间概念，是指对流动的要素资源和所处环境采取开放交流合作的积极政策。这是吸取能源和释放能量的根本途径和方法，也是促进"体系"构建的基本原则和方向。目前，我国校本职业教育"围墙"需要进一步突破，重点解决体制机制的制约瓶颈问题。开放是必由之路，在宏观上加强与世界职业教育交流合作，在中观上加强与社会经济产业就业对接，密切与行业企业合作，在微观上加强理论与实践联系，促进专业、课程、教学和评价改革，优化人才培养体系。三是可靠性。一般而言，是指可信赖可信任的程度。这是管理学范畴概念，必须通过科学合理高效的制度设计和

推行，取得稳定优质的预期和实效，方能获得社会可靠信誉和口碑。这对于职业教育意味着应高度重视可行性建设，不断提升教育教学与人才培养质量，从根本上解决社会对此类教育的信誉度和美誉度问题，促进教育又好又快发展。四是开拓性。这是规划在功能层面提出的目标与要求，开拓是途径，创新是动力。后发内生是中国职业教育发展的基本模式和特征，加快"体系"构建，借鉴是手段，发展是主题，创新是动力。尤其在经济全球化和社会信息化发展的条件下，强化开拓意识，有助于增强自主创新能力。通过积极的技术和制度创新，如借助"互联网＋"战略平台，促进融合、开拓和创新，形成错位竞争优势，从局部到整体，从实体到虚拟实现跨越式发展，真正走出一条中国化职业教育开拓发展之路。

（二）形成综合改革大思路

改革是一个系统工程，需要整体设计和综合规划，形成综合改革大思路，方能保证有序进行，逐步深入，直至目标实现。在职业教育发展历史上，改革从未停止，但在系统论指导下形成综合性改革局面，还是改革开放新时期以来，"体系"构建是标志。当前，我国职业教育改革进入"深水区"，"体系"构建到了关键时期，推进综合改革成为时代主潮和现实主题。一是树立大职教改革理念。这是形成综合性改革大视野和大思路的关键。"体系"构建是一个开放合作、多元聚合、综合一体的系统，与社会主客体（经济、科技、文化、教育与人力资源建设等）不可分离，保持密切联系，它们中任何一种变量都会直接或间接影响波及职业教育发展与改革。因此，"就职教论职教"已让位于"大职教"话改革与论发展的新阶段。在这种语境下，职业教育走向综合化改革已是必然，树立大职业教育观，别无选择。在这一思路下，"体系"构建必须主动融入社会大系统，与经济、科技、文化、社会、生态互动协调发展，并通过建立互联互动和谐发展机制，促进职业教育综合化发展，形成整体化优势，提高综合化发展功效。二是实施立体化改革战略。改革是一个多向度立体化结合的自我调整优化完善创新的过程，跨界性和立交性是战略特征。首先，跨界性。旨在突破传统封闭，倡导一种开放发展的理念和思维。要义是开放，关键是融合，根本是创新，实质是形成合作互动机制，实现责权利统一和共创合作双赢目标；其次，立交性。这是由职业教育特殊性所决定的。职业教育发展具有阔大的社会背景和基础平台，改革必然牵动左右上下，里外虚实空间关系，必须慎重对待，重点处理好与政府、市场、经济、产业、科技、文化、社会、民生、行业企业和就业等关系，与党和国家各项改革大政方针保持一致，形成一个立体化的改革行动计划和网络，确保改革的健康顺利发展。三是实施综合性改革工程。所谓工程，有广义与狭义之分，狭义工程是指人类利用和改造自然界的活动过程。广义工程是指人类进行社会建设、改革和推动进步的一切活动和过程。"体系"构建，是一个自上而下的综合性改革工程，作为一项工程，需要增强工程意识，形成科学完整系统的实施计划和建设方案。既需要政府政策支撑，发挥主渠道作用，也需要与社会经济发展紧密结合，强化与社会经济发展的相适性。外因是条件，内因是决定因素。深化改革，还需要发挥职业教育的主观能动性，增强自身内部衔接协调统一，借鉴学习国外职业教育发展的先进经验和成果，将外部作用与内部深度改革有机融合，不断推进"体系"构建和职业教育发展。

（三）构建协同创新大格局

协同创新是建设创新型国家的重要战略和途径，也是"体系"构建的重要载体和动力。美国经济学家赫维茨（Leonid Hurwicz）提出，一个良好的经济系统应该满足三个条件，即资源的有效配置、有效利用信息以及协调各群体的利益。❶"体系"构建也必须建立在满足条件基础之上，协同创新就是重要条件。所谓协同创新，是指多元参与主体出于共同预期目标而聚合联盟合作创新的行为和过程。这是"体系"构建不可或缺的条件，协同是基础，创新是核心，要想获得"1+1>2"功效，必然使两者达到高度统一。一是协同。协同是围绕"体系"中心，多元参与主体协调统一。其一，理念协调统一，关键是改变条块分割、各自为政、各行其是的传统观念和习惯，重构联盟合作的新理念。其二，资源共享，人财物和信息是协同发展物质基础，必须打破资源行业壁垒与条块分割瓶颈，使资源有效

---

❶ 利奥尼德·赫维茨. 经济机制设计 [M]. 田国强，译. 上海：格致出版社，2009.

整合并合理使用，促进共建共享，产生更大效益。其三，制度规范统一，不仅建章立制，形成法制体系，而且加大以制度规范协同促进合作监督力度，促进政府发挥主导作用，行业企业积极参与，社会广泛协作，教育机构依法治教，形成各在其位、各司其职、各尽所能、互动双赢、各得其所、和谐发展的局面。其四，机制协调统一。源自内在需求，也需外在协调，关键是处理好"自律"与"他律"和"公转"与"自转"辩证关系，实质是建立双向合作协同机制，形成协同效应，实现协同预期。二是创新。这是协同发展的高级阶段。历史证明，凡是成功的职业教育模式，都不乏创新能力，如美国社区学院模式，德国双元制模式，英国 GNVQ 模式，澳大利亚 TAFE 模式，新加坡"教学工厂"等，都是在本国基础上依据国情实际和职业教育特点创造的模式，不仅形成本国职业教育特色，而且丰富发展了世界职业教育，提供了理论和实践启示。理论创新是"体系"创新的基础，制度创新是保障，模式创新是核心，能力创新是根本，环境创新是条件。在当前国家大力提倡"大众创业，万众创新"和大力推进协同创新的背景下，从中国制造到中国创造，从中国质量到中国品牌，产业转型、产业升级，都需要大量技术技能人才作支撑。"体系"构建应抢抓机遇，凝聚社会大智慧，汇聚有效资源，推进协同创新进程，实现全方位连接，深度融合共建，形成联盟合作与协同创新发展的新局面。

本章小结

　　"体系"发展主题，是时代赋予当代中国职业教育的历史使命，也是在现实条件下必须解决的重大问题。这是一个三维架构体系：基本主题是依据，是"体系"建设与发展的客观根据、主体思路和实践定位，统领全局全程，关系到"体系"构建的基本理论与实践方向。关键是从社会需求出发，立足自身实际，探索原理定力，把握科学内涵，提出应用路径，为"体系"构建提供基本方向和规范；理论主题是基础，包括观念、范畴、原理、主题，内容与结构等，是规律与实践的归纳和升华，对于"体系"构建具有指导意义。关键是要在学理、本质与实践根本问题上再下功夫，建立理论思维范式，形成创新模式，充分体现中国特色、职教特点、现代品质、理论风格与实践价值，为"体系"构建奠定理论基础；实践主题是根本，是基本主题的出发点和落脚点，也是全部发展主题的归宿。核心是树立体系自信、制度创新、质量提升与保障增强理念。关键领域是构筑人才培养的立交桥，实现职业教育的现代化，和持续推进质量提升工程。基本路径和方法是基于现状分析和趋势探索，确立 CORE 规划新理念，形成综合改革大思路，构建协同创新大格局。上述"三大主题"为"体系"构建理清思路，把握主题，确立方向，提供逻辑参照和理论支持。

中国特色职业教育体系的改革重点

改革是发展的源动力，是创新的开拓者。回顾当代职业教育改革，走过了一条由点向体、由浅入深、由局部到系统的渐进发展历史过程。当下，我国社会经济发展进入"新常态"，改革到了关键期，进入深水区，开启了"全面深化改革"新阶段。"体系"构建和职业教育发展，顺应新趋势新要求，必须从自身实际出发，针对基本矛盾和突出问题，理清思路，锁定方向，把握重点，加大改革力度，以空前的理论勇气、创新思路和改革举措，转变观念，突破屏障，增强融通，加强创新，促进开放，推动可持续发展。

第一节　中国特色职业教育体系改革背景与趋势

从历史辩证法看，职业教育改革的基本动因来自于社会发展的客观需求，同时也推动了社会进步与发展。从这一维度和原理看"体系"改革与发展，社会时代背景及其改革发展趋势是客观基础和根本动因，也是研究"体系"改革与发展的逻辑起点和现实基础。

一、"体系"改革时代背景

"体系"改革是历史必然和时代需要，是在一个特殊时期展开的，萌芽于新中国成立初期，发端于改革开放，深化于"十二五"，收官在"十三五"，历经变革、建设、改革、开放、发展和"新常态""全面深化改革"变奏历程。面临"十三五"，这是一个承上启下和决胜圆梦的关键时期，不仅承载着实现中华民族第一个百年的全面小康梦，而且为第二个百年的宏伟目标奠定坚实基础。"体系"构建面临重大的历史挑战和发展机遇。

（一）社会经济发展新拐点

2014年中国社会经济发展进入"新常态"，2016年开局"十三五"。"十三五"时期是"全面深化改革"新阶段，从规模数量向质量效益转变，从引进消化向对外开放融合转变，从学习模仿向自主创新转变。这是历史新拐点和发展新状态。

1. 社会综合发展新理念

进入"新常态"，中国经济增长速度放缓，比例下调，总体趋于中高速。应该看到，这种调整为职业教育提供了相对稳定发展的环境条件，有利于形成可持续发展的长效机制和局面。因此，适应"新常态"，面向"十三五"，"体系"改革要牢固树立"创新、协调、绿色、开放、共享"五大发展新理念，实实在在地把质量作为改革发展的主题，把时间、精力和资源更多地用在内涵建设上，调整优化总体发展规划，切实落实"体系"发展战略，推进各项改革进程，创新人才培养模式，加强"双师型"素质师资队伍建设，加快教育现代化发展，着力提高教育质量，促进教育公平公正，推进可持续发展。

2. 全面深化改革新目标

"体系"改革面临社会经济发展变革的新形势。根据世界银行公布的收入评估标准，人均 GNI 在 12736 美元及以上的国家为高收入国家、4126 美元至 12735 美元的为中等偏上收入国家、1046 美元至 4125 美元的为中等偏下收入国家、1045 美元及以下的为低收入国家。据统计，2009 年以来，"我国经济社会发展取得了举世瞩目的重大成就""国内生产总值稳居世界第二位""2010 年我国实现了由中等偏下收入水平到中等偏上水平的重大跨越，人均 GNI 相当于中等偏上收入国家平均水平从 2012 年 84.5%

提高到 2014 年 93.7%"。❶ 这一发展变化令世界瞩目,但也面临人均国民收入突破 1 万美元高难度的"中等收入陷阱"挑战。关键是加快创新转型发展,不断开拓持续发展空间,其中,加快建设提升人力资源尤为重要。当此时刻,职业教育作为人力资源建设的重要一翼,应为突破发展瓶颈,挑战发展陷阱,提供积极的人才与技术支撑,推动社会经济发展的重大突破,促进可持续发展。

3. 创新驱动发展新模式

发展要有新思路,改革要有新举措。"体系"改革正处在传统向现代转变发展之中。高耗低效,结构失衡,生态危机是传统经济发展模式的特征和弊端,直接造成能源缺失、雾霾扩散以及水质退变等严重问题。问题倒逼发展方式转变,成为历史必然。关键是依靠人力资源与技术创新驱动,走新型发展之路。职业教育肩负历史重托,应主动适应全面服务"新常态",为经济社会发展方式转换提供高素质技术技能人才支撑,促进分享发展成果权益与履行社会责任相统一,从而将社会责任落到实处,也为自己建树历史丰碑和社会口碑。

(二) 人力资源建设新特点

在知识经济和社会转型发展的背景下,人力资源越来越成为竞争发展的第一战略资源。提升人口质量素质,提高对社会经济发展的贡献率,成为当今世界人力资源建设与开发的新趋势和特点。目前,我国"正在跨越人力资源强国行列门槛"❷,迫切需要加快人力资源建设。

1. 人力资源结构新调整

社会经济结构调整发展决定人力资源结构建设与发展。"十三五"是我国经济产业"新常态"和社会统筹发展的重要时期。"支持节能环保、生物技术、信息技术、智能制造、高端装备、新能源等新兴产业发展,支持传统产业优化升级。推广新型孵化模式,鼓励发展众创、众包、众扶、众筹空间",人才是重要支撑,必然引起对人力资源的新需求和新变化。

---

❶ 国家统计局. 国际地位显著提高国际影响力明显增强——十八大以来我国经济社会发展状况的国际比较 [EB/OL]. www. stats. gov. cn. 2016 – 03 – 09.

❷ 高书国. 人力资源强国:正在跨越人力资源强国行列门槛 [N]. 中国教育报, 2016 – 01 – 28.

"建设人力资源强国"，职业教育面临人才培养的新任务和新使命。应适应社会经济发展需要，面向市场需求，适时调整专业结构，优化人才培养结构，拓宽人才培养口径，努力培养高素质技术技能人才和劳动者，为创造新的人才红利服务。

2. 人力资源质量新提升

改善人力资源结构，提升质量，是当代科技进步和经济发展以及增强竞争力的要求。我国是人口资源大国，但不是人力资源强国。截至目前，虽已有较大改善，但总体仍处于中等水平，在数量、质量和发展环境方面同发达国家相比仍存在差距。据 2012 年教育部颁布的《全国职工教育培训统计报告》显示，我国 4634. 28 万名职工中，89.56% 均为中级工和初级工，高级工、技师、高级技师仅分别为 7.34%、2.34%、0.76%。而国际劳工组织的调查显示，发达国家产业技术工人中，高级工占 35%，中级工占 50%，初级工占 15%，与之相比我国还存在差距。因此，加快提高人力资源质量水平，成为当务之急。《中国制造 2025》战略纲要明确提出人力资源建设的重要性和紧迫性。"体系"构建应牢牢把握质量关键，加大改革力度，不断完善质量保障体系，千方百计提高人才素质和能力，促进人力资源总体质量提升。

3. 人力资源战略新开发

人力资源是一个系统工程，需要历史积累和战略规划。俯瞰世界，当今各国都把职业教育放在突出位置，视为应对社会风险和挑战的关键。如2012 年美国联邦教育部颁布的《投资美国未来：生涯和技术教育改革蓝图》（Investing in America's Future：A Blueprint for Transforming Career and Technical Education，BTCTE）就是 2008 年金融危机以来为化解积弊重振经济在教育改革方面所做出的积极反应。"预则立不预则废"，中国发展和人力资源建设开发也不例外。"中国应当把技术和知识，而不是资本和自然资源，作为经济增长的驱动力"。❶ 引用于职业教育语境，就是要确立以人为本理念，从人才培养、经济结构和社会发展水平相互协调的角度，制定

---

❶ ［美］保罗·尤瑞欧. 中国改革道路的独特性［J］. 经济导刊，2016（03）：18 - 29.

未来技术技能人才发展战略，加强教育改革和人才培养规划设计，建立起适合我国人力资源开发的教育培养模式，努力培养适应并促进未来经济社会发展和高端制造业发展的新型人才。

（三）职业教育改革新热点

发展无止境，改革无终点。我国职业教育进入发展"新常态"和"十三五"新阶段，改革呈现出新热点和特点，需要理性把握时代脉搏和发展特点，推进职业教育改革走向深化，促进"体系"构建。

1. 树立质量为本育人新理念

不同的发展理念形成不同的人才培养模式。市场条件下催生"GDP"发展模式，科学发展观重构全面可持续发展新理念。当下，世界社会经济发展进入新一轮改革调整发展阶段。重振繁荣，促进发展，转变方式，已成为大趋势。质量成为各行各业的共识和秉持方式。坚持这一发展观，就是将质量置于改革发展的首要位置，作为衡量一切工作的根本标准。落实在人才培养上，就是树立以人为本、以德树人、全面发展的教育思想，确立以就业为导向、能力为重点、分型培养的目标，培养高素质劳动者和技术技能人才，摒弃片面追求规模数量的人才培养取向。正如2015年联合国教科文组织38届大会审议通过的《教育2030行动框架》承诺"我们，国际教育社会，强烈支持携手采取新的、各式各样的方法，确保为儿童、青年和成人提供全纳、公平、有质量的教育，增进全民终身学习的机会"。

2. 确立开放合作办学新模式

开放融合是当今经济社会改革发展的新热点和新特点，"互联网＋"战略极大地推动了这一改革开放新进程。适应这一发展的新趋势和新要求，"体系"改革必须坚持改革开放，走教育联盟发展的道路。这是改革校本办学和课堂教学传统模式的必由之路。学习借鉴世界职业教育发达国家经验，如德国"双元制"模式等，就是校企合作办学的经典楷模。"体系"改革走产教融合、校企合作、工学结合的开放合作办学道路，诚然，重点还是要结合本国实际和自身特点，探索开放合作办学和人才培养模式，走自己发展道路。这是职业教育改革和发展的必由之路。

3. 形成协同创新驱动新思路

站在改革的新起点，必须看到今天职业教育改革已进入经济全球化、社会信息化和通信网络化的新时代。信息海量与空间扩展，造就了跨界融合协同发展的新视野和新战略，推动了改革不断走向深化，已成为时代新特点和发展新趋势。2015 年，国务院印发了《关于积极推进"互联网＋"行动的指导意见》，标志着互联网将由消费领域向生产、教育领域拓展的改革新动向。"互联网＋"融入职业教育必将带来空间理念和方式变革。"体系"改革应主动适应发展新情势和要求，本着互联、协作、互利、共赢的方针，深化改革，实施跨界合作协同发展的新战略，促进人才培养与经济产业协同发展，与行业企业合作发展，与岗位过程融合发展。同时要突破区域空间局限和制约，加强经济发达地区与欠发达地区的合作协同发展，促进教育资源优化组合和共享发展。

二、"体系"改革发展趋势

趋势是改革发展的新流变和新方向，昭示着未来发展的可能图景。"体系"改革需要从未来发展动向中获取前沿信息，把握改革动向和发展趋向，不断推进"体系"改革深入，适应未来的变化与发展。当下，党的十八届五中全会提出"创新、协调、绿色、开放、共享"五大发展新理念，顺应了世界改革与发展新形势，凸显"新常态"新特点和新需要，为"体系"改革发展指明了方向。

（一）顺应全球发展推动改革新进程

全球化与现代化是世界经济发展的总趋势。在此推动下，职业教育必然是这一趋势的同行者和合作者，并以此为目标，推进自身的改革与发展新进程。

1. 世界职业教育改革发展新动向

全球化是经济产业现代化发展的必然趋势，也是世界职业教育国际化发展的必然结果。目前，"体系"改革正处在世界职业教育国际化发展的大盘中，度量其改革发展的新动向和新体验，是"体系"改革的重要参照，通过比较学习可以从中得到启迪，获得经验，开拓思路，促进自身的改革与发展。进入 21 世纪以来，各国面向全球化发展趋势，结合本国实际，在职业教育方面进行了多样化的改革。如德国是世界职业教育最具竞争力的国家，2013 年提出了面向未来制造业升级的工业 4.0 战略，对技术人才培养的能力、要素、过程、平台和网络提出了全新的要求。适应这一战略需要，职业教育开始了新一轮改革，从过去培训"单一技术"走向"多元技术"目标，培养具备可以灵活运用的多元技术人力，调整了职业教育课程体系，制订了"模块化"和"分阶段"职业教育改革方案，打通了职业教育与高等教育通道，让更多学生可以接受高等教育。同样，美国奥巴马政府应对世界经济发展跌宕多变、竞争加剧、就业压力的问题，以国家发展战略需求为导向，高度关注职业教育改革发展，加大了职业教育与普通教育融合力度，有效促进了人才培养。日本也不例外，为适应高端化制造业和现代化服务业发展需要，在提升职业教育方面采取了一系列改革举措，如改革职业教育育人模式，构筑实务与教育相结合的人才培养体系，推动了职业教育机构的高层次化发展，提高了学生职业实践能力，提升了职业教育质量。2015 年，联合国教科文组织（UNESCO）《教育 2030 行动框架》也提出了进一步推进全球教育发展的七大目标和举措，其中包含了发展职业教育的行动方案，教育的使命被扩大至全纳、公平和全民终身学习，给每个人公平的机会，为未来职业教育改革发展提供了指导性方向。所有这些都为"体系"改革提供了重要的信息和经验，可以在学习与借鉴中更好地推动我国职业教育改革与发展。

2. 转变教育理念回归本源新方向

在科学发展的新时代，职业教育传统正在悄然发生深刻变化。所谓回归本源，是指教育从传统应试模式和"制器"模式回归人本教育本源，实现教育终极价值和信仰。首先，观念转变。传统的以校为本、以能力为本的教育观念，正在被以人为本、公平共享、终身教育思想所改变，当代职业教育被纳入全员、全程、全人、公平、持续、终身教育的新体系；其次，模式创新。信息互联网时代到来，极大拓展了教育时空观念和方式，传统从课堂到现场有限的教育教学方式已经不能适应信息网络时代发展的需要，重构从课堂到现场到网络"三维一体"的教育教学新模式，已是改革的新趋势，需要加强传统教育教学资源与现代虚拟信息网络资源的结合，建立跨界互动信息平台，推进教育现代化发展进程，促进高素质技术技能人才培养，"确保教育真正改变世界上每一个人的命运"❶。

（二）适应新常态创新发展的新模式

所谓转换发展新模式，是指适应社会历史、政治、经济、文化、生态新变化，重构思维与行为的新模式及其过程。就"体系"改革而言，它是指在一定背景下通过要素结构的重组和运行方式的变量来推动模式变革与实现发展预期的过程。"十三五"是全面建成小康社会的决胜阶段，也是"体系"改革与发展的关键时期。

1. "体系"发展转型

所谓发展转型，是指"体系"适应"新常态"新特点与新需求、从传统单一线型模式向全面协调可持续发展转变的历史过程。历史证明，每次社会历史变革都引起思维方式的转变。改革开放以来，我国职业教育发展之所以取得长足进步，与历史变革不可分离。建立社会主义市场经济体制不断推进了生产力发展，也推动了职业教育思维方式变革和快速发展。但历史发展又是一个螺旋上升的持续过程，发展模式的转换与更替永远在路上，这是一个不可逆转的趋势。面向新世纪，科学发展，创新驱动，引领"新常态"。理性看待职业教育发展现状，改革在深化，发展在优化，创新在强化，但投入与产出、数量与质量、体制与办学、规模与效益依然是改革重点和发展关键。"体系"面临构建时限与发展目标的双重压力。关键是转变发展方式，创新发展模式，形成可持续发展格局。唯此，才能又快又好地推进"体系"构建，直抵目标。这已是转型发展的定势，也是必然选择。

2. "体系"模式创新

发展转型必然带来模式转换。这是因果逻辑的演绎，是时空转换的对接。社会经济发展是如此，职业教育也不例外。就内涵而言，"体系"模

---

❶ 《教育2030行动框架》起草委员会译/熊建辉，等. 迈向全纳、公平、有质量的教育和全民终身学习——《教育2030行动框架》之实施方式 [J]. 世界教育信息，2016（4）：16-24.

式转换包括发展理念、社会需求、投入机制、资源布局、办学体制、教学体系和招生就业等，是一个联动转换更新的系统和过程。从现状看，目前正处在转换重塑的过程之中。关键是转变传统GDP发展思维惯性，更新发展理念，创新人才培养模式，促进区域和城乡均衡发展。首先，转变观念。必须树立以人为本理念，由要素驱动转向全面改革，创新驱动；其次，创新体制。这是模式创新的根本。目标是"完善分级管理、地方为主、政府统筹、社会参与的管理体制"，重点是推进治理体制和治理能力现代化；最后，优化结构。这是模式创新的关键。在"新常态"下，原有的结构方式必须进行新的调整优化升级，否则将陷入格格不入的窘态。欲使结构优化，"体系"必须加大改革力度，通过要素规模数量调配和重新组合方式，创新结构模式，使需求与供给、投入与产出、产业与专业、教学与服务、数量与质量、规模与效益得到全面改善，发展更加趋于科学、合理和有效。

（三）立足中国制造战略探索新路径

《中国制造2025》是我国打造制造强国之战略的第一个十年行动纲领，对于提升我国综合国力，建设世界制造业强国具有重要战略意义。关键是要深化体制改革、促进技术技能人才培养。这是"体系"改革的重要方向。

1. 实施制造强国战略深化职业教育改革

中国制造业有过历史辉煌，占整个GDP的半壁江山，成为国民经济发展的主动脉和维护社稷民生的重要保障。但伴随自动化控制技术，机器人技术，数字信息化技术的发展，传统制造业生产方式日显退势，现代制造业发展狂飙突起。美国为了挽救振兴本土制造业提出了"再工业化"战略，德国也推出了"工业4.0"新项目。适应世界制造业提升的趋势，《中国制造2025》战略崛起，标志我国产业革命新时代到来。传统人口红利优势逐渐丧失，生产粗放经营走到拐点，实施制造业强国战略，需要大批高端技术技能人才和高素质劳动者的支撑。"体系"面临改革的新形势和新任务。适应新战略，职业教育必须全面深化改革，转换发展方式，创新人才培养模式，为中国制造崛起提供人才支撑与技术贡献。

2. 提升服务能力支撑中国制造强国崛起

中国制造强国崛起，基础在教育，关键是人才。职业教育是培养一线高技能人才和高素质劳动者的基地，是国家制造业的人才供给者。长期以来，为中国工业化发展，培养了一大批实用管用好用的技术技能人才，有效提高了劳动力素质，推动了工业经济发展，促进了人口资源向人力资源转移的进程。但随着工业化发展转型，制造业从"自动化"向"数字化"和"智能化"迈进，不仅推动了经济产业更新换代，而且也引发了职业就业的变化，直接撬动了人力资源板块，对人才和劳动者素质提出了新的更高要求。从中国制造向中国创造跨越，从中国质量到中国品牌升级，需要大量高素质技术技能人才作支撑。《中国制造2025》呼唤具有创新思维和跨界复合人才的大量涌现。"十三五"期间，中国将迈出新兴工业化发展的新步伐。"推动人才结构战略性调整，突出'高精尖缺'导向，实施重大人才工程，着力发现、培养、集聚战略科学家、科技领军人才、企业家人才、高技能人才队伍"，是未来社会经济发展主要目标和任务。"体系"面临人才培养的新使命，必须从《中国制造2025》战略需要出发，不断优化人才培养体系，创新人才培养模式，提高人才培养质量，使职业教育真正成为中国制造崛起的支柱，为产业转型升级提供人才支撑。

第二节　中国特色职业教育体系改革特点与维度

21世纪，"新常态""体系"改革进入全面深化的新阶段，不仅延续着历史惯性和发展主题，而且表现出鲜明的时代特征、改革特点和维度，深刻反映了"体系"内涵深化与方式转化，体现了未来改革与发展的趋势和特点。

一、"体系"改革的时代特征

"体系"改革是一定历史时空的产物，与所处时代密不可分，保持千丝万缕的联系。从这一意义而言，改革是一定时代变革的对象化，必然镌刻着与生俱有不可抹去的时代印记。发展靠改革，改革是发展的唯一出路。

（一）空间广泛性与协调性统一

经济全球化和信息网络化，极大拓展了空间视域和领域，使"地球村"不再是梦想。职业教育作为空间一片热土，拥有广阔的发展张力和可塑性，这种空间静态广泛性与动态协调性有机结合，为"体系"改革提供广阔社会背景和空间支撑。

1. 教育资源广泛性与协调性统筹

职业教育过程复杂性决定对资源的广泛依赖性和不可缺少的协调性。技术技能人才培养相对成本较高，占用资源也较多，尤其是实践性资源必不可少。但完全靠学校来解决，资源条件显然十分有限，必须开发借助利用社会企事业的一切有利资源，助力高素质技术技能人才培养，以满足经济产业高新化发展的需求。但资源跨界互通共享是一个复杂系统，涉及责权利统一等问题，在现实条件下需要通过体制改革来实现，即建立健全合作办学协调机制，理顺资源归属与使用关系，明确各方权益和义务，促进资源共享和效益共赢，最大化地实现教育资源广泛性与协调性统一。

2. 办学主体多元性与协同性统一

办学主体多元性是职业教育体制特征，而且随着市场经济发展还会进一步增强。政府举办，行业企业协同、学校办学、社会公众参与，是一个多元集成综合体，需要建立协同治理体制和机制，关键是打破原有体制界限，建立共同体，站在全局高度，通力合作，形成一个既统一意志又分工合作、协调双赢的生动格局。核心是在合作框架下建立激励参与机制，在法律约束下规范办学行为，形成责权利相互依存、彼此促进、和谐统一的格局，保障办学主体多元性与协同性的统一。影响这方面结合的主要因素依然是缺乏参与激励的有效办法，企业自觉参与职业教育人才培养的问题还未从根本上改变。究其原因，根本是缺乏法治问责。因此，进一步完善职业教育法治，是"体系"改革的重点，应根据职业教育办学需要，加强法律法规建设，为促进办学主体多元统一保驾护航。

（二）模式内生型与外向型结合

内生与外向结合是当今中国改革开放的基本方略和特点，也是"体系"改革的必由之路。内生是指坚持从国情和特点出发，走自己独立发展的道路。外向是指坚持改革开放，"走出去，请进来"，推进职业教育国际化发展，不断提升国际影响力和竞争力。

1. 内生与外向辩证统一

在空间战略下，内生是根本，外向是拓展，本质是发展，统一是保证，两者辩证统一。坚持两者结合，是历史的必然，是由国情特点决定的。历史证明，坚持改革开放，促进对外交流合作，是重要的历史经验和成果。各种不同发展模式相互对话交流互动有助于相互借鉴、取长补短和共同发展。历史上，国外尤其是欧美国家现代职业教育对我国职业教育发展历史进程影响是深刻的，是外生的推动力。但不可照搬替代，因为各国历史文化传统存在差异，这是不可改变的生命基因，所以最终还是通过吸收消化，丰富强健自身，不断推进中国化进程。同时，现实也表明，我国现代化建设包括职业教育现代化发展虽然从发生学角度看是外生型的，是世界现代化推动的结果。但如何发展，路在脚下，离不开本土根基，必须走出一条属于自己的道路。也就是说，归根到底，由内而生，形成发展动力和生命活力，还是要建立内生型发展模式。这是历史必然，也是国情的需要。总之，内生与外向结合和统一，是"体系"改革大逻辑和大方向。

2. 内生与外向模式改革

内生与外向是辩证统一，也是一个历史进程。伴随着改革与发展，两者结合方式是一个与时俱进的过程。外向拓展即交流合作，是"体系"坚持改革开放和推进发展的重要维度和方略，内生发展是"体系"坚持我国长期秉持独立自主发展方针道路的根本原则和要求，两者落实到"体系"改革上就是要以创新为驱动，推动发展模式转型。面向"新常态"，关键是创新模式，促进发展。"2014 年国际货币组织按购买力平价计算，确认中国经济总量首次超过美国"。❶ 量的提升意味着质的变化。我国"十三五"规划提出"必须准确把握战略机遇期内涵和条件的深刻变化""着力在优化结构、增强动力、化解矛盾、补齐短板上取得突破，切实转变发展

---

❶ 毕诚. 主动面向世界——中国教育改革开放新起点 [J]. 海南师范大学学报，2015（3）：128－133.

方式，提高发展质量和效益，努力跨越'中等收入陷阱'，不断开拓发展新境界"的目标和理念。这不仅推动经济社会改革迈上新台阶，而且带动职业教育由大国向强国转型，成为"体系"内生与外向模式改革的新起点。

（三）品质特色化与创新性融合

形成特色和加强创新，是 21 世纪世界经济发展与竞争的制高点和决胜力。形成品质特色化具有决定性意义，是质量的核心要素。创新性是品质特色化的根本动力。两者融合是提升质量、增强竞争力、扩大影响力的关键。这是"体系"改革的新特点和着力点。

1. 品质特色化

从广义而言，品质是指一种性质状态和特征，运用于具体领域，具有特定的含义。在职业教育视域下，它是一个特定的概念，是指此类教育的内容与形式统一，表现为"体系"本色与特点。本色是"体系"特色化的根基，是形成特点的依据。我国职业教育面向世界，根系本土，无论办学宗旨与目标、基础与条件等都与国情特点和民族传统保持着血肉般的联系，体现中国气派和民族特点。这是形成"体系"特色的根本因素，也是决定竞争力的根本所在。在国际竞争中就是坚持中国特色发展方向，实施参与融入与错位竞争战略，充分发挥"体系"作用和影响力，推进教育国际化发展进程，成为世界职业教育不可或缺的重要组成部分。在国内大局中就是融入国民教育体系，但又始终遵循自身发展规律和特点，立足本位，办出特色，提升品质，服务发展，力戒全面参与竞争，防止趋同化与同质化，走特色兴教、质量立教、人才强教的办学之路，使特色成为"体系"生命线、源动力和竞争力。

2. 创新驱动性

创新是职业教育发展的不竭动力，是"体系"改革的决胜战略，必须摆在全局高度，不断推进理论创新、制度创新、教育内容方法创新、治理模式创新和文化建设创新，让创新贯穿改革与发展全过程，成为改革的驱动力和创新源。品质特色化与创新性是有机结合，绝不是简单地叠加，是要根据社会需求特点和自身系统实际，对"体系"进行创新性的改革与建设，核心是创新人才培养模式。这是一项系统工程，是"体系"外部环境改革的内化过程。因此，创新涉及外部环境条件与内在资源、体制、教育教学（专业、课程、计划、师资等）要素，关键是如何加强品质特色化与创新性的有机结合，这是问题的关键。从这一关键接点出发，增强创新驱动性是推动品质特色提升的重要环节。《中国制造2025》和"互联网＋"战略实施，为此创造了重要历史契机，提供了有利条件。适应人才培养的新要求和发展方式的新变化，必须以创新为驱动，推进教育观念、教育体制、教育体系、教育治理和教育文化创新，走出特色引领创新推动的新路，促进"体系"更好更快发展。

二、"体系"改革维度的转换

维度是一种审视与评判事物性状及趋势的空间视角和定位，具有全方位、多层次、立交体的特征。转换是指一种理念、体制、机制、模式的转变，具有广义与狭义概念。广义是指社会结构、经济形态、文化模式、生态发展等的转变，带有全局性质，具有战略特征。狭义是指一种"型"或"类"的转变，具有局部性特点。此处研究的改革维度转换，系一种狭义概念，是指"体系"理念、思路、结构、模式的改革调整转变创新，旨在顺应时势变革发展需要，转变职业教育发展方式，创新发展模式，推进"新常态"发展，促进发展战略转型。"体系"改革应重点把握改革的三大维度。

（一）提升人才培养质量

人才培养是教育的根本任务，也是"体系"改革的核心。关键是培养什么样的人才，不同的历史时期有不同的标准和要求。在"新常态"与《中国制造2025》战略推动下，"体系"人才培养正处于提升的重要时期。

1. 人才培养历史嬗变

职业教育人才培养是一个历史动态的过程。新中国成立之初，新生的中国当代职业教育在党与国家教育方针指导下以培养国家经济建设急需的初中等技术人才（工人和农民）为目标迈出了历史第一步。改革开放新时期，适应社会主义现代化建设需要，走向恢复新生的职业教育以培养"千百万受过良好职业技术教育的中、初级技术人员、管理人员、技工和其他受过良好职业培训的城乡劳动者"❶ 为目标迈出了时代新步伐，推动了职业教育的复苏和发展。20 世纪 90 年代，伴随市场经济建设与新经济发展需要，职业教育人才培养又有新的调整和变化。1998 年，原国家教委为落实科教兴国与可持续发展战略制定印发了《面向 21 世纪深化职业教育教学改革的原则意见》，提出了"职业教育要培养同 21 世纪我国社会主义现代化建设要求相适应的，具备综合职业能力和全面素质的，直接在生产、服务、技术和管理第一线工作的应用型人才"新目标，有力促进了职业教育人才培养模式的改革与发展。进入新世纪，面临知识经济、高新科技快速发展的新挑战和机遇，我国进入全面建成小康社会和实现中华民族伟大复兴"中国梦"的关键时期。适应新形势新需要，2005 年国务院《关于大力发展职业教育的决定》和 2014 年国务院《关于加快发展现代职业教育的决定》相继提出"培养数以亿计的高素质劳动者和数以千万计的高技能专门人才"新目标。2015 年，《中国制造 2025》战略行动纲领提出，确定了实施制造强国战略目标，坚持把人才作为建设制造强国的根本，职业教育面临高素质技术技能人才的新需求，改革迫在眉睫。

2. 人才培养模式创新

社会经济转型，高新科技发展，产业结构升级，技术创新进步，生产力水平提高，对人力资本供给提出新的更高要求。未来从事制造业和现代服务业的技术技能型人才将成为就业人口主体，需要更多适应性强、具有良好综合素质和较高技术技能的人才。职业教育是我国高素质技术技能人力资源的主要来源，但在社会经济转型中人才培养面临改革与创新的新课题和新任务。原有的人才培养观念和模式已不能适应社会经济科技产业和就业市场发展变化的需要，必须进行适时调整改革和创新，创新人才培养体系和模式。关键是转变传统的技术技能培养观念与模式，重构多样化复合型高素质的技术技能人才培养新范式。这是人才培养改革的突破口，也是一个系统改造与创新过程。在专业建设上以服务为方向，对接产业需

---

❶ 中共中央关于教育体制改革的决定 [J]. 师范教育，1985（6）：6－12.

求，"聚焦新一代信息技术产业、高档数控机床和机器人、航空航天装备、海洋工程装备及高技术船舶、先进轨道交通装备、节能与新能源汽车、电力装备、农机装备、新材料、生物医药及高性能医疗器械等十大重点领域"❶，拓宽口径，赋予新义，创新传统，强化优势，发展新兴，形成科学合理生态专业的结构体系。在课程体系上以就业为导向，对接职业需求，更新教育教学内容，以综合素质为平台，以人文素质为核心，以专业核心技术技能培养为根本，构建为制造业强国崛起提供高素质技术人才培养新体系。在培养方式上体现职业过程，突出能力重点和实践环节，理论联系实际，推进产教融合、校企合作和工学结合，培养适应性强、一专多能、综合素质高、动手能力强的技术技能人才。

（二）转变传统发展方式

传统方式向现代改革转型，是"体系"自我完善升级发展的需要，是告别传统走向现代的过程。这项改革包括观念、制度、模式改革，其中，观念变革是先导，制度改革是关键，模式创新是动力。

1. 转变传统观念，确立科学理念

从传统向科学转化是一个变革的过程，一般而言，思想观念变革具有先导性，对于"体系"改革也不例外。在传统观念下，高耗低效发展方式制约影响了质量提高。在市场氛围下，以规模数量增长为价值取向和投资方向，造成发展不平衡，质量受到削弱，使供需失衡、数量与质量脱节、规模与效益错位，是形成大起大落风险的主要诱因，极不利于职业教育健康持续发展。因此，转变高耗低效与唯 GDP 发展观念，重构科学发展理念，走均衡全面持续生态发展的道路，是"体系"改革的必然选择。确立科学发展观，关键是要确立以人为本的理念，当前尤其要树立"创新、协调、绿色、开放、共享"五大发展理念，以创新为动力，以协调为制衡，以绿色为生态，以开放为平台，以共享为目标，促进"体系"可持续发展。这是关系"体系"改革发展的一场深刻变革，攸关"十三五"乃至更

---

❶ 中国教育科学研究院课题组. 完善先进制造业重点领域人才培养体系研究［J］. 教育研究，2016（1）：4-16.

长时期我国职业教育发展的前程。

2. 深化制度改革，建设现代制度

制度改革与创新是"体系"改革的重要维度和关键环节。因为只有通过制度创新，才能破除一切不合时宜的陈规陋习，重构改革发展的新体制新机制，推进制度化与法治化的进程，确保目标实现和均衡持续发展。这是历史发展的必然。"流水不腐，户枢不蠹"。当代职业教育正是在这一规律运动的推动下不断成长发展。目前，我国进入了经济发展方式转变及产业转型升级的关键时期。《中国制造2025》是国家发展制造业强国的重大战略，急需培养大批高素质技术技能人才和劳动者。职业教育是支撑，但也必须看到，"体系"改革虽然已取得长足进步，发挥了重要作用，但依然存在薄弱环节，如技术技能人才培养衔接与提升通道还不顺畅、需进一步拓宽疏通，产教融合、校企合作、工学结合不够紧密、行业企业参与度不够、还缺乏有效的制度保证、需要进一步加强与完善，另外职业院校招生就业与普通教育差距依然突出等，制约着"体系"构建与职业教育发展，必须用改革的方法加以解决。深化体制改革，加快建立现代制度，必须从国情实际与职业教育特点出发，保持与党和国家总体法规制度的一致，同时体现职业教育的特点。借鉴国外职业教育制度建设的先进经验也不可缺少，如德国职业教育"双元制"之所以成为世界现代职业教育一种典范，关键有一套较完备有效的制度保障体系，如《联邦职业教育法》与各州《学校法》等，其中，"教育企业"（具有办学资格的企业）是德国职业教育制度的一大创新和亮点。我国应结合国情实际和职业教育特点，加强教育投入，加强办学体制、人才培养、"双师型"素质师资队伍建设、招生就业和普通高校转型等制度改革与创新，促进制度现代化建设进程，为"体系"提供完善有效的制度保障。

3. 改革传统模式，转变发展方式

与社会经济与产业结构发展相适应，是现代职业教育发展的基本规律和动力机制。当前，"体系"改革正处在社会经济改革发展的"新常态"。今天的发展已不是以速度规模增长为唯一目标，而是追求更加长远全面和谐持续生态的发展目标，全面深化改革，实施经济、政治、文化、社会、生态和党建"六位一体"发展新思路和新对策,"体系"面临模式创新与发展方式转换的新课题和任务。总体而言,要由外延扩张向内涵发展转变,由速度数量向质量效益转变,由粗放管理向科学治理转变,由向外借鉴向自主创新转变。实行这四大转变,必须以"创新、协调、绿色、开放、共享"五大发展新理念为指导,坚持走创新驱动、集约化、生态化、联盟化、信息化发展之路,开启全面深化改革的新阶段,促进模式创新和发展方式转变。

(三)大国崛起向强国定位跨越

近百年来,中华民族为崛起而探索奋进,如今,已进入世界主要大国的行列,正处于由大国走向强国、实现中华民族伟大复兴、建设社会主义现代化国家"中国梦"的关键时期。历史证明,"真正意义上的世界强国,必定是教育强国"❶。在这宏大目标下,建立职教强国是应有之义,也是新一轮"体系"改革与发展的重要维度和历史使命。

1. 大国崛起为强国奠基

改革开放推动了教育快速发展,成就了"教育大国的崛起"❷。"我国实现了从人口大国向教育大国的历史性跨越,对推进中国社会主义现代化和全面建设小康社会的进程发挥了重大作用"❸。其中,职业教育发挥了不可替代的历史作用。面向21世纪,大国崛起为建立教育强国和职教强国创造了历史条件,奠定了发展基础。这是实现职教强国之梦的自信。改革开放以来,职业教育由弱小跨入大国行列,实现了历史的大跨越。目前,正处在向强国跨越发展的关键时期。改革是推动力,发展是硬道理,创新是源动力。强国是一个国家综合国力的象征,体现为经济强盛与社会富裕。建设职教强国,参照国外发达国家经验,从体系角度而言,无论德、美、澳、英等,都具有稳定的投入机制、健全的办学体制、统一的职业资格认证体系、特色鲜明的人才培养体系和完善的法治保障。这些都是奠定世界职教强国地位的基础。结合我国职业教育改革目标定位,所谓强国,是指

❶ 吴康宁. 教育的品质:教育强国的"软实力"[J]. 教育发展研究,2015(11):1-4.

❷ 改革开放30年中国教育改革与发展课题组[M]. 教育科学出版社,2008:9.

❸ 《教育大国的崛起》首发座谈会举行[J]. 中国职业技术教育,2008(10):29.

到 21 世纪中叶我国职业教育进入世界中等发达国家行列，教育体系较完善，人才培养质量较高，可持续发展较好。基于这一基本维度和框架定位，实力与品质是建立职教强国的基石。所谓实力，是指职业教育综合实力，是软硬件结合，包括充足的教育投入、满足需求的教育机会、先进的教育教学理念与技术装备、高水平的师资队伍和现代教育治理体系和能力。所谓品质，是指职业教育质量与效益已达到较高的层次和目标，集中体现为在人才培养理念上超越了传统功利局限，回归本质，倡导全面、自由、平等、福祉、和谐、持续、绿色的现代教育理念。在社会影响力上一改弱势教育地位真正成为社会公民一致认同、面向人人提供终身职业技术教育培训的重要教育服务类型。在教育体系上"形成适应发展需求、产教深度融合、中职高职衔接、职业教育与普通教育相互沟通、体现终身教育理念、具有中国特色、世界水平的现代职业教育体系"。在教育内容与形式上实现了传统向现代转轨，体现新经济发展和产业升级需求，满足社会公民对职业技术技能终身持续服务要求，有效提供信息互联网时代发展的学习平台和途径。

2. 历史跨越为强国圆梦

职教强国是一个面向未来、深化改革、跨越发展的目标体系和历史过程。从宏观看，所谓跨越，根据世界银行 2011 年公布的国家收入分组标准，我国已经跨入高中等收入国家行列。英国经济学家利亚姆·哈利根在发表的《标志着回归世界旧秩序的一年》中称，2014 年中国经济规模超过美国，成为世界最大经济实体，是世界经济发展史上的一个重要的里程碑。但依据世界经济发展经验预测，未来十年左右，我国将面临跨越"中等收入陷阱"（Middle Income Trap）危机。因此，保持可持续发展就成为规避风险实现稳定发展目标的决定因素。从微观看，这里论及的跨越，是指职业教育从大国向强国转型及其发展过程。两种跨越虽处在不同层次，但密切联系，相辅相成，相得益彰。强国构建需要职业教育支撑，职业教育强国之梦实现也离不开强国社会经济基础，"强"字是两者的有机结合点和互动支撑点。2015 年联合国教科文组织（UNESCO）在巴黎总部通过并发布"教育 2030 行动框架"，已把发展职业教育作为社会发展的重要目标。但关于职教强国的评建指标和途径方法研究至今还是一个薄弱环节。"体系"在跨越发展过程中面临众多挑战，跨越广阔空间，涉及诸多因素，如社会经济与职业教育协调发展等关系，但根本是人力资源建设，是跨越发展的决定因素。对于职业教育而言，跨越则意味着是一种社会责任，也是一个加快发展战略，必须从国家发展长远战略和大局出发，在规模数量质量效益综合指标上全面实现历史新跨越，为突破发展瓶颈、跨越历史危机和推进可持续发展提供人力资源的支撑。从外部而言，需继续加大对职业教育的扶持支持支撑力度，稳定投入，完善政策，改善环境，增强互动，促进发展。从内部而言，需进一步深化改革，创新驱动，提高质量，持续发展，提升综合实力。这是职教大国向强国转型的关键因子和必然选择。

第三节 中国特色职业教育体系改革重点与路径

《国务院关于加快发展职业教育的决定》对"体系"改革提出了指导思想、基本原则和目标任务，目前，进入全面深化发展的重要时刻。"十三五"时期是我国全面建成小康社会的决胜时期，也是"体系"基本形成的关键阶段，必须适应新常态，深化改革，加快发展，凝心聚力，在重点领域和环节取得突破性进展，增强对经济社会发展的服务贡献力，确保到2020年基本实现教育现代化，为全面建成小康社会打下坚实基础。

一、"体系"改革重点

问题导向是改革的重要维度和出发点，重点是对"体系"构建起决定性影响的领域。审视与疏理"体系"构建中存在的主要问题和薄弱环节，适应性问题、体制差距和治理薄弱是改革应密切关注，需下大力解决的问题，应列入"体系"改革的重点。

（一）加大供给侧的改革

供给侧属于经济学的范畴，是指科学合理调节供需关系、提高供给质量和效率、促进经济持续稳定增长的理论和方法。将这一理论与方法引入

"体系"改革语境，具有重要的理论与实践意义。

1. 增强供给侧理念

关于需求与供给关系问题，历来是职业教育发展的重要领域，但供给侧命题的提出更突出了"体系"改革的本体主题。社会需求（需求侧）是"体系"的客观基础，供给侧是"体系"的供给方面，供给侧改革是指"体系"适应社会需求，通过不断调整优化教育结构，提高人才培养质量，增强社会公共服务能力，促进社会经济发展，满足人民群众需求。要义是服务，核心是质量，关键是能力，实质是完善结构体系。就其现状而言，目前正处在逐步完善之中，但也存在突出矛盾和问题，主要体现为教育教学质量和人才培养适应性还需进一步提高等，曾出现的"技工荒""用工荒""就业难"现象就是这些问题的直接反映。因此，突出供给侧，是"体系"改革的重要理念，是解决资源配置、系统协调、方式转换、布局均衡、模式创新、质量提升和机制优化问题的根本出路。

2. 推进供给侧改革

推进供给侧改革，是"体系"全面深化改革的需要。这是一个系统过程，在总体思路上要兼顾体系内外系统的协调和衔接，既要满足"体系"自身构建需要，又要适应未来社会经济发展需求，满足人民群众对职业技术技能终身教育培训的需求，形成和谐持续发展生态。在实施重点上要突出"体系"关键领域，以加强资源配置优化、专业结构调整、课程体系建设、人才培养模式创新和师资队伍建设为抓手，改革一切不适应"新常态"发展的供给瓶颈和弊端，使资源配置有利于均衡发展，专业设置有效对接经济产业，课程改革适应经济社会发展需要，人才培养更加满足社会经济科技增长和职业岗位及职业生涯发展的需求，全面提升职业教育和人才培养质量和效率，促进可持续发展。

（二）突破改革制约瓶颈

改革是"体系"自我调整和完善过程，是发展动力和前行出路，必须是理论自觉、改革深化、体系创新和保障给力。我国职业教育改革萌芽于新中国成立初社会主义建设与发展，起步于改革开放，21世纪步入全面深化，面临改革"深水区"和发展"关键期"。60多年的探索与改革取得突出成就。但发展无止境，改革在路上，新情况、新矛盾和新问题不断突现，这是职业教育从大国迈向强国过程中必须解决的现实问题。

1. 创新职教新理念

历史表明，教育发展历史是教育观念变革的历史，而且处于引导的地位。职业教育的方向迷茫，重心偏离，问题症结，根本在观念，实质是价值观缺失或错位。当代职业教育从传统应试教育突围走向新职教发展之路，印证了这一历史规律和过程。同样，制约今天职业教育改革与发展的瓶颈也是观念原因。从转变应试教育观念，重塑以就业为导向，加强职业技术教育，注重能力培养，是思想解放和转变观念的结果，对于职业教育具有决定性意义。但改革尚未终结，今天职业教育改革进入历史"新常态"，"互联网＋"和《中国制造2025》将职业教育改革与发展带入了一个更加开放融合与协同创新的新时代。对于职业教育而言，面临的一个新挑战和新任务，就是适应发展"新常态"，转变观念，改变惯性，创新职业教育理念，重塑以人为本、开放包容、多元互动、创新驱动、生态支撑、成果共享的发展新观念。让职业教育服务社会，回归本质，使每个人终身享受职业教育与技术培训的权利。正如2015年联合国教科文组织关于"教育2030行动框架"所宣称的"教育的使命被扩大至全纳、公平和全民终身学习，给每个人公平的机会""不让任何人掉队。"这是"体系"改革必须确立的教育新理念。

2. 确立发展新目标

我国已经进入从教育大国向教育强国跨越的新阶段。适应这一历史性转变，我国职业教育转型问题已提到议事日程，由"生存型"转向"发展型"是历史的蜕变与进步，今天，再由"发展型"提升到"跨越型"是历史的超越和变革。改革到了关键时期，发展到了转型阶段，职业教育面临历史发展的新机遇。处在历史转变新拐点上的"体系"改革应增强改革信念，明确树立强国目标，实现历史跨越，最根本的是加快发展，提升综合实力，形成中国特色，建设现代化职教强国。因此，"体系"改革比以往任何时候，更需要以一种开放视野、改革胆略和创新思维，站在历史发展新起点上精心谋划跨越发展的新战略和新路径，努力培养适应中国制造强国战略拓展的高素质劳动者和技术技能人才，服务中国崛起的新需求。

（三）推动治理新进程

治理（government）是现代公共管理学的核心理念，源于政治学领域，作为统治同义词出现，而后随着历史变迁和理论演化逐步扩展融入其他研究领域。进入知识经济和社会信息化新时代，世界日趋复杂多变，改革面临艰难险阻，金融危机，经济跌宕，发展疲软等，治理问题日渐突出，成为热门话语。适应改革发展的新需要，党的十八届三中全会明确提出"推进国家治理体系和治理能力现代化"目标任务。"体系"改革也不例外，迫切需要建立现代职业教育治理体系和加快治理能力现代化建设。所谓"体系"治理体系和治理能力现代化，是指本系统治理理论、价值、决策、执行、协调、服务和发展能力的总和，现代化是目标和途径，要义是增强体系与能力的适应性、协同性和创新性。这是"体系"治理体系和能力现代化的关键和重点。

1. 增强治理适应性

当前，我国正处于发展主题多元叠加变奏的关键时期，进入了"中高速、优结构、新动力、多挑战"的"新常态"。我国职业教育也正在从外延扩张转向内涵提升，处在改革转型发展的关键时期，迫切需要提高治理体系与能力的适应性。从客体看，"体系"治理体系与能力现代化，是社会治理改革与发展的重要组成部分。接轨与融合是客观要求和必然趋势。传统单一纵向型管理模式难以适应改革开放日趋多元融合与创新发展的新实际和新特点，迫切需要转变观念，创新模式，提高适应性，推动治理体系和能力改革和建设，促进良性互动局面形成。从主体看，客体是重要条件，主体是决定因素。治理在重视客体作用同时，应更加强调主体的主导意义和决定作用。在主客体双边合作治理系统和过程中，提高"体系"治理体系与能力适应性，是改革的重点。关键在于对客观环境发展趋势与改革重点的认知和把握，提升各主体判断决策能力和水平。这是增强治理适应性的根本。

2. 加强治理协同性

治理是一个系统工程，需要多元主体发挥综合协同作用。这是治理同管理的重要区别。伴随信息网络发展和社会主义政治民主制度建设推进，社会主体参与意识和热情日益增强。为加强"体系"治理与能力建设提供了良好的社会基础和氛围条件。当前，适应国家治理体系与治理能力现代化发展的需要，迫切需要加强治理体系与能力的协同性建设。这是"体系"改革题中之义。重点是改革制度性屏障，重构多元参与、协同发展的治理新体系和新机制，激发主体参与协同治理积极性，"让一切创造财富的源泉涌流"。这是治理改革的基础，关键是加强统筹协调。因为"体系"治理不是单一的结构和方式，而是一个多元主体参与协同推进的有机系统和过程，面对的和参与的都是大写的人，即治理主体。因此，加强"体系"治理协同性，应转变过去偏重"刚性""单一"管理模式，重构以人为本、多元合作、协同治理的新模式，促进治理体系与能力建设。由此出发，政府充分发挥宏观治理作用，尤其加强制度顶层设计，优化政策供给和资源配置。其他各参与主体包括行业企业、职业院校和教育接受者也应发挥治理的个性作用，形成一个多元结合、优势互补、互动发展、综合治理的新体制和机制，更好地推动"体系"的改革发展。

3. 提升治理创新性

创新驱动是"新常态"发展的核心动力，也是"体系"治理系统与能力现代化的关键点。从根本上讲，这是一个内生发展的过程，由传统管理走向创新治理，创新是决定因素。理念创新是先导，必须从转变传统管理观念出发，确立民主、开放、协同的现代治理新理念，为推进治理能力现代化进程奠定思想基础。深化治理体制改革是关键，改革办学体制是"体系"改革的重点，其中包括治理体制的改革和创新，传统自上而下垂直型管理模式缺乏活力，必须重构上下贯通、左右协调、浑然一体的治理新体系，形成政府、行业企业、学校、社会公众共同参与协同治理的新局面。提升创新治理能力是根本，核心是提高决策和制度创新能力，关键是提高技术技能人才培养能力，创新中国特色现代学徒制模式，建立相应配套制度，提供优质的教育教学资源，促进产教融合、校企合作和工学结合，推进"体系"系统、整体和协同发展。

二、"体系"改革方略

"体系"改革是一个关键工程，必须站在时代前沿和战略高地进行前瞻系统的规划和设计，加强改革的关联性、系统性、协同性、协调性和持续性，形成科学合理的战略布局和部署，才能确保改革的顺利有效持续开展，完成改革的既定任务，达到预期的目标，取得理想的效果。这是"体系"改革必须遵循的基本原则和方法。

（一）跨越发展思路

跨越发展相对于渐进发展方式，是社会历史进程中一种超越常规演变发展的方略，最早发端于西方社会经济学研究，如经济学主要创始人英国亚当·斯密的财富增长理论等，成就于马克思主义以辩证唯物主义与历史唯物主义为基础、以生产力与生产关系矛盾运动为核心的跨越发展理论，后被广泛应用于各国和地区自然社会经济文化教育发展等各个领域。所谓跨越发展思路，从广义而言，是指以科学发展观为指导、以人为根本、以发展为主题、以跨越为目标、以可持续发展为主线的发展思路。从狭义上看，它是指特定的领域和系统部门为应对环境变化与挑战、谋求生存发展空间和竞争优势、结合自身实际、对未来发展的战略运筹和决策。这是一种超常的战略思维和发展谋划，涉及观念、形态、结构和方式改革。此处研究的"体系"改革跨越发展思路，是指建立在社会主义初级阶段历史和现实基础之上、基于对发展趋势的科学判断和对现状问题的深刻思考、确立从大国向强国跨越发展的方向和目标。

1. 社会综合改革为跨越奠基

改革开放开启了我国社会主义现代化建设的新时期。"我们党以巨大的政治勇气，锐意推进经济体制、政治体制、文化体制、社会体制、生态文明体制和党的建设制度改革，不断扩大开放，决心之大，变革之深，影响之广前所未有，成就举世瞩目"。● 首先，社会经济基础增强支撑"体系"改革。"我国物质基础雄厚，人力资本丰富，市场空间广阔，发展潜

● 《中共中央关于全面深化改革若干重大问题的决定》［N］. 光明日报，2013 – 11 – 16.

力巨大，经济发展方式加快转变，新的增长动力正在孕育形成，经济长期向好基本没有改变。"目前，我国发展仍处于可以大有作为的重要战略机遇期。"十三五"是全面建成小康社会的关键时期，也是社会经济持续发展的重要阶段。所有这些为"体系"改革奠定了物质基础；其次，社会意识形态发展促进"体系"改革。社会意识形态发展为社会经济发展提供有力保障，同时也成为"体系"改革的重要推动力。新时期以来，思想、政治、文化快速发展，软实力不断得到提升，其丰硕成果为"体系"跨越发展创造了不可或缺的人文资源和社会环境。

2. 职业教育发展为跨越开路

我国当代职业教育60余年，经历了新生欢庆、改革振奋、发展喜悦，也经受了曲折的考验，但总体保持了持续发展的态势。尤其是"近年来，我国职业教育事业快速发展，体系建设稳步推进，培养了大批中高级技能型人才，为提高劳动力素质、推动经济社会发展和促进就业做出了重要贡献"❶，也为"体系"改革跨越发展打下了牢固基础，提供了可持续发展的保障。首先，战略地位凸显，"体系"建设已是国家发展的重要战略，列入优先重点发展事业；其次，事业快速发展，"目前，全国共有1.2万多所中职学校、1300多所高职学校，年招生总规模1000万，在校生近3000万。我们建成了世界上规模最大的职业教育体系，基本具备了大规模培养高素质劳动者和技能型人才的能力，为经济社会持续健康发展做出了重要贡献"❷。体系建设稳步推进，不仅在理论建设上创新发展，而且在体制构建上也不断取得突破性进展。所有这些都为"体系"改革跨越发展开拓道路，提供了必要条件。

3. 改革开放扩大为跨越助力

改革开放是"新的伟大革命"，是"当代中国最鲜明的特色"。新时期以来，职业教育改革开放功不可没，最重要的成果是初步形成了中国特色现代职业教育体系，为"体系"全面深化改革与跨越发展提供了不竭动

---

❶ 国务院关于加快发展现代职业教育的决定［N］. 光明日报，2014－06－23.
❷ 深化改革加快发展开创我国现代职业教育新局面——刘延东在全国职业教育工作会议上的讲话［J］. 职业技术教育，2014（18）：33－37.

力。坚持解放思想与实事求是的思想路线，突破了因循守旧思想观念的束缚，开启了改革开放的新局面。坚持对外开放对内搞活的方针政策，突破了闭关锁国的发展模式，开创了面向世界和立足大局事业发展的新格局，推进教育国际化和多样化快速发展。广泛开展交流合作，积极吸取一切有利于职业教育改革发展的先进经验和成果，有力促进了"体系"改革开放和可持续发展，成为"体系"深化改革创新发展的重要推动力。

（二）竞争发展战略

错位竞争战略是市场经济的产物，就其本质特征而言，指的是在纷繁复杂、机遇与挑战并存的市场竞争的夹缝中谋求生存与发展的一种竞争的理念和策略。它是市场弱势者在激烈竞争中谋求生存与发展空间及利益的利器和保证。在市场经济和竞争加剧的条件下，这一理念和策略运用于"体系"改革和发展，具有重要的战略意义。

1. 战略理论意义和现实价值

改革开放以来，我国中等职业教育日趋稳步发展，高等职业教育快速崛起。但由于理论准备不足，又缺乏实践经验，趋同化问题日渐凸显，在发展理念和办学目标定位方面片面追求"高大全"（争一流、上规模、求综合），致使一些院校盲目发展，陷入 GDP 单一极限的困境，助长了相互攀比与无序竞争之风的漫延滋长。究其原因，既有受市场经济竞争的影响，又有自身集体无意识地选择规模扩张式模式的原因。践行科学发展观，使职业教育发展逐步回归理性，重返健康发展之轨道。目前，"体系"改革进入了关键时期、也面临激烈的竞争。在教育生态圈里，各类教育存在差别是客观存在的事实，这是由发展历史、办学性质、人才培养特点和承担任务不同所决定的。而且，这种差异不仅存在于不同教育类型中，就是同类教育因办学传承与层次不同，也存在不同差别，形成不同的办学状态和个性追求。从发展战略视野来看，有差别并非是坏事，有差别也并非一定有差距。大千世界、万物竞辉。差别即区别，在一定程度上又表现为与众不同，独具个性和优势。从这意义来看，差别就是特色，就是竞争力，既是个性的标志，又内涵生机活力。不同类型教育完全可以客观全面辩证地看待利用差别，走错位竞争的发展之路，从竞争夹缝中探寻出一条独特发展的通途、开辟出一片属于自己的新天地。因此，错位竞争是市场经济的，也是"体系"改革的重要战略和动力。

2. 战略有效途径和科学方法

"体系"改革有着不同于一般普通教育的本质特性和方法。进入"十三五"，职业教育面临新的战略机遇期。但因历史原因，优质教育资源不足，专业基础薄弱，师资队伍不强，决定了竞争在总体上仍处在劣势地位。但历史上以弱胜强、以柔克刚的成功范例屡见不鲜。关键是不为存在的差距所困，而要为缩小差距、改变现状、谋求跨越发展所思。显然，"体系"改革运用常规的思维方式是难以取得事半功倍的效果的。只有解放思想，打破常规，并以超常的思维与举措，创新发展，才能真正在竞争中脱颖而出，取得出奇制胜的局面。运用错位竞争理念和方法，就是职业教育转变弱势地位强化竞争实力的有效战略和方法，也是"体系"改革一个重要的战略抉择。欲将差距转化为优胜，必须坚持从实际出发，立足职教这片热土，正确定位，扬长避短，发挥优势，遵循比较优势的原则，坚持有所为、有所不为，走错位竞争的发展之路，定能在日趋激烈的竞争中避其锋芒，占据有利地位，为自己赢得属于自己的发展空间。为此，在办学理念上，"体系"改革应坚持错位发展战略，有所为、有所不为，力戒从各个方面参与全面竞争，应在技术技能人才教育培训方面形成不可替代的优势；在专业建设方面，应注意与市场结合，面向社会需求，不断调整充实优化专业结构体系，构筑竞争平台；在人才培养方面，以就业为导向，不盲目追求一流拔尖高端创新人才的目标，在相当长的时期内，应把主要精力放在培养高素质技术技能人才方面，不断深化教育教学改革、努力提高人才培养质量，为经济社会发展和人力资源建设提供人才支撑和技术贡献。

（三）协同创新平台

"协同创新"是时代的主脉、发展动脉、合作机制和创新平台，是指围绕创新目标，多主体、多元素共同协作、相互补充、配合协作的创新行为和过程。进入"新常态"，"体系"改革面临发展变速、产业融合、结构优化、创新驱动、协同发展的新趋势和新特点。其中，协同创新已成为促进发展、提高效率和提升竞争力的战略新走向。关注协同创新发展是"体系"改革的重要维度和新增长点。从理论而言，协同创新战略是辩证法在创新理论与实践上的具体运用，是指不同社会主体和利益预期基于共同的项目目标和平台，通过合纵连横、有效组合、互动协作，形成优势互补、集成创新的行为与过程。从实践而言，它作为一项推动"体系"改革战略，有利于突破自身局限，形成跨界合作、优势互补，合力推进的新局面，成为推动改革发展的新动力和新机制。

1. 增强跨界联盟意识，构建协同创新理念

跨界联盟合作，是协同创新战略平台的基础和保障。在产业走向跨界融合协同创新发展的条件下，"体系"改革面临多因素集成和异质融合创新发展的新环境，不可能在一个单一封闭系统中完成，必须通过跨界融合与联盟合作纽带桥梁，嵌入互动共生、互助互补、协同创新的新空间，才能融入发展的大趋势，拓展发展的新空间。在这跨界转型发展的历史过程中，特别需要克服传统封闭的发展观，重构开放融合、互补双赢、联盟合作、协同创新的发展战略新理念。当前，"互联网＋"在行动，联盟发展与协同创新方兴未艾，职业教育也势在必行。"体系"改革走跨界融合协同创新发展之路，是恰逢其时，大有作为，必须突破自身束缚，建立广泛合作共同体，求同存异，协同创新，开拓改革发展新空间，提升协同创新增长点。

2. 深化体制机制改革，建立融合创新体制

制度问题是跨界融合协同创新发展的关键。在这过程中，要防止新的无序和低效的产生。1877 年，奥地利物理学家路德维希·波尔兹曼提出用"熵"的概念来量度一个系统中分子的无序程度。"这一趋势无法完全逆转，只能借助于一些方法加以限制"。❶ 从历史渊源看，职业教育是劳动生产活动的产物，与社会生产和民生发展有着内在空间（信息）的必然联系，成为生存发展的一部分。但长期以来因制度和利益的原因，在空间上人为地形成间隔，成为跨界合作的屏障，突出表现为管理条块分割，各自

---

❶ 王岩，刘志华. 协同学视阈下的教育治理体系现代化 [J]. 教育评论，2016（1）：3-5.

为政，相互封闭，缺乏互动，严重影响着功能扩张和资源共享，给改革发展带来许多不利和局限。突破空间封闭与局限，关键是深化体制改革，推进制度创新，加强治理现代化建设，从战略管理的高度，推进跨界合作。这需要建立一个政府宏观管理、行业企业深度合作、学校自主办学、社会广泛参与的现代教育治理体系，政府、行业企业、学校和教育接受者四个治理主体权责分明又相互合作，彼此制约又相互支撑，从而为实现"体系"改革目标提供制度保证。

3. 促进资源合作共享，建设互补共享平台

这是一个广义概念，包括人、财、物、技和空间环境，是跨界合作协同创新的物质支点和必要条件。这是一个能量转移融合重构变量的过程，资金是动脉，物质是依托，技术是关键，人才是根本，对于协同创新战略实施具有决定性意义。因此，加强资源互联互通，促进开放合作共享，是建立协同创新平台的关键，也是"体系"改革推动协同创新战略的根本目的。加强资源共建，共建是合作的有效途径和方法，也是促进资源共享的重要桥梁和环节。既可以借助企事业现有教育教学资源，开展实践性教学，也可通过合作合营联办等方式，共同开发利用有效社会教育资源，共建教育教学合作基地，为技术技能人才培养创造条件。实现资源共享，关键是建立一个责权利平衡、结构和谐、服务优质、资源共享的联盟型服务体系，在合作联盟基础上共享资源，如实践教学场所和设备条件以及技术技能培训师资等，缓解实践性教学资源条件不足，满足人才培养的需要。

三、"体系"改革路径

"体系"改革是一项制度建设和自我完善的过程，要将改革意图转化为现实图景，离不开对战略路径的选择。因此，解决"怎样建设"的问题，是不可超越的阶段，需要精心构思，智慧抉择，系统部署，认真落实。

（一）增强改革理论勇气和破题自信

深入全面推进"体系"改革，是一项关系全局长远发展的战略工程，离不开理论勇气和破题自信。

1. 增强理论勇气，全面深化改革

"体系"改革是以问题为导向的改革，前提是对问题的认识和把握，但解决问题从来没有现成的答案，改革具有风险性。因此，改革本身就是在风口浪尖上行走，没有突破超越创新的理论勇气，哪来改革的胆识和锐气。实践证明，理论勇气是改革的底气和自信，主要来自于理论自觉和创新。首先，理论自觉。这是"体系"改革的理论基础。现代职业教育是具有系统的理论体系，本质论揭示了职业教育的历史渊源和本质特征以及发展规律，发展论阐释了当代职业教育发展趋势和战略构架以及路径方法，开放论强调了对外开放和对内搞活的基本原则和方针政策等，科学发展论指明了协调可持续发展的道路和方向。关键是掌握科学发展立场和观点，结合职业教育改革发展的实际，自觉运用于"体系"改革实践，成为改革破题和理论创新的支撑；其次，理论创新。这是理论发展的根本动力，也是实践活的灵魂和生命活力。世界是物质的，也是运动变化的。"体系"理论不是静止的意识，始终处在运动变化过程之中，否则就失去存在意义和生命活力。改革开放以来，"体系"理论最重要的变革是完成了从计划经济转向市场经济而后走向科学发展新阶段，使"体系"理论与时俱进，保持了生命活力。因此，创新是理论不朽的源动力，也是"体系"全面深化改革、推进创新发展的根本保证。

2. 确立破题自信，推进改革进程

所谓破题自信，是指"体系"改革的信念、信心和决心。它主要来自于对改革目标方向的把握和道路选择，决定行动的底气和锐气。首先，明确把握改革目标方向。自信作为一种特定的心理，生成于对该事物现状与未来的认知和把握。"体系"改革的总体目标是"到2020年，形成中国特色、世界水平的现代职业教育体系，"既适应我国社会经济发展方式转变和产业结构调整升级的内在需求，体现人的自身全面发展的根本要求，也顺应职业教育国际化现代化发展趋势，科学回答了"建设什么样的"和"怎样建设"中国职业教育体系的理论、制度和道路问题，是我国职业教育科学发展的理论指南和根本保障。诚然，实现这一目标，还有许多工作要做。不改革没有出路，不发展没有前途。由此出发，确立自信，坚定信念，增强锐气，是实事求是，与时俱进，科学发展，积极进取，推进发展的积极态度，也是改革发展的必然选择；其次，理性选择改革发展道路。目标实现，道路选择具有决定性的意义。"体系"改革的总体目标方向已倡明，就是走"中国特色、世界水平"改革发展道路。坚持"中国特色"，就是坚持社会主义办学方向，以德为先，以服务为宗旨，以就业为导向，以人才培养为根本，以发展终身教育为目标，推进全面小康社会建设，促进人自由全面发展。提高"世界水平"，就是推进国际化发展，加快现代化进程，培养具有国际竞争力的技术技能人才和"大国工匠"，形成中国职业教育品牌，进入世界强国行列。

（二）坚持改革导向原则和创新精神

"改革开放是党在新的时代条件下带领全国各族人民进行的伟大革命，是当代中国最鲜明的特色"。❶坚持改革导向性和创新性是"体系"改革的一项根本原则。

1. 坚持改革导向性

从宏观而言，"体系"改革要以科学发展观为指导，以走中国特色的发展道路、以服务社会经济发展和改善民生就业以及促进教育公平正义、增进和谐幸福指数为出发点和落脚点，以实现"中国梦"和"职教梦"为目标，不断开创改革发展的新局面。从微观而言，就是从"体系"改革的实际出发，确立改革发展的目标方向。《国家中长期教育改革和发展规划纲要（2010—2020 年）》提出，到 2020 年，要形成适应经济发展方式转变和产业结构调整要求的现代职业教育体系，满足经济社会对高素质劳动者和技能型人才的需要。根据这一指导思想和战略部署，"体系"在改革思路和发展目标上应主动适应经济社会发展需要，保持一体互动发展的总趋势，加快调结构，转方式，提质量，强特色，增效益，促发展。当前，改革正处在经济结构转型调整阶段，关键是以完善供给侧为重点，进一步调整优化专业结构，改革创新人才培养模式，提升现代教育治理能力，不断促进产教融合、校企合作和工学结合，努力提升办学水平和人才培养质

---

❶ 《中共中央关于全面深化改革若干重大问题的决定》［N］. 光明日报，2013 – 11 – 16.

量，走可持续发展道路，真正办社会满意的职业教育。

2. 增强改革创新性

增强创新性，是"体系"改革的核心理念和路径选择。从这一意义而言，改革就是创新，创新是改革的不竭动力。历史证明，凡是成功的职业教育，都不乏创新的精神和品质，都是创新教育。如美国社区学院模式，德国双元制模式，英国 GNVQ 模式，澳大利亚 TAFE 模式，新加坡"教学工厂"等，都是立足本土、依据国情实际和职业教育特点进行创新创造的成功范例，为世界职业教育发展提供了理论和实践的启示。因此，"体系"改革，既要面向世界，改革开放，注重创新，积极学习借鉴国外先进成功的经验和成果，又要立足本土，创新驱动，走自己的发展道路。在当前国家大力推进协同创新战略和高度倡导"大众创业，万众创新"背景下，从中国制造到中国创造，从中国质量到中国品牌，从产业转型到产业升级，需要大量高素质具有创新精神的技术技能人才作支撑。"体系"改革应抢抓机遇，凝聚社会智库，汇聚有效资源，推进发展，创新发展，创造中国特色的职教品牌，展演职教"中国梦"。这是"体系"改革的希望大道。

（三）加强改革互动融合和活力创造

"体系"改革从结构看是一个合纵连横、互动交融的综合体系，需要不断增强结构要素之间的互动性和融合性，促进活力的蓬勃发展，否则就难以形成改革动力和发展活力，保证"体系"改革的持续发展。从这一意义而言，互动融合与活力创造辩证统一，是形成"体系"改革必不可少的动力机制和活力源泉，是"体系"改革的重要途径和方法。

1. 促进互动融合

这是一个源自结构主义理论和辩证法的概念，宏观上是指世界体系的变量互动关系和过程，微观上是指主客体之间互动和量变关系和过程。对于"体系"改革而言，属于微观概念，主要是指主体与外部互动关系和变量过程，即从量变到质变的互动关系和历史变革过程。互动是条件，融合是关键，两者一体共存、相互支撑、彼此制约、合力发展。其中，适应性和磨合性是关键，既是互动条件，也是融合关键。从这一规律出发，"体系"改革必须不断加强与外部系统要素的联系，建立紧密有序的互动融合机制，采用嵌入、引进、联合、众筹多种方式，促进彼此有效互动和跨界越层融合，促使资源与功能优化组合和体系结构调整升级，增强适应性，提升磨合度，提高融合性，增强发展动力和生命活力，拓展发展空间，推进改革进程。职业教育是为社会经济发展培养高素质技术技能人才。当前，在"新常态"和《中国制造2025》条件下，"体系"改革不可能不受社会经济转型发展特别是产业结构调整升级的决定性影响，必然要从专业设置、课程建设、人才培养模式、教育教学改革、质量管理等方面做出相应的战略调整改革，满足高素质劳动者和技术技能人才培养的需要。这是"体系"改革增强互动融合性的必然要求和价值体现。

2. 加强活力创造

活力是生命力的象征，是创新创造活的灵魂，也是互动融合的根本。"体系"改革是一项充满创新创造的变革。所谓活力创造，是指"体系"改革在作用对象互动融合过程中所产生的能量和形成的能力。职业教育是耗能较多的教育。因此，活力越强势，"体系"改革就越能从社会环境中获得有效能源的支持和补充，就越具有发展动力和活力。关键是如何创造活力，形成动力，推动改革与发展。首先，加强创新创造。关键是制度改革与创新。目前，相对于改革开放进程，职业教育创新创造总体还较薄弱，需要增强活力。究其原因，主要是受传统观念与体制制约，存在各守其位、各司其职、缺乏互动融合的问题，严重影响资源与功能空间的开发利用，甚至造成不必要的麻烦。克服这些人为的制约和弊端，唯有改革与创新，别无选择。在宏观上，加强与社会经济、产业结构、行业企业合作，中观上统筹与行政、学术、教学、科研、服务、师生链接，微观上深化教育教学改革，加强专业建设，优化课程结构，提升师资水平，促进教育现代化发展，开创绿色可持续发展的新局面；其次，调整优化存量。当前，我国经济发展进入"新常态"，发展调速、结构优化和动力转换，急需提升劳动者素质，优化劳动力结构，夯实创新驱动根基。事实上，自然资源是不可再生的，人类面临紧缺短缺残缺的忧患与危机，而科技和人才等创新要素却日益凸显，而且人口结构深度变化、社会老龄化趋势加快和生育政策调整等对教育供给、布局和结构提出新的要求。"体系"改革只有用创新发展的思路和方法，激发新的教育活力，创造新发展动力，才能提供永续不断的能量和动力。但必须看到，我国职业教育规模庞大，结构复杂，发展还不平衡。因此，从实际出发，深化改革，促进发展，调整优化存量，是当前一项重要任务。应通过体制机制改革与创新，突破物理空间局限，深化改革，整合资源，合作功能，协调利益，走联盟合作的发展新路。如加强"长三角、珠三角"等沿海经济社会较发达区域与经济欠发达、贫困和边远地区联盟合作，促进资源互联共享，从而为逐步解决区域发展不平衡创造条件，为推进和谐持续发展新进程提供不竭动力。

本章小结

　　"体系"改革是时代赋予的重要使命，也是职业教育发展的应有之义。它是发展的推动力，是创新的开拓者。回顾我国当代职业教育改革，走过了一条由点向面、由浅入深、由局部到系统的渐进发展历史过程。当下，我国社会经济发展进入"新常态"，发展到了关键期，改革进入"深水区"。"体系"改革发展面临新形势和新任务，宏观上全球改革浪潮扑面而来，改变一切，推动发展。中观上我国社会经济发展进入新拐点，人力资源建设呈现新特点，文化教育改革产生新热点。微观上职业教育改革走向新阶段、实用应用向综合高端提升、传统方式向现代化转型、大国地位向强国定位跨越。当此时刻，"体系"改革必须适应"新常态"发展，新方式转换，在《中国制造2025》战略下探索新路径，唯此，别无选择。重点是加大供给侧改革，突破发展制约瓶颈，推进治理模式现代化变革。关键是加强改革的关联性、系统性、协同性、协调性和持续性，实施跨越发展战略、错位竞争战略、协同创新战略。核心是增强改革的理论勇气和破题自信，坚持改革的导向原则和创新精神，立足大局，从自身实际出发，针对突出问题和基本矛盾，厘清改革思路，锁定改革方向，把握改革重点，创新改革思路，形成改革举措，促进改革开放，推动可持续发展，办社会满意和人民放心的职业教育。

第八章

中国特色职业教育体系的创新路径

在创新驱动成为世界共同话语和发展战略的趋势下，中国职业教育改革发展已是世界的一部分，离不开全球发展逻辑和场域。加快实施创新驱动战略是历史的必然选择，也是决定今后发展后劲和竞争力的重要条件。"体系"创新是一个系统工程，关键是解决如何创新的路径问题。在此使用路径概念，未采用系统一词，意在理论上更加突出问题导向和创新探索的维度。这是一个多维视角和层次结构，其中，理论创新是先导，主体创优是基础，能力提升是关键，实践创新是根本。它们虽各在其位，各司其职，但却相互联系，彼此支撑，协同创新，共同推动"体系"构建与发展。

第一节　中国特色职业教育体系的理论创新

"体系"创新是一个探索领域，离不开创新理论导航。实践证明，创新理论是理论创新的过程和成果，它不仅是"体系"创新的核心，而且参与"体系"创新过程，赋予理论灵魂和动力支撑。关键是更新观念、转换方式和创新体系，形成中国特色现代职业教育理论体系。

一、更新观念，创新理念体系

理论构建是一个系统，观念是核心，具有决定性意义。从这一意义而言，有什么样的观念，就会有什么样的理论。在改革开放、市场经济和终身教育发展条件下，理论创新是增强适应性、提高主动性的有效途径，势在必行，但转变观念是首要的，决定理念更新，体系创新。

（一）确立人本与市场结合观念

21 世纪是市场经济发展的时期，也是人本主义复归风行的时代。正如"我们正处于创造性的经济浪潮中，在这种经济中人本主义是获得成果的最神秘因素"❶。在此走势下，传统以物质资源为主导的市场经济发展模式日显局限，科学人文力量异军崛起，市场与人文结合，科学与技术交融，成为历史选择，推动改革发展。适应这种发展需要，"体系"理论创新必须将教育信念即人本和科学人文主义精神贯穿于市场经济原则之中，这是理论创新的重要理念，也是实现均衡持续发展的保证。

1. 坚守育人为本理念

育人是教育的本质属性，是"体系"理论创新必须坚持的重要原则。无论是能力本位和素质教育，说到底，都是"为人"与"育人"，离开人，也就失去教育存在价值和本真意义。市场经济发展给职业教育创造了竞争发展的机遇和舞台，但也存在不健全不成熟的地方，如片面追求规模效益的倾向，也给职业教育发展带来负面的影响，重规模扩张而轻质量提升的弊端直接削弱了人才培养质量，给学生就业和升学造成了不良后果。事实证明，育人是教育的根本，质量是人才的保证。因此，培养高素质劳动者和技术技能人才是"体系"理论创新的出发点和根本点，必须放在首位。这是社会赋予当代职业教育的重要使命，也是"体系"理论创新的本质诉求。"体系"理论创新必须牢固树立育人意识，坚守人本信念。

2. 树立面向市场意识

社会主义市场经济是改革的方向。"体系"理论创新必须树立市场意

---

❶ ［英］亚当斯·乔利. 创新［M］. 李旭大，译. 海口：海南出版社三环出版社，2003：36.

识。市场经济有自身独特的发展规律和规则，要求职业教育与之相适应，面向市场发展，形成互动对接新机制。市场为人才培养提供决策信息和就业机会，并以"看不见的手"推动制约教育发展。教育则根据市场需求，提供教育服务和人才支持，从而凸显经济价值和社会意义。正是这两者有机结合，为市场经济提供所需的人力资源，职业教育也赢得生存与发展基础和条件。因此，"体系"理论创新既要有人本信念，又要有市场意识，两者高度统一，形成合力驱动，推动"人"与"市场经济"密切结合，有机衔接，真正培养出德智体美全面发展和适应市场经济需要的高素质技术技能人才和劳动者。

（二）树立传统与创新合璧意识

从古到今，历史都是在已有基础上演绎续写的。职业教育具有自己的发展传统历史，"但从本质意义出发，技术文化教育乃是职业教育的历史传统和文化精神"❶。它犹如血脉相传延续，但也离不开时代创新，必须处理好"传统"和"创新"的辩证关系，树立辩证统一的意识。

1. 传统与创新统一

传统与创新统一是"体系"理论创新的重要理念。所谓"传统"，从属性而言，是一个不同于学术教育的概念，属于技术文化教育范畴，是我国职业技术教育全部历史经验与文化成果的总和。虽然在不同的历史阶段对技术文化教育有不同的诠释、追求与实践，但万变不离其宗，只要社会经济需求不变，这一属性将不会改变。基于社会生产实践需要所形成的技术文化教育传统精神始终是职业教育的生命线和支撑点，离开这一传统，职业教育就将失去本色，成为无源之水，无本之木。但创新是万事万物永恒的规律、定力和活力。所谓不变则是指宏观静态的规律性，所谓创新则是指实践动态的规律性，是发展的源动力。引入"体系"理念创新语境，就是指在继承传统同时，必须树立创新观念，赋予传统以时代的精神，以时代精神创新传统，发展传统，推陈出新。就"体系"技术文化教育而

---

❶ 蒋旋新. 中国特色现代职业教育体系创新理念和创新思路 [J]. 教育与职业，2012 (7)：5-7.

言，就是要深化教育内容与方法改革，融入当代科技创新成果和信息。在新兴互联网信息时代，尤其加强现代信息传播技术传播与运用，使传统得到更新，获得生机活力，推动理论与实践的创新和发展。

2. 传统与发展交融

传统与发展交融在"体系"理论创新中具有重要的理论与实践意义，也是创新理念的体现。因为"创新"不是凭空作为，是对传统的借鉴与发展，而且是一个持续变革创新发展的过程。关键是面向未来，弘扬传统，服务发展，不断增强创新理念，推进创新实践，形成创新成果。这是"体系"理论创新大道，关键是树立传统与发展交融的发展观，不断推进融合创新发展。所谓交融，是指两者辩证统一，传统是发展的基础，发展是对传统的继承和延展。这是一个历史的辩证过程，要义是发展，核心是创新，基础是传统，关键是与时俱进，不断推进改革创新促进可持续发展。这是"体系"理论创新必须树立的创新理念和原则。

（三）加强本土与国际接轨意识

未来世界的发展是空间全球化趋势，站在地球的任何一处，都可以与世界保持即时的对话和互动。"体系"理论创新是面向世界，立足本土的高端精神创新创造过程，必须适应未来发展趋势，加强本土与国际的接轨。这是"体系"理论创新的重要意念。

1. 坚持本土化发展

"愈是民族的愈是世界的"。"对于创新来说，不存在尚方宝剑，也没有一个适用于所有企业的创新模式"。❶ 因此，"体系"进行理论创新，必须始终保持与国情社情民情血脉的联系，特别是在教育的价值取向和人才培养目标规格要求方面保持中国特色与职教特点，即为转变经济发展方式、发展现代产业体系、建设学习型社会、推进城市化发展、促进新农村建设、改善民生就业、提高国民素质、全面建成小康社会与实现中华民族伟大复兴的"中国梦"，提供职业技术教育服务和人才支撑。这是本土化

---

❶ 托尼·达维拉. 创新之道——持续创新力造就持久成长力［M］. 刘勃，译. 北京：中国人民大学出版社，2007：279

发展的根本，在这方面也要注意克服历史形成的自闭式文化心理和盲目自尊自大、无视他人经验等陋习，确立开放宽容发展的文化态度，树立互动互补互联互利共赢的新风尚。因此，本土化发展是"体系"理论创新的必然要求，也是必须具有的重要意识。

2. 推进国际化进程

这是世界教育全球化发展的大趋势，是当前我国职业教育发展的新领域，也是"体系"理论创新的必由之路。国际交流合作与竞争已成为世界各国和地区的重要发展战略，有利于促进教育资源有效流动和借鉴，产生互补促进积极作用。相对于国外职业教育影响与国际化发展，我国职业教育正处在发展之中。改革开放以来，本着"走出去"与"请进来"方针，国际交流合作日趋活跃，国外一切先进的职业教育改革与发展成果和经验为我所用，促进改革与发展。但无论深度与广度依然存在差距，进一步推进国际化进程，是"体系"理论创新，促进事业发展的需要。特别是进入发展关键期和改革"深水区"，比历史任何时候更需要先进理念支撑和经验借鉴。"他山之石可以攻玉"，但也切忌"照抄照搬"。因为一种教育制度包括理论体系的形成有其特定的文化传承和社会基础。因此，推进教育国际化进程，目的是加强本土化建设、提高理论创新能力。这是我国职业教育走向世界的正确道路，也是理论创新的根本理念和必须明确的一项重要原则。

（四）体现阶段与终身一体理念

教育体系是教育学研究的重要命题，也是教育实践的基础。从理论视域看，所谓教育体系，是指教育系统职能机构和各种教育要素及其功能有机组合和运行机制的总和，就具体内涵而言，包括教育理念、体制、制度、专业、课程、设施、设备、师资、管理和服务等。它有广义与狭义区分。广义是总概念，狭义是类概念，是指某类教育的结构体系，职业教育体系就是这一个。在现代教育发展的新时代，职业教育体系必须体现终身教育理念，加强阶段与终身一体化构建，是"体系"理论创新的核心理念。

1. 深化传统教育体制改革

传统阶段性教育体制是一个历史的产物和形态，适应了所寄生社会历史经济发展的需求和人们求知就业的需要，这是历史合理性。但也深受历史局限，缺乏教育系统性、完整性和延展性，形成的阶段性就是这种教育模式形态的主要特征。当历史进入改革开放新时期后，在世界终身教育浪潮推动下，传统教育理念受到冲击，阶段性教育体制受到新教育的挑战，改革势在必行，职业教育也不例外。深化教育体制改革，关键是转变传统教育观念，创新教育理念。新中国成立后特别是改革开放新时期以来，当代职业教育总体保持了发展的基本态势，而且培养了一大批活跃在生产管理服务一线的技术技能人才和新型劳动者。但在市场经济、新科技和新产业以及学习型社会面前，传统教育包括职业教育体制不适应性问题日渐突出，纵向上中职与高职衔接不够，人才培养缺乏系统性，横向上职业教育与普通教育、继续教育，尤其是高等教育缺乏沟通，学习缺乏连续性，学生继续深造渠道不畅，与建设学习型社会和构建终身教育体系存有差距。事实表明，传统教育已到了非改不可的时候，重构教育体制成为 21 世纪职业教育改革发展的战略目标和行动计划。

2. 推进终身教育体系构建

现代终身教育体系是社会经济发展的产物，是人们对文化教育需求日益增长的需要，也是教育改革发展的重要理念和根本方向。这是一个面向社会、服务人人、通向终身的社会公共教育服务体系。坚持这一定位，阶段教育是基础，终身教育是目标，关键是加强学校教育与继续教育、学历教育与非学历教育一体化建设，突破传统阶段性教育局限，迈向终身一体化教育新境界。就职业教育而言，就是建立体现终身教育理念的职业教育体系，"从中职层次到研究生层次，为接受职业教育的学生提供一个完整的继续学习通道"❶，搭建"人才培养立交桥"，同时加强与普通教育及成人教育的沟通，职前教育与职后继续教育一体同构，形成终身教育体系。这是"体系"理论创新的核心理念，也是体系构建的目标任务。1985 年《中共中央关于教育体制改革的决定》提出"逐步建立起一个从初级到高级、行业配套、结构合理又能与普通教育相互沟通的职业技术教育体系"。

---

❶ 鲁昕. 深化中等职业教育改革创新　提升技能型人才培养能力和水平 [J]. 江苏教育，2010（6）：7.

2005 年《国务院关于大力发展职业教育的决定》要求"进一步建立和完善适应社会主义市场经济体制，满足人民群众终身学习需要，与市场需求和劳动就业紧密结合，校企合作、工学结合，结构合理、形式多样，灵活开放、自主发展，有中国特色的现代职业教育体系"。到 2010 年《国家中长期教育改革和发展规划纲要（2010—2020 年）》强调"到 2020 年，形成适应经济发展方式转变和产业结构要求、体现终身教育理念、中等和高等职业教育协调发展体系"。目前，这一体系已初步形成，但还不完善，"在构建现代职业教育体系的过程中还面临着诸多问题"❶。改革与发展任务依然繁重而艰巨，重点处理好职业教育与普通、继续教育和高等教育的关系，构建体现终身教育理念的现代职业教育体系。这是确立终身教育理念，促进理论创新和实践发展的重要条件。

（五）增强跨越与持续统一意识

中国特色现代职业教育体系是一个跨越历史从现实走向未来的时空概念，也是一个从传统迈向现代的历史转型过程。目前，我国正处于历史跨越和改革关键时期。加快职业教育发展，推进改革新进程，实现历史新跨越，是新形势的需要，也是自身发展的追求。"体系"理论创新应确立跨越与持续相统一的科学发展理念，为改革奠定理论基础。

1. 确立跨越信念

跨越发展是职业教育从量变到质变转型发展的一种重要形态和过程，是历史的一次关键性的跃动。当前，我国正在从大国向强国转型的路上，《中国制造2025》昭示向世界强国迈进的跨越信念，《长三角洲城市发展规划》提出"到 2030 年，全面建成具有全球影响力的世界级城市群"跨越目标。职业教育不可从中分身，适应这一需要，转变方式，加快发展，是历史诉求和社会责任。在这过程中，"体系"理论创新不可或缺，是先导，关键是直面跨越发展的新目标和新实践，创新发展理念，提供理论支持。理论创新具有前沿性，理念信念确立需要对发展趋势、历史基础和现实条

❶　王达人，王旭初. 关于现代职业教育体系的一些思考［J］. 中国职业技术教育，2016（10）：13 - 19.

件科学判断和宏观把握，这是必要的前提条件。在这方面，有一个方式方法问题，既不能因循守旧，又不能盲目超前，必须坚持实事求是与解放思想的有机结合，与时俱进与改革创新的辩证统一。这是基于跨越发展目标创新理念和理论的基础，也是形成跨越发展信念与战略的重要保证。

2. 增强持续意识

可持续发展是当代社会经济发展理论的重要命题，也是"体系"创新的科学理念。在时间空间视域下，发展是一个永不停息的历史过程，将经历无数个发展阶段和形态模式。其中，跨越是一个进程中的概念，实质是持续推动的必然。从这一意义而言，跨越是持续的动力，持续是跨越的基础，两者相辅相成，辩证统一。因此，实施跨越发展战略，必须增强持续发展意识，这是必不可少环节，有助于将跨越发展引入持续发展轨道，形成长效机制和发展新常态。这对于"体系"构建与发展具有重要的战略意义。与传统发展观有着本质区别，可持续发展观是一个持续发展的历史观念，也是一个系统的战略概念。确立可持续发展理念，要义是发展，核心是以人为本，关键是统筹协调。这是一篇大文章，既要协调职业教育与社会经济产业发展，又要统筹国民教育和谐发展，还要处理好自身系统各要素关系，目的是构建一个内外和谐"绿色"发展的生态系统。这是"体系"理论创新应有的重要理念。

二、拓宽思路，创新学科体系

学科建设与体系创新，是职业教育的理论基础，也是"体系"构建的重要内容和途径。从这一角度看，职业教育是一个较为年轻的学科，自1983 年"职业技术教育学"被国务院学位办公室首次列入专业目录，标志我国职业教育学科正式独立以来，在 30 多年发展历程中，历经探索、成长、发展的艰辛和不易，创新与传统交织，改革与发展同行，始终伴随学科建设与发展。当前，在创新驱动、融合增长、科学发展新的历史条件下，拓宽思路，创新发展，成为"体系"学科建设的重大主题，具有十分重要的理论与现实意义。

（一）学科现状与趋势

"体系"学科建设是"体系"构建与创新的基础，总体看，目前依然处在构建的初级阶段，这是"体系"学科建设最大的实际，也是深化优化学科建设的起点和基础。当前，面临学科重组创新发展的新趋势，如何从职业教育实际和学科特点出发，推进"体系"学科建设与创新，是理论建设的重大课题。

1. 学科现状

审视"体系"学科现状，从萌芽到形成经过了探索、起步、形成、发展、丰富到创新的历程。1980年，我国成立职业教育学科规划组，开启了职业教育学科建设新进程。1983年，"职业技术教育学"被国务院学位办公室首次列入专业目录，标志着我国职业教育正式进入学科系列。而后经过多年探索发展积累，"我国逐步构建了一个由学士—硕士—博士—博士后完整的职业教育学科人才培养体系"❶，成为教育学科下一个相对独立的二级学科。据2006年国务院学科委员会公布，我国职业教育博士点10个，硕士点48个，并拥有一批数量相当的研究成果作支撑，为"体系"构建和职业教育发展奠定了坚实基础。但体系基础还不稳固，学科地位还有待进一步巩固和提高。就目前"体系"学科来看，再建任务依然繁重，当前面临学科日趋分化交融创新、研究视野不断拓宽、研究方法日益多元、研究队伍更加专业化等发展的新情况，需要从理论和队伍建设出发，进一步加强学科建设与创新发展。"体系"理论建设是学科再建的基础。作为一门应用性职业教育学，不能没有理论的支撑。进行《中国知网》全文数据库检索，嵌入主题词"职业教育学科"，从2006年至2016年上半年近十年中刊出论文125篇，博士论文1篇，硕士论文2篇，其他论文122篇，其中不乏高水平重量级的论文，但总体看，不仅数量欠缺，而且重复低走的也不少，基础性研究薄弱，不能不说是理论缺憾和资源贫困。队伍建设是理论创新和发展的基础和根本保证。没有队伍支撑，学科再建将失去根

---

❶ 周明星，周雨可．职业教育学科体系划分：理论与框架［J］．职教论坛，2013（7）：10－17.

本基础和动力。目前，经过多年积累，已形成了一支专兼结合的理论研究队伍，成为推动发展和创新的重要力量，但结构还不尽完善，缺乏既有良好理论素养，又有实践经验和创新能力的理论工作者，制约影响着学科理论建设与创新的进程，必须深化人事制度改革，加快创新人才培养，为队伍优化与强化和人才脱颖而出创造良好的环境和条件。

2. 发展趋势

把握"体系"学科发展趋势，是学科建设与时俱进、不断创新的重要条件。在"现代学科"理念下，"体系"学科建设面临变革和创新走势，应以更加开放的视野，从多学科的理论视域出发，借鉴新兴理论成果和方法，促进学科创新和发展。空间结构多元交融，是当今社会经济和各行各业发展的新业态。眼下，传统与现代、主体与特色、世界与民族、全局与区域、教育与经济进入开放互动和多元交融的新阶段。职业教育偏重应用性特性，必然与所有服务对象和所处环境保持密切联系与合作。加强产教融合，校企合作，工学结合成为突破边界、走向融合、增强互动的桥梁纽带，也为"体系"进一步拓展发展与服务空间提供了可能。因此，职业教育学科应坚持从本体出发，结合宏观社会经济环境特点和发展方式，将实现社会经济可持续发展、打造中国制造业强国和促进人力资源建设、助力就业创业、推动终身职业生涯发展等问题纳入研究范围，融入"体系"之中。这不仅有助于获得社会多方面的支持，进入社会发展中心，形成学科发展的优势地位，而且有利于增强社会适应性，提升发展持续性，优化教育服务性。学科发展跨界融合，是知识经济和科技创新发展的必然趋势。传统经典学科模式在现代学科映照下越来越显露出空间局限性、体系封闭性和动力薄弱性。因此，不同学科跨界交流合作，彼此取长补短，成为发展潮流。职业教育学是一门独立的学科领域，而且"体系"学科具有特色性，这是学科立足点与发展基本点。但这并不意味与外界隔绝和封闭。相反，在现代学科分化、重组、交流、合作的发展进程中不仅要坚持自身独立发展道路，而且要以一种积极开放宽容融合的态度，不断加强与多学科的联系交流，形成一种既独立又融合的发展新体制和新机制。唯此，"体系"学科才能站立在更高的理论层面前瞻发展目标，创新再建方式，形成学科发展新格局，产生发展新动力，不断丰富内涵，厚置基础，创新机制，促进发展。

（二）学科创新与要义

在理论创新视野下，"体系"学科建设是共性与个性统一，既要遵循教育的普遍规律，保持学科的一般特征，又要凸显职业教育的基本特点，形成学科的本质特色，做到辩证统一。

1. 学科创新意义

21 世纪进入了一个创新发展的新时代。社会与科学、经济与文化、技术与工程、环境与生态共生互动，推动了集成创新和应用创新的新进程，成为活力再生的重要来源和途径。学科创新，关键是从发展趋势中获得信息，把握创新空间，并转化为创新理论，由此推导创新实践，这具有重要的战略意义。从"体系"学科实际看，进一步加强学科地位与基础，是创新的出发点。从学科身份地位缺失到初步确立，是历史的重大突破与进步，为"体系"奠定了理论基础。但真正要从科学层面形成完善的学科理论体系，还有待理论创新和系统构建，尤其要加强学科基础理论研究，促进本土化构建。这是稳固学科地位、创新学科体系和提升发展空间的重要条件。同时，不断推进学科建设新进程，是"体系"学科创新的大逻辑。"新时期呼唤着高质量的职业教育，也呼唤着给职业教育学科以应有的地位——一个与普通教育学同等的一级学科的地位"。❶"体系"构建为学科创新与发展创造了良好契机，但较长时期以来，围绕学科问题的讨论始终在路上。问题的纠结和困惑主要在于目前学科体系还不健全，还只是建立在实践基础上的尚欠完善的体系。因此，进一步完善提升学科体系，乃是"体系"理论建设与创新的重要任务。根本出路在于创新，这是学科建设与发展的不竭动力，是形成学科建设新思路、开创新格局和激发新活力的根本途径和方法。这对于发展中的职业教育学科而言，尤为迫切而重要。必须通过观念更新、理论创新和本体再造，跨越历史局限，破解理论瓶

---

❶ 姜大源．基于职业科学的职业教育学科建设辨析 [J]．中国职业技术教育，2007（7）：8－16.

颈，赋予学科新质，增强特色建设，推动改革发展，完成历史使命。

2. 学科创新内涵

所谓创新内涵，实质是破旧立新，结合"体系"学科实际，就是以问题为导向，用创新理论与方法，解析现状和问题，寻找突破点破解制约发展的瓶颈，赋予学科新质，激发体制活力，创新学科体系，推动改革发展。学科创新内涵，理论创新是基础。理论薄弱是职业教育学科的短板和弱项。其原因是受历史局限，积累不足。在起步阶段，偏重于借鉴普通教育学的模式经验，或模仿国外发达国家职业教育的典型范式，而这显然是应急之法，不能从根本上解决"体系"学科建设问题。只有纵向继承，横向借鉴，吸取其精华，为我所用，赋予创新，才是大道理。因此，加强理论建设与创新，关键是确立理论的自觉自省自主意识，形成本土化的学科理论语体，阐释中国化的体系内容与框架结构以及路径方法。体系创新是学科内涵创新的重点。所谓体系创新，是指学科结构与动力机制的综合创新。目前，"体系"学科建设在总体上已初步形成，但还不完善。存在的主要问题是学科理论基础较薄弱，结构不健全，创新不足，导致学科特色不鲜明，内容重复、创新乏力等问题。加强学科体系创新，应以特色创新为理念、以体系创新为目标、以内涵创新为重点、以制度创新为关键、突出应用性，形成特色鲜明结构合理富有创新的学科体系。强调实践性，是职业教育的重要特征，也是学科创新的关键。一般而言，理论与实践是"体系"学科建设的两大支柱和基石。突出实践创新，旨在突出"体系"学科创新的着力点和根本点，促进理论的应用转化，加强技术技能人才培养，推动职业教育发展。因此，创新学科内涵，理论创新是基础，体系创新是根本，实践创新是关键，力戒误入绝对"学术自由主义"或"经验主义"或趋同化的歧路，确保学科创新科学发展方向。

（三）学科创新对策与措施

"体系"学科创新落实到对策与措施的实践层面，关键是以问题为导向，加强针对性，突出可行性，增强有效性，保证学科创新持续性。

1. 增强学科创新理念

理念创新是"体系"学科创新的前提。提高到策略层面，传统思想和方法是束缚"体系"学科创新的主要原因,必须加以改革与创新。一是确立开放融合发展意识。"体系"学科是一个相对独立的体系。专业性是它的根本点和大逻辑,但同时也具有共同性、动态性及开放性。在今天知识爆炸、科技融合、学科整合的条件下,既要坚持学科发展专业性思路,也要兼容差异性,特别是结合动态性与开放性的新特点。反思学科建设,过于拘泥于传统学科经典范式,以专业性排斥差异性、动态性及开放性,其后果必然造成思想僵化,模式封闭,创新乏力,活力退化。因此,加强"体系"学科创新,必须树立开放融合发展意识,立足本位,面向全局,海纳百川,博采众长,互动融合,联动发展,形成充满生机活力的学科建设发展局面;二是树立均衡协调生态发展理念。在生态学视野下,"体系"学科是一个有机的生命系统,欲使其保持持续强盛的创新发展活力,关键是走均衡协调发展道路。目前,"体系"学科基本形成,是历史性突破和进步,但受历史基础与资源条件的影响,学科发展存在失衡失调的病相,必须通过政策完善和体制改革,加以平衡和调整,从根本上改变这种局面。观念转变是前提,因此,强调树立生态发展理念,对于"体系"学科创新具有重要的理论与现实意义。

2. 搭建学科创新平台

所谓学科平台,是指"体系"学科建设所必须具有的学术研究和理论应用的条件和环境,具体而言,就是以社会需求为导向、以学科体系完善与创新为目标而建立的研究、学术、交流、合作、开发的有机系统。一是通力打造学科理论研究平台。学科研究平台是理论创新的中心点和策源地,对于"体系"学科建设至关重要。目前,形成了国家、省、市(县)多层次的研究体系,但也存在重纵向开发、轻横向联合问题。因此,应深化科研体制改革,在继续加强各层次理论纵向研究开发创新的同时推进横向联合,加强合作,更好地集聚人才和智力,提升理论原始创新和集成创新的水平;二是着力提升学科学术平台。"体系"学科建设离不开高水平的学术平台。目前,虽然已形成具有一定影响力的专业学术期刊和综合性期刊,如《教育与职业》《中国职业技术教育》等,但在学科快速发展和竞争加剧的条件下还需进一步提高学术水平和科学影响力;三是合力构筑学科交流合作开发平台。"体系"学科建设是一个开放化的综合性系统，建立一个互动合作的体制机制极为重要和必要。既要加强与政府的合作互动，又要与行业企业保持紧密联系，同时还要增强学科内部系统的协调发展，由此，形成一个合纵连横的互动学科体制机制，促进持续与创新发展。

3. 提升学科创新能力

在现代技术视域下，创新能力基本属于方法论范畴，引入"体系"学科创新能力语境，必须跟上时代发展趋势，不断吸取自然科学和社会科学的新技术和新方法，推进学科创新与发展进程。一是加强现代信息技术运用。相对而言，在这方面关注不够，研究较为薄弱，运用处于滞后状态，应引起足够重视。随着"互联网＋"时代来临，大数据、云计算、物联网、智能模型等现代新兴技术横空出世，在各个领域全面推进和广泛运用，平台数据化建设将成为"体系"学科建设的重要趋势。在网络信息化环境下，学科建设将突破传统模式，走向网络化与数据化发展新阶段，成为学科现代化建设、理论研究、学位点建设与专业人才培养不可缺少的重要手段和方法；二是提升学科建设方式方法。实践表明，技术创新和提升，包括方式方法，有助于创新思路，增强能力，解决问题，对于促进学科建设与发展具有重要意义。"体系"学科创新方法，提升技术，关键是提高技术创新能力，包括政策法规制定、改革发展战略形成、体制机制完善、人才培养模式创新和治理方式转变等。从目前现状来看，"体系"学科建设不仅要加强对学科技术创新的理论研究，如技术创新动力与平台构建等，而且结合"体系"学科建设实际，推进技术创新进程，提高技术创新能力和素养，形成技术创新的新思路、新对策和新办法，为"体系"学科建设提供技术的支撑。

第二节　中国特色职业教育体系的主体创优

主体是一个多义概念，在这里不是哲学、法学的意义，而是指"体系"多元参与者的综合。创优，指体制机制创新和优化及过程。他们相互联系、彼此互动，协同创新，合力发展，是"体系"主体创新创优的关键，在整个"体系"构建与创新中发挥重要的驱动和平台作用。

一、主体创优动因与条件

21 世纪是创新时代。在创新大行其道的当下，"体系"创新犹如逆水行船，不进则退，不仅需要外力推动，而且需要内力支撑。其中，外力来自于社会经济发展需求，是客观基础，内力生成于系统组织合力，是根本动因。因为，内因具有决定性意义，是主体创优的根本动力。

（一）主体创优动因

"体系"主体创优，是有条件的，是外在需求推动与内在追求合力作用的结果，具有深刻的主客观因缘。不仅需要外部的客观基础，而且需要内在系统支撑，这是一个集成协同的创新系统。全面把握这一创新的动因，有助于从根本上解决创新创优动力机制的问题。

1. 外在需求推动

这是"体系"主体创新创优的重要条件。从创新机制看，外部客观条件是创新的基础。在传统条件下，创新几乎成为被遗忘的角落，一切按部就班，顺其自然。但在变革时代，社会需求将创新推上了历史舞台，扮演主角，成为推动发展的动力。当前，我国发展进入"新常态"，调整产业结构，转变生产方式，呼唤改革创新。在此条件下，创新成为国家战略和改革发展的第一动力。各行各业举创新之力，推动转型，促进发展，增强竞争。适应发展趋势，"体系"构建也将创新纳入转变方式和推动发展过程之中，成为主体创新优化的需要。这里论及的外在需求，主要是指社会经济发展对人才的需求。这种需求不仅是数量的要求，更重要的是质量要求。《中国制造 2025》对此提出了新的更高要求，"体系"主体必须把高素质技术技能人才培养摆到首要位置，以满足我国人力资源强国建设的需要，适应中国制造进军世界强国的要求。这是主体创新创优的社会责任和时代使命。

2. 内在追求驱动

这是主体创优的根本动因。在"新常态"下，原有的办学理念、体制机制、人才培养、对外合作交流、社会服务与现实需求已不能相匹配。改革一切不相适应的地方，重构新的体制机制，以增强办学的适应性和服务的主动性，是应变之策，也是推动"体系"创新的源动力。在众多矛盾叠加的条件下，突出主要矛盾，抓住问题关键，是解决问题的根本办法。增强适应性，提高主动性，关键是推进"体系"主体创新创优。人是生产力决定因素，也是改革创新的根本动力。这里论及内在追求，主要是指所有参与"体系"构建的行为者，包括政府对职业教育政策支持和投入、通过行政的方式推动职业教育改革与发展，行业企业积极深度参与合作办学、提供有效资源支持，各级各类职业技术院校依法办学、教书育人，社会民众转变观念、立足成才，促进职业教育稳步发展，由此，形成一个多元集成协调发展的主体系统。抓住"体系"主体创新创优环节，也就从根本上解决了"体系"创新内在驱动力的关键。在此带动下，必将激发创新活力，形成发展动力。

（二）主体创优条件

"体系"构建是一个系统工程，主体创优是一个核心工程，满足条件是重要前提。在此过程中，既离不开客观基础，更离不开主体的作用和影响力。就主体优化而言，这是一个自我不断完善优化系统和历史过程，与历史传承、现实环境和发展趋势密切相关，不可缺失。

1. 历史传统借鉴

历史传统在这里是一个广义的概念，是指历史上延续下来的中外职业教育发展的经验模式，是职业教育历史传承，具有历时性和民族性特点，就其内涵而言，是一个良莠交织、优劣并存、正负兼有的矛盾体，需要加以辨识并区别对待，也就是去其糟粕，取其精华，创新发展。"体系"主体创优需要从历史模式中吸取经验，为创新模式提供历史的借鉴。首先，历史传统借鉴。传统是历史的结晶和现实的参照，犹如生物基因伴随生命过程，也因环境变迁，发生相应的变异，形成新的生命信息。对于"体系"主体创优而言，传统的重要性在于提供历史经验和教训。隔断传统，将意味着抽取历史，阻断源流，难以形成持续生命力。在世界职业教育发展历史上，主体作用和影响是最基本的，而且因传统和环境原因也存在明显的差别。国外以欧美为代表，包括德国、美国等主要国家和地区，具有良好职业教育文化传统，形成了富有特色的职业教育体系，在世界发展史上处于领先的地位。如德国"双元制"模式开启了职教校企合作的先河，美国"社区教育"模式彰显了普教与职教沟通和鼓励职业教育跨界与产业部门衔接的特色，英国"核心能力"模式以注重学生实践技能和综合能力培养别开蹊径。这些对我国职业教育改革发展与模式创新具有重要的借鉴意义。中国具有悠久的职业教育历史传统，在长期探索发展中，虽然经历曲折，但总体保持发展趋势，古代形成的"世袭家传""师徒相传"和"官府工匠培训"的"学徒考试"模式、"四民分业"和崇尚实际的教育思想和重技能重实践的教育方法值得继承和借鉴。近代在西学深刻影响下，在经世致用社会思潮推动下，冲破历史阻力，发起由实业教育走向职业教育的变革，是"实用主义"模式发端，开创了近代职业教育新阶段，不失为我国职业教育改革发展的先驱，共同为中国当代职业教育诞生与发展奠定了理论与实践基础；其次，历史传统创新。历史创造，其经验是弥足珍贵的遗产，但金无足金，不可避免地存在局限和不足。传统文化属于历史范畴，具有历史性、多样性、可变性主要特征，为创新提供发展的空间。世界职业教育发展历史不仅是专业的意义，已是文化的历史。在文化学视野下，传统文化既有它的传承性，又有其局限性，为日后发展提供了创新空间。国外职业教育无论在德国、美国、英国和瑞士等国家和地区，是经济社会发展的产物，与经济产业有着天然的契合，而且与社会文化密切联系，也是文化发展的结果。但作为一种文化，也不可避免地存在历史的局限，如德国"双元制"模式与瑞士相比就有差别，瑞士职业教育不仅学校与企业合作，而且与行业发展而来的各种培训中介合作，形成了"三元制"模式。美国20世纪进行了三次教育变革，推进了普教与职教沟通，但自由主义教育传统却一直占据主流地位，因此，21世纪奥巴马政府为振兴经济发展进行了新一轮职业教育改革，如加大投入，鼓励就业，发展社区学院等。我国当代职业教育借鉴国外经验，结合本土实际，初步建立了职业教育体系，但无论教育理论与实践都还存在薄弱不完善的方面，如理论创新不够，办学体系还不完善等。世上没有放之四海而皆准的模式。文化创新是世界职业教育发展的大逻辑。大洋彼岸是如此，我国职业教育步入新常态，转型发展、创新也是第一动力。总之，传统为主体创优提供经验启示，但必须与时俱进，并在时代精神熔铸再造下转化为新质，成为推动"体系"主体创优创新的重要动力。

2. 现实发展奠基

现实发展的环境条件，是主体创优的重要条件。两者一体同构，不可分割。21 世纪职业教育面临复杂多变的挑战和危机，如何化危为机，赢得发展主动权，是职业教育发展的重大战略课题。主体优化与创新具有决定性的意义，是从根本上破解瓶颈和跨越危机的制胜法宝，但离不开现实发展的基础条件。就现实基础条件而言，"体系"主体创优，既需要社会经济发展战略支撑，也需要自身发展动力推动，缺一不可。首先，社会经济创新发展战略为"体系"主体创优提供不竭动力。从理论缘起来看，所谓创新，是世界著名美籍奥地利政治经济学家约瑟夫·熊彼特（Joseph Alois Schumpeter）在 1912 年出版的《经济发展理论》中提出并引起学界轰动的理论命题。在他看来，创新是指将一种生产要素与条件"新组合"❶ 引入生产体系，产品、技术、市场、新供给和组织形式是五大创新核心理念，虽然没有直接提出人的要素，但事实上已隐含其中，因为，创新的基础在于人的主观能动性。这对于后发赶超型的当代中国，具有跨越发展的意义。解决这一问题的根本途径，就是以创新为导向，以主体为动力。联系"体系"主体创新与优化实际，它是一个系统构建与过程。因此，加强"体系"主体创新与优化，关键是形成主体集成创优的有机系统。其中，不仅要加强政府决策创新，而且要激发行业企业的参与积极性，激活学校及其一切办学机构自主办学活力；其次，加快职业教育改革发展推动"体系"主体创优。主体创优不仅需要来自外力的推动，也需要发自内在体系的驱动力。新时期以来，我国职业教育得到持续快速发展，至 2012 年年末，全国共有职业院校近 1.4 万所，年招生 1076 万人，在校生 3100 万人。2012 年，职业技术培训机构数为 123766 所，注册学生数 4567 万人，结业

---

❶ 约瑟夫·熊彼特. 经济发展理论 [M]. 邹建平，译. 北京：商务印书馆，1990.

学生数 4823 万人。2014 年《国家职业教育发展报告（2013 年)》显示，中国已经建成了世界上规模最大的职业教育体系，为中国实现从人口大国向人力资源大国的转变做出了不可替代的历史贡献，也为"体系"构建奠定了坚实基础。❶ 目前，职业教育发展进入历史新拐点，转方式，促创新，成为职业教育改革发展的"新常态"。"体系"主体在现实发展的推动下，迫切需要进一步增强创新意识，转变传统发展方式，以适应职业教育创新发展的新需要。

3. 创新发展驱动

创新发展驱动是转变社会经济发展模式，推动改革创新发展的重要战略和推动力。当前，"体系"构建面临创新驱动发展的新走向和新需要，主体创优势在必行。首先，创新驱动带动主体创优。这是外力推动的结果。中国社会科学院工业经济研究所发布的《中国工业发展报告 2014》提出，中国经济走向新常态的过程，也是中国步入工业化后期的阶段，要实现从工业大国转变为工业强国和服务业大国的产业结构升级，更需要的则是"创新驱动战略"。在《中国工业发展报告 2015——"十三五"时期中国工业发展展望》中又指出，中国工业正在步入增速趋缓、结构趋优的"新常态"中，"十三五"时期应当培养一个新的工业生态系统，其核心目标是从以前的以劳动力和物质要素总量投入来驱动工业增长、转化为基于知识和技能的这些创新要素驱动的工业增长，并强调在世界范围"第三次工业革命"不断拓展、全球投资贸易秩序加速重构和中国全面深化改革以及积极推进"一带一路"战略与"中国制造 2025"战略的大背景下，"十三五"时期中国工业在国民经济中的核心功能、发展思路和发展模式都将发生深刻转变，创新驱动已是今后发展的主攻方向和核心动力。创新驱动成为第一动力。在此背景下，"体系"构建主体必然与之相适应，确立创新意识，加强创新驱动，形成创新体系，促进创新发展；其次，主体创优促进"体系"构建。这是"体系"构建的需要，也是主体创优的目的。所谓主体创优，从根本上讲，就是转观念，换方式，重创新，促发展。当

---

❶ 中国职业教育发展报告（2013）[N]. www.cvae.con.cn/fzbg/d.2012-10-26.

前，一个覆盖全域的创新驱动发展战略迅速崛起，推动着各行各业创新创业活动深入开展，传统方式逐步退出，创新概念层出不穷，为改革发展提供了新引擎和新动力。"体系"构建离不开主体创新创优，不仅改变内在系统要素和结构方式，而且产生新的物质聚合裂变创新的动力机制。按照党的十八大提出的"创新、协调、绿色、开放、共享"发展新理念要求，"体系"主体创新创优，将面临一个全面深化改革创新发展的新时期，根本是以创新驱动为动力，将"体系"构建与职业教育整体推向更加和谐快速持续美好发展的新阶段。这是创新驱动赋予主体创优的新动力和新前景。

二、主体创优原则与内涵

"体系"主体创优，是一个系统化的过程，是自身体系的优化提升和完善，其中伴随着内涵再造、方式转换和机制重构。科学性、合理性和有效性成为主体创优的关键。因此，确立创优的基本原则，是"体系"主体创优的基本准则。只有在创优基本原则指导下，"体系"主体创优才能有效进行，并能产生新动力和新活力。

（一）主体创优原则

主体创优原则，是基于"体系"构建需要、为优化与提升参与主体结构方式和运行模式所提出的基本要求和准则，具有规范、约束和指导作用。这是"体系"主体创优健康发展的重要保证。

1. 需求依据

"体系"主体创优在"体系"构建和职业教育发展中具有决定性意义，但动力来自社会经济发展需求。因为，经济是基础，具有决定性的意义。而这一原则和规范，落实在"体系"主体创优上，就是坚持以社会需求为大前提。一是"体系"主体必须牢牢把握需求这一基本原则要求，确保职业教育发展和人才服务方向。社会需求是"体系"构建和职业教育发展的主导动力和晴雨表，显示每个阶段社会经济发展和消费群体对教育需求的变量，对职业教育发展具有决定性的作用。2013 "人力资源协会"（SHRM）发布《2013 年全球人力资源新趋势报告》指出，提升员工敬业度和素质能力、强化人力资源对企业经营的直接贡献、提高劳动生产率将是突出的趋势。2016 年，我国教育部教育发展研究中心与北京科技大学合作形成《2015 年人力资源强国评价报告》提出，中国人力资源竞争力排名中上升为全球第 14 位，物质贡献能力和知识贡献能力快速提升，成为有望实现人口发展战略转型的唯一的发展中国家。中国正在跨越门槛，进入人力资源强国行列。对高素质技术技能人才的需求正处在上升阶段。"体系"主体应把握人才需求走向，积极推进人力资源建设，为社会经济发展提供人才支撑；二是"体系"主体必须坚持以需求为导向，不断提高人才服务的适应性和满意度。这是"体系"主体优化的关键。目前，中国人力资源开发优势仍然主要表现在数量方面，实现从人力资源以数量开发为主向质量提升为主的战略性转变还在路上，并未完成。中国教育与人力资源开发需解决深层次结构性矛盾与潜在问题，必须改变重物不重人的传统投资模式，持续增加教育和人力资源投资，才有可能更快地赶上发达国家平均水平，进入人力资源强国行列。《中国制造 2025》提出了创新驱动、质量为先、绿色发展、结构优化、人才为本的制造业发展规划。"体系"主体创优应从人力资源建设需求出发，转变人才培养理念，加快创新人才培养，努力培养适应并促进未来制造业发展的高素质技术技能人才。这是"体系"主体创优的根本和关键。

2. 就业导向

这是职业教育本质特征与竞争优势的根本所在，也是主体创优的一项基本原则。职业与就业不可分割，关系民生大事和社会稳定。"体系"主体要有社会担当，就要坚持就业导向，把解决就业这一天下大事置于首要位置。一是坚持就业导向办学原则。就业导向是职业教育与普通教育的分水岭，职业教育导向就业，普通教育推向升学，尽管目前教育改革倡导相互衔接和沟通，渴望培养自由发展的全人，但毕竟只是一种改革理念和思路。在学科分工的现实条件下，立足本位，独立发展，统筹协调，依然是教育的基本格局。在各类教育竞争发展条件下，"体系"主体坚持办学特色，走错位竞争道路，是通向成功教育的大道；二是坚持基于就业为根本的人才培养模式。这是将就业导向原则转化为人才培养的根本保证，也是

"体系"主体创优的核心内容。为切实将就业导向贯穿于人才培养过程之中，主体创优务必在人才培养目标上坚持高素质技术技能人才培养方向，突出创新能力培养，优化专业素养，增强实践能力，掌握现代关键技术，提高综合素质，增强社会适应性和就业竞争力。在人才培养方式上坚持从就业环境出发，加强理论联系实际，走校企合作、工学结合、学用一体的人才培养道路，确保人才培养质量和效果，为就业奠基铺路；三是坚持与时俱进和创新发展战略。主体创优必须深刻意识到今天的职业教育已是一个不断发展的创新教育，按常规思路和方法培养人才，已是"昨日之黄花"，必须与时俱进，深化改革，创新培养。应大力推进教育现代化进程，积极采用现代网络信息技术，促进人才培养，提高教育质量和效果。这是大趋势，主体创优必须站在教育现代化高度，推进这一发展进程。

3. 系统优化

系统优化是"体系"主体创优的一项重要原则，也是一个内化过程。贯彻这一原则，最根本的是以系统方法，推进主体结构和方式创新优化，最大限度地提高主体系统的综合功能和集约效率。一是体系集约化。主体创优是系统概念，在这一系统链条中任何一个环节都不可缺少，方能形成整体集约效应。凸显政府主导地位，加强宏观指导是目的。调动行业企业对办学的支点作用，是优化教育资源的需要。加强院校与培训机构办学主体功能，是人才培养的关键。激励消费群体向心力，是发展职业教育的基础。多元主体相互合作，彼此互动，共同推动"体系"构建和职业教育发展；二是创新协同化。主体创优需要整体构建和合力推进。因为，仅靠部分的努力是难以完成系统创新目标的，必须依靠协同机制，形成合力，方能达到目的。"体系"主体创优是一个系统工程，需要各个主体的集成合力，共同推进系统的创新创优。特别是职业教育与普通教育不同，所依赖联动的环境和机制是一个多元组成的系统，具有多元参与复杂性，这是职业教育特殊性所决定的。对此，"体系"主体应以辩证的观念和方法，协调不同主体预期，促进相互融合互动。这是"体系"主体协同创新创优的重要内容，也是主体系统优化的必然要求。

（二）主体创优内涵

内涵是"体系"主体创新创优的核心。这是一个相对于外延的概念，就其内涵而言，主要包含所有参与"体系"构建的责任人和行为者。研究其内涵创优，关系到"体系"整体结构优化和效能提升问题，具有重要的现实意义。

1. 完善政府供给力

"体系"构建需要宏观决策和指导，各级行政承载着重要的责任。这里的政府概念，是指我国各级行政领导机构及其管理者，是这一组织机构及成员的统一体，即总称。❶作为主体构成的重要力量，从领导地位和功能作用而言，是政策和资源的主要供给者。因此，不断提高供给力，是这一主体创优的根本任务。一是提高行政能力。目前，我国职业教育行政管理体制，是中央统一领导，地方分级管理的综合管理体制，从中央到地方是权力掌控者、政策决策者、社会管理者和法规执行者，居于主导地位，负有直接管理职业教育的职责和义务。政府的行政领导决策能力和水平直接关系到职业教育的改革与发展。建设中国特色现代职业教育体系，办社会经济发展需要和人民群众满意的职业教育，迫切需要大力提升行政领导者行政力，有计划扩大财政支出，出台政策法规，协调关系，加强评估监督，增强供给力。这是当前政府行政领导者能力建设和创优的重要任务，也是"体系"主体创优的重要内容；二是创新体制机制。从体制机制上解决办学活力不足问题，是当前职业教育改革的重要方向，也是"体系"主体创优的重要内容。作为主体的主导者政府加大供给力，关键是深化体制机制改革，为"体系"构建与职业教育发展提供制度保障。重点应落在制度建设上，从法治的高度，明晰不同主体职责与分工，加强责权利的调节与规范，促进相互合作，形成开放合作办学新体制，解决体制机制活力不足、办学方式单一、校企合作乏力、多教统筹协调不够等问题。这是政府供给力提升和创优的主要任务。

---

❶ 蒋旋新，蒋萌. 地方行政领导者职教决策力形成背景与内涵特征研究［J］. 职教论坛，2013（4）：13－17.

2. 增强行企支持力

在现代职业教育发展历史上，行业企业的地位和作用日益突显，不可或缺。近年来，职业教育集团化兴起，是借鉴产业规律、将企业集团化模式引入职业教育办学体制改革、加强校企合作与工学结合、促进资源整合和共享的成功尝试。实践证明，行业企业的作用不可忽视，关键是提升行业企业主体的支持力。一是加强资源整合和共享。培养高素质技术技能人才，传统校内课堂擅长的是专业技术知识的传授和培养，而真正实际的动手能力需要通过真实的生产环境和过程来培养。因此，学校与企业的结合，实现资源整合和共享，为人才培养提供了不可缺少的教学培训平台。行业企业主体应从产业产品长期发展角度，从人力资源建设的高度，强化参与人才培养的深度和力度，为人才培养提供实践实训条件，提高对口衔接和合作发展的支持力；二是加大人才指导和合作。行业企业与职业院校的合作是一个紧密的联合体，关键是构建权利与义务均衡的合作体制机制。在双方互利互惠与共建双赢的框架下，以专业建设、人才培养和科技开发为纽带，加强体制机制对接与融合，在横向上实现最有效的互动合作和共建双赢。行业企业主体应不断探索合作办学的有效途径和方法，增强对职业教育人才培养的支持力度，"实行工学结合、校企合作、顶岗实习的人才培养模式，并积极建立政府主导、行业指导、企业参与的办学机制"，成为内涵建设的根本。

3. 提高院校办学力

所谓办学力，是指职业院校综合办学能力和水平的总和。这是院校主体建设与创优的核心能力。目前，院校办学能力与服务水平正在不断提升中，办学主体应将此纳入自身的建设与创优中，不断加大投入，深化改革，创新发展，提高办学能力和服务水平。一是增强办学综合实力。从办学历史看，职业教育特别是高职院校起步较晚，但发展较快，几乎一夜之间就进入了万人规模，发展越快，越显得基础薄弱，实力欠缺。不仅管理经验不足，而且人才培养和科研开发能力亦贫乏，亟待提高。院校主体应将办学综合能力和实力的提升提高到战略高度，以基本建设为基础，以人才培养为根本，以教育教学改革为动力，以"双师型"素质师资队伍建设为基石，以科研科技开发为支撑，全面打造职业院校的办学能力和实力，促进职业教育持续发展；二是提高教育服务水平。提升能力和实力的目的是为了有效提高职业教育的服务能力和水平。改革开放新时期以来，随着职业教育不断发展，服务能力和水平也不断有所提高。人才培养在社会经济特别是现代制造业发展中起到了重要推动作用，地位日显，功不可没。但与经济发展和就业需要还不尽适应。专业结构还不合理，人才培养模式创新不够，职业技术培训单一灵活性不够，服务质量偏低。所有这些问题说明，院校主体还不能很好地适应发展的需要。服务是宗旨，是方向。职业院校主体只有下大力气，提升教育服务能力和水平，才能从根本上改变自身的社会地位，重塑职业教育的形象，成为人们终身接受职业教育培训、保持持续发展的可靠保障。

4. 增进群体向心力

社会群体是职业教育稳步发展的基础。俗话说，基础不牢，地动山摇。但基础形成，在于社会群体对职业教育的信念和信心。因此，加强职业教育发展的基础，根本是增强社会群体的向心力和发展力。一是增强对职业教育的向心力。职业教育发展需要良好的社会环境。增强社会吸引力，是形成社会向心力的根本所在。一个缺乏社会吸引力的教育，一定是没有希望的教育。一段时间以来，职业教育受传统观念的影响和各种条件的制约，社会群体从内心深层还没有真正形成认可度，即便子女进入职业教育大门，也是一种现实的无奈。普教升学，千军万马走独木桥，至今氛围依然，而职业教育却面临招生不易的尴尬。由此看来，如何增强职业教育社会吸引力，是全社会都应关注和解决的问题。从社会主体而言，更要克服传统束缚和社会偏见，理性地看待职业教育，正确处理好职业教育与普通教育的关系，更加合理有效地促进人才培养和发展，从而增强大众对职业教育的向心力；二是加强职业教育的吸引力。这是从职业教育内在要求，强调提升职业教育吸引力的重要性。事实上，社会群体的对职业教育的向心力，与职业教育自身的吸引力有着千丝万缕的联系。因为，一个薄弱落后低效的教育，是难以获得消费群体的信赖和追随的，只有那种能让人生出彩的教育，才能博得社会广泛的认可和赞赏。因此，无论政府、行业企业、职业院校和社会群体，都应把增强职业教育吸引力和社会认可度作为提升创优的硬指标和硬任务，落到实处。关键是要让事实证明职业教育的影响力和吸引力，实质是提高人才培养质量，使职业教育牢固站立在不可替代的高地。

三、主体创优的途径和方法

"体系"主体创优不仅是理论问题，而且是实践课题。因此，从实践维度，探寻途径，选择方法，是"体系"主体创优的重要环节。

（一）主体创优途径

选择"体系"主体创优路径，站在不同的角度和层面，会有不同的思路和对策。但从科学观、系统论和生态学的角度，思考和把握主体创优的途径，应是一种多视角集成的维度，有助于从宏观与微观结合层面把握主体创优的科学有效途径。

1. 加强主体创优整体性

在空间维度中，"体系"主体创优内涵与外延是辩证统一，必须从整体性来把握。外延性主体包括政府机构和人员主体、行业企业和社会群体，而内涵性主体主要是职业院校和其他培训机构。两方面都是职业教育的重要主体，具有不同的职责和分工。但在系统论的视野下，他们是不同立面的统一体。一是功能整体性。这是主体创优在功能上的要求。不同主体在不同层面具有不同功能作用，只是社会分工，但作用于"体系"构建与职业教育发展，必须是集成的整体，否则，难以形成综合整体效应。基于这一需要，增强功能整体性，是主体创优的重要条件；二是效能综合性。基础在主体功能整体性。因为，综合效能是建立在功能一体性基础之上的。没有前者，就没有后者。因此，提高效能综合性，关键是加强主体功能的整体性，也就是要求主体增强效应意识，加强协调统筹，形成综合效能。

2. 注重主体创优持续性

持续性是时间维度的核心理念，与传统发展观有着本质区别，传统意义上关注现时的增长，忽视长远的利益，容易造成发展断层，缺乏持久的效应。"体系"构建与职业教育发展是一个持续发展的过程。因此,一是树立科学发展观。要求"体系"主体始终坚持科学发展方向,正确处理好规模与效益、数量与质量、内涵与外延、眼下与长远、局部与全局的关系,形成可持续发展的体制机制,力戒顾此失彼、忽快忽慢、上下波动等弊端的发生;二是加强统筹协调。持续发展要求"体系"主体遵循职业教育协调发展规律,统筹协调发展。在社会转型阶段,传统与市场经济的负面影响,依然存在并影响制约着职业教育的发展。看重现时发展,追逐即时效应,使"体系"主体面临"短期行为"和"功利化"风险。为有效规避风险,"体系"主体创优必须牢固树立科学发展观,加强统筹协调,努力实行由"数量增长、空间拓展、规模扩大"为主导外延式发展向"以创新为驱动、以质量为导向、持续发展"为主导的内涵式发展转变,实现持续发展的目标。

3. 建设主体创优和谐性

和谐性是生态维度的核心理念,运用于"体系"主体创优上,就是要加强"体系"主体之间的互联互动,互补共生,协调发展,形成和谐生态。一是确立生态理念。绿色生态是现代文明的产物和象征,对于"体系"主体创优同样具有理论与实践意义。在传统意识中,崇尚自然,赞美和谐,是对生命的礼赞和憧憬。但进入工业社会后,功利主义膨胀,导致了资源高消费和对物质的过度追求,违背了持续发展规律,造成了地球环境失衡,加剧了生态危机和风险。这种倾向对成长发展中的职业教育造成了不良影响和后果。古人言"前车之覆轨,后车之明鉴"。当前,我国职业教育发展进入了历史发展的黄金时机,保持持续发展局面成为"体系"构建的战略重点和主体创优的重大使命。关键是深刻认识可持续发展的重要性和必要性,借鉴生态学理论和方法、指导和推进"体系"构建和职业教育发展的自觉性;二是推进和谐发展。"体系"主体和谐是职业教育持续均衡发展的基础。这是一个系统工程和过程,需要依据职业教育规律和特点,运用生态学理念、技术和方法,加强主体内涵与外延和谐,促进系统、整体、互动、协调、平衡发展。在教育理念上体现平等均衡社会发展观念,在教育资源配置上加强统筹,尤其关注农(牧)村职业教育发展,在教育制度制定上坚持公平平等原则，在教育事业发展上推进科学发展，在人才培养上促进德智体美全面发展。总之，以科学发展观，推进和谐发展，建设良好生态，是"体系"主体创优的重要理念和内容，也是"体系"构建和职业教育发展的重要策略，应大力推进，付诸实施。

（二）主体创优方法

从技术角度看，"体系"主体创优有一个方法问题。选择科学合理有效的方法，是"体系"主体创优的重要工具和载体。

1. 科学规划设计

"体系"主体创优是一项系统的创新工程，宏观上需要整体规划设计，微观上需要细节安排，体现系统的科学性、合理性和有效性。一是理念与功能定位。理念是先导，功能是核心。"体系"主体创优必须处理好两者关系，一方面，从理念创新做起，为功能定位提供思路和决策依据。根据"体系"中长期发展目标，"体系"主体必须有前瞻意识，体现未来改革发展方向，同时基于"体系"跨界互动合作的需要，还应树立协同创新理念，不仅发挥政府主导作用，而且要统筹协调行业企业、教育机构（各级各类职业院校与培训机构）与社会民众广泛参与，合力推进职业教育持续发展。另一方面，依据主体理念，确定"体系"功能目标体系，为"体系"构建提供总体框架和技术指导。因为，任何功能的缺失将会带来不可弥补的缺憾。这是"体系"主体规划设计的关键；二是思路与战略布局。思路决定出路，战略关系大局，这是规划设计的重要环节。在此运筹过程中，"体系"主体创新创优必须站在全局长远战略高度，对未来发展目标、原则、思路、战略和对策进行预测和决策。这是"体系"构建的重要保证。一方面，要有明确的发展思路，集中体现为确立科学的发展目标；另一方面，要提出科学发展战略，包括空间发展战略、改革发展战略、人才培养战略、特色创新战略、国际合作战略和生态建设战略等。只有不断提高科学规划与系统设计能力，才能为"体系"量身打造，促进可持续发展。

2. 集成系统构建

集成系统构建是"体系"主体应对复杂问题的必要手段，也是提升

"体系"构建水平与质量的有效方法。因此,运用集成系统方法,解决"体系"的工程问题,是必要之举。一是加强集成组合。"体系"构建不同于普通教育,与社会经济产业就业密切联系,具有广泛性和复杂性的特点,迫切需要突破传统单一封闭观念,采用集成组合的方法,形成一个多元结合互动发展的统一体。在理论上开放融通,吸取一切有益的成果和经验,丰富发展自己。在资源上加强统筹协调,实行资源共享。在制度上坚持产教融合,校企合作。在人才培养上坚持就业导向,能力为重;二是注重系统构建。这是"体系"构建的重要特征。在纵向上加强中高衔接、普职沟通、多教协调和终身一体,在横向上加强与社会经济文化连接沟通,走联盟合作之路,同时推进教育国际化进程,与世界各国开展广泛的合作交流,使职业教育真正成为国家人力资源建设、工业发展和打造制造业强国的一支有生力量。

3. 协同创新驱动

协同创新驱动是时代的特征,也是主体创优与时俱进,促进创新发展的重要方法。要义是协同,关键是创新,目标是驱动。把握这一要领,是主体创优的核心。一是加强协同性。不同主体具有各自的禀赋和功能,使其能够围绕一个共同目标互联互动,合力推动,关键是要有一个聚合点,形成合力场。这是主体协同一致的基本点。因此,加强主体协同性,根本是要从教育法高度,明确职业教育是国民教育体系的重要组成部分,是全社会的共同事业,规范每一个社会团体和个人都要履行法律赋予的发展教育的权利和义务,并由他律提升到自律,从自身实际出发,为"体系"构建和促进职业教育发展竭尽智慧和力量。在这基础上,主体创优就具有了协同发展平台,再加以制度规范,就能逐步走上制度化和规范化的轨道,一个协同创新的主体体系就能形成;二是推进创新性。协同是基础和保障,而创新是根本和动力。"体系"构建和职业教育创新,来源于主体创新。但一个多元结合主体在创新方式上具有特定的规律和特点,关键是要处理好自主创新与协同创新的关系。自主创新与协同创新是不同的方式,但纳入主体系统中原有格局就发生根本性变化,系统固有的协调性就会发挥作用,使个性与共性走向统一,两者结合便形成协同创新的新体制机制。欲使这一系统产生最大的功效，关键是加强统筹协调，使不同主体合力创新，形成聚合扩散效应，推动自我系统创新，促进"体系"构建和职业教育创新发展。为此，要高度重视主体协调性的关键作用，通过平衡协调关系，促进主体协同创新发展。

第三节　中国特色职业教育体系的方式转变

"体系"构建是一个历史过程，在不同历史时期，具有不同的形态与特点，决不会一成不变。目前，"体系"构建进入发展的"新常态"，面临社会经济方式转换的新战略与新格局。适应发展方式的新变化和新战略，"体系"必须保持与社会经济同步变奏的律动，加快发展方式转变，促进结构提升和内涵发展。所谓发展方式转变，不仅仅是指发展方式和途径，也包括与之相关的发展理念、目标、战略和措施。这是一个攸关"体系"改革与发展的战略课题，但目前，学界对"体系"构建与发展方式转变研究相对而言关注不够，研究不多，应加强对这方面理论与实践的探讨。

一、"体系"发展方式历史反思与展望

当前，"体系"构建与发展正处于社会经济转型发展的新拐点。所谓拐点，是指"以科学发展为主题，以加快转变经济发展方式为主线，是关系我国发展全局的战略抉择"。以史为鉴，可以知兴替，明未来。既是对历史的总结，又是对未来发展的预测，两者对接，旨在促进眼下转型发展，为"体系"发展方式转变提供历史事实和逻辑依据。

(一)"体系"发展方式历史反思

"体系"构建与发展方式，是在传统基础上演化发展而来的一种模式。改革开放以来，我国职业教育发展取得了突破性的进展，为"体系"构建与发展提供了重要的基础和动力。目前，"体系"构建与发展进入"新常态"，调结构，转方式，创新驱动，促发展，成为改革发展的大局，但受历史与现实多种因素影响，也存在不可忽视的问题。

1. 常规发展方式特征

所谓常规发展方式，是指职业教育历史上长期形成的发展模式和方法。凡是存在的是合理的，是说它的历史性，是历史的产物，在历史上曾发挥过的作用。但换个角度来看，站在时代发展潮头，回望以往历史，那一声"滚滚长江东逝水，浪花淘尽英雄"令人感叹。过去习用成规的方式在时代浪潮的冲击下，必将成为过去，逐步为新概念和新方式所取代，这是历史的辩证法。因此，"体系"构建与发展所基于的传统方式，也必然走向变革，把握其特征，是改革创新的切入点和关键点。一是观念滞后性。经过改革开放洗礼，我国当代职业教育发生了深刻变化，取得历史性进步。但在现代科技、市场经济和产业结构急速变革与发展条件下，原有的办学思想、体制改革和人才培养理念已不能适应发展进程，存在差距，必须加快改革创新步伐，从思想观念上更好地适应发展需要；二是体系局限性。构建终身教育体系是面向21世纪教育改革发展的目标。但传统阶段式教育体制，造成中职与高职缺乏内生性对接、职教与普教缺乏外生性沟通、与继续教育缺乏一体化连接，如此种种局限必须从体制上改革和重建；三是方式单一性。职业教育办学与教育方式与普通教育不同，形式的多样性与灵活性是职业教育的重要特点。但受传统教育影响，形成的校本办学、教育教学和人才培养模式，使职业教育深陷院校围墙之困，必须突破，加以改革。

2. 常规发展方式弊端

常规发展方式观念滞后性、体系局限性和方式单一性，给职业教育发展造成了种种弊端，带来了不良影响，束缚了"体系"构建与职业教育发展，不能适应"新常态"发展。一是重外延扩展轻内涵增长，形成外延式增长方式。注重投入，看重扩张，把数量规模视为发展评估指标，是传统发展方式带来的一大弊端和影响。在此方式驱动下，扩招带来数量激增和规模扩张，也一度推动了教育发展。高职教育迅速崛起，推动了高等教育大众时代的到来，这是有目共睹的事实。但这种偏重于外延发展的方式也造成了内涵缺失的弊端，一方面拉动了内需，促进了扩张，加快了发展，另一方面也埋下了发展不平衡的隐患甚至危机。在经济发展尚未达到应有水平条件下，过度推行外延扩展的方式，必然增大就业压力，造成质量问题；二是重规模发展轻质量提升，形成粗放式管理模式。粗放式管理方式是历史产物。在资源充盈、科技含量不高、生产力低下的条件下，这种管理方式存在还有一定的合理性。但在现代科技日新月异、社会经济波动发展的条件下，一味追求规模扩展和效益提高，而忽视质量问题和发展总体平衡规律制约，这种粗放式的管理方式就明显不能适应现时发展的需要，虽然带来眼下利益，但却失去长期预期，不具备持续发展条件，其影响是深刻而长期的。因此，改革与转型刻不容缓。

（二）"体系"发展方式变革展望

改革是深刻革命，需要外部环境激化和内在条件激活。进入"新常态"，在新发展方式推动下，"体系"构建与职业教育发展呼唤结构调整，方式转换，开放融合，合作共赢。这是破解传统制约，走向创新发展的有效之策。

1. "体系"发展方式转变背景

发展与变革协调统一，是历史的辩证法。在这视域下，发展是永恒主题，变革是常态方式，两者辩证统一，不断演化发展走向完善，形成历史发展新状态。"体系"构建与职业教育经过快速发展时期，目前进入"新常态"，面临新的发展环境和要求。一是面临社会经济发展环境的变奏与要求。"新常态"、新格局和新要求，推动"体系"构建与职业教育发展方式转变，最根本是改变传统的发展理念和方式。靠不断注入资源和密集劳动力支撑发展的外延粗放发展方式在现实条件下已是难以为继，正在发生革命性的变化。新旧交替，转换方式，成为这一时期发展的基调和主线。对于"体系"构建与职业教育发展而言，基础环境条件变化，意味发展方式变化，原有外延粗放发展方式已不能适应今天的发展需要，必须通过调整和转换，才能增强自身适应性，保持持续发展的大局；二是面临自身发展方式转变与创新趋势和要求。外部环境条件变化是客观动因，必然引起"体系"构建与职业教育发展内部结构与发展方式的变化。过去依靠外部推力和资源投入方式拉动自身发展的红利已在逐渐消减。而且有关调研数据指出，伴随适龄人口波动趋势，教育从卖方向买方转变只是时间的问题，这一事实迟早会发生，而现在正在悄然发生变化。所有这些表明，依靠外延粗放方式推动发展的时代已成历史，翻过这一页，以往荣耀也不在延续，取而代之的将是"新常态"和新方式。

2. "体系"发展方式转变趋势

趋势是未来的象征。把握发展走向，对于"体系"构建与职业教育发展极为重要。但这是一个战略范畴概念，必须建立在熟谙规律和把握未来走向的理性基础之上。目前，"体系"构建与职业教育发展正处于数量规模扩张回落、结构性调整艰难、隐性问题逐渐突现、改革发展不确定因素增多、招生就业压力不减的关键时期。未来发展将呈现多向转换趋势。一是从外延转向内涵。加强中职的稳定发展和推进高职的全面深化改革，是目前和今后的发展思路与对策。关键是围绕转变方式中心，从注重外延发展转向以内涵发展为主。这既是目前经济发展变速和解决"三叠"（发展调速、改革阵痛和消解隐患）矛盾的要求，也是自身发展的需要；二是从粗放转向集约。从计划经济转向市场经济是一次历史性的战略转移。今天，推进市场经济发展，克服片面追求利润量级提升的弊端，是知识经济时代的必然要求。在粗放发展与管理阶段，就教育情况而言，常规办学方式占据主导地位，靠投入和数量及规模扩张已是到了强弩之末的程度。在新科技日益渗透教育、推进教育现代化快速发展的条件下，伴随慕课（MOOC）、翻转课堂、微课等新形式崛起，从根本上改变了传统教育理念和方式，加速了传统粗放式办学模式的发展与改革。加强办学要素的优化组合、协调发展和优势释放，从粗放转向集约，成为"体系"构建与职业教育发展的趋势；三是从数量转向质量。从追逐数量转向注重质量，是资源不足、人力红利消失和发展失衡条件下的必然选择，是当前我国经济发展方式转型的需要。数量与规模量级合称"JDP"，是传统经济价值的主要系数指标，外溢至职业教育，严重损伤了质量地位和全面发展理念，导致职业教育一方面快速发展，另一方面质量下滑，学生就业难与难就业成为教育尴尬和恶性循环怪圈。现实教训引起教育深刻反思，质量问题决不可高枕无忧，关系到职业教育信誉和前程，是发展的生命线。因此，从数量转向质量，成为"体系"构建与职业教育发展的现实需要和必然选择。

二、"体系"发展方式转变内涵与动力

进入"新常态",标志我国社会经济发展迈进了转型发展新阶段。这一时期,无论内涵与方式都将发生质的变化,并带动"体系"发展方式转变。这种转变,将使"体系"发展内涵得以再造和提升。而推动内涵增长与发展的是形成创新持续的动力。

(一)"体系"发展方式转变内涵

"体系"发展方式转变,形式变化是内涵反映,实质是内涵再造与提升。这是方式转变的根本点和落脚点。

1. 发展观念转变

方式转变基于观念引领。从传统到市场,发展观发生了深刻变化,改变了单一集中封闭的观念,逐步树立了多元开放改革的理念。在新理念的促动下,"体系"构建与职业教育发展才形成今天如此蓬勃的局面。但也存有不可忽视的问题,传统局限导致了观念缺失,市场价值刺激了"功利主义"欲望,在这双重影响下,教育发展面临理性的挑战与考验。一是坚守教育信仰。在教育学视野下,教育是传授知识、培养能力以及健全心智的载体和过程。在社会学下,教育被赋予了厚德载物,服务社稷民生的价值意义。教育信仰正是这两者的和谐统一,实质是培养德智体全面发展的人才。但在多元文化思潮交织和市场经济竞争发展的条件下,教育信仰即核心价值观,不可避免地受到了"物化"和"泛化"挑战和冲击。在复杂的情景下,必须谨防美国教育学家哈瑞·刘易斯提出的"失去灵魂的卓越"❶。因此,提出教育信仰问题,对于教育转变发展方式具有重要的现实意义。因为"体系"构建与职业教育发展需要教育信仰支撑,增强社会责任,坚持以德为先,全面发展,确保教育发展正确方向;二是更新发展观。党的十八届五中全会提出了"创新、协调、绿色、开放、共享"五大发展新理念,对于"体系"构建与职业教育发展方式转变具有重大战略意

---

❶ [美] 哈瑞·刘易斯. 失去灵魂的卓越 [M]. 侯定凯,译. 华东师范大学出版社,2012:2.

义。坚持创新发展就是突破传统方式，与时俱进，不断推进体制机制和人才培养模式创新，形成发展新动力。强调协调发展就是加强与外部关系与内部系统的协调性，形成互动互补、相互促进、彼此支撑、和谐发展局面。倡导绿色发展就是运用生态学理论和方法，推进可持续发展，建设绿色生态职教体系。促进开放发展就是深化办学体制改革，促进产教融合、校企合作和工学结合，推进包括国际范围的联盟合作，建立一个开放灵活的办学体制。推进共享发展就是促进教育公平公正，统筹职教与普教、城乡职教，包括边远少数民族地区均衡发展，使人人享受职业教育的公平权利，使人人都获得发展和人生出彩的机会。

2. 办学体制转变

办学体制转变，是发展方式根本性的转变。职业教育办学体制改革起步于 1985 年《中共中央关于教育体制改革的决定》。经过 30 多年的改革实践，取得了历史性的新进展，但与改革目标还有差距。目前，体制改革进入新阶段，步入"深水区"。关键是转变办学方式，创新体制机制，进一步激发办学活力。对此，《国务院关于加快发展现代职业教育的决定》要求"引导支持社会力量兴办职业教育，健全企业参与制度，加强行业指导、评价和服务，完善现代职业学校制度，鼓励多元主体组建职业教育集团，强化职业教育的技术技能积累作用。"这对于深化办学体制改革，促进方式转变，具有重要指导意义。一是深化开放融合。这是"新常态"新趋势和新要求。开放是转变办学体制的重要方针，融合是开放的重要策略。目前，传统观念影响与制度不健全制约，使办学体制改革无论空间的深度宽度高度，都未达到应有的程度，改革还将进行到底。纵向上优化办学体制，改变传统单一缺乏活力的办学体制，建立健全以政府为主导、行业企业为指导、院校自主办学、社会群体参与的多元参与合作办学的新体制。横向上借鉴德国"双元制"办学经验，深化办学模式改革，组建职教集团，推进产教融合及校企合作，促进公办与民办协调发展。战略上提升办学体制改革的地位，突出政府主导作用，鼓励吸引社会多元主体协同参与职业教育办学体制改革，推进合作办学；二是推进制度建设。制度建设，是办学体制改革与转变的根本保证。总体思路是将办学制度建设与完善要上升到法治的高度，依法规范制约促进办学体制改革和转变。既要深入贯彻落实《职业教育法》，又要抓紧建立健全与之相配套的各项法规制度，还要加快出台实施《职业教育校企合作促进条例》等，以建设结构完整执行有效的职业教育办学制度体系，促进办学体制改革与转变。

3. 办学模式转型

办学模式转型是"体系"构建与职业教育发展方式转变的核心内容。当前，"体系"构建与职业教育发展正处在经济发展方式转变、产业转型升级和加快自身发展的关键时期，也是前期外延快速发展隐含矛盾和问题的突现时期。因此，发现问题，找准症结，是办学模式转型的关键。就目前看，办学模式转型切入点和突破口聚焦于体制、质量和保障三大瓶颈。一是突破体制瓶颈。重点是解决活力问题。根本办法是加强国家对"体系"的顶层设计，紧密结合"新常态"的新特点和新需求，针对体制方面存在互动合作乏力的突出问题，从法治与常规管理的层面，加快职业教育法律法规建设与完善，通过对责权利的调节与规范，促进活力增长与效率释放，从根本上解决体制机制失调低效问题；二是提高教育质量。质量是办学生命，是人才品质的象征，是竞争的核心实力，也是发展的持续动力。这对于职业教育尤为重要。因此，应将它视为办学模式转型的根本，怎么强调也不为过。从这一意义而言，办学模式转型就是提高教育质量和办学水平。目前，技术技能人才培养总体质量在不断提高，但与社会经济发展与产业转型升级以及就业需求还有差距。提高人才培养质量，核心是提高人才培养的综合素质和关键能力，这是增强社会适应性和提高持续发展能力的基础。关键是深化教学内容方法的改革与创新，提高师资队伍建设创新能力；三是增强发展保障。俗话称"兵马未动，粮草先行。"建设良好的发展保障，是"体系"发展方式转变的条件。继续加大投入是职业教育持续发展的物质保障，推进法制化进程是职业教育统筹协调发展的根本保证，严格执行职业标准和就业准入制度是促进职业教育发展的重要条件，优化协调社会分配政策是激励多出人才出好人才的根本措施，由此，不断加快推进"体系"发展方式转变。

（二）"体系"发展方式转变动力

推进"体系"发展方式转变，动力是引擎。改革开放以来，职业教育靠外延快速增长，有效推动了改革与发展，创造了繁荣发展的历史。今天，进入"新常态"，转变发展方式成为发展的新理念和新要求。传统依靠政府推动、资源投入和外延扩张推动发展的方式，显然不合时宜，必须加以调整和转变。

1. 加大内生动力

在转型发展的条件下，以内涵发展为主导，调结构，转方式，促创新，迫切要求改变传统依附型动力方式，重构内生型发展动力机制。所谓内生型发展动力机制，是指以内涵发展为主线、通过要素优化和结构调整升级以及运行方式创新、形成内生发展式的动力机制，是推进持续发展的不竭动力，对于"体系"发展方式转变具有深远的影响。一是以制度创新推动内生发展。制度创新包括办学体制创新和教育体系创新两大核心内容，是"体系"发展方式转变的关键。办学体制创新重点是明晰不同主体职责分工和加强相互协同创新，形成开放合作办学新体制。教育体系创新应以人才培养为中心，加强纵向衔接，增进横向沟通，构建体现终身教育理念的现代职业教育体系，其中也包括教育教学内容与方法的改革与创新；二是以结构优化提升内生发展。结构性变革是一种整体性改革与创新维度，对"体系"发展方式转变带有根本性意义。结构转型升级向外加强改善与社会经济与产业结构的协调关系，向内推进系统要素与结构的和谐发展。在"新常态"条件下，以结构优化提升内生发展的重点，不是简单"加减"问题，根本是要在结构性融合互动上下功夫，加强跨界融合和内在系统协调，是形成"体系"发展内生动力的关键；三是以资源整合促进内生发展。职业教育资源是一个系统体系，包括体外资源与体内资源、显性资源与隐性资源。处于自然状态的任何资源，效率发挥都是有限的，只有通过有机整合开发，才能释放出加倍的效能，形成持续动力。"体系"发展方式转变迫切要求加大资源整合力度，加强不同资源相互融合，形成新的动力机制。

2. 依靠创新驱动

创新是"体系"发展方式转变的第一动力。目前，创新总体还不能适应发展的需要，如制度与人才培养模式自主创新不足，其他方面集成优化创新也不够。推进发展方式转变，没有创新推动，必将寸步难行。一是实施创新驱动战略。2015 年，中共中央国务院发布了《关于深化体制机制改革加快实施创新驱动发展战略的若干意见》，提出了若干对制约创新的体制机制因素进行实践层面改革的措施。贯彻这一精神，职业教育发展必须从外延发展方式转向内涵发展，走向创新发展阶段。适应这一转变，唯一有效方法就是实施创新驱动战略。这是转变方式、走创新驱动内涵发展道路、获取发展空间和动力的关键；二是增强持续协同创新能力。实施创新驱动战略，关键是增强持续协同创新能力。持续与协同创新是辩证统一。持续是"体系"发展方式转变的不竭动力，但基础在协同创新。因为，持续创新需要系统支撑和协调保障。协同创新在整个创新过程中，以融通整合创新见长，是持续创新的条件保障。因此，加强两者创新协同是推进创新驱动的重要保证。必须通过资源融合、信息共享、制度衔接、技术支撑和队伍匹配等改革创新，形成合力，推动"体系"发展方式转变。

3. 借助生态合力

生态合力是发展不可或缺的持续动力，具有协调、系统、综合、集约的生态化特征，是"体系"发展方式转变的绿色推动力。在生态学视域下，"体系"构建是一个有机生态系统。遵循生态发展规律和法则，借助生态动力，推动"体系"发展方式转变，是生态学逻辑的必然要求。一是互联互动，合力发展。"体系"发展方式转变是一个生态系统的改变。从整体角度看，职业教育生态系统是外层与内层生态的统一。社会层属于前者，包括社会经济、科技、文化、产业、行业、企业等，是后者即职业教育基础，决定职业教育需求和发展规模。后者相对于前者，处于系统内层，既依托于前者，又支撑前者。因此，职业教育应始终坚持以需求为导向，以服务为宗旨，以人才培养为根本，推动前者发展，同时又从外层得到实实在在的反馈。这种互联互动、合力发展的机制，正是"体系"发展方式转变的生态绿色驱动力，推动着不断向"新常态"发展；二是和谐统一，生态发展。在转变发展方式生态语境下，和谐统一是中心，是生态绿色发展的大前提。关键是以科学发展观为指导，围绕改革与发展大局，突出方式转变主题，正确处理好局部与整体、权利与义务、竞争与协同、发展与平衡、教育与服务、教学与研发、创新与传统的关系，加强资源共享、制度衔接、办学合作、人才互补和利益分享，为"体系"发展方式转变营造和谐统一的生态局面。借助生态合力，推动自身发展方式转变和持续生态发展。

三、"体系"发展方式转变思路与途径

科学发展思路与正确有效路径，是"体系"发展方式转变的根本保证。如何决策发展思路和路径，是转型发展的关键。"新常态"提出转型发展新要求和总体发展新思路，为"体系"发展方式转变提供了理论与实践的指南。

（一）"体系"发展方式转变思路

思路决定出路，维系"体系"发展方式转变。在理论层面要凸显创新性和突破性，在决策层面要具有前瞻性和可行性，在实践层面要具备有效性和长效性。这是一个辩证统一的思维过程。

1. 创新性和突破性互动

创新与突破是一个互动统一的理念和过程。创新需要突破，突破离不开创新。"体系"发展方式转变，是对惯性的逆转和改变，需要创新，突破也在其中。一是增强互补性。创新与突破是辩证统一。创新相对于突破以立新见长，突破与创新相比却以超越出胜，两者结合形成互补性。"体系"发展方式转变，要创新发展方式，必须突破传统制约，两者是"你中有我，我中有你"，不可分离；二是加强促进性。创新是一个破旧立新的过程，突破是一个超越突围创造的概念，两者具有互动互补的功效。推动"体系"发展方式转变，既需要创新驱动，也需要突破的动力。创新借助于突破冲击，增强锐气，加强进取。突破凭借创新驱动，加快进程，彰显卓越。加强两者互动互补促进，是"体系"发展方式转变的重要思路。

2. 前瞻性和可行性统一

前瞻性和可行性统一，是"体系"发展方式转变的一项重要原则，也是发展的一条重要思路。前瞻性旨在从规律与特点出发，科学超前预测发展未来和决策发展战略。可行性重在决策有效性，强调一切从实际出发，保证持续发展。强调两者统一，是"体系"发展方式转变不可缺失的重要条件。一是目标与现实统一。转变方式是"体系"发展进入"新常态"的方向和目标，但如何转，却有一个思路和方法问题。前瞻性是发展的重要视角，也是方式转变的重要思路。由此出发，"体系"立足"新常态"，面向未来，逐步消解在外延快速增长期隐含的种种矛盾与问题，是现实需要。关键是加强前瞻性与可行性的有机结合，促进目标与现实统一。这是"体系"发展方式转变的基本思路和方向；二是理论与实践统一。如果说前瞻性具有理论特征，那么可行性则具有实践性质。理论与实践统一，是前瞻性与可行性共生互动的保障。"体系"发展方式转变，需要前瞻性的理论指导，更需要实践推动，两者相辅相成，相得益彰，成为"体系"发展方式转变的必由之路。

3. 有效性和长效性融合

有效性与长效性是科学发展观的重要体现，对于"体系"发展方式转变具有战略意义。转变发展方式，是逆转惯性、消解隐患、厚置基础、保证发展和提高效率的战略举措。提高发展有效性与长效性，是转变发展方式的应有之义。一是加强衔接性。这是"体系"发展方式转变的重要目标，也是方式转变的关键接点。从战术来讲，产生及时效应是转变发展方式的基础，因为毫无效率的作为是徒有虚名的形式，是空洞苍白的徒劳。从战略而言，只有追求长远的效率才是转方式、促发展的根本目的所在。因此，加强有效性与长效性的衔接，是"体系"发展方式转变、解决可持续发展问题的重要思路；二是增进融合性。衔接是发展方式转变的基础，融合才是更高的层次发展。因此，有效性与长效性融合，实质是科学发展，关键是加强阶段目标与长远目标的和合统一，使阶段性目标成为长远发展的起点，使长远目标成为可持续发展的方向。两者融合，成为"体系"发展方式转变的思路和归宿。

（二）"体系"发展方式转变途径

转变发展方式与途径不可分离。《辞海》解释，"途径"为方法或路子，亦作路径。结合"体系"发展方式转变实际，所谓途径，从根本上说，就是推进方式转变的路子和方法。事实上，主体方式转换，靠理念与理论是苍白无力的，唯有选择与己正向同行促进的路子和方法，才能达到理想的目标，否则，必将大打折扣。因此，途径应纳入"体系"发展方式转变之中。关注思维重构和模式创新以及治理方式转换，是推进发展方式转变的必要途径和有效方法。

1. 转变观念，促进思维范式重构

创新是源动力。从主体而言，观念创新和思维方式转变，对于"体系"发展方式转变具有内在机制和逻辑意义。一是转变观念。这是一个超越传统、适应变革、面向未来的精神转变过程，对于发展及其方式转变具有先导作用。长期以来，职业教育观念始终处在流动变化过程之中，从计划经济到市场经济到目前"新常态"，历史表明，观念变革是社会经济改革的需要，也成为一种无形的动力，推动发展变化。职业教育从生存型到改革型到发展型，观念起着重要推动作用。当前，"体系"构建和职业教育发展面临发展方式转变的问题，必须从转变观念出发，确立创新驱动的新理念，重构思维方式。这是促进"体系"发展方式转变的重要前提；二是思维转型。思维是视角维度和思想方法，是一种特殊的心理活动，对于社会实践具有决定性的意义。思维存在具有不同的性状，从自身形态看，分为线性思维模式和非线性模式，从社会模式演化看，大体经历了传统思维、变革思维和创新思维的发展过程。从思维角度看，"体系"发展方式转变是一种思维方式转换，传统模式显然不能适应"新常态"的要求，转变是必然选择。从这一意义而言，"体系"发展方式转变，关键是思维模式创新。传统思维习惯是影响转型的心理制约，因此，消解转变传统"路径依赖"思维束缚，是解放思想、转变观念、创新思维的第一步。所谓"路径依赖"思维模式，是指在传统环境中形成的思维习惯意识和模式。这一理论是20世纪90年代初期美国经济学家道格拉斯·诺思（D. North）提出的，他认为，一个国家在经济发展历程中的制度变迁存在将"路径依

赖"(path dependence)现象，"路径依赖"类似于物理学中的惯性，物事一旦进入某一路径，就可能对这种路径产生依赖。这一理论提出，揭开了经济领域发展面临困境的根源，为破解发展瓶颈提供思路和方法。今天，面临"体系"发展方式转变，也有一个破解"路径依赖"的问题。关键是突破传统习惯束缚，立足国情，面向需求，结合职教发展实际，对接改革发展前沿，增强开放意识，确立创新驱动观念，促进思维范式转型，形成科学理念指导、合理价值支撑和应变创新驱动的思维心理机制。这是"体系"发展方式转变的重要内在基础。

2. 创新驱动，重构内涵式发展模式

内涵式发展模式，是外延式发展模式演化发展的必然趋势，这是辩证法定力。传统粗放与外延发展方式已不能适应"新常态"转方式，调结构，促融合发展的需要，重构内涵发展模式，是历史的选择，对于"体系"发展方式转变具有重要实践意义。一是转变传统方式。一种方式的形成和应用是历史的产物，不同时期具有不同形态和特点。教育与社会经济发展是对立统一关系，相互制约又彼此促进。在计划经济时期，适应高度集中配置的需要，职业教育发展形成了以集中统一为主要特征的发展模式，强调集中统一，而缺乏灵动活力。进入市场经济，原有的模式不能适应新经济体制的需要，教育到了非改不可的时候。早在20世纪80年代中期《中共中央关于教育教育体制改革的决定》明确提出，"要从根本上改变这种状况，必须从教育体制入手，有系统地进行改革。"一场旷日持久的教育改革由此揭开大幕，将职业教育发展推进了历史新阶段。但改革是一个历史过程，是一个长期任务。重规模轻质量，重升学轻就业，重知识轻技术的问题积重难返，成为制约"体系"发展方式转变的瓶颈，必须通过改革推动模式转型，依靠创新重构发展方式。这是转变"体系"发展方式的必由之路；二是重构发展模式。新旧转换，是历史发展的根本规律，前提是适应发展需要。粗放外延式发展模式已不能适应今天发展要求，重构模式成为时代发展的必然要求。"体系"构建与职业教育发展站在历史的新起点和新拐点，应将发展方式转变摆在重要位置，提到议事日程。所谓重构发展模式，是指建设以科学发展观为指导、以需求为依据、以服务为宗旨、以就业为导向、以质量为标准、以创新驱动为动力、加强主体制度资源技术环境协调发展的内涵式的发展模式。这是"体系"发展方式转变的根本和基础。

3. 深化改革，创新治理模式

治理是21世纪"金融危机"以来被全球关注的热点领域，赋予其深刻丰富的内涵，反思传统管理模式，探索治理模式构建的途径与方法，成为推进治理体系与能力现代化建设的重要内容和途径。"体系"发展方式转变是"体系"总体治理模式构建的有机组成部分，深化改革，创新治理模式，是推进"体系"治理现代化进程的需要。一是加强治理主体建设。治理主体是"体系"发展方式转变的核心、支点和动力。传统体制单一模式，在"新常态"面前已不相适应，必须从单一主体向多元主体转变，形成政府、行业企业、院校教育机构、社会群体多元主体互动合作的治理新体系；二是深化治理制度改革。这是"体系"发展方式转变的关键，也是加强治理法制化建设的根本途径和方法。国外在这方面已有丰富经验，如欧美国家的"政府—市场"治理制度等，但不可机械搬用，必须从实际出发，建立治理制度体系。"体系"发展方式从国情特点和职业教育发展实际出发，深化制度改革，建立治理法制法规制度体系。在思路方法上加强顶层制度的规划与设计，形成科学系统完善有效的治理制度体系。在内容体系上要把治理体系与能力建设摆到制度建设的核心地位，贯穿于整个制度建设过程，落实在制度的各个环节之上，为治理实践提供良好的制度环境和依据；三是推进治理实践进程。关键是要以"创新、协调、绿色、开放、共享"五大发展理念统领治理实践。当前，"体系"构建到了关键期，改革进入深水区，创新面临新主题。推进治理实践进程，是促进"体系"发展方式转变的保障。因此，必须加强治理执行力，不断推进治理主体多元化、治理内容系统化、治理体制法治化、治理机制协同化进程，实现"体系"治理现代化目标。

本章小结

创新路径，是"体系"构建一个重要视角，其中，理论创新是先导。

它不仅是"体系"的创新核心，而且贯穿于创新全程。关键是更新观念，确立人本与市场结合观念，树立传统与创新合璧意识，加强本土与国际接轨意念，重构阶段与终身一体意识。学科体系创新是核心。从学科角度看，职业教育是一门较为年轻的学科，在"现代学科"理念下，面临创新驱动、融合增长、协调发展的"新常态"和新要求，应从职业教育实际和学科特点出发，以更加开放的视野，借鉴新兴理论成果和方法，促进学科创新和发展，形成本土化的学科理论语体，阐释中国化的体系内容与框架结构以及路径方法，同时加强学科总体布局结构优化，深化应用研究，形成具有中国特色的现代职业教育理论体系；"体系"主体创新创优是根本。这是一个自身优化提升完善的过程，其中包括内涵再造、方式转换和机制重构等内容。内涵包含所有参与"体系"构建的责任人和行为者，既要完善政府供给力，增强行业企业支持力，提高院校办学力，也要增进社会群体向心力。关键是加强主体整体创优、持续创优和协同创优性。随着环境和自身改变，还要加强方法和机制创新，包括创新规划设计，加强系统构建，推进协同创新；方式转变是创新路径的关键。传统依靠政府推动、资源投入和外延扩张推动发展的方式，显然不合时宜，必须加以调整和转变，应加大内生动力，依靠创新驱动，借助生态合力，推进发展方式转变，促进持续生态发展。思路创新决定出路，在理论层面要凸显创新性和突破性，在决策层面要具有前瞻性和可行性，在实践层面要具备有效性和长效性。发展方式转变还离不开思维范式重构、模式创新和治理方式构建。这是加强"体系"治理系统与能力现代化建设的重要途径和有效方法。

中国特色职业教育体系的动力机制

力是决定一切事物发展的根本依据和动力。但从力到动力再到动力机制构建，经历了科学发现、理论建构和实践过程。在"新常态"转方式、优结构、新动力、促发展的条件下，从动力视域出发，运用系统论、辩证法和发展观，探索"体系"动力和机制构建的机理和策略，具有重要的理论意义与现实价值。疏理文献信息脉络，针对"体系"构建动力问题的研究，总体还在路上，有待进一步深化与发展。理论研究是基础，要素架构是根本，途径方法是关键。这是"体系"动力与机制系统构建的基本思路和总体框架。

第一节 中国特色职业教育体系动力机制理论基础

动力机制最初现身自然科学，后被广泛运用于各个学科领域，成为一门重要的应用性学科。从理论角度，探索动力与机制问题，是"体系"构建的现实需要，也是"体系"构建的基础。就内容而言，它涉及动力本质、基础和条件等基本问题，是构建动力系统，形成"体系"动力机制的理论基石。

一、"体系"动力机制本质

动力机制是"体系"构建的重要支撑，也是职业教育发展的不竭动力。因此，揭示其本质规律与模式特征，实质就是构建动力系统，根本是揭示"体系"运动规律性，研究动力机制的特殊性。这是理论研究的出发点和基本点。

（一）"体系"动力机制规律性

矛盾运动规律是"体系"动力与机制的本源所在和基本法则。它贯穿于"体系"构建与发展始终，是全部要素关系与运动规律的辩证统一，是推进"体系"构建与发展的根本动力。

1. 动力机制辩证法

这是"体系"矛盾运动规律的本质体现。在这方面既是共性与个性辩证统一，又是环境与系统的有机统一。首先，共性与个性的辩证统一。共性是指社会运动普遍规律，体现在"体系"构建与发展上就是融入社会整体运动，保持同向协同发展律动，成为其中的有机组成部分。个性是指"体系"要素结构与运行方式的特殊性，实质是职业教育独特性在动力机制上的本质反映。这是"体系"矛盾运动的根本所在，关键是处理好"体系"内外协调关系和平衡问题。因此，加强系统内外的协调与和谐，成为建立"体系"动力机制的必要条件。其次，环境与系统的有机统一。任何事物都处在矛盾对立与统一之中，这是动力系统构建的辩证法，也是矛盾运动基本规律的具体体现。生命在于运动。"体系"也是如此，永远处在自律与他律、需求与供给、数量与质量、规模与效益、技术与人文、教学与科研与管理与服务、资源与环境等矛盾运动发展之中，也正是通过这些矛盾相互作用，达到新的统一，产生新的物质变量，形成不竭的增长动力，从而推动改革与发展。这就是物质不灭定律的奥秘所在，也是"体系"矛盾运动规律的魅力所在。

2. 动力机制转化性

转化性是矛盾运动的特殊形态，也是动力生成的重要机制。所谓转化，是指物质演化发展不是一种直线运动方式，而是一种曲线螺旋上升的运动过程。在这过程中，物质因素互动和能量交换是推动空间变量和方式转换、形成新的动力机制、推动发展的主要原因。其中，转化是矛盾运动的关键环节，决定物质重组再生、精神提升和动力产生。"体系"构建与发展正是在这种矛盾运动转化中获得新机制、新动力和新发展。但问题关键是形成转化条件和机制，必须将"体系"构建与发展置入宏观环境下，解决转化的结合点与着力点问题。首先，转化结合点。"体系"构建与发展作为一种物质运动离不开一定环境条件，宏观上与社会需求环境相契合，中观上与行业企业相合作，微观上与系统和谐发展相一致。这些在不同空间层面形成的关系与方式显然不是简单链接，其有着较复杂的背景。原因很多，其中，需求应是形成内外空间协同运行结合的根本点，由此，使不同预期的主体获得共同利益的结合点，产生互动性，生成新动力。这种互动机制形成，就是动力机制转化的过程和现实图景。因此，转化是生成动力机制的必要条件。其次，转化着力点。加强动力机制转化是系统过程，找准着力点，是事半功倍的保证。加强政策供给与统筹力度，是动力机制转化的着力点。关键是加强顶层设计，制定有效政策法规，完善要素运行原则和方式，形成内外系统有机整合和协同运行的机制。这是形成有效动力运行机制系统的保证。

（二）"体系"动力机制特殊性

《辞海》对机制（mechanism）解说为"原指机器的构造和动作原理"，后广泛用于自然科学和社会科学，泛指某一复杂系统内部结构、工作原理及其规律性，具有功能、结构和体制的多层意蕴。在"体系"动力机制语义中，具有特殊的意义和内涵。所谓"体系"动力机制特殊性，是指内外主体要素多元性、结构开放性、功能复合性、体系系统性。其中，外因是条件，内因是根本，特色是依据，多要素辩证统一是保障。

1. 动力机制类型特征

类型是类别、样式或范式的概念。一般而言，独特性和不可替代性是形成类型的根本依据。职业教育是一个独特的教育类型，基于这一特殊平台，建立动力机制也必然带有与生俱有的基因根源，即是"这一个"本色特征。首先，职业、技术和教育和谐统一。这是职业教育的本质特征。在教育视域下，职业教育具有普通教育的共性，是培养人的活动和过程，诠释的是教育信念和事实。但它作为一种相对独立的教育类型（二级学科），具有独特性，已是不争之事实。至于什么是独特性问题，学界虽然未有统一界定，存在多种解说，但职业性与技术性与教育性和谐统一是基本事实，也是职业教育的特色所在。职业性指向教育职业导向，技术性凸显教育核心内涵，"三性"和谐统一构成职业教育的区别特征和不可替代性，也决定了动力机制的独特性。其次，内外要素协调综合，揭示职业教育发展动力。从本质而言，"体系"动力机制是由各个要素按照职业教育规律和特点有机集成的综合体。其中，社会需求（包括人的需要）以及物质、制度与精神是外在客体因素，职业教育自身发展是内在主体因素，彼此联系，互动互补，合作统一，在资源、制度、空间、技术和功能上为职业教育发展提供动力之源。

2. 动力机制结构模型

所谓结构模型，是指按一定方式建立的结构形态或模式。"体系"动力机制系统天然地具有自身的运行方式和特点。科学发展、服务需求、导向就业、产教融合、校企合作和工学结合的核心理念和办学方式是动力系统构建的思想基础和专业方法。按照这一思想脉络和方式方法，构建"体系"动力机制系统，多元融合与协调统一是根本思路和方法。首先，多元融合。主体是构成"体系"动力机制的本体，是模型的核心。多元融合体现了这一模型的组织特征和方式。关键是突出主体重点和多元特点，加强相互协调融合是根本保障。其次，协调统一。这是结构模型的重要方法，体现了"体系"主体多元特点。"体系"动力机制是一个开放体系，不同要素与力量参与是一个比较优势，但也带来了过程的复杂性，迫切需要加强统筹协调，形成各在其位、各司其职、相互支撑、合作共生和循环良好的动力机制。

二、"体系"动力机制基础

"体系"动力机制犹如"万丈高楼平地起"，离不开基础的支撑。所谓"体系"动力机制基础，是指带有支撑功能条件的基本要素，与动力机制内涵密切联系，但也有区别，就基本要素而言，包括理论依据、社会需求和自身需要。它们相互联系，彼此互动，内外结合，有机整合，共同为"体系"动力机制奠定基础。

（一）动力机制理论基础

动力机制理论广泛运用于各个领域，具有普遍意义。"体系"构建与发展既是一项战略，又是一种实践，需要动力机制的支持和推动。动力机制理论对于"体系"具有重要指导和推动意义。

1. 动力机制理论意义

"任何事物的发展变化都应有其动力机制"。❶ 这是动力机制理论形成的客观基础。"体系"构建，也有一个如何发展的问题。关键是看他律与自律、理论与实践能否达到高度统一，这是决定动力机制理论价值的根本条件。因此，从理论层面，探讨动力机制机理，是"体系"构建的应有之义。一是提高理论自觉。什么是推动"体系"构建与发展的动力，不同角度有不同的主张和诠释。从系统论角度看，推动"体系"构建与发展的动力，是一种多元集成交互作用的整体运动的综合方式。相对而言，单一平面的决定论，不能全面客观揭示"体系"动力机制的全部意义。因为这是一个系统结构，是一种整体运动的综合方式，社会经济科技文化生态是基本动力，参与主体是决定动力，资源保障是直接动力，制度保证是关键动力，师资队伍是根本动力，创新治理是制衡动力，相互作用，互为支撑，形成合力，推动发展，从而形成一个有序综合互动的动力机制系统；二是加强理论导向。动力机制理论发展大致经历了外生动力、内生动力到"科技创新动力机制"❷ 演化发展历程，核心是提供导向、激励、推动、控制和创新的理论指导与实践支持。从理论角度看，"体系"动力机制理论构建涉及动力源、动力基础、动力因素、动力结构和体系创新等基本理论问题，需要借助动力机制理论，厘清思路，把握特点，形成对策。这是动力机制理论的积极意义和重要价值。

---

❶ 郝庆生，等. 动力机制理论及其方法论构想［EB/OL］. 中国科技论文在线，http：//www. paper. edu. cn.

❷ 唐勇. 创新及其动力机制研究综述［J］. 中外企业家，2013（12）：70-72.

2. 动力机制实践价值

马克思指出："全部社会生活在本质上是实践的。"❶ 以此看动力机制理论的生命价值，也在于应用。这是衡量动力机制理论优劣的唯一标准，也是助力"体系"动力机制构建的根本保证。一是提供理念方法指导。动力机制理论兴起于经济领域，后广泛运用于其他各个学科和领域。目前，进入转方式，调结构，创新驱动的新阶段。"体系"动力机制构建，也面临理论创新、系统构建、机制创新和持续发展的新课题和新实践。创新发展的动力机制系统理论成为"体系"理念创新、制度创新、资源支撑、教学改革、人才支持、治理保障等动力机制的重要源头和支撑力量；二是推进动力机制创新。目前，"体系"构建进入关键阶段，适应"新常态"，转方式，调结构，创新体制，激发活力，对动力机制创新提出新要求。关键是解决影响动力机制转换与升级的瓶颈问题，在这方面，既有观念创新问题，又有体制机制创新问题，必须从"体系"构建与发展的实际需要出发，突出问题导向，坚持理论联系实际的原则，既坚持系统整体观念，又不忽视各个因素的特点优势和地位作用，实施差异发展和综合集成战略，通过优化资源配置，加强制度创新，协调主体互动，创新动力机制，促进协调可持续发展。

（二）动力机制社会推动

所谓社会推动，是指社会需求对"体系"动力机制形成与发展的直接影响和推动，这是外部的动因和推力，具有决定性的意义。"体系"动力机制必须以此为依据，服务发展，成就自我，实现共享双赢的发展目标。

1. 社会需求

从历史唯物主义立场和观点看，社会需求是社会发展的主要动因和推力。职业教育发展也离不开社会需求这个根本。从这一意义而言，社会需求是"体系"构建与发展的晴雨表和源动力。其动能量级大小取决于需求程度，主要受社会因素和人为因素的双重影响。一是客观因素。就其内容看，它主要包括社会经济、科技产业、文化生态等需求，是"体系"动力机制形成的外部基本条件，具有决定性意义；二是人为因素。它主要包括

---

❶ 马克思恩格斯选集第 1 卷 ［M］. 人民出版社，1995：56.

价值观念、制度体系以及对人才需求等，其中价值观念体系、行政体制、法律法规、行业企业和就业方式是核心要素，规范制约推动"体系"动力机制形成和运行，起着根本保障作用。上述两大因素成为"体系"动力机制构建和运行必不可少的基础和条件。

2. 主体要求

所谓主体要求，是指社会人与群体对物质与精神日益增长的需求，其中包括对教育与职业的需求。教育与职业密切结合，有着不解之缘。教育是职业基础，职业是教育体现，也是人生价值体现和基本手段。一是社会主体追求。自由全面充分发展与和谐幸福是当代人的社会理想，也是人生的追求。教育是基础，尤其是以就业为导向的职业教育，成为社会主体的基本需要，推动着职业教育发展，成为一条基本国策，职业教育肩负社会责任和重托。这是"体系"动力机制构建的根本原则；二是动力机制依据。从社会主体角度看，主体即人需求是"体系"动力机制构建的根本依据。因此，以人为本是核心理念，是"体系"动力机制构建出发点和归宿，要将此理念贯穿与动力机制全过程，固化在每个环节之中，充分体现宗旨意识。总之，正是以上两者有机结合，为"体系"动力机制构建提供了根本动因，也只有最大限度满足社会及主体需求，"体系"动力机制才会受到全社会重视，才会有足够的推动力。

（三）系统内在发展追求

动力机制是主客观的统一，社会需求是客观基础和外部推力，系统追求是根本动因和内在推力。这是"体系"动力机制构建的重要维度和逻辑基点。

1. 加快发展要求

加快发展是"体系"构建的重要主题和战略目标，根本目的是提升服务社会经济供给能力。这是"体系"加快发展的根本出发点。一是从整体看，"体系"构建是一项系统工程，体格庞大，内涵复杂，涉及广泛，加快发展需要有足够的动力支持，否则，难以支撑加快发展带来的压力。"体系"动力构建具有特殊性，是一个多元复合的综合体系和互动机制。关键是建立一个适应发展需要符合实际的动力机制系统，保证发展动力支撑；二是从主体看，政府、行业企业、职业院校和社会培训机构、社会民众都是动力主体和来源。每个主体处在不同的位置，具有不同职能，但又处于同一动力系统之中，相互联系，彼此互动，共同支撑"体系"发展。因此，以角色理论和方法，处理各个动力主体的辩证关系，是形成有效动力系统机制的关键；三是从供给看，现阶段重点是调整优化供给侧的关系上，解决需求与供给不平衡问题。外部方面重点稳定持续投入，建立健全法治体系，创新治理模式和方法。内部方面加快转变方式，优化结构，提升质量，促进持续快速发展。

2. 激活活力需要

"体系"动力机制是一个生命有机体，激发活力是根本。目前，加快"体系"发展，不仅是要进一步提升外在动力，而且要增强内在活力。因此，增强动力，激发活力，成为加快"体系"动力机制构建的现实需要。一是增强动力供给力。动力是活力的催化剂，是活力的源动力。因此，增强动力供给力，是激发活力与推动发展的根本之策。关键是深化改革，转变方式，调整结构，创新发展，不断优化动力配置，包括政策、投入、体制和机制，从而调动一切积极因素，释放充分潜能。这是提高动力供给力的必由之路；二是建立平衡发展机制。所谓平衡发展机制，是指"体系"各个要素和单元之间相互协调、平衡运行、有序发展的机理和方式。这是激发活力的需要，也是动力机制构建的重要原则。如"体系"生态问题，包括质量等问题，是困扰职业教育发展的瓶颈，也是影响办学活力的因素。究其原因，是冲突造成发展不平衡性的病相。解决这一问题的根本方法，就是通过建立平衡发展机制，来化解办学需求与供给、数量与质量、教学与科研、招生与就业等矛盾与冲突，重构均衡发展局面，促进生态建设。这是事关"体系"可持续发展的重大战略，是系统内在构建与发展的长远追求。

三、"体系"动力机制条件

"体系"动力机制构建对条件的依赖性也是不可改变的。从发生学角度看，任何事物生成与发展都是有条件的，也就是说，离不开条件这个前提。所谓条件，是指事物空间依存因素和关系，包括宏观、中观和微观。

因此，从条件维度，加强对"体系"动力机制的关系研究，是一个重要的维度和环节。

（一）宏观和谐性

所谓宏观和谐性，是指"体系"动力机制与外部需求的和谐关系和互动机制。总体条件是"体系"动力机制与外部环境条件保持互动和谐性。

1. 社会和谐发展保障

社会和谐发展，是一个综合概念和系统。"体系"动力机制与社会经济发展存在广泛的互动关系。其中，需求性与适应性是这一关系的纽带，决定两方面的互动和谐性。一是社会需求性。社会经济是一个不断发展变化的历史过程，需求变化是重要体现和标志。因此，把握社会需求特点，是"体系"动力机制提高适应性的关键，也是保持与社会经济和谐发展的根本。当前，社会经济发展进入"新常态"，需求随之也出现新变化和新特征。突出表现在对高素质技术技能人才提出了新要求。据我国近年人力资源市场信息检测显示，对中高级技术人员（包括高级技师、技师、和高级技工）需求保持持续增长趋势，尤其是对高层次人才需求更为强劲，《中国制造2025》10年规划表明了这一历史新进程；二是"体系"动力机制适应性。以需求为导向，是"体系"动力机制构建的重要理念。实质是加强与社会经济对接与互动，提高人才培养的适应性，为社会经济发展提供人才支撑。这是服务发展需求的根本，也是提高自身适应性和保持和谐性的关键。因此，需求性与适应性统一是推动社会和谐发展的根本保证。

2. 主体协调发展条件

所谓主体协调发展，是指社会主体相互联系、彼此合作、共同发展的关系和过程。人是社会关系的总和，也是生产力的决定因素。以此为出发点可见，"体系"动力机制构建也离不开人这一根本条件。因此，加强相互协调性，增强彼此和谐性，是主体得以更好发展的重要条件，也是动力机制构建的根本保证。一是加强同向发展。这是保持与人的需求协调发展的重要前提。当代人生活在一个变革时代，不同人群有不同层次的需求，无论为了生活或发展，都面临生产技术和环境变迁以及职业就业变化。为适应这些变化，人们对教育和培训需求也与日俱增，不仅是量的变化，更是质的提升，体现为对新技术新工艺新方法的渴望和对终身职业生涯教育培训的向往。这是"体系"动力机制又一动因，也是协调发展的重要基础。关键是保持同向驱动与和合发展关系，是"体系"动力和机制与人的需求协调和谐发展的根本保证；二是保持同步发展。人力资源关键是人，加快建设进程是国家发展战略、社会经济发展的需要，也是人自身发展的要求。教育包括职业教育是人力资源建设的重要基地，尤其是职业教育直接承担着将自然人口转化为社会劳动力的重要使命。在当今生产方式转化和城镇化发展新的历史条件下，职业教育面临大量劳动力转移技术再教育再培训的新需求。"体系"动力和机制构建必须与之保持协调发展的趋势，才能构建一个互动发展的动力机制。

（二）中观协同性

所谓中观协同性，是指"体系"动力机制与政府、行业企业及社会个体协调统一的关系与机制，是形成"体系"动力机制的关键动因，是推动发展的直接动力。

1. 政府机构主导性

在"体系"动力机制系统中，上至中央政府下至各级地方政府，是职业教育政策决策，资源供给和信息服务者，起着主导作用。在传统"供给导向"模式下起着决定性作用，在转向"需求导向"和"合作教育"模式下依然发挥着关键性作用。一是政策决策者。所谓政策决策，是指公共政策决策，主要指政府行政决策态度和行为方式，体现一种价值倾向和选择，代表国家与民众意志和利益，具有权威性、规范性和导向性特征。这是一个自上而下的执行反馈循环过程。政府主要是通过方针政策与法律法规制定，形成实施发展规划，规范主体施教行为，协调互动关系，促进改革与发展。这是形成"体系"动力与机制系统的根本保障，也是促进教育民主、公平、公正的重要保证；二是资源供给者。政府是"国家权力机关的执行机关"和"国家行政机关"。● 职业教育是社会公共事业，经费主要来源是国家财政性教育投入，政府以直接（货币）和间接（土地等）投入

● 中华人民共和国宪法 [EB/OL]. www.zhikunedu.com. 2015 – 10 – 08.

方式资助支持职业教育发展。在市场经济条件下，政府迫切需要不断"完善经费稳定投入机制""改善职业院校基本办学条件"，加快发展现代职业教育；三是信息服务者。这是信息化条件下建设服务型政府的需要。现代信息技术发展，为社会经济发展提供了新技术，也促进了政府服务方式的转变。在"互联网＋"环境下，政府凭借信息权威性、可信性和指导性优势，借助网络信息技术，为职业教育发展提供及时精准的信息服务，包括报告社会经济产业发展需求、人力资源建设与人才市场、就业情况等，引导职业教育不断调整优化发展方向，深化教育教学改革，促进人才培养模式创新，更有效地提高教育适应性、主动性和可持续发展性。

2. 行业企业参与性

促进行业企业参与支持职业教育办学与人才培养，是世界发达国家职业教育的基本经验，如德国"双元制"、美国社区学院、澳大利亚"TAFE"体系和日本合作教育等都是这方面成功模式。因此，积极"引导社会力量参与办学"，特别是行业企业参与职业教育，切实履行发展职业教育职责，是建立健全现代职业教育体系的需要，也是构建"体系"动力机制系统的必要条件。一是加强行业指导性。强化行业指导，是"体系"动力机制系统构建不可或缺的重要组成部分。为此，教育部下发了《关于调整和增设全国行业职业教育教学指导委员会的通知》（教职成〔2012〕9号），明确了行业关于提出职业教育人才培养要求、指导校企合作办学、提高教师专业技能水平和实际教学能力等八项职能，在产业结构调整升级和发展方式转变的条件下，对于增强行业对职业教育的指导、推动职业教育发展和"体系"动力机制构建具有重要的现实意义；二是增强企业参与性。企业在职业教育发展中具有特殊的重要作用。目前的问题是积极性不高，参与度不强。这种需求与参与的反差制约了职业教育改革发展以及动力机制构建。究其原因，既有主观的也有客观的，但动力不足是一个根本原因。迫切需要进一步理顺解决权利与义务关系，从法律层面加强规范和制约，这是调动企业履职、兑现义务、提高积极性自觉性的关键，也是"体系"动力机制系统构建的重要保障。

3. 社会民众接纳性

社会组织参与是"体系"动力机制系统的要素构件，社会民众接纳也是不可缺少的重要条件。所谓社会民众，是一个广义概念，在当代泛指人民群众。他们是社会历史的创造者和实践者，也是职业教育的接受者和推动者。所谓接纳，意在强调社会民众对职业教育的态度和参与程度。一是接纳的重要性。当代职业教育是服务社会、面向人人的公共事业，人民群众接纳性是重要条件，决定职业教育发展程度。这是不言而喻的定律。但这是一个复杂过程，受多元社会思潮影响，呈现出波动的状态。究其原因，客观上受传统应试升学教育文化观念的影响，主观上受日益增长的教育需求的驱动。消解传统影响，是转变被扭曲的成才观和人才观的根本办法。重构不分类型与形式，只求人人都能自由发展，都有出彩人生的教育理念，是提升民众积极接纳的重要基础。由此，"体系"动力与机制系统就拥有取之不尽用之不竭的动力源泉；二是接纳的互动性。对于职业教育而言，应根据区域社会经济发展特点和需要，从人的职业就业实际出发，立足职业教育本位，发挥优势，形成完善的教育体系和人才培养体制，为受教育者提供高质量终身化的职业技术教育与培训服务，增强创业就业能力，为赢得发展机遇、创造理想生活、实现人生价值奠定基础。从个体实际而言，改革开放以来，从呼唤人的尊严、到尊重生产力发展，到追求人的全面发展，确立科学发展观，唱响"中国梦"，经历一个不断改革发展的过程。今天，从看重物质改善转向注重自身发展，越来越意识到教育的重要性、必要性和多样性。走自己发展的道路，日益成为社会民众的理性选择。选择职业教育，促进成才和终身发展，将成为一种持久力量推动职业教育发展和动力机制构建。

（三）微观统筹性

微观是相对于宏观的空间概念。在这一视域下，"体系"是指关于自身内在系统结构和方式，带有本体性质和特征。对于"体系"动力与机制系统而言，这是一个空间内系统的动因和条件。

1. 多要素统一

"体系"是一个多元要素结合的有机体。其中，每个要素都是动力内涵与机制的构成因素。一是要素多元性。从结构形成来看，"体系"是由无数个分子（即要素）组成的系统，多元性是基本特征。其中，现代教育理念是先导，学科体系是基础，不可替代的功能是前提，不断完善的教育体制是关键，相对独立的教育教学体系是核心，独特的技术技能人才培养模式是根本，必要投入和基本办学条件是保障，文化创新是动力，对于"体系"构建都是不可或缺的要素，也是动力与机制构成的基本条件；二是要素统一性。这是动力机制至关重要的条件。从系统论看，每个部分都是相互联系、彼此促进、有机统一的整体部分。"体系"是一个统一整体。关键是从系统论出发，加强内在要素的联系和整合，形成相辅相成、和谐统一整体。因为任何单一要素所释放的能量和发挥的作用是有限的，不能替代系统的合力。只有通过统筹协调，促进多要素统一，方能集聚资源能量，形成办学综合优势，发挥育人与服务的聚合效应。因此，多要素统一是"体系"动力机制形成重要的组织保障。

2. 多功能整合

"体系"动力机制是内在要素相互运动、彼此持久作用和协调发展的系统。因此，从动态角度，分析"体系"多元要素功能关系和整合系统，是揭示动力机制本质内涵与特征的重要维度。一是要素多样性。要素是"体系"的本体构建，也是动力机制形成的基础。总体看，这是一个多样要素的集成综合体，相对普通教育，有更多的因素，主要包括教育经费、办学主体、制度建构、师资队伍、实践教学设备条件和文化环境等，共同支撑动力机制系统；二是功能整合性。从系统角度看，功能是一个有机系统，从整体看功能，尤为重要。因为，单一孤立方法具有局限性，不足以从整体把握"体系"功能内涵与结构。只有用整体系统的理论与方法，才能更科学全面认知动力机制系统全部意义，加强"体系"动力机制整体性与系统性构建，形成"同心圆"式结构模型。这是对"体系"功能动力机制系统的形象描述，也是动力机制系统重要的形态特征。

第二节 中国特色职业教育体系动力机制系统构架

"体系"动力与机制是独特完整充盈活力的系统，就其内涵与结构而言，是一个由内外要素有机结合和交互作用的统一体。其中，系统要素是基础，内涵建设是核心，结构协调是关键。它们互联互动，有机统一，形成"体系"动力与机制的内涵关系、作用机理和系统模式。

一、"体系"动力机制内涵构成

动力内涵是"体系"动力机制构成的基本元素和单位，是整个动力系统构建的核心。从性质看，既有外部客体动因，又有内在主体动能，还有介于两者之间的制度保障动力因素。这是一个内外互动、中介推动、多元结合、协调发展的动力机制系统。

（一）客体推动力

在哲学视域下，客体即指社会本源，社会是物质与精神的辩证统一。"社会是由作为社会主体的人按一定的形式组织起来，运用一定的物质的、精神的、社会的条件，从事各种活动，通过自然生态环境之间的、人们相互之间的物质、能量、信息的交换，实现人类自身发展的有机统一体"。❶其中每个要素都是社会发展的动力因素。这是解析"体系"动力机制客体推动力的重要依据和基本思路。

1. 客体推力系统性

客体是相对主体概念，是一个多元有机体，有着客观的规约性和统一性。就空间范围来看，客体推动力是一个跨界概念，包括经济、产业、科技、社会和文化等领域。它们各自独立，但又相互联系，彼此促进，有机统一，不存在孰重孰轻的问题，都是"体系"动力机制的客观动因和依据。经济产业是物质动力，科技是创造动力，社会是基础动力，法治是公正动力，文化是精神动力。它们共同构成客观动力系统性，成为"体系"动力机制的重要基础。

2. 客体推力互动性

客体推动力的整体系统性是一个静态空间概念。从动态角度看，它又是一个充满活力的动态生态系统。每个要素和环节都相互联系，彼此互

---

❶ 吴元樑. 社会系统论 [M]. 上海人民出版社，1993：23.

动，促进发展，形成动能，产生效能，而且直接作用于"体系"动力机制。经济发展提供物质基础，产业发展促进专业建设，发展方式转变提升人才培养质量，科技创新促进办学水平提高，社会进步推动和谐发展，文化繁荣预示终身教育时代到来。在客体作用"体系"主体同时，"体系"动力机制也回力客体发展。正是这种双向互动性，推动了整体发展，也为"体系"动力机制提供了不竭动力。

（二）主体源动力

何谓主体源动力，对于"体系"动力机制而言，是指来自主体提供的动力能源。本质是人的因素，包括政府、行业企业、教育培训机构和社会民众，他们是动力的组织者、供给者、监控者和担当者，同时也是消费者，基于共同目标和社会责任，形成互动关系的动力系统，发挥着根本作用。

1. 源动力根本性

人的因素是主体源动力，在动力机制系统中最具活力和潜质，是根本。核心是人的能动性和创造性，即实践性。一是"以人为本"的根本理念。在科学发展观下，人本思想为了人，依靠人，服务人，发展人，是"体系"动力机制的核心价值观和发展观，归根结底，就是坚持育人宗旨，把培养高素质技术技能人才摆在根本地位，促进人的全面发展。所谓依靠人，就是突出动力本源性，坚持人、即主体的能动性和创造性，将人置于发展中心，调动一切积极因素，整合凝练为发展动力，推动"体系"动力机制形成与发展；二是以人为主导的驱动机制。从结构角度看，"体系"动力机制是一个内外动力结合体，其中，外推动力不可缺少，但内在主体动力是根本动力，在形成内生性动力机制过程中起着主导性作用。因此，确立以人为主导的驱动机制，实质就是突显主体动力的主导地位，重视主体的内涵建设与发展。从这一意义而言，加强主体动力建设，增强整体性、平衡性和融合性，是形成以人为主导驱动机制的关键。

2. 源动力能动性

所谓主体源动力能动性，是指对"体系"的能动反应，具有推动性和创造性的特征和作用。这是主体源动力的重要功能和特征。一是主体源动力能动性机理。能动性是人类认识与改造自然和社会的才能，也是"体系"动力机制的核心引擎。前提是充分调动与发挥主观性，提升主体潜在能力。在当前"体系"构建中，尤应不断提高主体的动力供给力，基础在理论素养与实践能力提升，这是解决主体能动性的根本所在；二是主体源动力能动性本质。能动性是指主体对客观作用的能力体现。自觉性与创造性是积极能动性的本质，也是"体系"动力机制的核心。自觉性体现为主体源动力对职业教育本质规律的熟谙，能够理论联系实际，坚持问题导向，针对"体系"构建与发展中存在的突出矛盾和问题，实事求是地提出对策与措施，不断推进改革发展。创造性是主体源动力能动性质的升华，是解放思想、创新创造的结晶，也是"体系"动力机制的核心力量。"体系"构建是一项创新创造工程。没有创新创造，就没有"中国模式"。从这一意义而言，创新创造是"体系"动力机制的不竭动力，关键是形成创新创造理念、思路、举措和办法，走自己创新发展之路。唯此，"体系"方能由理想变为现实。

（三）制度保障力

根据《辞海》解释，制度含有规程、体系、法度之义，是一个历史、系统和法规的概念。结合教育实际和特点，教育制度是教育机构设置与法规体系构建的总和。就性质来看，具有原则性、稳定性、普遍性和实践性属性特征，从功能特点来看，具有导向、制约、规范和保障作用。"体系"构建离不开制度保障，否则，难以走上制度化和规范化发展轨道，因此，保障力是不可或缺的动力，也是"体系"动力机制的重要内容，而且起着关键性作用，应纳入动力系统研究视域。

1. 制度导向力

制度体现主体意志和客观规律，表现为特定的价值取向和实践导向，对实施对象产生长久深刻的影响力。一是价值导向力。价值引导关系"体系"动力机制的属性与走向，是制度的核心动力。在转变发展方式、促进内涵发展条件下，原有制度处于转轨之中，重构价值导向成为改革的重要内容。制度建设应以科学发展观为指导，始终围绕人的根本核心价值，设计内容，构建体系，形成机制，发挥导向作用。核心是以人为本、立德树人、服务发展、促进就业、深化改革、推动发展、增强创新和培养高素质技术技能人才；二是功能激励力。激励是管理学关于动力机理的理论，调动积极性，激发源动力，是核心。将这一理论引入"体系"动力机制的制度研究，是理论视野延伸和应用领域的拓展，对于增强制度激励自觉性和实践性具有积极意义。"体系"动力机制有一个激励问题，需要调动社会主体积极性和能动性，增强"体系"的活力和动力。根据管理学动机激发理论，社会主体不是机械部件，而是具有需求与预期的人或群体，需要从实际出发，从需求与预期入手，激励动机，形成动力，激发活力。从这一意义而言，"体系"动力机制与激励理论有着天然般联系。关键是运用制度杠杆，通过改革与创新，协调平衡动力主体的责权利关系，激励积极性，提高自觉性，增强能动性，为"体系"动力机制奠定坚实基础。这是解决当前合作办学中行业企业参与积极性不高及发展职业教育中社会群体左顾右盼问题的根本出路。

2. 制度制约力

制约力是"体系"的一种动力机制，体现为对受制主体观念与行为的约束，是维护制度权威性和规定性的需要，也是保证制度执行的重要条件。一是制度约束力。这是基于办学主体多元性生成的动力机制。从动力系统看，"体系"动力主体上至政府机构，下至社会民众，处在不同社会层面，分担不同职责功能，享有不同权利义务，是一个多元立交的互联系统。其中，每个主体都是必要的动力元素单位，具有不可替代的功能作用。但要使他们求同存异，取长补短，形成合力，加强约束力，提高自律性，就必须纳入统一系统，形成互利互补、相互促进的约束力。这是制度约束力的重要保障，有助于将受制者的自发追求纳入制度约束之下，使之转化为自觉行动成为可能。这是"体系"动力机制构建的必然要求和重要条件；二是制度规范力。提升规范力，是"体系"构建的客观需要，也是动力机制的重要内容。从动力机制看，制约与规范是互动互补的逻辑统一，都是制度不可或缺的协调机制和重要力量。制约增强主体协调性，规范加强主体统一性，两者相辅相成，辩证统一，有助于推进制度化与规范化进程，为实现教育法治化目标奠定基础。

3. 制度保障力

保障力是"体系"构建的需要，也是制度的一项重要功能和动因，具有长期、稳定、持续特点。就内涵结构来看，这是一个纵横衔接辩证统一的有机体。一是国家宏观指导。加强对教育的宏观指导，是国家保证教育持续健康良好发展与实现现代化总体目标的需要。总体要求是以科学发展观为指导，"全面建成更高水平的人力资源强国，全面建成惠及全民的教育公平社会，全面建成体系完备的终身学习型社会，全面发挥教育红利长期作用，全面建成充满活力的现代化教育体系"[1]。从职业教育目标任务角度看，就是到 2020 年，形成"具有中国特色、世界水平的现代职业教育体系"，为实现"中国梦"奠定基础。基本模式是多元主体纵横互动，有机合作，集成统一。根本保障是建立完善具有中国特色现代教育制度和运行机制。《职业教育法》和《国务院关于加快发展现代职业教育的决定》等一系列法律法规的颁布与实施，就是国家为加强教育治理、推进"体系"构建和职业教育发展做出的制度安排，不仅赋予了重要的政策理论依据，而且提供了改革发展的根本动力；二是办学基础保障。国家大政方针是教育改革与发展的根本指导思想。根据这一基本原则与精神，职业教育还需从国情实际、发展阶段和社会经济需要出发，结合自身特点，建立科学完善的办学制度体系，包括办学指导思想、理念、定位、思路、目标、战略和途径方法。这是办学基本保障。重点是加快推进"体系"构建，深化体制机制改革，优化资源配置，加强内涵发展，创新治理模式，促进产教融合、校企合作和人才培养，走特色化办学道路。这是"体系"动力机制构建的重要保障。

二、"体系"动力机制结构模式

结构模式是一个有机系统，也是一个互动机制。从这一维度出发，看"体系"动力机制结构模式构建，关键是嵌入社会发展大背景之下、以系

---

❶ 胡鞍钢，王洪川，鄢一龙. 教育现代化目标与指标——兼谈"十三五"教育发展基本思路 [J]. 清华大学教育研究，2015（5）：21－26－47.

统论与社会互动理论和方法、加强内外联系，构建彼此互动的结构体系。这是一个"多元联动＋合力"的结构模式。其中，多主体联动与多功能合力是模式结构的基本架构和特征。

（一）多主体联动

多主体，是"体系"动力要素理念，不同于哲学概念，是指动力与机制构成的主要部分，是主客观统一，包括市场驱动、政府推动、社会互动和体系自动。联动，是指主客观动因相互联系，彼此促进，协调发展，合力推动，是"体系"的动力机制。

1. 市场驱动

社会需求是动力本源，市场驱动是重要方式。在传统体制下，职业教育主要靠高度集中统一计划推动发展，是一种典型供给型动力模式，政府起着决定性作用。从 20 世纪 90 年代起开始向社会主义市场经济转型，旨在发挥市场在经济发展中资源配置的关键作用，激发办学活力，提高实际效益，促进更好发展。市场驱动是一种需求型动力模式，推动职业教育发展，必然引起结构性的重大变化。一是面向市场，提高适应性。市场是一个交互空间和动力纽带。"统筹发挥好政府与市场的作用"❶，是关键。对于"体系"而言，面向市场，就是重构以需求为导向的动力机制。实质是解决需求与供给关系，优化平衡供给侧。其中，需求是客观条件，供给是主观能动性，是矛盾的主要方面。绝不是"我"能培什么样人才，就培养什么人才。关键是提高市场适应性，使办学理念、专业设置与人才培养与市场需求保持正向互动，理念重市场，办学向市场，人才有市场。这是"坚持社会主义市场经济改革方向"需要，也是对接市场需求的重要接点。但需指出的是，面向市场，也决非完全将"体系"推向市场化，因为教育毕竟有自身运行规律和价值信仰追求；二是竞争市场，增强综合力。所谓竞争市场，是相对于适应市场而言的概念，就是主动参与市场竞争。其实质就是利用市场，发挥优势，融入竞争，促进发展。但竞争市场具有风险性，优胜劣汰是市场竞争铁的规则，是不可跨越的法则。提升综合实力，

---

❶　国务院关于加快发展现代职业教育的决定［N］. 中国教育报，2014－06－23.

别无选择。为此，既要引入市场理念，转变传统依赖型发展观念，按照市场规律，深化体制改革，兼顾责权利统一，吸引鼓励社会力量参与职业教育，形成开放多元合作办学体制，扩大丰富办学资源，促进资源优化配置，又要借用市场机制，改变单一办学模式，根据"积极发展混合所有制经济"精神，"引导支持社会力量兴办职业教育""创新民办职业教育模式""探索发展股份制、混合所有制职业院校"等，形成多样化办学格局，增强办学活力，促进改革发展，还要立足市场需求，创新人才培养模式，以服务发展为宗旨，以就业为导向，"推动专业设置与产业需求对接，课程内容与职业标准对接，教学过程与生产过程对接，毕业证书与职业资格证书对接，职业教育与终身教育对接"❶，全面适应市场需求，全面提升竞争能力，努力培养市场需要的人才，为社会主义市场经济发展提供人才支撑和科技贡献。

2. 政府推动

角色是分析动力机制的重要维度，也是重要因素。由此看"体系"动力机制，就是按照社会角色或身份，揭示主体的行为特征与影响因素。政府是国家行政机关的简称，是社会公共利益的代表，代表国家行使宪法赋予的权力，管理国家行政事务。这种独特的社会地位和主导优势决定了政府对职业教育的影响力和推动力。一是行政领导力。政府是职业教育领导者、发动者和行动者，是驱动发展的主角。这是历史选择，从先秦起，我国古代历朝政府就重视职业教育，从中央到地方都建立了官办职业教育体系，并提供财政支持。这也是国际经验，无论德国"双元制"和美国"社区学院"模式等都体现了政府积极干预、运用法律杠杆和财税支持方式、推动职业教育发展。相对而言，中国在这方面更是优势凸显，政府可以利用行政主导优势，从宏观角度与战略高度，自上而下发动，统筹协调发展，对职业教育具有决定性的作用；二是政策推动力。政府是政策决策者和推动者。主要通过立法方式，制定颁布相关的法律法规以及行政规章制度，为"体系"构建与职业教育发展提供政策决策力和支持力，起着关键

---

❶ 国务院关于加快发展现代职业教育的决定 ［N］. 中国教育报，2014－06－23.

性作用；三是供给支持力。政府是资源主要供给者。职业教育较普通教育不仅环节多，而且成本高。这一特点决定资源的重要性和必要性。在市场条件下，拓展投融资渠道，是体制改革的重要目标，也是加快发展的客观需要。对于政府而言，关键是根据办学要求和人才培养实际需求，制定相适应的财政投入制度，确保职业院校办学与人才培养需要。"据统计，2006—2013 年全国职业教育经费总投入有 1141 亿元增加到 3450 亿元，年均增长 17.1%，其中财政性职业教育经费从 525 亿元增加到 2543 亿元，年均增长 25.3%，占职业教育总投入的比例从 46% 提高到 74%。政府投入已成为职业教育经费的主渠道"。❶ 政府依然是职业教育投资的主渠道；四是综合影响力。这是政府独有的功能和作用。职业教育办学与人才培养涉及社会、政治、经济、科技、文化和生态各个方面，建立良好的关系和营造互动环境是根本保障，否则，寸步难行。在这方面，离不开社会依托，必须借用政府之手，建立平衡协调机制，形成教育发展的社会条件，保障职业教育"进口"与"出口"畅通。在此基础上，职业教育将建立更广泛的合作平台和获得持续的推动力。

3. 社会互动

社会互动理论是关于社会主体（个体与群体）相互关系及其作用影响的科学，吸收了经济学、社会学和心理学等观点，所不同的是将自身系统嵌入社会关系因素并纳入主体行为过程之中，从而别开生面地揭示了社会主体本质关系和互动规律，对于从微观层面深入探讨社会发展动力与机制具有理论与实践的积极意义。运用这一理论与方法，分析"体系"社会互动，是一个重要的维度。所谓社会互动，是指"体系"与行业企业、社会民众互联互动及其过程，旨在揭示这些因素在"体系"动力机制结构中的地位和作用。一是行业企业参与力。行业企业是基于契约形成的社会经济组织共同体。两者密切联系，相互制约，互动发展。其中，行业组织即行业协会，是"体系"结构中的重要部分，代表企业利益，为行业群体服

---

❶ 教育部：政府投入已成为职业教育经费的主渠道［EB/OL］. 中国网，edu. China. com. ed. 2015 - 03 - 02.

务，但作为一种社会治理机制在法律与政策驱动下已不局限于自身利益和空间，承担起国家与政府赋予发展职业教育的权利和义务，在规范企业行为和促进职业教育发展方面发挥桥梁纽带作用。一方面，依据政策法规，推进产教融合，校企合作，督促监管企业承担履行职业教育的责任与义务，举办或合作办学，"强化校企协同育人"，确保主体作用的充分发挥。另一方面，根据经济与产业需求，指导职业院校合理设置或调整专业结构、改革课程内容与方法，创新人才培养模式，参与教师职称评定、职业资格证书鉴定和办学质量评估，开展业务培训，促进又好又快发展。相对而言，企业是具有法人资质的经济实体，市场与利润是核心要素，是生命线。因此，行业协会在促进企业经济发展的同时，还应增强企业的社会责任意识，利用手中资源场所和人才，参与职业教育，合力培养技术技能人才，从而也为获取更大利润和保持持续发展奠定基础；二是社会民众促进力。民众促进力来自需求力，需求力是民众选择职业教育的推动力。这是一个庞大复杂的系统，既有社会因素，又有家庭和个人的原因。从主体看，城镇农村学龄人口求学和成人求技需求是推动职业教育发展的决定因素和关键动力，目前，因多种原因最终走进职校之门的，不是出于对未来梦想的追求，很大程度上是一种别无选择。由此看来，实现从升学向求学转变是一个历史过程，但伴随现代化进程，人的自由发展迟早会到来。从客体看，职业教育发展，尤其是质量提升，是社会民众向心力的客观条件和心理基础。改革开放以来，较历史有了长足的发展，但还不能适应民众的求学需要。关键是提升职业吸引力。这是提升社会民众促进力的根本，也是增强"体系"动力机制的重要基础。

4. 体系自动

"体系"自动，即自动力，是指职业教育本体依据社会需求、遵循发展规律与自身特点、驾驭系统要素、驱动互动机制、产生动力效能的过程。外因是条件，内因是决定因素。市场、政府、社会等外部因素是"体系"的客观推动力，"体系"自动则是系统内部的源动力，在"体系"动力机制结构中始终处于核心地位，发挥决定性作用。因此，"体系"自动，说到底，是一个内生、系统和持续发展的动力机制。一是内生自动。内生自动从本质而言是指一种以本体元素为基础、以人才培养为核心、以制度为保障、以教育教学为载体、以创新为动力、以师资和现代技术为支撑的内生式发展模式。这种内生动力性是体系自动的本质内涵，具有原发性和根本性特征。由此出发，研究"体系"动力机制结构，就是转变外延扩张发展模式，取而代之的是以内涵发展方式推动"体系"构建和发展。关键是优化组合，集聚优势，协调互动，形成活力。这既是当前"新常态"转变发展方式的需要，也是构建"体系"动力机制促进长效发展的要求；二是有序自动。体系自动是一个系统自动方式和运行过程。在空间结构上，这种有序性主要体现为动力要素合乎规律形成的一体性。在纵向上体现为自上而下地发动，自下而上地构建，重点是加强顶层设计、提高各层面执行力，确保政策贯通，形成纵向一体的格局。在横向上增强动力要素结构协调性和联动和谐性，建立一个互联互动有序推进的动力机制，为体系自动提供动力保障；三是持续自动。持续是"体系"自动的战略要求和目标。"体系"构建是一个历史过程，有起点，而无终结。因此，一个阶段走向另一个阶段是持续发展的逻辑发展和必然过程。如何构建持续发展的动力机制，关键是以科学发展观为指导、坚持以人为本理念、加强统筹协调，实现动力机制的不断更迭升级，促进可持续发展。重点是转换发展方式，增强创新意识，推进内涵发展，提升办学和人才培养质量，加强职教与普教沟通和中等高等职业教育有机衔接，促进区域和城乡职业教育均衡发展，从而保持永不消退的发展常态和持续动力。

（二）多功能合力

"体系"动力机制结构系统是多功能合力之和，具有层次性、系统性和互动性特征。所谓多功能合力，是指动力机制功能聚合、彼此联动、形成驱动合力的过程，就其内涵而言，主要包括政策推动与投入保障合力、人才培养与社会服务交融、制度促进与治理创新统一，构成"多元联动＋合力"动力与机制结构模式。

1. 政策推动与投入保障合力

职业教育是一项公益性和惠普性的社会公共服务事业。政策扶持是指导性动力，财政投入是保障性动力，"两手"都要硬，关键是建立协同平衡的动力机制。一是政策支持。政策是政府支持职业教育发展的主要功能，是政府根据社会经济发展需求和职业教育现状以及发展趋势、为提高教育适应性和供给能力、并促进其又好又快发展所制定的一系列政策体系。中央政府是职业教育领导者和总设计师，特别是改革开放以来，总揽发展大局，适应发展需要，不断加强立法和规划，发挥职业教育主导作用。从1996年《中华人民共和国职业教育法》到2002年《国务院关于大力推进职业教育改革与发展的决定》再到2014年《国务院关于加快发展现代职业教育的决定》，形成了一整套与时俱进的政策保障体系，从目标、价值与策略方面为"体系"构建和职业教育发展提供了政策导向和法规支持。地方政府是连接中央与基层（市县）的桥梁纽带，也是区域职业教育发展的规划者和推动者，依据国家大政方针，结合本地社会经济发展实际和需要，发挥行政调控功能，不断加强区域发展规划，制定地方性的法规政策制度体系，有效促进了职业教育持续发展。目前，处在历史发展的关键时期，攻坚克难，持续稳定的政策指导与推动是重要保障；二是投入保障。这是事业持续发展的重要前提和保障。职业教育投入是一个多元结合的综合体制。目前，一个以政府投入为主导、行业、企业、社会等多渠道筹措、受教育者合理分担的经费投入机制已经初步形成，但还不健全和稳定，改革在深化，重点是转变投资方式。因此，"完善经费稳定投入机制"是适应财税体制改革、加快"体系"构建、促进职业教育发展和"提升发展保障水平"的需要。围绕改革目标，"各级人民政府要建立与办学规模和培养要求相适应的财政投入制度"，中央政府加大宏观调控，完善分配制度，加强资金导向，优化专项投入，平衡资源布局，提升实际效应。地方政府加强统筹，在保证中央财政性教育经费合理配置与有效使用前提下，加强区域职业教育发展规划，完善生均拨款制度，统筹资金合理分配，建立地方政府、企业和社会投融资机制，使社会每个责任主体都成为职业教育投融资的参与者和担当者，形成保障合力，为"体系"构建和职业教育发展奠定物质基础。

2. 人才支撑与社会服务联动

人才支撑与社会服务是现代职业教育自我完善与功能延伸的应有之

义，联动是"体系"重要的动力机制。当前，我国经济发展进入新常态，迈向中高端水平，对人才供给和社会服务提出更高要求。一是人才支撑。面向社会经济需求，培养高素质技术技能人才是职业教育的社会责任和历史使命，也是优化动力结构体系的关键。但不同历史时期有不同的要求和规格。当今，中国社会经济进入"新常态"和"互联网＋"新时代，面临"工业4.0"革命新挑战。"工业4.0"是德国2013年提出的工业发展战略，旨在推进智能化发展，提高工业竞争力。适应世界工业革命新进程。我国2015年提出《中国制造2025》战略，核心是提升现代制造业发展水平，建设世界制造强国，被称为中国版的"工业4.0"规划。两者有区别，也有联系。如发展阶段不同，在时间上又大体对应，在内容上也有交汇之处，推进信息化与工业化融合，发展智能化制造等。无论"工业4.0"还是《中国制造2025》，人才是基础，需要培养大批高素质的管理人才、技术人才和产业工人。但目前我国高技能人才总量不足，结构问题突出，培养质量不高，制约着我国经济社会发展。"在这一轮竞争中，我国能否跻身世界先进制造国家的行业列，关键取决于能否及时解决人才培养体系的构建问题"❶。职业教育人才培养处于新拐点，走向中高端。为实现《中国制造2025》战略目标，"迫切需要培养大量适应社会经济转型与产业结构升级的高技术高素质人才"❷。当前，人才培养面临供给侧改革，本质是改变人才培养脱离实际的弊端，应以需求为导向，从质量抓起，树立"大国工匠"意识，培养智慧型的技术技能人才、"工人院士"和"技术大师"。这是供给侧改革的本质要求，也是促进中国制造向智能化方向转型升级的必由之路；二是社会服务。所谓社会服务，是指利用自身资源与技术优势为社会提供职业技术培训、应用性科技开发和文化交流等服务活动和过程，是"体系"理论联系实际、创造经济效益与社会效益的桥梁纽带。这是"体系"的一项重要职能，也是现代社会服务体制的重要组成部分。因此，不断强化社会服务功能，不仅是"体系"构建的要求，而且是社会经

---

❶ 徐国庆. 智能化时代职业教育人才培养模式的根本转型 [J]. 教育研究，2016 (3)：72 –78.
❷ 蒋萌，蒋旋新. 中国特色现代职业教育体系人才培养模式探索与创新 [J]. 教育与职业，2015（1）：5 –8.

济发展和民生安全保障的需要，也是加强动力机制建设的关键。但从现状看，总体处在一个较为薄弱的状态，意识淡薄，方式单一，机制不活，效率偏低。适应新知识、新技术和文化提高的新需求，"体系"动力机制构建迫切需要增强社会服务意识，主动融入经济发展，躬身服务社稷民生，面向企业、乡村和公众，创新服务模式，开展内容丰富和形式多样的技术培训，提供文化和科普服务。总之，社会服务是"体系"的源动力和助推器。"中国社会服务时代来临"❶为其注入了新活力，开辟了广阔前景。最根本的还是从自身做起，从需求出发，增强动力，创新机制，服务社会，引领发展，走出自己的发展路子。

3. 制度促进与治理推进统一

制度促进与治理推进是"体系"源动力，处于机制层面，两者有着内在逻辑联系，制度促进是治理的基础，治理推进是对制度应用的验证。一是制度促进。这是一个积极动力概念，也是一个完整体系，包括办学根本制度和教育教学基本制度。它是激励制约保障规范功能的体现。增强促进力，基础在加强制度供给力，提升执行率。新中国成立特别是改革开放以来，从1950年教育部颁布新中国第一个《专科学校暂行规程》至今，当代职业教育从机构设置到教育教学规范形成了一整套基本制度体系，为改革与发展提供了根本保障。但目前，这一体系还不健全，衔接不畅，发展不均，保障欠佳，是突出的矛盾和问题。因此，提高制度的适应性、系统性、创新性、供给力和执行率，是当前"体系"制度建设的重中之重。提高适应性，关键是加大制度创新力度，针对转变发展方式的新进展和新情况，提出应对性的制度和措施。加强衔接性，根本是加强制度系统性建设，理顺关系，上下对接，左右衔接，覆盖全局。发展均衡性，核心是推进制度公平公正进程，促进教育协调发展，保障城乡（牧区）均衡发展，缩小区域和行业差别，提高教育公平的社会保障力。增强协调性，重点是加大制度统筹性，均衡资源配置，优化结构布局，完善各项支助体系，扶持弱势群体，促进教育均等和社会融合，提高共同发展的保障功能；二是

---

❶ 刘继同. 中国现代社会服务体系构建论纲 ［J］. 社会建设，2016（1）：60 – 70.

治理推进。所谓治理，是指依托教育法规制度、从职业教育实际出发，构建科学合理有效的法治化制度化的管理体系和机制。目的是加强规范，核心是以人为本，本质是法治化过程，要义是有序推进，关键是治理体系和治理能力现代化建设。强调推进，旨在突出治理动力机制历史性和现实性的有机结合。在历史视域下，治理是变革的动态概念，通过综合治理改革和持续推进，促进观念和模式变革，实现从传统人治向现代法治转变。在现实条件下，国外治理理论与实践经验值得借鉴吸收，但根本还是要从国情实际和"体系"特点出发，创新治理模式，构建治理体系，提升治理能力。从目前现状和改革趋势来看，有法可依是治理的必要前提，加快职业教育立法与修订进程是重要条件，目标是建立一个特色鲜明现代化的职教法治体系。我国正处在"从一元治理到多元治理、从集权到分权、从人治到法治、从管制政府到服务政府、从党内民主到社会民主"❶ 的深刻变革之中，建立健全"体系"治理体系包括动力机制，离不开多主体互动的支撑，须建立一个以法治为准绳，以政府为主导、行业企业、教育机构和社会群众广泛参与的联盟共治型的治理模式，体现现代治理开放性、民主性、法制性、共生性和协同性时代精神。这是"体系"动力机制模式结构的重要维度和目标。

第三节　中国特色职业教育体系动力机制策略

动力机制的执行离不开策略的支持。从这一意义而言，它是动能转化为效能的重要保障。良好的动力机制可以使动能转化为有效的动力，推动"体系"构建与发展。但只有深入到理念、体制和系统层面，才能形成有效策略，促进"体系"动力机制构建和执行。

一、以科学理念，引导动力机制

"体系"动力机制构建，是理论与实践的有机结合体系和过程。在系

---

❶ 王勇军，马振清．国家治理现代化研究综述 ［J］．湖北省社会主义学院学报，2016（4）：92－96．

统结构中，理念是先导、是前提，起着导航的关键作用。在历史视域下，各组成要素与运行方式始终处在不断裂变与重组之中，"体系"动力机制构建与发展不仅需要解决要素结构问题，也要适应不断变化的需要，转换机制，创新动力，激发活力，解决发展问题。在此过程中，科学理念引导是重要保障。

（一）以系统理念，完善动力机制

系统性是系统论科技理论的核心理念，具有整体性、综合性、层次性、结构性、关联性、动态性特征。"体系"动力机制不是随机组合，而是一个有规律结构并适应变化发展主动反应的有机系统。以系统理论，审视现状，改造机理，完善动力体系，具有战略意义。

1. 加强要素整体性

整体性包括综合性，是系统论的理论根基和基本特征，也是构建"体系"动力机制系统的应有之策。一是加强要素整体性。所谓要素，是指"体系"动力机制构成的基本因素，包括一般与特殊因素、环境与社会、层次与结构、客体与主体、教学与科研、管理与服务等因素。整体性是要素结构方式和生成机制，不仅有一般共性规律特点，而且具有自身个性化规律特性，如与社会经济产业发展密切联系，关系民生就业和公民职业，开放合作式的办学方式，坚持独特人才培养模式等。关键是从国情与社会发展实际需求出发，科学合理定位，处理好内因与外因关系，不断调整优化办学结构，增强社会适应性，提升服务主动性，促进发展协调性，形成双向互联互动协同发展机制，促进要素整体性；二是增强要素综合性。综合性是整体性构建的重要环节和途径，是对系统要素的总体优化整合。这是传统理论与方法所缺乏的。在综合化过程中，"体系"动力机制不是碎片化的简单相加和拼凑，而是综合优化创新的总和与过程，面临整合与创新两大课题。所谓整合，主要是指对现有动力要素投入、匹配和重组，重点是优化动力要素结构和提升综合效能。所谓创新，旨在通过吸收借鉴新理论新方法，创新动力理念和结构方式，重构动力机制新系统，为加强要素综合性构建与促进整体性系统化发展提供动力支撑。

2. 增强结构协调性

由要素驱动转向结构驱动，是动力机制转型升级的必然要求。关键是增强结构协调性，这是动力机制转型发展的主题和重点，不仅关系自身内在动力结构协调发展，而且影响与外部动力结构协调发展，对于完善与提升结构性的实际功效具有重要意义。一是协调供需结构。社会性需求是职业教育发展的源动力，居于首要位置。"体系"供给是内生动力，体现对外适应性和能动性。两者是在矛盾中协调，在协调中发展。关键是推进内涵发展、深化结构改革、优化服务体系，提高供给质量和水平，核心是提升人才培养质量，实现可持续发展。这是协调供需结构的根本，也是增强供给能力的必由之路；二是优化体系结构。"体系"动力机制是一个由多元要素构成的结构系统，包括资源配置、空间布局、制度安排、人才培养、科技开发、社会服务和文化交流等主要因素。要素配置方式，决定结构模式，影响功能发挥。其中，资源配置是物质动力，空间布局是生态动力，制度安排是组织动力，人才培养是核心动力，科技开发是创新动力，社会服务是延伸动力，文化交流是精神动力。它们互为因果，相互制约，彼此促进，互动发展，是一个相互耦合、优势互补、相互合作、共生发展的过程。优化体系结构，就是理顺相互关系，优化要素配置，加强彼此协调，提升动力的实践功效。

（二）以辩证思维，创新动力机制

辩证思维是辩证法精髓，是一种创新思维艺术。它建立在对客观事物之间相互联系、相互依赖、相互制约、相互作用及其运动变化的真实而能动反映的基础之上，在科学创新过程中发挥着举足轻重的作用。"体系"动力机制作为一种保障机制，是一个辩证系统，是一个创新的机制。

1. 创新思维，促进转型

以辩证思维，促进创新思维，推动历史转型，是创新"体系"动力机制的需要。在辩证思维下，"体系"动力机制是一个独具个性、多元复合、与时俱进的有机系统。创新思维是促进转型的重要条件。一是创新思维。反思、比较和求异是辩证思维的重要方法和特征，但不是寻找对立面，而是探寻差异、通向创新的桥梁。当前，"体系"构建面临"新常态"，进入历史新拐点。在传统"等、靠、要"思维模式与追求数量规模扩张发展观念基础上形成的动力机制不可延续，改革势在必行，需要进一步转变观念，创新思维，贴近现实发展，加以调整改造，重构模式机制。在历史转型中，农业现代化、工业4.0、服务业高端化对职业教育发展提出新要求。党的十八届五中全会提出的"创新、协调、绿色、开放、共享"五大发展理念，为"体系"动力机制构建与发展提供了辩证思维方法。转观念，新思维成为动力机制转型的催化剂和推动力；二是促进转型。转型是当今社会变革与发展的共同主题，也是可持续发展的驱动力。"体系"动力机制在宏观战略性转移条件下也面临转型挑战和发展机遇。"预则立不预则废"。客观条件是基础，主观应对是根本。当此时刻，应不失时机地做出积极应对，在战略上进行及时相应调整，重构动力新机制，促进转型软着陆，否则，将会落伍于时代变革，失去转型契机，延误发展进程。创新是驱动力，是突破传统瓶颈、创新发展思维和动力机制的根本之法。在转型与重构交叠的关键时期，必须与时俱进，深化改革，致力创新，推进动力机制转型与发展。

2. 存同求异，重构机制

存同求异，致力创新，是辩证法的精髓和法则，对于"体系"动力机制转型与创新具有重要的战略意义。一是存同求异。所谓存同求异，是指共性与个性、一般与特殊的辩证统一。系统性、整体性、互动性、发展性、持续性是事物的一般规律和共性特征，但每个事物又属于不同类型，携带自身的基因特点和原则规定，这是形成事物动力生态谱系多样性和丰富性的根本原因。"体系"动力机制既要遵循一般规律，又要从自身实际出发，走出自己的发展路子。从这一意义出发，"体系"动力机制属于"这一个"，具有独特的类型特征。坚持存同求异的辩证思想方法，适应了"这一个"动力机制的个性需要和价值追求；二是重构机制。这是一个内在要素重组与功能再造的辩证过程。重在转型，贵在创新，是辩证的要义。转型是重构动力机制的拐点，关键是摆脱传统机制历史惯性的制约，再造新机制，开辟新路子。其中，既有要素重构，又有机制创新。就要素而言，重点是吐故纳新，继承合理有效的，扬弃滞后失效的，创新潜力无限的，使内涵得到提升，结构得以优化。从机制来看，关键是优化与重组系统关系与功能结构，将融合互动与创新驱动时代新元素与功能新内涵纳入总体动力框架之内，促进动力机制的转轨与再造。这是动力机制重构与再造活力的必由之路。

（三）以和谐观念，优化动力机制

和谐是指"体系"动力机制对外协调与对内统筹的辩证统一，是实现可持续发展的重要方法和保障。关键是统筹协调与互动融合。

1. 统筹协调，持续推进

构建和谐社会，是为了缩小差距，实现均衡发展。将这一发展理念引入"体系"动力机制构建，关键是统筹协调，提升对外协调性和对内统筹性，促进全面均衡持续发展。一是增强协调性。这是"体系"动力机制的重要外部条件。在此条件下，"体系"动力机制必须适应外部客观条件，形成协调发展机制。不仅与社会经济产业就业发展相协调，从需求出发，提升适应性，增强推动力，而且与政府、行业企业、社会民众等动力主体相互协作，增强协同性，形成协调均衡发展的外部动力机制；二是加强统筹性。加强内在统一性，是"体系"动力机制多因素与多功能互动结合与协调发展的需要，是一个优化与重构的系统工程和辩证过程。核心是全面均衡持续发展，关键是统筹协调。在宏观战略上，全面把握规模、布局、速度、层次总体格局，正确处理系统辩证关系，重点是结构优化，让统筹贯穿于各级各类以及城乡职业教育的协调发展之中。在中观策略上，加强对经费投入、资源配置、制度法规、专业结构、人才培养、师资队伍、教育管理和后勤服务等关键领域和环节的统筹，形成相互支撑、彼此互动、协调发展的格局。在微观措施上，深化改革，提升质量，促进教学、科研和服务协调发展，为全面均衡持续发展奠定基础。

2. 互动融合，和谐发展

进入互联网时代，世界成为"地球村"，互动融合成为发展总格局和大趋势，作为一种引领未来发展的战略理念和驱动力量发挥着重要作用。在此背景下，"体系"动力机制进入互动融合和谐发展新阶段。一是互动发展。这是和谐发展的应有之义和核心动力。以此为动力，"体系"动力机制要素不是静止的统一，而是动态的统一，彼此互联互动互补、合作共生和促进发展。在转方式与促发展条件下，加强互动发展，就是盘活要素，优化结构，提升机制，激发活力，新生动力。这是"体系"动力机制互动发展的根本目标。关键是深化体制改革，突破一切制约影响互动发展的屏障与束缚，建立促进互动发展的体制机制，为"体系"动力机制提供制度保障；二是融合发展。这是和谐发展的核心理念、增长动力和必由之路。融合发展是社会历史发展的规律和动力。进入"互联网＋"新时代，这一趋势得到前所未有的推进。它嵌入"体系"动力机制，不仅提供了一种新的动力模式，而且推动了互联互动和谐发展。一方面，加强与外部系统的跨界联系互动，相互融合，有效推进了"一体化"进程。另一方面，增强了内系统的互动融合，物理要素与制度要素及精神要素相互融合，取长补短，浑然一体，合力推动，和谐发展，体现了辩证法思想和方法，为"体系"动力机制提供了持续的动力保障。

二、以改革思路，重构动力机制

改革思路是"体系"转变观念、创新发展的基本主题，涉及改革模式和发展路径，对于"体系"动力机制构建具有积极的现实意义。

（一）以问题为切入点，促进思维变革

从思维角度看，认知思维属于理论思维范畴，是应用思维的基础，但转化为改革思维，问题意识起着决定性作用。从这一意义而言，没有问题意识的思维，再精致也只不过是一种形式逻辑，而只有与问题结合，才具有现实意义和实践价值。所以，以问题为切入点，是促进思维变革的关键。

1. 强化问题意识，增强思维针对性

改革思路以认知思维为基础、以问题思维为动力，关键是改什么与如何改。所谓问题思维，是指以问题为思维对象的模式与过程，针对性与实践性是本质特征。一是增强思维针对性。在传统思维模式下，习惯于线性因果思维方式，问题意识比较薄弱，不仅弱化了改革针对性，而且降低了有效性。当下，全面深化改革，已将问题提到了改革重要位置，转变思维

模式刻不容缓。事实上，只有当思维为教育现状与改革服务之时，元认知思维才能完成向问题思维的历史转型过程，成为推进"体系"动力机制改革的动力；二是加强思维实践性。实践是检验真理的唯一标准，也是验证思维的试金石。以问题为导向，实质就是强化思维实践性。"体系"动力机制改革，是一个新旧系统交叠变革过程，也是一个矛盾与问题凸显的阶段。加强思维实践性，关键是抓住主要矛盾，解决现实存在影响改革与发展的突出问题，将改革落到实处，更好促进"体系"动力机制构建与发展。这是强化问题意识和增强思维针对性的根本目的和意义。

2. 推进思维变革，加强重构科学性

科学思维是改革与发展的重要保证。"体系"动力机制重构与发展也是一个需要科学思维的改革过程。一是推进思维变革。所谓思维变革，是指对传统思维的改造与重构。要义是变革，核心是促进思维科学化，确立科学发展思维。这是"体系"动力机制重构与发展的核心动力。推进思维变革，是现实需要。其目的就是克服"理智主义"与"功利主义"思维的弊端。所谓"理智主义"思维不同于理论思维，是指一种理论至上的偏执思维方式，崇尚理智力量，但有失于绝对化，结果使脱离实际，走向片面成为不可避免。所谓"功利主义"思维，是指一种趋利取向和行为模式，表现为忽视人本地位，远离教育初衷，将教育异化为"制器"或"谋利"，从根本上背离了教育信仰和原则，产生负面动力，形成异化影响，使动力蜕变为阻力。推进思维变革，就是要科学引领"体系"动力机制构建与发展方向；二是加强重构科学性。所谓重构科学性，就是指遵循辩证法。关键是处理好动力机制科学合理有效的辩证关系，科学要求"体系"动力机制遵循发展规律，合理需要兼顾动力主体预期和利益分享，实现责权利的协调统一。有效必须建立在动力机制可持续发展基础之上。总之，牢固确立科学思维理念，有助于克服思维偏颇，保持理性清醒，正确处理动力要素与机制的辩证关系，释放持续发展张力，创造互动和谐发展的环境，促进"体系"动力机制重构与发展。

（二）以改革为着力点，推进动力转型

进入"新常态"，转型成为重构动力机制的着力点。关键是把握转型要义，突出转型主题，推进转型改革。这是"体系"动力机制改革的主旋律和推动力。

1. 突出内涵主题，把握转型要义

突出内涵，是战略视野，体现转型发展的基本思路和定位，对于重新思考与定位"体系"动力机制改革与发展方向至关重要。一是突出内涵主题。所谓突出内涵主题，是指升级版动力机制构建思路，是工业4.0的反响，也是转型发展的必然选择。以此为着眼点，就是要从转型出发，依据工业4.0发展趋势，加强内涵发展，创新与提升动力机制量级和水平。在思想理念上提升为国家战略规划，在内涵构建上确立中国特色与国际水平的总体目标，在动力供给上充分调动参与主体积极性，激发活力，提升动力，推动发展，为加快"体系"构建与推动职业教育可持续发展奠定基础；二是把握转型要义。所谓把握转型要义，是指根据新的客观参数与主观判断，重新抉择"体系"动力机制发展模式。这是转型关键点，旨在解决转什么与怎样转的根本问题。事物都是螺旋上升发展的。着眼改革，内涵是关键。站在历史的新拐点，审视转型，权衡利弊，决策发展，不仅在观念上破旧立新，重构内涵发展观，为转型提供新思路，而且在方式上相呼应，革新外延式增长模式，重构内生式发展新模式。在方式转换中，由注重规模数量扩张转向注重内涵质量发展，使优化内涵、创新机制、转变方式、强化功能和更好发展，成为"体系"动力机制转型的基本定位和发展方向。

2. 推进综合改革，促进转型发展

"深化教育领域综合改革"是党的十八大对教育改革提出的新的更高要求，是推进教育改革的重要举措。"体系"动力机制面临改革的新挑战和新机遇。一是深化综合改革。要义是深化与综合统一。"体系"动力机制是一个多因素结合互动发展的复杂系统。实践证明，单线突进改革虽然能快捷向纵深掘进，但也存在空间的局限，只能触及局部、细节和环节，不可能形成整体改革局面。因此，重构动力系统，必须运用系统思维认识改革，借鉴辩证方法推进改革，加强综合改革。《大学》言："物有本末，事有始终。知所先后，则近道矣。""体系"动力机制是系统概念，改革必须循序渐进，不断推向深入，同时不断推进综合改革，协调各个方面和各个环节之间的关系，形成均衡持续发展局面。这是保证改革走向成功的必由之路；二是促进转型发展。转型是抓手，改革是动力，关键是深化核心领域改革，方能促进转型发展。这是一个系统联动与因子蜕变的过程，其中，体制改革是关键点，方式转变是着力点。"两点"聚合，形成双轮驱动，推动"体系"动力机制转型发展。它不仅促进动力机制由数量发展向质量提升、规模扩张向结构优化、要素拉动向创新驱动转变，实现自我发展方式的变革与完善，而且推进动力机制整体构建与发展，即建立起一个以人为本、以质量为核心、以创新为驱动、以持续为目标、上下结合、左右互动、彼此融合、合作共生、持续发展的动力机制新系统。近年以来，天津、辽宁、河南与四川职业教育综合改革，为探索新阶段"体系"动力机制改革与发展提供了范式与经验，在促进整体转型发展方面起到了积极推动作用。

三、以创新驱动，重构动力模式

变革是推动社会发展的决定力量。《易经》曰："穷则变，变则通，通则久。"创新是推进变革和引领发展的核心动力。面向新常态，适应新常态，"体系"动力机制面临与时俱进、推陈出新、模式重构的新形势和新抉择。所谓重构动力机制模式，是指基于国情发展实际和社会改革需要、从职教特点和发展战略出发、以五大理念为指导、以服务为宗旨、以人为根本、以提升质量为核心、以持续发展为目标、以转变方式为重点、以创新为驱动、旨在推进转型发展而形成的动力机制模式，体现为理念模式、结构模式和机制模式。它们相互融合，彼此促进，共生发展。以此为命题，探讨的是以什么方式来重构动力机制新模式，推动转型新发展。这是一个具有重要理论和战略意义的现实课题。

（一）更新观念，重塑动力新理念

理念因素是动力机制模式的要素之一，具有导向功能，发挥着先锋的作用。关键是适应新形势和新要求，转变观念，重塑转型发展动力新理念。

1. 转型与转机统一

"十三五"开局，是历史的接点，也是发展的起点。站在新起点，"体系"动力机制如何适应新常态，开好局，起好步，正确认识和处理转型与转机的辩证关系，是关键。一是转型必然性。目前，"体系"动力机制在总体上呈不断加强趋势，"投入不足、基础薄弱的状况正在逐步扭转"❶。但站在新的起点上，世界新一轮科技革命和经济产业调整风生水起，日趋加强。国内改革进入关键期，经济发展进入新常态，国家"十三五"规划对职业教育发展提出新要求。职业教育面临发展空间、内涵提升和方式转变的新情况和新要求，转型成为动力机制再生增长的必然趋势；二是转机能动性。它是指动力主体促进转型的主观能动作用。深化改革，破解障碍，激发活力，推动发展，是转型的重要条件。而抓住机遇，不失时机，是形成转机能动性的关键环节。两者密切联系，彼此促进，互为因果。转型创造转机，转机促进转型。重要的是适应新常态、对接新需要、优化动力要素结构、提升动力运行机制、创新驱动，构建动力机制新形态，促进新发展，开创"十三五"工作新局面。这是重塑动力机制的重要契机。

2. 优化与创新交融

优化与创新是动力机制的重要理念，也是动力机制重塑的重要动力与手段。优化是指要素合理组合和结构提升，创新是指动力模式变革与重构，一个是重在完善，另一个旨在再造与重构，两者融合为建立健全"体系"动力机制奠定理论与方法基础。一是优化动力结构。这是动力机制重塑的核心理念。动力系统是多要素有机组合，其结构方式对于功能发挥具有决定性作用。因此，根据主客观需要和条件，确定动力系统的要素布局与结构模式，是动力机制重构的出发点。从这一维度看，重构动力机制，是对需要与条件的反映，实质是适应变革与发展新需要，优化要素配置，提升结构方式，使之更好地适应各主体需要，提升服务效能。当前，重点需进一步调整优化教育的层次结构和专业结构，这是促进动力系统的要素

---

❶ 刘海. 推动职业教育在新的起点上取得新进展新突破——2016年度全国职业教育与继续教育工作会议综述［J］. 职业技术教育，2016（12）：11-17.

升级和结构优化的重要理念；二是创新运行机制。历史经验开启能动智慧，现实压力倒逼动力创新。要素是基础，属于系统性范畴，具有结构性特点。机制是关键，属于历史性范畴，具有与时俱进和因地制宜的特点，是激活要素、提升结构、释放潜力、创造效能的技术平台和转型动力。因此，创新机制，是重塑动力机制的重要环节。关键是要面向未来，立足现实，服务需求，创新发展。重点是在关键节点上创新机制：在资源要素上加强融合机制，形成共建共享局面，扩大优质教育资源，增强物质动力基础。在体制结构上"建立更顺体制"机制，尤其进一步加强行业企业指导参与作用，真正建立起一个多元参与互动合作的制度保障体系。在人才培养上强化质量理念，更新人才观念，创新培养模式，加强教育治理，为"体系"动力机制转型与重构提供科学理念导航。

3. 跨界与融合互动

"互联网＋"时代刷新了空间交互方式，提供了空间跨界融合发展的新模式，成为新一轮改革与发展的新战略。一是跨界互动。所谓跨界，是指跨越原有的有形或无形边界。这是一个空间的新理念和新视野，标志着一个开放互动时代的到来。在跨界理念下，边界已不是问题。"互联网＋"就是一种跨越空间边界的新概念，由此及彼，形成空间新状态。"体系"动力机制是一个内涵与外延结合的有机体，跨界是本质属性和发展之策。从本质属性看，跨界是这一动力机制的基本要素和空间特征，体现了"这类"教育"职业＋技术＋教育"的跨界综合性。从发展策略看，跨界成为不可替代的竞争优势与发展之策，在理论上跨越不同学科领域，博采众长，形成信息整合运用的优化性。在制度上合纵连横，跨越不同行业，形成开放互动治理综合性。在实践上来自不同主体动力（政、行、企、教、民）相辅相成，合力推动，形成动力机制的跨界优越性；二是融合发展。"互联网＋"呼唤融合发展，催生动力机制新范式。从横向看，不是融入，就是被融合。单兵独战，势单力薄，难以支撑综合发展，唯有加强横向合作，抱团推进，才能形成合力，注入活力，厚植动力。从趋势看，融合是发展共识和方略。它是两种以上要素的有机化合，有助于优化要素集成，促进结构升级，形成新业态，提供新动能。在大融合格局下，"体系"动力机制需要重塑，融合是解决这一现实问题的新思维和新动力。这是一个包括理念、资源和机制相互融合的过程，一方面需要进一步增强开放合作的意识，坚持"请进来"和"走出去"方针，走融合发展之路，通过综合有效运用资源和功能，促进自身的改革与发展。另一方面正确处理"他动"与"自动"关系，"他动"是外力和条件，"自动"是根本和核心，两者不可偏废。只有不断加强横向融合，同时坚持纵向发展，才能不断走出跨界融合发展的新路子。这是"体系"动力机制重塑的应有理念和必由之路。

（二）优化结构，创新动力新模式

动力模式是"体系"构建的一个重要组成部分，它的形成与发展深受社会、经济、科技等因素的影响。目前，建设全面小康社会进入决胜关键期，经济发展步入"新常态"，科技创新成为第一驱动力，教育改革处于全面深化新阶段，职业教育发展面临第四次工业革命新浪潮，中国版的工业4.0行动计划《中国制造2025》不仅推动了制造业发展和产业转型，而且促进了我国职业教育改革与发展。创新"体系"动力机制新模式，优化结构是重要条件。

1. 提升要素，重塑结构

优化结构，要素是基础。在动力系统中，要素配置比例与组合方式选择，决定动力结构形态模式。因此，重构动力结构模式，要素具有决定性意义。一是推进要素升级。这是综合概念，包括外因和内因，是两者统一。外因，即外要素包括政治、经济、文化、社会和人口等，升级集中表现在对高素质技术技能人才和劳动者提出了新的更高要求。因为，中国新型工业发展和推进工业4.0行动计划，不仅依靠技术和制度创新，更需依赖人力资源支撑，培养大批掌握高新技术的专门人才和劳动者。这是一个连锁反应的动力系统。外在动力要素崛起，必然对内因，即内要素产生促进作用。相对而言，内要素是动力的内系统，包括理念、资源、制度、教学、科研、交流、师资、管理和环境等动力子系统。在外动力推动下，升级已是必然，关键是提升人才培养质量和办学水平。这是牵一发动全身的核心动力，也是重塑动力结构的中心环节。因此，推进要素升级，是重构动力模式的前提和基础；二是重塑结构方式。所谓结构方式，是指动力结构范式，是不同要素配置比例与组合方式的和谐统一，包括纵向层级衔接和沟通以及横向要素组合和协调，具有层次性、协调性、系统性的特征。"体系"动力方式重塑从理念上看是转变观念，更新理念，创新思路。从制度上看是深化体制机制改革，创新教育教学制度，关键是稳定投入和创新办学制度。从实践上看是转变生存发展模式，重构科学发展模式，形成可持续发展动力和机制。实质是对要素的重组、整合、超越、创新和发展，重构"外推＋内进＋创新驱动"动力新模式。外推是指外部动力功能，是模式重塑的条件。内进是指内在动力发展，是根本动力机制。创新驱动是动力模式转型升级的核心动力机制。三者融合，为"体系"动力方式转型与重塑提供基本模式和生成动力。

2. 转换动能，创新发展

从动能维度，探讨"体系"动力方式转型与创新问题，是一种动态视角和研究方法，对于深化理论研究层次具有重要意义。所谓动能，是指"体系"动力要素功能互动产生的能量，是动力本质体现，是量变到质变的动态过程。一是动能转换。所谓动能转换，是指"体系"动力方式转换和能量提升。从历史角度看，"体系"动能经过一个依赖发展阶段，即依靠国家政府投入和政策扶持，推动发展。这在发展的初始阶段和复苏时期具有历史合理性和必要性，是不可跨越的阶段。但进入科学发展的新时期，改革深化，发展加快，单一动能不仅不能适应市场经济发展需要，也不足于支撑现代职业教育体系构建和高素质技术技能人才培养，转型与重构动能模式，成为改革与发展的现实需要。关键是转变依赖心理和动能模式，重构互动创新的动能新模式；二是创新发展。这是第一源动力，也是动能生成的核心机制。从这一意义而言，创新决定未来更好更快发展，没有创新，就没有发展，究其根源，是缺乏再生持续动能的结果。在社会经济转型发展条件下，欲求发展动能，关键是创新。唯有创新，才能建立合理有效的动能生成与供给机制。这是推进要素优化组合、重塑动力结构系统、推动动力机制不断升级的重要保障。但推动创新发展是一个循序渐进和破旧立新的过程，根本是以内涵发展为主线，以创新为驱动，推动内外要素创新、结构优化和互动发展，让动能如鱼得水，始终保持鲜活生命和蓬勃活力，不断推进职业教育改革与发展，为重塑"体系"动力结构模式提供不竭动力。

（三）转变方式，再造动力新机制

在一般意义下，方式是一个涉及宽泛且涵盖广泛的概念，包括自然、社会、经济、政治、文化、教育等方式。但总括而言，它是指行为方法和样式。在动力视域下，它是要素组合、结构架构和动能生成的机制。就影响因素来看，它为行为主体所决定，受环境条件所制约，但也反作用于主体对象，是动力机制的自律与他律以及影响力的综合。因此，方式转变刻不容缓，是再造动力新机制的中心环节和推动力。

1. 以人为本，促进转型发展

以人为本是动力机制的根本。古人云："不忘初心，方得始终。""体系"动力机制重构是一个历史过程，但始终贯穿着以人为本的教育初心和核心价值观。坚持这一核心理念，就是以此为出发点、根本点和终极点，保持初心，促进转型发展。一是坚持以人为本信念。教育是服务人人的社会公共服务事业，也是"体系"动力机制构建的基本信念和根本宗旨。但长期以来深受"万般皆下品，唯有读书高"和"功利主义"传统和市场经济文化的影响，摇摆在升学与就业教育之间，失重在学科知识与技术技能教育之上，蹉跎于以物为本与以人为本之中的教育现状，使动力机制构建经历了一段"之"字形的历程。以史为鉴，可以知兴替，明取舍。在科学发展观指导下，"体系"动力机制重构从历史中吸取经验与教训，有助于"坚持以立德树人为根本，以服务发展为宗旨，以促进就业为导向"，定位转型，促进发展；二是促进动力机制转型。这是一个新旧交替和矛盾交叠时期。根本是确立以人为本的核心价值观，促进思想观念转变，即由主要依靠要素供给推动发展转变为以人为中心全面协调统筹发展，由追求外延扩张转向以创新为驱动深化内涵加强持续发展转型，由内向纵向型发展向外向横向跨界互动融合型转变。关键是将理念重建固化在动力机制模式转型之中，构建"外推＋内进＋创新驱动"动力新模式。其中，"外推＋内进"不是简单相加，而是通过创新驱动，形成不同动力主体互联互动互补共生合作融合的新机制。这是"体系"动力转型发展的理想图景和必由之路。

2. 以拓新为策，优化动力机制

再造动力机制，方式转变是条件，动力优化是根本，开拓创新是手段。它们互为因果，形成动力机制，促进改革与发展。一是开拓创新。动力机制是一个历史概念，是一个历史发展进程，不是固化不变的系统。当代职业教育进入大职教发展生态圈和综合改革新阶段。"体系"面临动力空间开拓和机制创新的新课题。传统动力包括资源、体制、教学、科研、服务和环境等系统。在科技创新和业界跨界融合发展"新常态"下，"体系"动力系统得到进一步拓展和开发，宏观上加强了内外动力交融与互动，促进了职业教育与经济产业就业对接。中观上深化了不同类型教育因子相互渗透与沟通，形成了你中有我、我中有你的格局。微观上"体系"自身动力系统要素进一步丰富，机制进一步增强，尤其是创新成为第一动力，能力提升被视为关键动力，信息技术运用列入重点工程，文化建设上升为软实力。所有这些为"体系"动力与机制优化奠定了重要基础和条件；二是优化机制。动力机制空间开拓促进了内涵深化，机制优化成为关键。教育与生产劳动相结合，理论与实践相结合，是教育包括职业教育动力机制的原型和基础，在其推动下，成为教育的一项重要原则和人才培养方法，但在实际运用过程中，受传统教育观念制约，依然存在脱节的弊端，影响技术技能人才培养质量。优化机制成为"体系"动力机制重构和人才培养模式改革创新的重要内容。关键是加强不同主体要素的有机结合和良性互动，建立动力整合机制。就"体系"动力机制结构而言，它由外部机制、内部机制和整合机制结合构成。其中，外部机制主要由社会、经济、政治、法治和文化机制构成。内生机制主要由"体系"资源支撑机制、办学体制保障机制、教育教学平台机制、综合管理服务运行机制和文化氛围培育机制构成。整合机制是关键一环，根本是从空间到内涵加强不同动力主体结合，统筹协调，促进互联互动，形成和谐发展局面。

本章小结

"体系"构建，动力机制不可或缺，具有保障意义。综上，从动力视域出发，运用科学理论和方法，梳理文献信息脉络，探索"体系"动力机制构建的机理和策略。理论是先导，旨在揭示"体系"矛盾运动规律性，提出动力机制的特殊性。前者是"体系"动力机制的本源，后者是"体系"动力机制的本质特征，两者辩证统一共同奠定"体系"动力机制基础。

内涵结构是本体，关键在于要素组合与结构方式。这是一个由内外要素有机结合和交互作用的统一体。动力内涵是动力机制构成的基本要素和单位，处于动力系统的核心地位。结构方式是多元要素组合与运行的基本模式，"多元联动＋合力"是形态特征，包括市场驱动、政府推动、社会互动和体系自动。关键是在共同信念和责任激励下相互联系，彼此促进，协调发展，合力推动，形成完整统一协调发展的动力机制系统；策略是动力机制的保障，是动能转化为效能的关键环节和动力。在此过程中，科学理念引导是重要条件，深化改革是基本思路，涉及改革焦点和发展路径，关键是以问题为切入点，促进思维变革，注重内涵优化，推进综合改革，加快转型发展。创新是动力机制重构与发展的核心动力。关键是适应新形势和新要求，从职教特点和发展战略出发，以五大理念为指导，转变观念，重塑转型发展动力新理念，创新"体系"动力新模式，再造动力新系统和新机制。

中国特色职业教育体系的保障系统

"提升发展保障水平"，是"体系"构建题中之义和重要目标。关键是要从国情特点与职教实际需要出发，借鉴世界现代职业教育发展的基本经验和成果，建立科学有效的保障系统，从物质、制度和文化等方面为"体系"构建保驾护航。因此，深入探讨保障系统理论基础、构建模式和途径方法，是"体系"构建与职业教育持续发展的需要，具有理论与实践的重要意义。

第一节 中国特色职业教育体系保障系统基本理论

构建"什么样的"和"如何构建"保障系统问题，是"体系"理论总体构架不可或缺的部分，也是自身构建的"元"起点，必须由此出发，从理论层面做出回答。这是建立健全保障系统的理论基础和实践需要。

一、"体系"保障系统理念与原则

保障系统是一个基于"体系"实际需要并为之提供全方位保障服务的综合体系。在系统视域下，理念是保障系统的核心和先导，原则是必须遵循的法则和规律。两者有机结合，为"体系"保障系统奠定基础。从这一意义而言，确立科学理念和原则是"体系"保障系统构建是逻辑起点。

（一）"体系"保障系统理念

建立健全保障系统，理念探讨是先导。但目前理念依然薄弱，加快构建"体系"保障系统，迫切需要转变观念，更新理念，推进实践。

1. 人本与质量理念统一

以人为本是"体系"构建的核心理念。由此推导，质量立教是"体系"构建的根本原则。它们犹如灵魂与生命有机统一，并贯穿"体系"始终，成为保障系统的基本理念。一是以人为本理念。这是教育的根本信念，也是"体系"构建的初心。服务人人，培养人才，人本是目的，也就是说从人才培养实际需要出发，设计制度，提供有效的教育服务保障。在这方面，职业教育具有独特对象、功能和方式，关键是处理好知识与技能、就业与升学、阶段培养与终身教育关系，形成完善的职业教育服务保障体系，保证人本理念在"体系"中的根本地位，促进人的全面自由充分发展；二是质量立教理念。确立质量立教理念，是"体系"构建的核心和职业教育发展的根基，更是人本的要求。在经济转型、科技创新、工业4.0和众创空间发展的趋势下，人力资源成为发展的源动力和竞争力。因此，社会主体适应客观发展需求对教育包括职业教育抱有现实的和终身的预期和希望，提高服务质量，越来越成为社会关注热点和人力资源建设的关键。理念是导向，根本在质量。"体系"保障系统应立足社会需求，确立以人为本的质量理念，建立以质量为依据、以能力为基础、以创新为驱动、以监控为手段的质量保障新体系。

2. 多元与和谐观念整合

多元与和谐是矛盾统一，前者体现事物存在的多样性和丰富性，后者反映事物关系的辩证性和统一性，两者辩证统一。因此，多元与和谐整合是"体系"保障系统的重要观念。一是多元合作观念。在制度空间下，"体系"保障系统是一个多元合作概念，突出表现在教育空间广泛性和办学主体多样性方面。在横向空间上"体系"保障系统与社会经济、科技创新、人力资源、社会保障体系等保持密切联系，在办学体制上"体系"保障系统建立在政府、行业企业、职业院校与培训机构和社会民众相互合作基础之上，在教学体系上"体系"专业课程与人才培养保障系统必须适应社会经济产业需求多样化多品种特色化发展；二是和谐统一观念。这是科学理念的体现。从传统数量规模发展转向质量持续内涵发展是历史进步和跨越，是"体系"保障系统理念的新发展，决定着和谐统一发展的模式和道路。建立和谐统一保障系统，理念的作用具有决定性意义。在这方面，必须牢固树立科学发展观，增强科学、系统和生态发展意识，加强保障系统要素与结构的协调统一，形成长效长线长期发展的保障体制机制，促进"体系"健康持续发展。

3. 发展与治理意识融通

发展是硬道理和推动力，治理是新理念和保障力，两者融通，促进可持续发展。这是"体系"保障系统的重要理念。一是科学发展。树立这一发展意识，就是要坚持发展方向和人本核心，加强统筹协调，促进可持续发展。这是"体系"保障系统的着眼点和根本点。在方向上坚持科学发展，在理念上确立以人为本，在方式上加强统筹协调，在目标上推进可持续发展。而所有这些都离不开科学发展观念导航，这是治理的思想基础和保障条件；二是推进治理。这是全面深化改革的要求和重要目标，具有全新内涵，"成为全球管理界术语的基准点"❶。传统行政管理方式基本是一种经验主导式的管理模式，尽管遵循一定的规律性，但总体缺乏完善的法律基础和法治保障。究其原因，法治意识淡薄是问题的根源。因此，推进治理，根本是增强法治意识。因为法治是治理理论和方法的核心和根本，建立健全保障体系，离不开法治根本。推进法治化进程，是促进"体系"保障系统规范化制度化法治化建设和发展的必由之路。当前，应进一步建立完善法律体系，为深化改革和促进发展提供根本保障。

（二）"体系"保障系统原则

"体系"保障系统的构建离不开准则定力，需要确立基本原则。这是保障系统的根本法则和依据，关系改革方向和体系大局，必须从发展规律

---

❶ ［法］让—皮埃尔·戈丹. 何谓治理［M］. 钟震宇，译. 北京：社会科学文献出版社，2010：90.

与现实需求、微观条件与宏观趋势、体系特点与改革重点出发，为保障系统确立原则定位。

1. 面向发展，服务人人

面向发展与服务人人，是"体系"构建的发展方向和服务宗旨，体现了社会必然要求和职业教育信仰。落实到保障系统层面，就是必须坚持面向发展和服务需求原则。一是面向发展。"建国君民，化民成俗"，是我国古代典籍《学记》对教育社会功能做出的精辟概括。在现代意义下，教育是国家发展、民族强盛和社会进步的基石，具有基础性、先导性和根本性的作用。所谓面向发展，就是坚持教育"三个面向"重要指导思想和改革发展的战略方针，面向全面建设小康社会和加快推进社会主义现代化建设，提供积极教育服务，形成良好的人力资源支撑与保障。当前，尤其要根据"新常态"和"十三五"要求，围绕发展目标，落实"五大"发展新理念，从自身实际出发，深化改革，加快发展，提高质量，培养人才，发挥人力资源的保障作用；二是服务人人。职业教育是国民教育的有机组成部分，服务人人是宗旨理念和原则要求。关键是在这一原则指导下、增强教育公平公正理念、促进区域特别是城乡职业教育的平衡发展、推进教育机会和享受资源均等化进程。这是初级阶段的一项长期任务。在今天知识经济时代，教育步入终身化新阶段。职业教育应确立终身教育服务的新意识，加强与普通教育和成人教育的沟通与衔接，建立体现终身教育理念的一体化教育体系，满足社会每个个体职业教育与培训的终身需求，使"体系"成为面向社会和服务人人的理想教育和保障平台。这是"体系"保障系统必须坚持的原则方向。

2. 政府主导，市场引导

"体系"保障系统是一个多元立交架构，其中，政府与市场分担着重要角色，起着至关重要的作用。"十三五"规划提出"建立更加公平更可持续社会保障制度。"联系"体系"保障系统实际，所谓更加公平，就是改变单一集中管理模式，引入市场机制，构建政府主导、社会参与、多元合作的新体制。所谓更可持续发展，就是改变"打补丁"碎片化状态，加大统筹协调力度，形成良好系统的保障体制机制，保证职业教育健康快速持续发展。因此，坚持政府主导和市场引导是建设中国特色保障系统的重要原则，体现国情和职业教育特点，决定基本思路和构建模式。一是政府主导。坚持这项原则，关键是"发挥好政府保基本、促公平作用，着力营造制度环境、制订发展规划、改善基本办学条件、加强规范管理和监督指导等"。这是由国家与教育的根本制度所决定的。较多发展中国家普遍采用这种制度模式。在这种制度下，政府是国家派生的权力机构，通过立法与行政，代表国家行使统管职业教育发展的权利，发挥主导作用。现今我国职业教育实行的是"在国务院领导下，分级管理、地方为主、政府统筹、社会参与的管理体制"。政府在职业教育保障系统中起着决定性作用。诚然，主导并非唯一，也不意味着直接管理，而是一种旨在保证基本需求和加强宏观指导的管理体制。激励社会力量参与支持职业教育，是"体系"保障体制改革的方向；二是市场引导。市场因素是职业教育发展的外部推动力。将市场机制引入"体系"保障体制，有助于从根本上改变体制单一、缺乏活力的弊端。因此，"充分发挥市场机制作用，引导社会力量参与办学，扩大优质教育资源，激发学校发活力，促进职业教育与社会需求紧密对接"，是"体系"保障系统适应市场经济、促进创新、激发活力的需要。改革应以市场为机制、引导社会力量参与办学、激发企业与个人对职业教育消费需求和投入，形成良好的投资环境，为"体系"构建与职业教育发展提供有效保障。

3. 质量至上，均衡发展

提升品质，转换方式，促进发展，是"新常态"新特点和新要求。"体系"构建与职业教育发展进入转型期，关键是建立全面质量与均衡发展的保障系统，形成质量安全网，为发展提供稳定器。这是两大不可或缺的重要原则。一是质量至上。质量是"新常态"核心理念，也是衡量教育成效与水平的根本标准，必须摆在首要位置，提高到原则高度。改革开放以来，职业教育有了较快发展，但"质量有待提高"。这是"十三五"时期职业教育发展的重要目标。关键是根据社会经济发展和人自身完善的需求，确立新的质量观，建立全面有效的质量保障和提高机制。传统校本质量体系已不能适应开放融合终身职业教育发展需要，人才培养是核心，物質保障是基礎，制度保證是根本，治理監控是保證，文化支持是條件，重構開放多元全面系統的"體系"質量保障系統，別無選擇。這是"體系"質量保障系統構建的總體思路、基本內涵和根本要求；二是均衡發展。這是科學發展的基礎，也是促進教育公平和社會和諧的根本途徑。作為一項重要原則，關鍵是從實際出發，統籌協調，縮小差距，加快發展。但就現狀而言，"體系"保障系統總體還不平衡，突出表現在職業教育發展水平東西南北中依然存在落差，城鄉發展還不平衡。因此，推進均衡發展戰略，是構建學習型與和諧社會的需要，有助於改變事實上的不平等，實現就學機會均等化和資源分享公平公正目標。"體系"保障系統具有制度優勢，關鍵是應充分發揮政府主導作用，加強統籌發展、協調配合、整合資源和優化布局，重構充滿生機活力、共建共生、可持續發展的保障系統。這對於"體系"構建與職業教育持續發展具有重要現實和戰略意義。

二、"體系"保障系統功能與特徵

功能是一種物質結構內聚能量釋放的結果，是效能與效率的總和。但這一概念不限於自然物理範疇，也運用於社會領域，具有更為複雜豐富的內涵。在"體系"保障系統視域下，功能是一個多元複合的結構系統，具有適應、全面、系統、互動的特徵，發揮著價值導航、資源保障、制度保證等主要作用。

（一）"體系"保障系統功能聚焦

功能對於"體系"保障系統具有重要意義，是全部價值的集中體現，處於核心地位。運用"分層"理論和方法，分析內涵結構，主要包括價值、資源、制度和服務功能等。它們相互聯繫，彼此互動，形成綜合效能。

1. 價值導航

公平與和諧是"體系"保障系統的核心價值觀，體現在保障投入、人才培養、科學發展等主要方面。一是公平價值觀。"體系"保障系統從根本上講，是一個教育服務保障系統。作為社會公共服務系統的一部分，"體系"保障系統應積極回應社會公平訴求，確立公平價值觀，強化服務宗旨和社會责任，并贯穿于服务的全过程。重点是在政策、投入、布局和发展方面提高科学合理有效性，以教育公平发展，促进社会公平发展。这是一项长期的历史使命，必须坚持面向人人、"有教无类"，惠及全民的公平价值观，以此引领"体系"构建和职业教育发展。2016 年 10 月 21 日，国务院最新出台了《关于激发重点群体活力带动城乡居民增收的实施意见》从收入分配基本形势、经济发展指导思想、居民增收基本原则及政策实施主要目标四个方面提出城乡居民增收总体要求，针对技能人才等七大特定群体实行详细的收入分配实施细则。强调完善多劳多得、技高者多得的技能人才收入分配政策，大力弘扬新时期工匠精神，营造崇尚技能的社会氛围，这对进一步促进社会公平正义与和谐进步，彰显"体系"的社会价值是极大的肯定和极强的价值导航。二是和谐价值观。这是建设和谐社会的客观需要。适应这一发展趋势，"体系"保障系统必须树立和谐发展观念，加强统筹协调，促进和谐发展。以和谐价值观导航发展，说到底，就是培养和谐发展的社会公民。"升学"或"制器"都是对和谐教育的异化，也不利于人才培养。转变观念，深化改革，"体系"保障系统应发挥价值导航的功能作用，确立和谐人才观，塑造高素质全面和谐发展技术技能人才，促进和谐社会建设。这是一个不断深化改革、逐步消除历史上存在的不协调的观念和习惯、重建和谐发展职业教育人才培养新体系新机制的过程。在这历史进程中，价值定位为"体系"保障系统构建导航。

2. 资源保障

资源保障是"体系"保障系统的基本功能。因为，资源，包括物质、制度、技术、信息、文化精神方面，是职业教育发展的基础和条件。相对而言，职业教育属于应用性教育，主要任务是培养技术技能人才，较学科人才培养不仅过程环节相对复杂，涉及办学条件、制度配套、管理体制和文化环境等多种资源，而且成本较高，投入较大，占用资源也较多。资源保障尤为重要。一是物质基础。教育设施设备和场地环境是重要的办学基础条件，经费投入是关键，主要体现在投入的数量、质量、效益和方式方面。数量衡量投入总量，质量体现配置水平，效应显示运行状态，方式决定投入形式和导向。因此，建立科学合理有效的经费投入体制具有决定性的影响。传统单一投入方式已不能适应改革开放需要，引入市场机制，转变投资方式，形成开放多元合作的投资新模式，是重建资源配置方式，促进资源配置科学合理有效的必由之路；二是文化环境。"体系"保障系统功能不限于物质空间，文化环境是软实力，对于人才培养具有深刻长远的影响力。因此，文化环境同样是"体系"保障系统的一项重要功能。核心是蕴含的观念、信仰和价值观。我国职业教育发展到今天，成绩斐然，但长期以来，文化相对薄弱，"理论研究缺乏文化积淀，教学改革缺少人文思路，人才培养缺失人文底蕴，社会对职业教育的文化认可度依然偏低，成为困扰职业教育发展的深层问题"❶。今天，站在历史的新起点，加强文化环境建设，刻不容缓，应摆到突出的战略地位。核心是增强文化自信，重点是打造"体系"文化特色，目标是形成职教文化优势，创造具有中国特色现代品质的职教文化产品和服务项目。这是提升文化保障力的关键。

3. 制度保证

良好的制度和规则是发展的根本保障，是"体系"保障系统的关键功能。根本是增强适应性，体现科学性，提升实效性。一是增强适应性。制度根本在于应用，应用的关键在于适用。这是"体系"保障系统的一条重要原则，也是制度保证功能的重要前提。以此为出发点，客观需求是"体系"保障制度建设的逻辑起点，体现在制度内容上就是最大限度地满足社会经济发展对高素质技术技能人才的需求，为教育教学改革与人才培养模式创新提供制度保证；二是加强科学性。前提是遵循规律性，核心是加强制度科学性。从客观规律性到制度科学性具有因果的必然联系，但历史证明，理性思路与选择是不可缺少的中介桥梁。构建制度保障体系，必须坚持辩证思想方法和实事求是原则，一切按规律办事，充分考虑"体系"构建特点和实际需要，正确处理普遍性与特殊性、历史性与现代性、世界性与民族性、互动性与一体性、阶段性与终身性的关系。这是形成科学化保障系统的坚实基础；三是提升实效性。有无实效，是检验制度效能的试金

---

❶ 蒋旋新，蒋萌. 中国特色现代职业教育体系文化建设与创新研究［J］. 教育与职业，2013（20）：5.

石。这是制度保障系统构建的起点和归宿。因此，坚持实践观念，是提升制度实效性的根本。关键是从实际出发，根据"体系"保障系统构建的需要，突出规范性，加强创新性，增强制度针对性，可行性和实效性。使"体系"制度保障系统建立在务实、唯实、求实、扎实的基石之上，不断提升实效性，促进保障性。

（二）"体系"保障系统特征探析

特征，即特殊性是"体系"保障系统的本质体现，也是构建系统的理论依据。把握了系统特征，也就掌握了系统构建的基本思路和方法，形成与众不同的特征。

1. 适应性与嵌入性结合

适应性与嵌入性是"体系"保障系统的外部特征，反映"体系"保障系统与外部因素的关系，强调了客观适应性与主观嵌入性结合的辩证统一。一是客观适应性。适应外部环境和需要，是"体系"保障系统的重要特征。在转型发展"新常态"下，环境的变化意味着发展方式和需求的变化，对"体系"保障系统产生深刻影响。如资源配置由资源推动转向创新驱动，价值取向由追求 GDP 增长转向数量规模质量效益全面提升，发展方式由纵向深入转向横向融合合作互动，人力资源战略地位空前提升。适应改革发展的新形势新要求，"体系"保障系统出现新特点，更加关注质量提升，更加注重融合发展，更加高看创新驱动，更加推进全面深化改革，促进可持续发展；二是主观嵌入性。嵌入（Embed）一词源自当年美伊战争新闻报道，后被信息通信技术移植运用，而今已广泛应用于经济科技、社会管理、文化教育和各类工程等领域。将此概念引入"体系"保障系统，旨在凸显主观能动性，建立嵌入性职业教育服务保障体系，形成适应社会经济发展需要、面向人人、以人为本、以就业为导向、融入产业、校企合作、终身学习、统筹协调的服务保障系统。核心是嵌入，形成相互融入、彼此促进、合作共生的保障机制，更好地提供职业教育社会服务，促进终身学习。关键是加强互补增长，取长补短，形成优势互补和促进发展的良好局面。

2. 全面性与辩证性统一

全面性与辩证性是"体系"保障系统的内部特征，显示了系统自身要素构架空间与关系，全面是必要条件，辩证是根本法则，两者统一，合力推动发展。一是全面性。这是"体系"保障系统的基本特征。所谓全面性，是指系统内在结构空间要素健全性，包括物质、制度和精神等因素，具体有观念、资源、设施、制度、专业、课程、师资、环境等因子构成。所有这些要素是"体系"保障系统的基本成分，犹如生命细胞和血液，成为服务社会经济发展和培养全面发展人才的重要保证；二是辩证性。这是"体系"保障系统关系结构的本质反映，它是一个关系网络的统一体，不是要素简单叠加组合。离开这一基本点，任何再强大的要素也是孤立无援与苍白无力的。因此，坚持辩证法，是"体系"保障系统的生命之本和动力之基。关键是树立融合发展理念，建立互动发展机制。这是"新常态"提出的新理念和新战略，落实到"体系"保障系统构建中，就是确立辩证发展与和谐统一理念，正确处理社会需求与自身发展、物质保障与精神动力、数量规模与质量特色、人才培养与社会服务等关系，形成相互联系、彼此促进、优势互补、和谐发展的局面，为"体系"构建与职业教育发展提供全面持续的有力保障，促进又好又快发展。

3. 互动性与创新性融合

互动性与创新性是"体系"保障系统的动力机制和发展特征。社会发展一体化决定教育发展的互动性，催生创新性。这是"体系"保障系统创新发展的必然选择。一是互动性。这是一种双向发展方式和合力动力机制。在开放合作格局下，你来我往，互联互助，合作发展，已是必然发展趋势，体现为"体系"保障系统发展的新特点。关键是确立开放合作的互动理念，根本是以人为本、协调预期、开放系统、优化运行、建立互动有效的体制机制。这是形成激励机制和互动模式、推动合作互动共赢发展的基础；二是创新性。"体系"保障系统作为一种制度具有长期稳定持续发展特点，但也有一个与时俱进问题。受外因和内因影响，变革是客观趋势，不会受主观改变。"逆水行舟不进则退"，就是这个道理。当此时刻，唯有顺势而为，增强适应性，别无选择。创新是不竭动力和根本出路。这是一个系统再造过程，在观念上扬弃安于现状与墨守成规的意识，重塑与时俱进与改革创新理念，在资源上突破传统单一有限投入方式，重建现代多元合作投融资新模式，在制度上转变行政包揽与校本依附的单一模式，"完善分级管理、地方为主、政府统筹、社会参与的管理体制"，在办学上改变传统学科培养以校为本模式，重构现代校企合作与工学结合的人才培养新体系。面向新世纪，教育正面临智慧教育的新浪潮。在这场历史性的变革中，创新成为核心动力，发挥主导作用。"体系"保障系统在创新推动下必将不断走向完善，更显生机活力。

第二节 中国特色职业教育体系保障系统结构模式

"体系"保障系统是一个相对独立完整的结构系统，在不同历史时期因受主客观理念、制度、行为等综合条件的影响，会形成不尽相同的模式，发挥相应的作用。因此，离不开环境条件，而且深受其制约影响。关键是围绕建设"什么样的"和"怎么样"建设的中心问题，立足社会经济改革发展需要，结合自身特点，打造系统完善有效的保障体系。这是一个需要探索创新再造的理论命题和实践课题。

一、"体系"保障系统现状与趋势

现实是保障系统的重要基础和客观条件，但同时又是一个机遇与挑战、希望与困难的矛盾交织。因此，审视现实，注重问题，借鉴经验，把握趋势，是"体系"保障系统构建与发展的重要前提和逻辑方法。

（一）"体系"保障系统现状审视

这是一个基于历史的维度，现实是历史的发展，审视现实，是反思的需要。关键是运用历史唯物主义和辩证唯物主义方法，分析现状，解析问题，总结经验，昭示未来。

1. "体系"保障系统历史流变

"体系"保障系统构建是一个历史进程。追溯历史，就当代而言，新中国成立60余年特别是改革开放新时期以来，从变革重建到探索发展再到改革开放和创新发展，经历了初创、探索、发展、改革、创新历程。一是观念变革。这是"体系"保障系统的先导。新中国成立初期，在社会变革中起步的当代职业教育适应社会经济重建与振兴需要，与主流意识同步，形成服务理念，促进了生产一线技术技能工农劳动者培养。改革开放迅速使当代职业教育走向复苏振兴，适应新时代需要，树立起改革开放新理念，促进了办学体制由传统计划经济模式向市场经济转变。新世纪新常态为"体系"保障系统构建确立了"创新、协调、绿色、开放、共享"五大新理念，在此引领下，必将不断走向全面和谐持续发展的新境界；二是制度改革。这对于"体系"保障系统带有根本性意义。在制度视域下，当代职业教育经历了从计划经济集中统一管理模式向市场经济改革开放多元协调协同发展转变的历史进程，办学与教育制度改革至今仍在深入推进之中。这为"体系"保障系统构建与发展提供了重要保障；三是方式转变。东汉张衡《东京赋》曰："辨方位而正则。"方位是指所处的位置，决定发展方式。所谓发展方式，是指职业教育资源投入利用、办学体制机制、教学组织实施、学术研究开发、行政管理服务、文化交流合作与校园环境建设等综合形成的发展形态和模式。不同历史阶段形成不同的发展方式。新中国成立初期，适应社会经济发展需要，新生当代职业教育以改造旧体制和加快重建为保障目标，条件有限却在较短的时间里取得了历史性进展，为起步开局奠定了基础，但理论与实践准备不足。改革开放新时期百废待兴，加快发展成为历史使命和时代主题，适应这一发展需要，职业教育踏上复苏振兴的新征途，进入了超常规跨越发展的快车道，被誉为发展的最好时期，但也存在结构失调空间失衡的隐性问题。新世纪是科学发展的新时代，社会经济进入"新常态"，"体系"构建与职业教育发展处在以资源投入为主导的粗放式发展方式向以创新为驱动的内涵式发展方式转型过程中。关键是转变方式，优化结构，提高质量，促进创新，推进可持续发展，成为这一时期保障系统构建与发展的基本任务和方向。这对于提升抗御风险与增强竞争实力具有重要的现实意义和战略价值。

2. "体系"保障系统现状分析

保障系统是"体系"构建与职业教育发展的支撑点和安全网。经过较长时期的探索、积累和建设，目前，"体系"保障系统基本确立，但还不完善。一是保障系统形成。主要有五大系统构成：其一，决策支持系统逐步完善，形成了政府主导、行企协同、院校参与、社会反馈上下结合协调统一的决策体系，但目前决策程序性、科学性和有效性还不完善，有待进一步提高。其二，资源支撑系统不断增强，经费投入不断加强，办学基础不断改善和提高，但目前教学环境条件和综合实力依然薄弱，有待增强。其三，制度保障系统日趋成熟，依法治教，以法治校，各项配套政策法规相继建立，办学体制改革不断深入，但目前法治体系还不够完善，综合治理有待加强。其四，管理运行系统不断提高，围绕招生、收费、教学、证书、人事、就业等办学基本问题，行政与院校教育教学管理体系与能力不断提高，但目前相互衔接与融合还不够，有待改革与完善。其五，对外交流合作日渐活跃，跨界跨国交流合作空间不断拓展，但目前层次与效益还需提高；二是保障系统改革。改革贯穿当代职业教育发展始终，从新中国成立之初变革旧体制重建新体制起步到新世纪全面深化改革，犹如一条奔腾不息的历史长河，推动着发展。历史表明，"体系"保障系统既要继续深化纵向改革，又要加强横向综合改革，只有两方面结合，方能推动改革的全面深化与发展。目前，改革正处于关键时期，以人为本与质量至上是决定因素，制度改革和保障是关键环节，促进方式转变和保证可持续发展是根本目标；三是保障系统创新。如何建立健全"体系"保障系统，创新是不竭动力。关键是坚持从国情特点与职业教育实际出发，不断加强理论与实践创新，真正建立和完善具有中国特色现代保障体系。这是"体系"构建与职业教育发展的保障和需要。

（二）"体系"保障系统趋势展望

趋势是未来发展的流行。因此，科学认知趋势是谋划未来发展的前提，是一个理性自觉的过程，其中离不开对世界先进经验成果的学习借鉴，但根本是从自身实际出发、把握未来走向。这是"体系"保障系统构建的必要前提。

1. 发达国家保障系统经验启示

"他山之石可以攻玉"。这是一条文化交流互动创新发展的法则，具有普适性与应用性。"体系"保障系统是一个开放的体系，建立在世界经验和本土基础之上，是一个相互影响渗透包容的历史过程，是本土性和国际性辩证统一。一是发展经验。所谓发展经验，是指国外职业教育保障体系构建与发展的成功经验和成果。国外发达国家基于自身社会经济历史文化形成不同形态的保障体系，如德国"双元制"保障模式、澳大利亚"技术与继续"（简称 TAFE）保障体系等，都在推动本国职业教育发展方面发挥了重要作用，取得了显著成效，为世界职业教育保障体系构建提供了有益的经验；二是重要启示。他国特别是发达国家经验对发展中国家具有积极参考价值，是世界职业教育共同的财富和动力。就其保障体系而言，其模式呈现多元化图景，每个国家职业教育保障体系各具特色，很难说孰优孰劣，而是各具千秋，需取长补短，相互促进，共同发展。无论是欧美包括德国、英国、法国、瑞士、美国、加拿大等国家，还是亚洲包括新加坡、日本和韩国等国家在发展职业教育方面都有成功探索和经验，如建立较完善法制体系，行业企业参与职业教育自律性较高，形成较成熟的资格认证体系，职业教育资金投入较充裕等。所有这些为"体系"保障系统提供了良好的参照和经验，有助于转变观念，完善法治体系，促进企业参与，稳定资金投入，深化人才培养模式改革，加强保障系统的建设和完善。

2. "体系"保障系统发展趋势

趋势属于战略范畴，是建立科学合理有效"体系"保障系统不可或缺的重要支撑。就其形成条件而言，它既是逻辑理性演绎的必然结果，也是历史客观发展的必然走向。基于时代发展宏观背景，立足职业教育实际，参照国外经验，看"体系"保障系统改革发展，大体呈现社会化、法治化、现代化、集约化趋势。一是社会化。面向社会、服务发展需求，是职业教育的宗旨，也是保障系统的发展方向。集中体现为保障主体与教育资源社会化两个主要方面。从保障主体看，政府是主导，行业企业是支撑，院校及其他教育机构是根本，社会民众是基础。从教育资源看，社会制度是投融资的决定因素，"发挥政府保基本、促公平作用"，"完善经费稳定投入机制"，同时"充分发挥市场机制作用"，"引导社会力量参与办学"，"出资兴办职业教育，拓宽办学筹措渠道"，"扩大优质教育资源"；二是法治化。这是法律体系与法治体系辩证统一，是依法治教、依法治校的根本保证。前提是有法可依，根本是依法治教，依法治校，这是建设法治职教必由之路，也是"体系"保障系统发展方向；三是现代化。这是社会发展的大趋势。教育包括职业教育是重要基础。1985年《中共中央关于教育体制改革的决定》提出教育必须"面向现代化、面向世界、面向未来"。2010年《教育规划纲要》提出2020年基本实现教育现代化。党的十八大报告明确提出2020年教育现代化基本实现。实现"体系"保障系统现代化，是其中应有之义和重要组成部分。核心是人的现代化，根本是教育现代化，基础是保障系统现代化。适应这一趋势，保障系统不仅确立现代化理念，而且推动资源建设现代化，管理方式现代化和技术装备现代化，为实现职业教育现代化提供可靠保障。

二、"体系"保障系统结构与模式

"体系"保障系统是指为完成技术技能人才培养根本任务所提供的一系列保障的总和。涉及社会经济、政治、文化和教育等各个方面，是一个内外有机统一的结构体系。它与特定的生成空间环境和基础条件密不可分，在不同国情历史经济文化条件下形成不同特色。但也具有超越具象的规律性，即运用系统理论，适应发展需要，从实际出发，全面系统构建模式，是共同的价值取向和模式选择。

（一）保障系统要素结构

模式是一种成熟的可资借鉴参照的存在方式和样式。它在构建中形成，在变革中发展。探索模式有助于了解把握事物演化发展的状态和规律，为改革创新奠定理论基础。所谓"体系"保障系统要素结构，是指从国情实际与职业教育发展需要出发、运用辩证与系统方法、加强内外要素结合、所形成的价值理念、参与主体、内涵结构和运行方式的统一体。要义是多元要素有机结合，关键是统筹协调，和谐统一。

1. 保障系统要素构成

在模式视域下，要素是基础。"体系"保障系统是一个集理念、主体、功能、途径和方法多元要素组合的统一体。就内涵而言，一是理念。它是系统核心，主要包括系统、整体、跨界、融合、互动、创新和服务理念，犹如灵魂，恰似智慧，释放精神动力，发挥导向作用；二是主干。这是一个多元复合体，是保障系统主要部分。就主体而言，包括政府、行业企业、院校与培训机构以及社会民众，发挥着社会主体的根本作用。就客体而言，包括社会需求、产业支撑、资源供给、文化支持和生态保障等，起着社会客体的推进作用。两者各在其所，各司其职，但又互动合作，和谐发展，成为保障系统不可缺少的中坚；三是功能。这是保障系统的关键，体现要素作用和集成综合开发利用的效能。传统发展阶段主要关注物质、制度、技术、师资保障，而今进入知识经济时代，社会信息化、学习网络化和教育智能化极大促进了"体系"构建与职业教育发展，对教育支持和保障不再局限于传统领域，而是不断向功能深度与广度推进，向创新发展。跨界融合、信息技术、法治保证和文化支持成为功能系统的新宠，使保障系统功能不断得到新的拓展和丰富；四是途径。这是一个实践要素的概念，解决的是保障系统内涵如何构建和功能如何发挥的问题。在系统中，观念是前提，主干是根本，功能是关键，途径方法是保障。这是一个完整而独特的结构系统，并在历史推动下不断走向丰富与完善。

2. 保障系统结构形态

所谓保障系统结构形态，是指系统内不同性质与地位的要素有机合成并相互作用所形成的结构关系和形态特征。一是结构关系。"体系"保障系统是一个科学合理有效的结构体系。要素配置不是任意搭配，具有逻辑的定力。理念是目标思路形成的导向，资源是体系保障的基础，主体是系统构建的动力，制度是系统构建的保证，文化是促进发展的环境条件；二是形态特征。"体系"保障系统具有独特结构形态，是自身从属"体系"本质与特点的反映。就其形式来看，"合纵连横—融合一体"是基本范式特征。"合纵"是保障系统内在要素一体性特征体现，即以理念为核心，以保障为主线，贯穿资源配置、主体推动、制度供给、教学科研、管理服务和文化交流，形成有机整体。"连横"是保障系统外要素互联性特征体现，即与社会经济、产业企业、科技文化、人力资源、普通教育等密切相连，彼此促进。"融合一体"是指多要素融合，形成一体化联动的保障系统。

（二）保障系统模式构建

所谓"体系"保障系统模式，是指以历史传承为基础、以发展需求为导向、通过自身优化和外部协调、所形成的服务保障体系和方式。这是一个动态理念和历史进程。关键是要有一个科学理念导向和有效发展机制。

1. 保障系统模式取向

所谓取向，是指对价值方向的一种理性思考与选择，建立在科学判断基础之上，固化在理性抉择之中。"体系"保障系统模式取向，关系对价值定位的理性思考和对行动路线的现实抉择。一是价值定位理性思考。"体系"保障系统模式是一个以科学发展观为指导、以价值取向为前提的设计与构建过程。关键是明确模式方向，明确为谁服务的方向，解决"体系"保障系统与社会需求对接磨合的问题。从这一意义而言，满足社会经济对人力资源的要求和人的学习就业和终身自由发展需要，是"体系"保障系统模式价值的根本诉求，应作为价值定位的根本依据和核心原则，引导规范"体系"保障系统模式构建；二是行动路线现实抉择。构建什么样的保障系统，是"体系"的基本主题。行动路线抉择起着关键作用，关系模式价值的实践、转化与实现。因此，明确思路，加强对行动设计与部署，是保障系统构建的关键环节。具体而言，在指导思想上确立以人为本和服务需求的宗旨理念。在构建目标上突出质量的重点、发展的要点、改革的难点，增强系统适应性、针对性、可行性和效能性，全面提升社会综合服务能力，促进系统的可持续发展。在根本任务上树立以德树人和全面发展理念，坚持就业导向、产教融合、工学结合、终身教育和统筹协调原则，构筑成才立交桥，大力培养高素质技术技能人才，为推进新型工业化发展和建成全面小康社会以及实现"中国梦"提供人力资源支撑。

2. 保障系统模式机理

所谓机理，是指事物演化与发展的基本法则和途径。"体系"保障系统模式机理是系统构建与完善的基本原理和方法。一是能动性。这是"体系"保障系统的源动力。相对而言，社会、经济、产业、地理、生态、人口等因素，是保障系统的客体源，具有基础性特征，关键要从规律出发，正确处理客体与主体辩证关系，促进保障系统的构建与发展。而主体源包括国家政府、行业企业、院校与培训机构、社会民众，是保障系统的内在推动力与可增长动力，具有能动性特点，其内含的创新创造力，是系统发展不可替代的重要机制；二是可塑性。这原是生物学概念，运用于"体系"保障系统模式机理，有助于揭示可塑性本质内涵和潜在空间，为模式构建提供重要依据和可塑方法。从这一维度看，可塑性是"体系"保障系统构建与完善的重要动力机制。关键是依据现实需求，结合自身实际，充分利用可塑性动力机制，不断优化与完善系统结构要素，更好更快地推动模式构建与发展；三是可变性。所谓可变性，是指系统受社会需求影响随之发生变化的可能性，也就是说不是一成不变的模式，外界变化也会引起系统模式空间方式的改变。长期以来，在社会经济发展和职业教育改革不断深化的推动下，"体系"保障体制不断得到了优化和完善。但发展无止境，改革也无终点，新的矛盾和问题在发展中不断显现。可变性作为一种机制运用于保障系统模式改革与创新，有助于调整结构，转变方式，克服弊端，促进发展；四是创新性。所谓创新性，是指运用新理论和方法对原有系统进行合理有效的改革和创新，包括结构、途径、方法和手段等创新。正如创新理论的开山鼻祖熊彼特在《经济发展理论》中所言，创新就是将生产要素"新组合"引入生产体系。结合"体系"保障系统模式构建的实际，运用创新机制，就是通过要素优化组合、调整系统结构、增强系统功能、提升服务质量，促进"体系"保障系统模式转换与创新。

第三节 中国特色职业教育体系保障系统途径方法

"体系"保障系统是一个以价值为核心、以制度为依据、以主体为根本、以功能为支撑、以创新为动力、以路径方法为保证的综合体系。其中，处于系统终端的路径与方法是关键，对于保障系统真正落在实处，充分发挥支持支撑协调的综合保证作用，保证"体系"构建与职业教育发展具有决定性的意义。就其内涵结构而言，主要包括保障系统决策机制、运行机制和监督机制。

一、完善保障决策机制

决策机制属于管理学范畴，是对形势任务与发展方向的深思熟虑及理性判断。这是一个系统思维和理性抉择的活动和过程。关键是要加强顶层设计，增强战略规划与指导，不断完善保障决策机制。目前，"体系"构建与职业教育发展正处于全面深化改革的关键时期，转方式，调结构，变模式，促发展，迫切需要进一步加强与完善保障决策机制，针对面临的新情况和新要求、做出科学合理有效的战略判断与抉择。

（一）健全保障决策制度

决策是保障系统的关键，制度安排与构建是保障。因此，进一步建立健全制度，增强决策制度科学性、系统性和有效性，是完善保障决策机制的关键环节。

1. 增强决策科学性

决策科学性是对保障系统决策制度的本质要求，决定决策正确性和有效性，应摆在决策首位，贯穿决策始终。这是决策制度必须坚持的原则。一是遵循决策的基本规律。所谓基本规律，就是要从国情实际和职业教育特点出发，依据现行法律法规，运用科学系统理论和方法，构建决策制度体系。这是决策制度构建的基本原则和方法，也是确保决策科学性的根本前提和条件；二是确保决策的正确方向。科学决策是前提，发展方向是根本。坚持决策这一辩证法，就是要充分意识到社会经济和劳动力市场发展变化对职业就业教育需求的变量。适应社会宏观环境变化与发展，不断加强决策预见性、先导性和创新性，核心是正确处理现实需求与未来发展、眼前利益与长远预期、基础性与先导性、稳定性与变革性等关系，始终把握科学发展方向；三是促进决策的协调发展。决策制度是一个系统构建，包括决策思想、主体、原则、程序、策略、方法等。关键是增强协调性，使系统的每个环节与接点相互联系，协调统一。核心是增强决策思想科学性。根本是促进决策主体自觉性。重点是严明决策原则、规范决策程序、优化决策策略、创新决策方法，形成科学合理有效创新的决策系统。

2. 加强决策系统性

决策系统性是制度系统内涵丰富性与运行复杂性所决定的。决策制度是一个体系完整、结构复杂、执行有序和监督严明的系统和过程，一般由缘由、命题、调研、综合、设计、决策、执行、评估和反馈等环节构成。因此，加强系统性建设，是"体系"保障系统决策制度建设的客观需要和重要保证。根本是形成整体思维方式和提高系统构建水平，这是加强制度决策系统性的关键。一是加强制度整体思维。决策是一种高级化的思维活动，复杂性与整体性是决策思维的基本特征。"体系"保障系统决策制度建设是一个系统结构和过程，离不开整体思维载体和方法，必须从实践中来到实践中去，在循环中深化，在深化中提升，这是一个历史的完整过程和系统机制。在此过程中，任何单一或简单思维都会给制度建设造成断层或缺位，如决策主体的缺位、决策程序的失范和决策效率的低下等。因此，必须树立科学系统的观念，运用科学整体的思维方法，形成网络化思维体系，促进决策制度系统化建设，不断推进制度决策现代化进程；二是完善制度系统构建。这是健全决策制度建设的关键，涉及决策制度主体、内容、程序、方法的系统构建，关系决策制度构建整体质量和水平。完善决策系统构建，就是要运用系统科学的理论和方法，加强对"体系"保障系统决策制度系统化构建，既要有宏观综合性顶层设计，也要有中观区域性统筹安排，还要有微观教育系统包括职业院校自主构建。而且在决策制度内容体系上，加强各部分和要素联系，促进彼此互动融合沟通，形成完整统一的制度决策体系，为"体系"构建与职业教育发展提供科学决策和制度保证。

3. 提升决策有效性

提升决策有效性，是"体系"保障系统决策制度构建的实践目标和评估指标。诚然，这不是一个简单的质与量的检测概念，而是一个多层分级的评估指标体系。对于"体系"保障系统决策制度而言，有效性是一个效能指标综合化、运行程序化、发展持续化的进程，主要体现为决策针对性与可行性方面。一是针对性。所谓针对性，是指决策以问题为逻辑起点、以"体系"构建实际和特点为依据、确立改革发展目标、原则、路径和措施方法，具有明确的指向性和确定性。与一切游离问题与脱离实际的决策制度形成鲜明对比。当前，"体系"构建正处于发展转型期和改革关键期，迫切需要提高决策有效性。当此时刻，尤应加强对资金投入、人才培养、统筹协调发展和校企合作等重点领域的决策制度建设，为加快现代职业教育发展提供制度保障；二是可行性。所谓可行性，是指决策以实践价值观为指导，以问题为导向，坚持从实际出发，做出的判断与抉择符合实际需求和发展方向，具有可操作性和发展性。这是科学性和实践性的重要体现，也是"体系"保障系统决策制度建设的必要条件。它是对盲目性和无效性的否定，表现为决策理性与感性、理论与实践的辩证统一，绝非是水中之月，镜中之花，而是富有预测，又脚踏实地，躬身践行，事先充分考虑决策主客观条件，保证决策可行性。宏观上以社会经济发展为基础，中观上立足区域实际条件，微观上体现职业教育特点，由此，协调统一，不断提升决策制度的可行性和有效性。

（二）优化保障决策程序

决策程序是决策制度构建的组成部分和有机内容，体现在决策的全过程。优化这一程序，民主、法治和规范是重要的原则和条件，是提高优化决策程序的重要条件，必须纳入制度构建之中，贯穿决策制度全过程。

1. 推进决策民主化进程

民主属于政治学范畴。它既是建设政治民主的必然要求，也是实现社会公平正义的重要保证。相对于职业教育，更需要民主普照下的保障。因为，在传统制度观念尚未消退与民主意识还较薄弱的条件下，重普教轻职教，重城市轻乡村、教育权益欠公平等不平衡问题，单凭经济发展不可能完全解决，还需通过推进教育民主化进程，提供制度保证。一是增强决策公开性。从决策制度看，民主与公开是辩证统一，具有不解之缘，民主是公开的基础，公开是民主的渠道。教育是公民拥有的一种民主权利，落实在决策制度方面，就是加大教育决策事项及程序的公开性。这是体现决策制度民主性的重要信息窗口。当今，教育已进入民主化发展阶段。职业教育面向社会，服务人人，决策制度建设必须适应这一教育宗旨，建立健全民主决策制度，提供决策公开平台和渠道，推进决策民主化进程，形成良性互动局面；二是提升决策参与性。决策参与性是推进决策民主化进程的重要标志。职业教育是一种需要多元主体协同推进的教育，仅有政府顶层决策还不够，还需要行业企业、职业院校及其他教育培训机构以及社会民众广泛参与互动。这是形成共识、凝成合力、达到双赢的基础。但必须从根本上改变单一主体决策局限，重构多元主体参与协同决策的机制。只有这样，才能充分体现民主精神，使所有的预期者和参与者充分享有参与决策的民主权利，满足社会发展和每个人学习的需要，促进"体系"构建和职业教育健康发展。

2. 加强决策法治化建设

没有规矩不成方圆。在现代高速复杂易变背景下，社会发展越来越需要通过加强法治建设，提供持续、稳定、安全的发展环境和保证。"体系"保障系统决策制度建设也不例外，制度结构完善、质量提升、功能健全、程序优化和方式转变，深化改革，加快发展，没有法治，就没有底线保障。基于这一实际需要，改革开放以来，党和国家积极推进职业教育法制化建设进程，如制定施行了《职业教育法》和《大力发展职业教育决定》等一系列法律法规，从根本上为职业教育依法治教确立了法律依据，为优化决策程序奠定了基础。诚然，目前法治建设还在路上，实现决策制度法治化目标依然任重道远。一是转变观念，强化法治意识。"现代社会是法制社会，现代教育也是法制的教育"。❶ 因此，加强"体系"保障系统决策制度法治化建设，是其中应有之义，也是现实需要。长期以来，决策制度习惯于知识架构与经验管理，法治观念较为薄弱，以至于造成经费不足、校企合作与多教统筹乏力之瓶颈。究其原因，归根结底是缺乏法律制约和法治保障。欲改变这一弊端，转变观念是前提，强化法治理念是先导。应确立法治观念，增强依法治教和依法治校的意识，为加强决策制度法治化建设奠定思想基础；二是依法治教，推进法治进程。依法治教，是"体系"保障系统决策制度法治化建设的总体目标。前提是依据现行法律法规，结合决策制度法治化建设实际需要，构建具有中国特色和职业教育特

---

❶ 顾明远. 试论教育现代化的基本特征 [J]. 教育研究，2012（9）：4-10.

点的法制体系。其中，立法是根据，执法是关键，监察是保障。这是一个法治逻辑体系和制度决策系统。建立健全这一系统，必须以系统理论和方法为指导，依据法治逻辑思路，结合"体系"保障系统决策制度法治化建设实际，完善立法，加强执法，保证监察，形成科学规范有效的决策法治体系。这是促进决策制度建设的根本保证。

3. 提升决策规范化水平

规范化是现代职业教育管理的重要范式也是决策制度程序化建设的基本要求。它是对教育管理及决策制度随意性和失范性的否定，体现了决策制度价值重构和模式选择，是他律性和自律性辩证统一性。一是遵循他律性。规范本质是主客观统一，他律性是其中客观性的体现，它不是个别特性，而是一种本质规律。就"体系"保障系统决策制度机制而言，强调他律性，就是对决策制度客观规律的尊重，一切应从实际出发，正确处理主客体关系，这是加强决策制度适应性和提升规范性的必由之路；二是提高自律性。自律性是主体自觉性的重要标志，也是提升"体系"保障系统决策制度规范性的必要条件。就内涵而言，它主要包括理念、目标、要素、结构和机制自律。其中，理念自律来自于认知自觉，目标自律产生于对自身职责、功能和发展方向的把握，要素自律发自对内在因素理解，结构自律出自对系统方式布局，机制自律建立在关系与作用基础之上。所有这些都体现了理性自觉程度和意义，揭示了规范化奥秘，全部在于他律与自律有机结合。当前，尤其要把解决决策制度体系失范、执行失态、监督失察问题作为重点，进一步加强决策规范化。同时，注重创新对规范的意义，它是"创新人才培养体制、办学体制、教育管理体制，改革质量评价和考试招生制度，改革教学内容、方法、手段，建设现代学校制度"❶，激发决策制度活力，全面提升决策制度规范化水平和质量的不竭动力。

（三）增强保障决策能力

提高决策能力，是完善保障系统决策机制的核心内容。"运筹帷幄之中，决胜千里之外"是对这种力量的精辟概括和解读。保障决策能力处于

---

❶ 国家中长期教育改革和发展规划纲要（2010—2020 年）［N］. 光明日报，2010－07－30.

核心地位，具有独特的内涵与特征。

1. 保障决策能力核心内涵

保障决策能力是保障系统决策机制的核心力量。就内涵而言，它集主体认知水平、实践能力和创新智慧于一体，是智慧与能力的统一。一是良好的认知水平。这是决策能力的心理基础和条件。决策主体是各级行政领导（包括教育职能部门）。目前，"我国职业教育行政管理体制，是中央统一领导，地方分级管理的综合管理体制，其中政府从中央到地方是权力掌控者、政策决策者、社会管理者和法规执行者，居于主导地位，负有直接管理职业教育的职能和义务。他们的行政领导决策能力和水平直接关系到职业教育的改革与发展。建设中国特色现代职业教育体系，办社会经济发展需要和人民群众满意的职业教育，迫切需要大力提升地方行政领导者决策力，增强决策的科学性、民主性和有效性"❶。形成良好的认知水平，应有强烈的机遇意识和敏捷的预测判断力，善于发现并把握机遇，从国（区）情实际和职业教育特点出发，思考决断职业教育改革与发展的目标、思路与对策；二是较强的抉择能力。表现为对方案的选择，实质是能力测量。世上没有最好的决策，只有更好的决策、满意的决策。关键是通过比较，扬长避短，确立优势，选择出路，走出自己独特的发展道路；三是较高的执行能力。实践是检验真理的唯一标准，也是决策的落脚点和中心环节。如一种决策只是停留在文本上，束之高阁，只能成为一纸空文，没有丝毫的实际意义，而只有付诸实践，才能推动职业教育，产生现实价值，凸显生命律动。因此，决策执行能力就成为衡量主体决策强弱的试金石。在思想上应确立强烈的实践意识，在决策上加强调研与评估，进行有效决断，在执行上加大统筹协调力度，保证决策的全面实施和如期实现；四是较好的评估能力。评估是决策付诸实践的信息反馈与修正优化的重要环节和过程。它是决策的重要组成部分，但受传统重过程轻评估观念的影响，目前仍处在较薄弱状态。教育部《中等职业教育督导评估办法》的出台实

---

❶ 蒋旋新，蒋萌. 地方行政领导者职业教育决策能力形成背景与内涵特征研究［J］. 职教论坛，2013（10）：13–17.

施,对加强决策评估产生了积极推动作用。"体系"保障决策能力建设应以贯彻落实评估办法为契机,进一步完善各项配套督导评估制度,贯穿于决策全过程,落实在各个环节上,提供能力的支撑和保障。

2. 保障决策能力基本特征

"体系"保障决策能力属于教育管理学范畴,除了有决策的预见性、综合性、规范性、系统性一般特征之外,还有自己深层的本质特征。一是适应性与发展性契合。满足社会经济发展需求和大众对职业技术教育培训的需要,是职业教育的宗旨,也是保障决策能力的出发点与根本点。关键是增强适应性与发展性,提高两者的契合度。当前,职业教育正处在发展的重要战略机遇期。社会在发展,需求在变化,必然要求决策主体不断增强社会适应性与自身发展性,关键是不断提升综合服务能力,适应发展变化的需要。只有顺势而动,与时俱进,才能始终保持主客体协同发展律动,为"体系"构建与职业教育发展提供持续发展动力;二是科学性与民主性融合。科学性是保障决策的生命线,民主性是科学决策的主途径,两者缺一不可。关键是加强两者的有机融合,促进民主进程,保证科学决策,推动"体系"构建与职业教育发展;三是择优性与创新性整合。择优为决策脱颖而出创造机会,创新为择优提供不竭动力,两者辩证统一,成为决策活力之源。"种种理性决策模型,各有各的'风味'"。❶ "体系"保障决策系统应该是"中国模式"的话语,事实上,世界没有现成直接可资移植套用的经验和范式,唯有通过择优方式与创新途径,别无选择;四是人本性与生态性统一。人本性是决策服务人人宗旨的体现,是保障系统的核心理念和决策的根本目的。生态性是决策和谐发展理念的体现,是决策赖以形成的客观条件和基础。就两者关系而言,决策人本性需要生态性的支持,决策生态学离不开人本性的根本目的。两者相辅相成,和谐统一。因此,保障决策既要满足人民群众需求,培养高素质技术技能人才,促进就业,创造人人出彩的可能,又要以我国社会发展六位一体总体布局即

---

❶ [美] 赫伯特·西蒙. 现代决策理论的基石 [M]. 杨烁,等,译. 北京:北京经济学院出版社,1989:8.

"统筹推进经济建设、政治建设、文化建设、社会建设、生态文明建设和党的建设"❶ 精神为指导，推进职业教育生态发展，为构建良好的绿色生态提供有力的决策支持。向外积极支持"体系"加强与社会经济发展的联系，向内全力推进自身生态建设，促进又好又快发展。

二、优化保障运行体系

全面深化教育改革，推进教育治理体系和治理能力现代化建设进程，迫切要求"体系"建立一套科学完备有效的保障运行系统。这是深化改革的必要之策，也是加快发展的必然之举。关键是加强主体建设，优化运行环境，创新关键机制，从而形成更加科学合理有效的保障系统，促进改革与发展。

（一）加强主体建设

保障系统的主体是保障运行系统主角、核心和根本动力。这是一个多元复合与协同作用的有机体。因此，加强主体建设，必须树立多元结合与协同推进理念，加强主导与多元整合，促进客体与主体和谐，为形成保障合力和增强保障动力奠定基础。

1. 主导与多元整合，增强保障合力

所谓主导与多元整合，是指"完善分级管理、地方为主、政府统筹、社会参与的管理体制"。一是政府统筹。从中央到地方包括各级教育行政管理，是"体系"主导。他们作为主导性主体，所具有的行政决策、指导和推动优势和作用是法律赋予不可替代的，具有决定性的意义。这些作用具体体现在"运用总体规划、政策引导等手段以及税收金融、财政转移支付等杠杆，加强对职业教育发展的统筹协调和分类指导"❷ 等方面；二是社会参与。这是一个群的概念，包括行业企业、职业院校与培训机构、广大群众。这一主体群是职业教育体制改革的重要力量，是决定职业教育可持续发展的基础。但目前发展不平衡，互动支撑不够。相对而言，行业企

---

❶ 中国共产党第十八届中央委员会第五次全体会议公报 ［EB/OL］. http：//www. Caixi. com，2015 - 10 - 29.

❷ 国务院关于加快发展现代职业教育的决定 ［N］. 中国教育报，2014 - 06 - 23.

业还缺乏应有的社会责任感，参与职业教育积极性不高。职业院校与培训机构虽然法律赋予办学权利，但缺乏更多自主权。广大群众是职业教育的直接接受者和推动者，但受传统教育观念制约和影响，更多出于一种机遇的无奈。因此，加强整合，是优化保障系统的需要，也是"体系"构建与职业教育发展的需要，关键是通过改革来转变观念，激发主体内在的潜力活力动力，真正使他们成为推动"体系"构建与职业教育发展的生力军和源动力。

2. 客体与主体和谐，提升保障动力

所谓客体与主体和谐，属于教育哲学范畴，运用于保障系统构建，是指"体系"保障系统客观因素（即客体）与主观因素（即主体）和谐统一。和谐是加强主客体建设的必由之路。一是突出和谐辩证法。在哲学视域下，系统客观因素与主观因素是不同性质的元素。如人财物是"体系"保障系统的客观因素和物质基础，但它离不开主观因素，因为只有在主体作用下，才能更好地发挥资源的社会作用。同理，系统主观因素具有主观能动性，但也不能没有客观因素的物质基础。这种内在的统一性决定了两者相互联系、彼此制约、互动互补、和谐统一的辩证性。因此，突出辩证性，更有利于全面看待并促进保障系统建设，避免片面性；二是加强和谐性。这是辩证法的理性境界。求同存异，优势互补，相互支撑是加强和谐性的基础和条件。诚然，和谐不是否认矛盾性，而是用来解决矛盾的根本之法。实际上，"体系"保障系统是一个矛盾体，也是一个统一体。如育人与服务、教学与科研、理论与实践等是矛盾统一，也是相互作用、和谐发展的有机体。关键是以需求为导向，围绕人才培养根本，和谐所有要素与功能，形成合力，增强动力，为"体系"保障系统提供发展的支点和动力。

（二）优化系统环境

环境是"体系"空间概念，包括外部与内部环境，是孕育改革创新的摇篮，也是事业持续发展的保障。"体系"保障运行系统是环境的系统，离不开环境的土壤和雨露。因此，环境是"体系"保障运行系统赖以生存与发展的条件。加强内外及软硬件的建设与优化，是"体系"保障运行系统建设的需要和保证。

1. 内外环境融合，促进互动共享

互动与共享是发展的新理念和新思路，体现了时代精神和世界发展趋势。新时期，改革开放顺应了时代潮流，表现出无穷活力。"体系"保障运行系统是一个开放的体系，也是一个活动的系统，促进内外环境互动与融合是应有之义。一是适应外部环境。所谓外部环境，是指客观环境，包括社会、经济、产业、科技、资源、生态、人口等领域。这是"体系"保障运行系统阔大深厚的物质支撑。大千世界，有容乃大。只有相互适应，彼此沟通，才能形成和谐包容、相互支撑、促进发展的理想局面。今天，世界一体化，中国新常态，提供了发展的外部新环境。但机遇与挑战并存，希望与困难交织。关键是抓住机遇，面向需求，转变方式，提升质量，这是"体系"保障运行系统增强适应性和提高竞争力的重要保证；二是完善内部环境。所谓内部环境，是指内部系统，包括理念、制度、教学、科研、管理、服务和交流等方面。这是一个有机系统，各个方面必须相互联系，彼此合作，否则将会产生许多麻烦，甚至带来不和谐的病态，影响和谐发展。因此，完善内部环境，是"体系"保障运行系统建设的根本需要，也是促进内外环境互动共享的基础条件。

2. 软硬件结合，提升和谐发展

所谓软硬件，是指环境的物质基础和文化基础条件。这是一个优势互补、和谐统一的整体。物质是基础，文化是条件，两者相辅相成，相得益彰。这对于"体系"保障运行系统建设犹如鸟之两翼和车之双轮缺一不可。一是建设硬环境。所谓硬环境，是指物质性的基础条件，包括需求、投入、设备设施、技术应用、队伍建设和环境营造等。"体系"保障运行系统建设离不开硬环境支撑，这是坚持唯物主义的基点。从目前现状看，改革开放以来，通过积极政策推动，不断加大投入，促进资源共享，职业院校基础条件建设有了显著的提高和改善，但与现代化要求相比还有不小的差距。提升保障力，优化教育发展环境，依然是现实使命，是长期任务，必须常抓不懈。重点是增强资源循环共享和集约融合发展意识，挖掘潜力，整合优势，促进发展；二是提升软环境。所谓软环境，是相对于硬环境的概念，是指非物质性的环境条件，主要包括政策、制度、文化、管理、素质等条件，具有内涵性、可塑性和虚拟性特点。在注重物质的氛围下，重硬环境与轻软环境不可避免，给职业教育环境发展造成了失衡，影响人才培养和可持续发展。当前，全面深化改革，从环境建设而言，就是要两手抓，两手都要硬，补足环境短板，形成和谐生态，促进持续发展。

三、强化系统监督机制

依法治国、依法理政与依法治教，是"推进法治中国建设"❶的重要内容和现实需要。目前，职业教育改革进入深水区，"体系"构建到了关键期。推进法治建设，加强监督机制，成为强化"体系"保障系统的重要抓手和根本保障。核心是增强监督理念、健全监督机制和提升治理能力。

（一）增强监督理念

对教育行为与运行过程的监督由来已久，从古代"视学制度"到当代"督导制度"经历了漫长的历史流变和改革。总的趋势是贴近教育改革发展的需要，不断促进自身变革完善。强化监督理念，是面向21世纪"体系"构建与职业教育发展的新要求。

1. 从现实需要出发，增强监督观念

理念是监督的先导和支撑，现实是基础和依据，两者相互支撑与和谐统一。这是一条亘古不变的规律。从古到今，教育变革发展孕育催生了教育监督理念从雏形走向发展。现代教育监督理论与实践已经摆脱了传统经验传承模式，开启了法治建设新进程和新模式。从现实需要出发，增强法治意识，加强监督理念是加强"体系"构建的应有之义和职业教育加快发展的需要。一是面向发展需要。需求是职业教育立身之根本，监督是重要保证，是"体系"至关重要的环节和接点，它很大程度上决定着决策制度是否有效落实、人才培养质量是否为社会所满意、公共资源是否安全有效利用和教育权利义务是否合理合法地运用。因此，坚持从现实需要出发，加强监督保障是重要理念。新中国成立后特别是改革开放新时期以来，职

---

❶　中共中央关于全面深化改革若干重大问题的决定［N］. 光明日报，2013－11－16.

业教育监督理念不断加强，体制机制建设也不断发展。如2000年"国家教育督导团"成立，2012年《教育督导条例》制定颁布，同年《中等职业教育督导评估办法》印发实施，2014年《国务院关于加快发展现代职业教育的决定》要求"强化督导评估"。所有这些都反映了不同历史阶段教育包括职业教育监督理念的变革与发展，在大国办职教、推进科教兴国、人才强国战略过程中发挥了重要作用。当前，职业教育新旧交替，发展加快，改革深化，迫切需要建立健全治理体系和机制。增强适应性，面向发展需要，加强监督，促进体制机制完善，成为"体系"监督体制机制构建的重要理念；二是增强治理意识。"教育治理是科学化、民主化、信息化的教育管理新型范式"。❶ 然而，在较长时期里，教育包括职业教育受传统观念影响，治理意识比较淡薄，习惯于行政管理模式，依靠行为约束和道德规范，管理教育教学，缺乏科学性、民主性、法治性和现代性，致使长期存在的保障问题未能得到很好解决，究其根源，是缺乏治理理念和保障。因此，增强治理意识，是建立健全职业教育监督保障的核心理念。所谓治理意识，是指适应"法治中国建设"和"体系"构建需要、贯彻落实依法治教方略、以治理为导向、建立具有中国特色现代职业教育特点的监督理念。这是加强职业教育保障系统构建的需要，也是促进现代职业教育治理体系与治理能力现代化的重要理念。

2. 从法治维度取向，确立治理意识

为保证又好又快发展，我国不断加强对职业教育的监督管理，并初步形成了有中国特色的督导制度，在教育改革与发展中发挥了重要作用。但体系还不完善，发展不平衡，存在法治理念薄弱和体制不够健全等不足。进一步建立健全职业教育监督保障机制，是"体系"深化改革的重要目标。关键是立足法治维度，增强法治观念，确立治理意识。一是增强监督法治观念。推进法治化进程，这是当代教育体制改革的重要目标，也是当今世界职业教育发展的潮流。国外职业教育法治生成模式值得借鉴，但不可照搬。说到底，还是从国情实际和职业教育特点出发，树立法治观念，

❶ 王媛，陈恩伦. 健全教育督导问责机制的路径探析 [J]. 教育研究，2016 (5)：34-39.

建立具有中国特色现代职业教育监督体系。这是从根本上提升监督保障机制的重要途径和方法；二是确立治理意识。这是传统行政框架下管理模式与现代法治导向下治理模式在思维层面上一个重要的区别特征。所谓治理意识，是指以法治理念为导向、结合职业教育特点和规律、综合运用现行法律法规、加强全程监督所形成的观念体系，体现了"法律至上、规则治理、权力约束、权利保障和程序正义的理性思维内核"❶，对于提升职业教育监督保障水平具有战略意义。党的十八大报告提出"提高领导干部运用法治思维和法治方式深化改革、推动发展、化解矛盾、维护稳定能力"。《中共中央关于全面深化改革若干重大问题的决议》提出"推进法治中国建设"。教育作为社会的一个子系统，适应形势发展变化，迫切需要加快推进教育治理体系和治理能力现代化，实现由办向管、由微观走向宏观、由直接走向间接、由管理走向治理的转型，重建科学、系统、规范、互动、有效的监督治理的保障制度，形成依法治教、依法治校和依法治学的良好格局，为"体系"构建与职业教育快速发展提供制度保障。这是确立治理意识的根本目的和总体目标，体现了现代法治理念与治理思维的自觉。

（二）健全监督机制

机制建设带有基础性与关键性意义。在系统论视域下，"体系"监督体制机制是实践性环节和应用性结构。制度是基础，模式是关键。各部分相互联系，密切配合，形成有机系统，保证功能发挥。

1. 健全监督制度

制度在这里是一个狭义概念，主要是指"体系"监督保障制度，在整个"体系"系统中是一个重要环节，对于确保教育法律法规和国家教育方针政策的贯彻执行、实施素质教育、提高教育质量、促进教育公平、推动教育事业科学发展具有重要保障作用，也是完善制度体系、提升制度能效的有效途径和方法。一是建立健全监督保障工作体制。体制是制度的核心，关键是主体参与监督保障。《中华人民共和国职业教育法》明确规定"县级以上地方

---

❶ 王建国. 法治思维的误区反思与培育路径 [J]. 法治研究，2016（1）：49-55.

各级人民政府应当加强对本行政区域内职业教育工作的领导、统筹协调和督导评估"。《教育督导条例》确定"国务院教育督导机构承担全国的教育督导实施工作，制定教育督导的基本准则，指导地方教育督导工作。县级以上地方人民政府负责教育督导的机构承担本行政区域的教育督导实施工作"。《国家中长期教育改革和发展规划纲要（2010—2020 年)》提出"转变政府教育管理职能"，"培育专业教育服务机构。完善教育中介组织的准入、资助、监管和行业自律制度，积极发挥行业协会、专业学会、基金会等各类社会组织在教育公共治理中的作用"。《国务院关于加快发展现代职业教育的决定》要求"落实政府职责。完善分级管理、地方为主、政府统筹、社会参与的管理体制"。经过多年努力，目前，我国职业教育监督保障体制初步建立，呈现分级监管网络架构的状态，但与国外欧美发达国家相比，还不完善，独立发挥职能还不够，第三方（社会专业评估机构、院校、中介组织和公众等）参与度还不高。应进一步深化体制改革，理顺管理纵横关系，提升监督管理水平和效应。这是"体系"全面深化改革和加强监督保障的重要目标和条件；二是建立完善监督法规保障体系。这是推进法治化进程的基础和条件。两者相辅相成，协调发展。进入新世纪，并非意味"体系"法律法规保障体系建设任务一切已圆满完成，相反，伴随形势发展变化，依然有一个与时俱进的问题。在"推进法治中国建设"进程中，不仅要加强对已有法律法规的实施，而且还要根据发展的新情况和新需要，树立动态理念和治理空间意识，进一步建立完善"体系"监督法律法规保障体系，以适应法治化的需要。基于发展需要，《现代职业教育体系建设规划（2014—2020 年)》提出"以完善工作机制和政策配套为重点，建立保障现代职业教育体系建设的政策体系和实施机制。"当前尤其重视《职业教育法》修订，以此为抓手，进一步加强对"体系"监督法律法规保障体系的顶层设计，完善结构，密切环节，优化实施途径和方法。这是健全监督系统和打造中国特色职业教育法治体系的必然选择。

2. 创新监督模式

模式是一种样式和载体，是理性选择的实践路径。在"体系"视域下，它是指一种在实践中逐步形成并推行的具有中国特色职业教育特点的监督保障体系。要义是监督与指导，核心是依法治教，关键是加强治理体系构建。一是监督保障体系历史形成。这是一个历史进程和实践结果。"体系"保障构建起步于新中国成立之初，而体系形成是改革开放新时期，先后产生了一系列法律法规重要文献，起到了奠基和保证作用。1996 年诞生并颁布实施的《中华人民共和国职业教育法》具有历史的里程碑意义，从立法角度实现了依法治教的目标，标志我国职业教育发展进入了法治化新时代，为"体系"保障系统构建奠定了法律的根本依据、思路和保证。在这职教大法指导下，2014 年《现代职业教育体系建设规划（2014—2020 年）》进一步强调"落实政府责任，明确部门职责，设立专家咨询委员会"，使监督保障法律法规不断得到落实，系统构建在实践中不断走向深化。实践证明，教育监督系统是教育管理的重要组成部分，是实施依法治教的重要环节，是保障教育改革发展的重要手段，在历史进程中发挥了不可替代的关键作用；二是监督保障系统模式变革。监督保障系统具有超稳定性，但具体内容和方法却需根据现实变化发展的实际需要，不断加以修订完善。这是保持系统生命活力和制度权威性的根本保证。"体系"是一个发展的机体，监督保障也应随之变化而变化，发展而发展。模式变革与发展是不可避免的趋势。在较长时期里，我国教育包括职业教育在特定历史条件下形成"督政与督学"结合的监督管理模式，保证了职业教育改革与发展。但伴随社会进步和民主政治制度建设深入，重监督轻指导、参与主体不足的缺陷也逐渐显露出来。2013 年《中共中央关于全面深化改革若干重大问题的决定》明确要求"强化国家教育督导"，"深入推进管办评分离"。贯彻落实党的十八届三中全会精神，2014 年国务院教育督导委员会印发《深化教育督导改革转变教育管理方式的意见》提出"立足我国实际，借鉴国际经验，建立督促地方政府依法履行教育职责的督政机制、指导各级各类学校规范办学提高教育质量的督学体制、科学评价教育教学质量的评估监测体系，形成督政、督学、评估监测三位一体的教育督导体系，为促进教育事业科学发展、办好人民满意的教育提供制度保障"改革的总体目标和任务。"出台《意见》，强调了教育督导作用，加大了监督检查和有效问责力度，推进了教育督导改革，将对转变政府教育管理职能、加快推进教育治理体系和治理能力现代化建设产生积极重要的影响"。❶ 从这一意义而言，坚持监督与指导并重、督政与督学并举、将评估监测纳入教育监督体系之中，是深化教育监督系统改革的根本目标和任务，也"是转变政府教育管理职能的突破口"。这不仅使"体系"监督保障系统内涵与职能得到新拓展和丰富，而且推进了模式转型，即由传统"督政＋督学"教育监督模式转向"督政＋督学＋评监"三位一体新格局，建立起一个多元互动融合的法治监督体制，"进一步发挥行业、企业、学校和社会各方面的积极作用，激发职业教育办学活力，最大限度释放改革红利"，从根本上转变传统教育管理理念，促进监督模式创新，转移工作重点，优化系统职能，为"体系"构建与职业教育发展提供科学合理有效的监督保障支持。这是"体系"监督保障系统改革与发展必须坚持的根本方向。

（三）提升监督能力

能力增强与提升，是"体系"监督保障系统构建与完善的重要内容，也是法治实施的重要环节，涉及模式方法、技术平台、队伍素质等一系列因素，是一个复杂系统的建设工程。关键是解决"如何增强与提升"的问题，具有特定内涵和途径方法。

1. 坚持导向，提升能力

科学导向是"体系"监督能力建设与提升的原则方向和根本保证。审视现状，目前"体系"监督保障系统正处在历史发展的新阶段，迫切需要科学引领、提升能力和创新方法。一是坚持法治导向，增强依法治教能力。增强法治系统性、权威性、规范性、可行性和执行力，这是建立健全"体系"法治体系和推进法制化进程的总体目标和导向。在这方面，政府具有更多的责任与义务，既是法治的决策者，又是法治执行者和评估者，起着决定性的作用。基于角色的特殊性和重要性，政府既要充分发挥引领法治的主导作用，也要不断提升法治责任性和自律性。但在推进法治与服务型政府建设同时，还需提高社会其他主体（行业企业、职业院校、专业

---

❶ 教育部解读《深化教育督导改革转变教育管理方式的意见》[EB/OL]. www.news.cn/ 2014 - 02 - 18.

机构和受教育者）的参与意识和能力，发挥他们的有效监督作用，保障公共权利运用的合法性和有效性，推进职业教育依法行政、依法管理、依法办学；二是加强问题导向，提高监督关键能力。英国哲学家培根指出"如果你从肯定开始，必将以问题告终；如果你从问题开始，必将以肯定结束"。联系"体系"构建实际，加强问题导向，是推动法治化进程与提升监督保障能力的现实需要。所谓问题导向，就是紧密联系"体系"推进法治化实际，突出重大问题和重点领域，加强全方位全过程的监督管理。根本在提高监督关键能力，主要是有效观察、监测、评价和预警能力等。重点是加强对决策、投入、体制、质量、条件等重点领域与环节的监督。这是"体系"构建与职业教育健康有序发展的重要保证；三是增强创新导向，提升持续发展能力。这是一个系统创新工程，主要体现在制度、机制和途径方法三个方面。其中，制度创新是关键，当前主要任务是加快制定《中华人民共和国职业教育法实施条例》《中华人民共和国职业教育校企合作条例》《中华人民共和国职业教育质量保证法》和《中华人民共和国终身教育法》，进一步完善法治体系，推进"体系"法治化新进程。机制创新是重点，在转型发展新阶段具有特别重要意义。完善投融资，健全督导制，建立职业院校制度，完善质量保障，改革评估办法，是机制创新重点，但基础在能力培育和提升，意味着需大力提升机制创新能力。另外，途径方法创新是条件，对于提高监督效能具有重要意义。关键是提升创新能力，形成创新思路与创新举措，保证监督职能落到实处，为改革与发展提供必要环境与条件。

2. 创新技术，筑高平台

技术创新是推进法治现代化进程的重要途径，也是提升监督水平的重要手段。当今，教育法治化已进入信息化、数字化、网络化发展新时代，"体系"监督保障系统面临技术创新与平台提升的机遇与挑战。一是技术手段创新。"当前我们已经处在信息技术新一轮大发展的前夜"❶ 这是一个基于 IT 行业平台，集计算机、移动通信、云计算、大数据、控制技术一

---

❶ 范并思. 图书馆信息技术应用的战略思考［J］. 图书馆建设，2011（10）：12 – 13.

体，以集成化数字化自动化发展为特征的新型升级应用系统。传统以人力与程序为手段的教育监督管理系统正在发生革命性变革，一个以数字化信息化网络化技术为主导的大数据、自动化、网络化现代信息技术新机制开始融入教育监督管理系统，极大地促进教育监督空间拓展与技术提升，有力推进治理体制和能力现代化进程；二是工作平台提升。所谓平台，是指依托现代信息技术支撑，建立起来的监督能力系统。核心是提高现代信息技术的实际运用能力和水平。监督平台的建设与提升，需要拓宽监察视野，畅通信息渠道，增强公开透明，加强互动合作。"互联网＋"崛起，为"体系"监督系统构建提供了历史新机遇。新一代信息网络技术为加强监督平台建设和提升功效，奠定了技术基础和保障。以融入为机制，以信息网络技术为载体，融网上网下资源与线下线上服务一体，形成信息化管理与网络化监控体系，为"体系"监督保障带来了极大便利，并有效促进监督模式转型，治理向更具空间潜力和提升价值方向发展。

3. 提高素质，强化队伍

队伍建设，是"体系"监督系统构建的基础和保障，核心是树立"人才第一资源"理念，关键是提升优化素质，根本是建立一支合格队伍。实践证明，没有一支严以律己、熟谙法治、精于管理、致力治理、勇于创新、乐于奉献的高素质的监督管理队伍，特别是熟悉职业教育的人才，即使再完美的治理蓝图，也不可能转化为理想的现实图景。一是树立"人才第一资源"理念。"我们正处于创造性的经济浪潮中，在这种经济中人本主义是获得成果的最神秘因素"。❶ 在这重大的历史转型中，适应"新常态"，"体系"监督系统应树立以人为本的意识，坚持将人本精神贯穿于具体实践之中，把培养人才放在第一位。这是"体系"监督系统构建的本质诉求和必由之路；二是打造一支合格队伍。这是"体系"监督系统构建与督导工作顺利开展的重要保障。1999 年，教育部《关于加强教育督导与评估工作的意见》明确提出"努力建立一支行政管理型和专家型相结合、专职和兼职相结合、数量足够、素质较高、年龄和知识结构合理的督学队

---

❶ [英] 亚当斯·乔利. 创新 [M]. 李旭大，译. 海口：海南出版社三环出版社，2003：36.

伍"。多年来，通过各级各类形式多样的教育培训等方式，督学与督导队伍素质结构得到了改善与提高，促进了队伍建设。但面对全面深化改革和加快发展的新要求，目前，队伍建设总体还不能完全适应职业教育改革和发展的需要，在指导思想上不仅需要加快人才培养速度，而且需着力改善优化结构，尤其"培养从事教育督导与评估理论和实践工作的高级专门人才"，并建立人才培养的长效机制，促进持续发展。在培养方式上必须坚持职前与职后并举、培养与培训结合，"要进一步加强教育督导评估工作机构和队伍建设"，"要加强对督学的培训"。这是造就一支数量适当、结构合理、热爱事业、熟悉规律、业务精湛、理论联系实践、富有创新精神的监督队伍的根本出路。

本章小结

建立健全科学有效的保障系统，是"体系"构建的有机组成部分和重要保障。"提升发展保障水平"，关键是要从"体系"国情特点与职教实际需要出发，借鉴世界现代职业教育发展的基本经验和成果，建立健全科学有效的保障系统为其保驾护航，加强理论、体制机制和途径方法"三大支柱"的支撑和保障。理论建设是基础，必须树立人本与质量统一、多元与和谐整合、发展与治理融通理念，确立面向发展、服务人人、政府主导、市场引导、质量至上和均衡发展的基本原则，加强适应性与嵌入性结合、全面性与辩证性统一、互动性与创新性融合，建立健全功能系统，发挥价值导航、资源保障、制度保证等作用；体制机制是关键，必须审视流变，展望趋势，立足实际，参照经验，强化要素，优化结构，调动多元立交主体能动性，挖掘结构可塑性，利用体制可变性，加强方式创新性，促进模式变革，建立"合纵连横—融合一体"保障体系；路径方法是保证，必须增强决策机制，提高决策科学性、系统性和有效性，提升认知、抉择和执行关键能力，建立一套科学完备有效的运行系统，重点是加强主体建设，优化运行环境，创新关键机制，强化监督机制，提升治理能力。面向 21 世纪，走向"新常态"，"体系"必将如约实现，职业教育春天必将到来。

参考文献

一、文件类

[1] 中华人民共和国职业教育法［EB/OL］. 中国人大网. www. npc. gov. cn. 1996.

[2] 中国教育改革与发展纲要［M］. 中国教育出版社, 1993.

[3] 中共中央关于教育体制改革的决定［M］. 中共中央文献选编. 北京: 人民出版社, 1999.

[4] 国家中长期教育改革和发展规划纲要（2010—2020 年）［N］. 光明日报, 2010.

[5] 中共中央关于全面深化改革若干重大问题的决定［N］. 光明日报, 2013.

[6] 国务院关于加快发展现代职业教育的决定［N］. 光明日报, 2014.

[7] 现代职业教育体系建设规划（2014—2020 年）［J］. 职业技术, 2014.

[8] 中共中央关于制定国民经济和社会发展第十三个五年计划的建议［EB/OL］. www. dangjan. cn. 2015.

二、著作类

[1] 黄尧. 职业教育学: 原理与应用［M］. 北京: 高等教育出版社, 2009.

[2] 姜大源. 职业教育学研究新论［M］. 北京: 教育科学出版社, 2006.

[3] 石伟平. 时代特征与职业教育创新［M］. 上海: 上海教育出版社, 2006.

[4] 欧阳河. 职业教育基本问题研究［M］. 北京: 教育科学出版社, 2006.

[5] 徐国庆. 职业教育原理［M］. 上海: 上海人民出版社, 2007.

［6］中国教育与人力资源问题报告课题组．从人口大国迈向人力资源强国［M］．北京：高等教育出版社，2003．

［7］崔景贵，夏东民．江苏现代职业教育体系研究［M］．北京：知识产权出版社，2015．

［8］［美］约翰·奈斯比特．大趋势［M］．梅艳，译．北京：中国社会科学出版社，1984．

［9］［美］欧文·拉兹洛．系统、结构和经验［M］．李钊同，译．上海：上海译文出版社，1987．

［10］联合国教科文组织．学会生存——教育世界观的今天和明天［M］．北京：教育科学出版社，1996．

［11］［美］赫伯特·西蒙．现代决策理论的基石［M］．杨烁，等，译．北京：北京经济学院出版社，1989．

［12］［英］亚当斯·乔利．创新［M］．李旭大，译．海口：海南出版社三环出版社，2003．

［13］［美］大卫·哈维．希望的空间［M］．胡大平，译．南京：南京大学出版社，2006．

［14］［美］曼纽尔·卡斯特．网络社会的崛起［M］．夏铸九，等，译．北京：社会科学文献出版社，2001．

［15］［法］让—皮埃尔·戈丹．何谓治理［M］．钟震宇，译．北京：社会科学文献出版社，2010．

三、论文类

［1］袁贵仁．认清形势，明确思路，开拓创新，推动职业教育实现科学发展［J］．职业技术教育，2010（36）：26－29．

［2］黄尧．中国职业教育形势和今后发展的目标任务［J］．职业技术教育，2008（12）：46－48．

［3］鲁昕．建设现代职业教育体系服务中国现代化建设［J］．中国职业技术教育，2012（12）：1－96．

［4］中华人民共和国教育部，中国联合国教科文组织全国委员会．构建中国特色的现代职业教育体系：新经验、新起点和新战略［J］．中国职业技术教育，2012（16）：40－45．

[5] 王明达，周稽裘. 职业教育发展战略研究 [J]. 教育研究，2010 (7)：20 - 22.

[6] 胡鞍钢，等. 就业发展"十三五"基本思路与目标——构建更高质量的充分就业型社会 [J]. 北京交通大学学报，2015 (1)：1 - 2.

[7] 马树超，郭文富. 新时期构建现代职业教育体系的基本思考 [J]. 职教论坛，2015 (28)：1 - 31.

[8] 《教育 2030 行动框架》起草委员会. 熊建辉，等，译. 迈向全纳、公平、有质量的教育和全民终身学习——《教育 2030 行动框架》之实施方式 [J]. 世界教育信息，2016 (4)：16 - 24.

[9] 顾明远. 试论教育现代化的基本特征 [J]. 教育研究，2012 (9)：1 - 9.

[10] 王达人，王旭初. 关于现代职业教育体系的一些思考 [J]. 中国职业技术教育，2016 (10)：13 - 19.

[11] 中国教育与人力资源问题课题组. 从人口大国迈向人力资源强国——中国教育与人力资源问题报告 [J]. 教育发展研究，2003 (3)：1 - 24.

[12] 中国教育科学研究院课题组. 完善先进制造业重点领域人才培养体系研究 [J]. 教育研究，2016 (1)：4 - 16.

[13] 刘春生，马振华. 职业教育的"中国特色"问题 [J]. 教育研究，2006 (5)：72 - 75.

[14] 吴康宁. 教育的品质：教育强国的"软实力" [J]. 教育发展研究，2015 (11)：1 - 4.

[15] 姜大源. 基于职业科学的职业教育学科建设辨析 [J]. 中国职业技术教育，2007 (7)：8 - 16.

[16] 崔景贵. 积极职业教育范式的基本理念和构建策略 [J]. 教育研究，2015 (6)：64 - 69.

[17] 和震，李玉姝. 基于《国际教育分类法 (2011)》构建中国现代职业教育体系 [J]. 首都师范大学学报，2014 (3)：127 - 135.

[18] 庄西真. 职业教育治理体系现代化：条件、目标与策略 [J]. 教育发展研究，2015 (19)：66 - 72.

[19] 徐国庆. 智能化时代职业教育人才培养模式的根本转型 [J]. 教育研究，2016 (3)：72 - 78.

[20] 王媛，陈恩伦. 健全教育督导问责机制的路径探析 [J]. 教育研究，2016 (5)：34 - 39.

［21］胡鞍钢，王洪川，鄢一龙．教育现代化目标与指标——兼谈"十三五"教育发展基本思路［J］．清华大学教育研究，2015（5）：21－25－47．

［22］蒋萌，蒋旋新．中国特色现代职业教育体系的基本主题［J］．教育与职业，2016（17）：10－14．

［23］周震豪．论"以人为本"的教育本体观［J］．教育研究，2006（8）：31－33．

［24］周明星，周雨可．职业教育学科体系划分：理论与框架［J］．职教论坛，2013（7）：10－17．

［25］和震，李玉姝．基于《国际教育分类法（2011）》构建中国现代职业教育体系［J］．首都师范大学学报，2014（3）：127－135．

［26］蒋旋新．中国特色现代职业教育体系历史基础和发展趋势研究［J］．职教论坛，2010（7）：85－87．

［27］蒋旋新，蒋萌．中国特色现代职业教育体系内涵与特征研究［J］．成人教育，2010（8）：17－20．

［28］蒋旋新，蒋萌．中国特色现代职业教育体系空间视域与架构［J］．教育与职业，2014（5）：5－8．

［29］蒋旋新．中国特色现代职业教育体系发展战略研究［J］．教育学术月刊，2012（8）：95－98．

［30］蒋旋新．中国特色现代职业教育体系国际化发展与本土化研究［J］．中国职业技术教育，2011（24）：18－23．

［31］王岩，刘志华．协同学视阈下的教育治理体系现代化［J］．教育评论，2016（1）：3－5．

［32］钟晓流，等．第四次教育革命视域中的智慧教育生态构建［J］．远程教育杂志，2015（4）：34－40．

后　记

　　本书《中国特色职业教育体系论纲》是江苏理工学院（原江苏技术师范学院）科研基金项目"中国特色现代职业教育体系构建与发展研究"（课题批准号：KYY090650）集成持续拓展研究的代表性成果，也是江苏省教育科学规划2016年度重大课题"加快发展江苏现代职业教育体系研究"（立项编号：A/2016/02）阶段性研究成果之一。

　　选择并多年坚持这一研究命题方向，有着历史与现实的因缘。从历史看，作者所处江苏理工学院（原江苏技术师范学院）曾是江苏省职业教育师资培养基地和研究中心，以及全国职业教育师资培养培训重要基地。基于这一事业需要，多年关注并研究高等教育管理与高等职业技术师范教育特殊性和规律性，形成的全国职技高师中长期发展战略研究、制度构建、人才培养模式创新、校园文化建设和加强思想政治教育工作等研究成果和经验积累，为本书研究提供了理论和学术基础。从现实讲，这一时期，国家提出一系列教育改革发展指导性意见激发了本课题研究信念，推动了持续研究。如2005年《国务院关于大力发展职业教育的决定》明确"进一步建立和完善适应社会主义市场经济体制，满足人民群众终身学习需要，与市场需求和劳动就业紧密结合，校企合作、工学结合，结构合理、形式多样，灵活开放、自主发展，有中国特色的现代职业教育体系"。同年，温家宝总理在国务院召开的全国职业教育工作会议上提出"大力发展中国特色职业教育"目标任务。2008年，政治局常委国务委员刘延东发表《建

后 记

立和完善有中国特色的现代职业教育体系》，进一步提出"建立和完善有中国特色的现代职业教育体系"目标要求。教育部职业技术教育中心研究所所长黄尧也发表了《大力发展中国特色职业教育》专论。在上述重要精神激励启发推动下，中国特色现代职业教育体系构建与发展成为学术研究新视野，并以此为课题，申报了学院科研基金项目。2011年，国家规划纲要工作小组办公室公布了《国家中长期教育改革和发展规划纲要（2010—2020年)》明确提出"到2020年，形成适应发展方式转变和经济结构调整要求，体系终身教育理念，中等与高等职业教育协调发展的现代职业教育体系"的战略目标。2012年，经国家发改委同意建设现代职业教育体系列入国家"十二五"规划纲要的专项规划，成为国家发展的一项重要战略。所有这些重要文献和精神为本课题研究指引了方向，提供了动力，使研究步步深入，接近目标，形成系列，先后围绕体系构建主题，在全国教育专业核心学术期刊发表14篇系列论著，并有被《中国人大复印资料》全文转载。回头看，2015年，是本书酝酿启动的关键时期。在此特别感谢江苏理工学院副校长、职教研究院院长、省职教科研中心主任、省职教学会副会长崔景贵教授提议和支持，列入学科丛书出版计划，在此深表谢意。

本书研究相比前期的课题体系研究，无论内容与方法都有了较大的拓展和提升，加强了问题导向性，增强了内容前沿性，加强了学术探索性，提高了体系实践性，借鉴了方法多元性，重视了理论原创性。其中，体系的"本土化"与"现代化"始终是贯穿全书的主线，运用系统论和辩证法，融合一切有机要素，集成铸就中国特色职业教育体系理论与实践的基本框架和路径图谱。书稿完成，兑现了作者学术初心，付出了理论用心，持守了研究诚信。但是，仍然意识到体系研究是一个持续创新发展的话题，依旧有许多新情况新问题需要做更深入思考和探究。作者坚信理论研究永远在路上，没有终结。但体系必将如约落成，职业教育事业也必将如浴春风蓬勃发展。

为本书出版，知识产权出版社倾注了热情，予以了帮助，在此特致深深的谢意。

蒋旋新

2016 年 10 月 15 日